発行に際して

90年版、91年版の資料集に続いて92年版の『朝鮮人・中国人　強制連行・強制労働　資料集』を作成しました。各地での調査は進んでいますが、最近は新たな地下工場の発見などが全国的に報道されることが少なくなっています。92年度版では特に地方紙、地方版を多く集録するようにしました。また、去年から今年にかけて「従軍慰安婦」の問題がクローズアップされ、このテーマの新聞記事が多かったので、92年版の本資料集の別冊として『朝鮮人従軍慰安婦・女子挺身隊資料集』（金英達編集）を出版しました。

新聞記事の収集にあたってはつぎの方々のご協力をいただきました。記して感謝いたします。

守屋敬彦、坂本悠一（北海道）、大木英二（秋田県）、佐久間昇（山形県）、金浩（山梨県）、高柳俊男、後藤得之（東京都）、小池善之（静岡県）、澤田純三（富山県）、池田正枝、川瀬俊治（奈良県）、水野直樹（京都府）、吉崎篤志（大阪府）、寺岡洋、兵藤宏、飛田道夫（兵庫県）、青木康嘉（岡山県）、山田忠文、相原由美（広島県）、澄田亀三郎（山口県）、内藤正中（島根県）、佐野通夫、浄土卓也（香川県）、前川雅夫（長崎県）、小松裕（熊本県）、（敬称略）

この資料集を94年版までは作ろうと考えています。新聞記事および文献の収集にご協力いただければ幸いです。本資料集が強制連行の歴史究明を更に進めるための一助となることを願っています。

一九九二年七月一〇日

金　英達
飛田　雄一

＜目　次＞

第一部 中国人強制連行・強制労働 新聞記事抄録

社会新報（北海道） '91.7.16

東川町共同墓地

強制連行で殉難した中国人に反侵略、平和、友好を誓い慰霊

↑殉難烈士慰霊碑管理総代の田村賢太郎さんがあいさつ。

【東川】盧溝橋（ろこうきょう）事件の五十四周年にあたる七日、東川町共同墓地に建立されている中国人強制連行事件慰霊石碑前で同事件殉難烈士慰霊祭が行なわれた。

同事件で、当地での殉難者は八十八人。一九四四年当時、忠別川江卸発電所建設工事に関連して三百三十八人の中国人が連行され使役された。彼らによって建設された遊水池は今もなお、忠別河水の水温上昇施設として東川町並びに旭川市におよぶ美田を潤している。

この日は、旭川市や東川町の関係者をはじめ華僑総会のメンバーや中国人留学生ら百五十人が参列。同事件殉難烈士慰霊碑管理総代の田村賢太郎さんが「過去をかえりみ、反侵略、平和、友好を誓います」と殉職された方々に誓いを述べた。

【解説】中国人強制連行事件＝一九三七年七月七日、日本は全中国を併合する目的で北京郊外の盧溝橋付近で衝突事件を起こす。

その後、太平洋戦争へと突入するなか、日本国内の労働力が不足し、日本政府は「中国人を強制的に連行し鉱業、荷役業、国防土木建設業、および重要工業に就役させる」との閣議決定を行なう。

その結果、数十万人の中国人が連行され、過酷な重労働のため多くの中国人が死亡。また生存した人もほとんどが病気にかかった。

'91.7.31

新聞　1991年（平成3年）

戦時中の未払い 給与返還を訴え

インドネシア元兵補

大阪で講演

タスリップ・ラハルジョさん

日本が太平洋戦争中に占領したインドネシアで、ジャワ島防衛のため、現地で採用したインドネシア人の旧日本軍補助兵「兵補（へいほ）」のタスリップ・ラハルジョさん（六六）が来日し、三十日夜、大阪市中央区の市立労働会館で講演、戦時中の未払いになったままの給与や貯金の返還などを訴えた。

ラハルジョさんは、インドネシアの元兵補が集まって二年前に現地で結成された「退役兵補連絡中央協議会」の事務局長。

講演では、兵補に志願したいきさつや、戦争中の思い出を話し、「兵補は日本軍兵士として戦い、多くが戦死した。しかし、終戦後、日本の兵士からも日本政府からも何の便りもなかった。インドネシア国内が落ち着きを取り戻した最近になって、兵補が集まり、未払いのままの給与などを得る権利を要求しようという運動が高まった」などと訴えた。

この日の講演会を主催したのは、日本で支援するために組織された「インドネシア兵補協会」。

ラハルジョさんは、この後、八月三、四日、東京の千代田公会堂などで開かれる「アジア・太平洋地域戦後補償国際フォーラム」などに出席、五日に外務省に対して、要求の申し入れをする。

神戸新聞 '91.9.2

人

泰緬鉄道建設の賃金支払いを求め来日した

ソン・リカイさん

映画「戦場にかける橋」で知られるタイーミャンマー間の泰緬（たいめん）鉄道は戦時中、連合軍捕虜や徴用されたアジア人労働者の数万人といわれる犠牲の上に建設された。「一緒に行った七百八十人のうち帰ってきたのは四十九人だけ。しかも、日本軍の下での三年以上にわたる過酷な労働に対する賃金は、一切払われなかった」

マレーシアの仲間や遺族約三百人で未払い賃金を要求する運動を始め、日本の市民団体の招きで初来日。各地の集会で支援を訴えた。

日本兵らに街で呼び止められ、そのまま列車に乗せられた。約千四百キロ離れた建設現場で、自分たちが造った丸太小屋に寝泊まり。木を切り出したり、かじ屋の経験を生かした作業をした。

重労働、栄養失調、伝染病などで「毎日数十人が死んでいった。朝起きられなかった人はそのまま捨てられた。いつ自分の番が来るかと恐れていた」。

十日ごとに軍票（軍の代用紙幣）が渡されたが、何の役にも立たなかった。

最近、日本の旧植民地、占領地の住民たちが、戦時中に日本軍の下で働いた際の補償や未払い賃金を求める動きが盛んになってきた。しかし「サンフランシスコ講和条約などで賠償問題は決着済み」というのが日本政府の見解。「賠償のような難しい話じゃない。働いた分の給料を要求するのは当然」。小柄な好々爺（や）の笑顔のしわに、過去の苦労が刻まれている。

「私ももう七十五歳。仲間もみんな年を取った。いつまで待たなければいけないのか…」。日本の市民団体の活動で、政府の厚い壁を崩してほしいと願う。

マレーシア南部のヌグリスンビラン州出身。

'91.8.3　朝日新聞

補償

日本企業に虐待受けた

王起禎さん

戦争中、福岡県の三池炭鉱には朝鮮人だけでなく、二千三百余人の中国人が強制連行され、五百人近くが死んだ。王起禎さん（六二）＝北京市、北方工業大学副校長＝の父親、王連赫さんもその一人。

王さんは先月三十一日、父親の最期の地である同炭鉱を訪ねた。「日本の企業は政府の戦争政策を支持し、生産に必要な労働者の確保を政府に求めた。病気になっても治療しないなど、非人道的に虐待した」と指摘する。

王さんら被害者は、強制連行の実態公表や補償、慰霊碑の建設など五項目を要求し、近く三井鉱山本社を訪ねて交渉するという。

戦争…問われる企業責任

太平洋戦争末期に朝鮮半島から日本に強制連行された人々が、受け入れ企業などに補償や未払い賃金の支払いを求めたのに続いて、中国から連行され炭鉱で死んだ人の家族が企業相手に補償を求める構えだ。この家族は三日から東京で開かれる「アジア・太平洋地域戦後補償国際フォーラム」で企業責任を訴え、近く企業と交渉する。同フォーラムでは米国の国際法学者が「ドイツの民間企業の戦後補償」を紹介する。

三池炭鉱連行
中国人の遺族も補償求める動き

王起禎さん

戦争中、福岡県の三池炭鉱には朝鮮人だけでなく、二千三百余人の中国人が強制連行され、五百人近くが死んだ。王起禎さん(六二)=北京市、北方工業大学副校長=の父親、王連赫さんもその一人。一九四三年、「商売で天津へ行く」と出かけたまま帰らず、戦後日本から帰国した人から、三池炭鉱で死んだことを知らされた。四五年三月二十八日に病死した、とされる。

王さんは先月三十一日、父親の最期の地である同炭鉱を訪ねた。その後、神戸市内に住む中国人元労働者から当時の状況を聞いた。「日本の企業は政府の戦争政策を支持し、強制連行労働者を使った。病気になっても治療しないなど、非人道的に虐待したため、父をはじめ、多くの労働者が死んだり、障害者になった」と指摘する。

王さんら被害者は、強制連行の実態公表や補償、慰霊碑の建設など五項目を要求し、近く三井鉱山本社を訪ねて交渉するという。

外山茂・三井鉱山広報室長の話　戦後の混乱もあって当時の資料がなく、状況を知っている人はいない。強制連行は国の政策だったし、日中共同声明で補償問題は解決ずみと聞いている。

責任、きちんととれ

アジア・太平洋地域戦後補償国際フォーラム実行委員会代表高木健一弁護士の話　戦争中の強制労働について日本の企業は「国家の命令に従ったまで」と責任を否定するが、国策に乗って、朝鮮人や中国人を徴用して利益をあげたのだから国との連帯責任は免れない。日本の企業が歴史の中の汚点を清算せずに戦後金もうけに走ったことが、今日の企業モラルの問題にもつながる。今後国際的な企業になるためには、道義的にも、法的にも戦争責任をきちんととるべきだ。

ドイツでは巨額支払い

ベンジャミン・フィレンツさん

「ナチスに協力したドイツ企業にも戦争犯罪を償わせるべきだと世界中のユダヤ人が運動し、クルップなど大企業は強制連行の被害者に補償している」と語るのは、ニュルンベルク裁判の検察官もつとめた米国の国際法学者ベンジャミン・フィレンツさん(七一)。米軍人としてナチス敗北後、強制収容所の解放に参加し、悲惨な状況を見たあと、同裁判などナチスの戦争責任追及にかかわった。

フィレンツさんによると、世界各国のユダヤ人が組織を作り、ナチスに協力した企業に補償を求めて裁判を起こした。フィレンツさんは「国と国との賠償とは別に、個人が受けた被害への補償を要求する権利があると考えたからだ」と解説する。

最初は「国の命令だった」と責任を認めなかった企業も運動の高まりの中で、六〇年代から相次いで補償。最近ではベンツが千万ドル、ノーベルが五百万ドル支払った。これまでに約十万人に八百億ドルを補償、最終的には一千億ドルに達する見通しという。

このようなドイツ企業の戦後補償のいきさつを書いたフィレンツさんの著書『奴隷以下―ドイツ民間企業の戦争犯罪』は、近く日本語版が刊行される。

問う 日本の加害

終戦8・15

忘れ去られた「過去」

――証言次々と、新資料も

戦争体験が薄れゆく一方で、かつて日本がアジア各地に残した侵略の跡を見詰め直そうという動きが続いている。四十六回目の「敗戦の日」を迎えた十五日、大阪の市民集会で、泰緬（たいめん）鉄道の建設工事現場で働かされたマレーシアの元労働者が、その実態を話した。韓国では元従軍慰安婦の女性が名乗り出るなど、平和の中で日本が忘れ去った「過去」が、明るみに出ようとしている。

泰緬鉄道

休みなく重労働

第二次大戦中、旧日本軍が陸上補給路確保のためタイとミャンマーの間に敷いた泰緬鉄道で、建設工事に働かされたマレーシア人の宋日開さん(七二)が十五日、大阪市中央区で開かれた「アジア・太平洋地域の戦争犠牲者に思いを馳（は）せ、心に刻む集会」（事務局・大阪市浪速区）で証言した。

宋さんは一九四二年八月、クアラルンプール南東約六十キロのセレンバンで日本兵に呼びとめられ、鉄道建設の労働者として働くよう言われた。「断ったら、危害を加えられそうだったので、承諾する以外になかった」

タイ山間部のテーモンタへ。丸太小屋で寝起きしながら、鍛冶（かじ）場や土砂の運搬係で働かされた。突貫工事で「休みもなく、雨が降っても夜遅くまで働かされた」。

重労働やマラリアの流行で次々と倒れ、宋さんと同じ列車で運ばれたマレーシア人七百八十人のうち、生きて戻れたのは四十九人だけ。報酬は軍票で支払われ、戦後は使えなかった。

宋さんは三年前に元労働者ら約三百人で日本政府に賃金支払いを求める団体を結成、代表を務める。「補償を要求するのではない。ただ働いただけの賃金を払ってほしいだけだ」と、参加者らに支援を訴えた。

証言する宋日開さん＝大阪市中央区の森ノ宮ピロティホールで

従軍慰安婦

名乗り出て告発

韓国の「韓国挺（てい）身隊問題対策協議会」（尹貞玉・共同代表）が聞き取り調査をしている元従軍慰安婦（女子挺身隊）の女性が十四日午後、ソウル市内で、実名を出して証言した。同夜のテレビニュースで流され、十五日朝の韓国の新聞各紙に大きく報道されるなど反響が広がっている。

この女性はソウル市鍾路区に住む金学順（キム・ハクスン）さん(六七)。

尹代表によると、十四日、二回目の聞き取り調査をしたところ、金さんは「日本政府は挺身隊の存在を認めない。怒りを感じる」と、自分の体験を公表すると申し出た。それまで非公開で聞き取りをしていたが、急きょ韓国の報道陣に公開することになった。

尹代表は「たくさんの証人が登場し、対日補償運動が本格化することを願う」と話している。

「私は従軍慰安婦だった」と名乗り出た女性の記事を載せた韓国の新聞

中国侵略

毒ガス・細菌戦…新事実

日中戦争当時の旧日本軍の支配実態などを示す資料集「中国側史料・日本の中国侵略」が十五日、出版された。静岡や新潟などに住む市民グループが、中国国立南京歴史第二檔案館で保存されている、南京事件や毒ガス実験、細菌戦などについて中国側が調査した資料などを入手してまとめた。未公開のものも多い。

A5判、五百十九ページ。団体職員、高橋正博さん(四三)ら、日中戦争の実態調査に取り組む四人が中心となり、中国政府の許可を得て、三年がかりで編さんした。南京で樹立された親日本政権の民衆支配政策関連資料を中心に紹介。居住証や旅行証発行手続き文書などで、これらは、これまで解明が遅れていた分野だ。

さらに、中国国民政府軍が調べたとされる、日本軍の毒ガス使用例の文書を収録。米国立公文書館で見つかっている別の関係文書と作戦の時期、内容が一致している。

'91.8.15

朝日新聞 '91.9.3

関東大震災で虐殺の中国人
遺族らに教育基金を
女性研究者が呼びかけ

関東大震災で中国人多数が集団虐殺された事件を調べていた元日教組婦人部長の中国問題研究者仁木ふみ子さん(六四)が、事件を隠そうとした当時の政府秘密文書のほか遺族や生還者の証言などをまとめ、近く刊行する。二年後の震災七十周年に向けて殉難記念碑建設などの募金も始めた。

一九二三年(大正十二年)九月一日の関東大震災での中国人集団虐殺事件は、仁木さんの調査によると、死者、行方不明、重傷者合わせて約六百人の七割が東京都江東区大島（当時、東京府下南葛飾郡大島町）に集中。被害者のほとんどは中国浙江省温州地方からの出稼ぎ労働者だった。

戒厳令下、中国人宿から空き地に連れ出され、軍、警察、自警団や労働者によって銃殺されたり撲殺されたあと、遺体はその場で焼却されたという。

仁木さんは温州を二回訪問、三県十七村を訪ね歩き、生存者四十余人、遺族十余人から虐殺当時の状況やその後の村の様子を証言してもらった。

「標高一、〇〇〇㍍の貧しい山村だから日本へ出稼ぎに行ったわけですが、労働力を失った村はさらに貧しくなっていた。村には小学校だけで、中学は県にたった一つ。教育面も取り残されていた」と仁木さん。

六十人も犠牲者を出した村、二十人全員帰らなかった村、同じ宿舎の同姓の一族十七人全員が殺された村。ほとんど九十歳を超えた生還者たちは「オテイアー（助けてくれ）という仲間の悲鳴が今も耳に残っている」と仁木さんに語った。

当時、中国政府から謝罪と補償を要求された日本政府は労働者に三百円の支払いを回答したが、内閣交代などで結局、払わなかった。

仁木さんは、労働者の殉難記念碑建設、子どもたちのための温州山地教育振興基金づくりなどを柱に、五千万円を目標に募金を呼びかけている。

仁木さんの住所は埼玉県川越市かわつる三芳野一の二二の三〇六。

90歳を超える集団虐殺の生還者たち＝中国浙江省甌海県西岸村で（仁木ふみ子さん撮影）

毎日新聞 '91.9.5

「日本が作った中国人遺体焼却炉」

煉人炉の写真公開

黒竜江省訪問の吹田市議

旧日本軍の残虐行為を調べるため旧満州（現在の中国東北部）を視察していた「91侵略史実調査友好訪中団」（約三十人）の相本哲邦団長(四六)＝吹田市議＝は四日、ソ連との国境近くにある黒竜江省鶏西の「鶏西滴道炭鉱」で、日本が中国人労働者の遺体を焼却するため作ったとされる「煉（れん）人炉」の写真を公開した。中国側資料によると、五千人以上の遺体が焼かれ、この炉であぶった遺体から油を取って食用油にして売っていたとの話もあったという。

1基で5000人以上も

相本団長によると、ハルビンから東へ四百㌔の鶏西地区には五つの炭鉱があり、日本の企業が出資した会社が一九四一年七月から経営。このうち滴道炭鉱では二基の煉人炉があり、一日十二時間を超える厳しい労働で倒れた労働者の遺体を焼却。一基だけで四年間に五千人以上が焼かれた、という。

当時の煉人炉の一つは同地区の展示施設「鶏西煤礦展覧館」に保存され、高さ一・五㍍、幅三㍍、奥行き五㍍。入り口が二カ所あり、二枚の細長い鉄板の上に遺体を乗せて焼く構造。展覧館側は「当時、日本人経営者の下で働いていた中国人が一遺体五元で処理し、さらに死体から取った油を売って利益をあげようとしていた」と説明していたという。

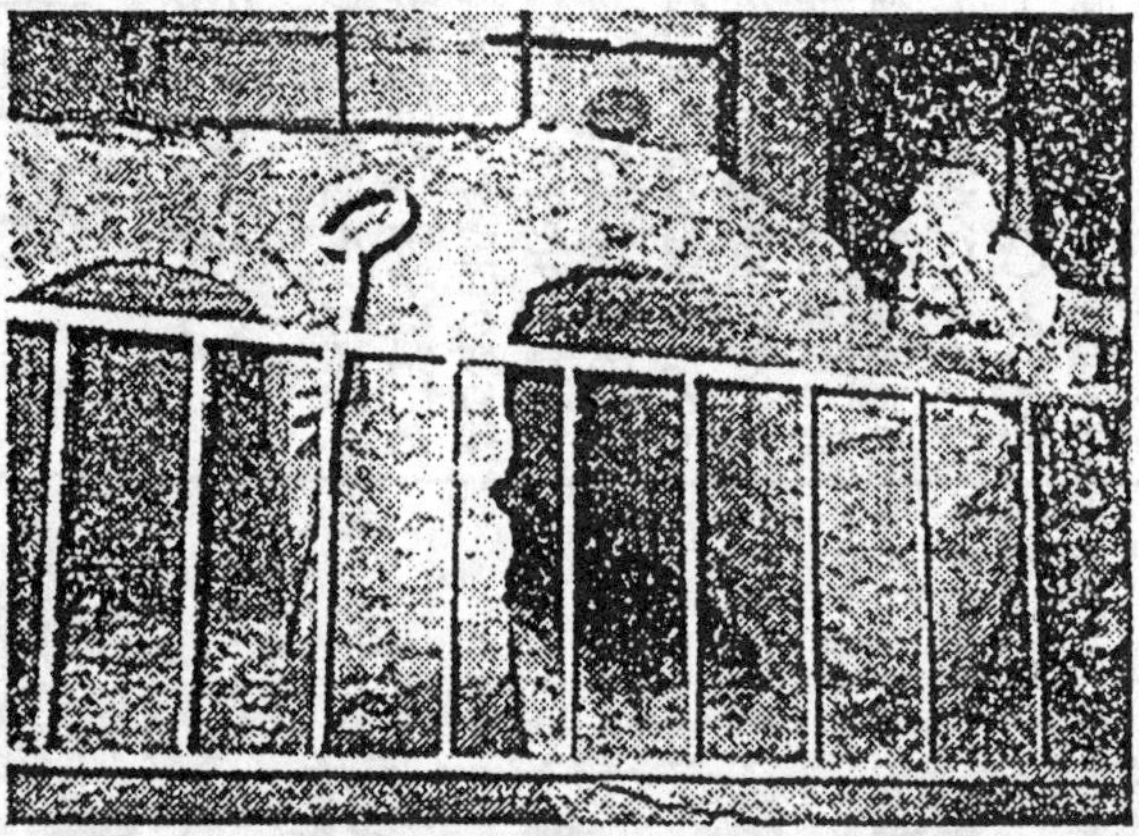

中国人労働者の遺体を焼いていたとされる煉人炉＝相本団長提供

調査団は関西の市民らで六年前に作られ、今回は先月十一日から二十日まで訪中。相本団長は「黒竜江省政府の資料として六年前に出された『不能忘記的歴史』などに収められた当時の中国人の証言の中には、煉人炉で病人を生きたまま焼いて殺したというものまであり、改めて残虐さに驚いた」と話している。

「花岡事件」に生き証人

日中民間協力で歴史発掘

花岡事件 日本全国で４万人以上といわれる中国人強制連行者のうち、秋田県大館市花岡の鹿島組（現鹿島建設）の鉱山へは、計986人が連行された。45年６月、虐待に耐えかねた中国人が日本人数人を殺害して蜂起、逆に弾圧を受け100人以上が虐殺された。写真は半世紀ぶりに探し出された生存者たち。

太平洋戦争末期、労働力として日本に強制連行された中国人が蜂起した花岡事件。中国で、その歴史を掘り起こそうとする機運が芽生えている。日本と中国で花岡事件に取り組む民間レベルの交流も始まった。

中国で昨年十一月、花岡事件の生存者と遺族が「花岡事件受難者聯誼会」（本部・河北省保定市、王敏会長）を結成した。これは、保定市内にある河北大学の学生らによる生存者探しの努力の成果だった。

これまで、十人にも満たなかった事件の生存者、遺族を探す調査が始まったのは昨年八月。学生、教師四十人が、強制連行者の多かった河北、山東両省をほとんど自転車と徒歩で尋ね歩き、生き証人たちを探し出していった。その数は今年三月末までに生存者五十五人を含む三百十人に上る。

この調査には日本の「中国人強制連行を考える会」（代表世話人・田中宏愛知県立大学教授）が連行者名簿を提供して協力した。

今年八月、同会の五十人が保定を訪れ、「聯誼会」のメンバー、河北大学の学生らと交流した。日本側から花岡事件の共同研究が提案され、その第一歩として「考える会」が中心になって編集した資料集「中国人強制連行・暗闇の記録」が河北大学で中国語に翻訳されることになった。

中国内の世論も盛り上がりつつある。昨年来、新聞が事件に触れ始めたのに加え、山東省映画製作所が事件を題材にテレビ映画「花岡暴動」を撮影中だ。

運動は地域的な広がりも見せている。天津から参加した南開大学の劉福友講師のグループは今春、強制連行後に死亡し戦後に日本から送還された中国人の遺骨二千三百柱を発見した。劉講師らは、天津に記念館を造る計画を進めている。

一方で、日中間には戦争賠償を放棄した「共同声明」が存在する。「来年、本当の意味で国交回復二十周年を迎える上で、歴史を検証する場」（田中教授）として、交流会の残した意義は小さくないだろう。（保定で、中津幸久、写真も）

読売新聞 '91.10.2

劉さん、当別町民に思い吐露

発見者らとも再会

私達が苦しんだ歴史 若い人は忘れないで

第二次世界大戦中の強制連行の「生き証人」で、道内入りしている中国・山東省の劉連仁さん(七八)は二十二日、炭鉱から逃げ出した後、十三年間の逃亡生活の末に発見、保護された石狩支庁当別町を訪れた。劉さんは、午後から町民との交流会に出席、「史実」を忘れてはならないと集まった約百人と懇談し、当時の模様を語った。

劉さんは二十日に来道、二十一日には、中国で捕らえられて送り込まれた空知支庁沼田町の明治鉱業昭和炭鉱跡地へ。苦役を強いられた炭鉱跡地に立った劉さんは「当時を思い出すと悲しみと恐怖で今も体が震える」とひと言。

当別町では、昭和三十三年二月に劉さんを発見した同町材木沢の商業袴田清治さん(七四)、保護に加わった同所、農業木屋路喜一郎さん(六四)らと再会。劉さんは「皆さんに命を助けてもらった」。感謝の言葉を言いたくて」。午後から同町役場で開かれた歓迎交流会では、木屋路さんが「過去を忘れた交流なら、その道は険しい。互いに分かり合って、友好のきずなを深く結びたい」とあいさつ。今年七月に劉さんの特集を組んだ当別高新聞局のメンバーも駆けつけ「私たちにしてほしいことはありますか」と質問。劉さんは「若い人には、未来のために、私たちが苦しんだ昔の歴史を忘れないでほしい」と訴えた。

当時、劉さんが保護されたそばの材木沢小教諭だった青山正辰さん(六九)は千歳市から駆けつけた。

劉さんが帰国して数年後、道内の民放テレビがこの事件をドラマ化した。青山さんも先生役で出演した。この録音テープを青山さんは劉さんに手渡した。

「一つの生命」。六年前、深川西高の演劇部は劉さんの苦難の十三年間を劇化し、高校総合文化祭の全国演劇コンクールで優秀賞を受賞した。これを知った劉さんは「日本の若者が歴史の真実を映し出す劇を製作したことは素晴らしい」と手紙を寄せた。

再会を喜び合う劉連仁さん(左)と、発見者の袴田清治さん(中央)、保護に加わった木屋路喜一郎さん＝22日、石狩支庁当別町の若葉会館で

朝日新聞 '91.10.23

読売新聞 '91.10.2

「花岡事件」に生き証人

日中民間協力で歴史発掘

花岡事件 日本全国で４万人以上といわれる中国人強制連行者のうち、秋田県大館市花岡の鹿島組（現鹿島建設）の鉱山へは、計986人が連行された。45年６月、虐待に耐えかねた中国人が日本人数人を殺害して蜂起、逆に弾圧を受け100人以上が虐殺された。写真は半世紀ぶりに探し出された生存者たち。

太平洋戦争末期、労働力として日本に強制連行された中国人が蜂起した花岡事件。中国で、その歴史を掘り起こそうとする機運が芽生えている。日本と中国で花岡事件に取り組む民間レベルの交流も始まった。

中国で昨年十一月、花岡事件の生存者と遺族が「花岡事件受難者聯誼会」（本部・河北省保定市、王敏会長）を結成した。これは、保定市内にある河北大学の学生らによる生存者探しの努力の成果だった。

これまで、十人にも満たなかった事件の生存者、遺族を探す調査が始まったのは昨年八月。学生、教師四十人が、強制連行者の多かった河北、山東両省をほとんど自転車と徒歩で尋ね歩き、生き証人たちを探し出していった。その数は今年三月末までに生存者五十五人を含む三百十人に上る。

この調査には日本の「中国人強制連行を考える会」（代表世話人・田中宏愛知県立大学教授）が連行者名簿を提供して協力した。

今年八月、同会の五十人が保定を訪れ、「聯誼会」のメンバー、河北大学の学生らと交流した。日本側から花岡事件の共同研究が提案され、その第一歩として、「考える会」が中心になって編集した資料集「中国人強制連行・暗闇の記録」が河北大学で中国語に翻訳されることになった。

中国内の世論も盛り上がりつつある。昨年来、新聞が事件に触れ始めたのに加え、山東省映画製作所が事件を題材にテレビ映画「花岡暴動」を撮影中だ。

運動は地域的な広がりも見せている。天津から参加した南開大学の劉福友講師のグループは今春、強制連行後に死亡し戦後に日本から送還された中国人の遺骨二千三百柱を発見した。劉講師らは、天津に記念館を造る計画を進めている。

一方で、日中間には戦争賠償を放棄した「共同声明」が存在する。「来年、本当の意味で国交回復二十周年を迎える上で、歴史を検証する場」（田中教授）として、交流会の残した意義は小さくないだろう。（保定で、中津幸久、写真も）

南京大虐殺

銃剣で37ヵ所刺された

フィルムの女性生存

今年６月、アメリカで発見された「南京大虐殺」＝1937（昭和12）年＝記録映画フィルムに「旧日本軍による残虐行為の被害者」として撮影されていた当時19歳の中国人女性が、南京市内に現存することが４日までに確認された。３年前、本人とみられる女性に会った毎日新聞記者の指摘で、フィルムを発見した毎日放送（大阪）の取材班が南京で女性と接触。「日本兵の銃剣で全身37カ所を刺され、命は助かったが流産した」などの証言を得た。登場人物が特定されたことで、フィルムの信ぴょう性が裏付けられ、大虐殺の虚実の解明が進みそうだ。

南京大虐殺　日本軍が南京を占領した直後、中国軍の捕虜・敗残兵や一般市民を大量殺傷したとされる事件。中国側の主張では、犠牲者は三十万人以上。日本国内には、「具体的証拠が乏しく、大量虐殺はなかった」とする説もある。

妊娠7ヵ月、流産

「傷あと痛み、悲しくなる」

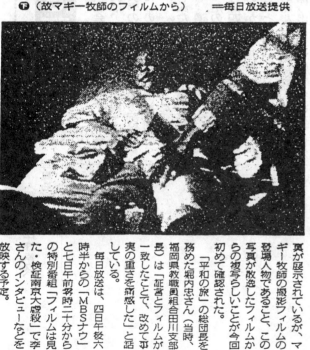

フィルムは日本軍が南京を占領した一九三七年十二月当時、避難民救援活動をしていた米人の故ジョン・マギー牧師らが撮影。

中国人の放置死体や、首などを切られて病院で手当てを受ける様子が約十分間収録されており、その中に、銃剣で刺されてベッドに横たわる女性の姿があった。

フィルム発見が報道された直後、毎日新聞記者が、八八年夏「福岡県教職員・中国平和の旅」で訪中、南京市内で体験談を聞いた李秀英さん(七三)と、酷似しているのに気付いた。この情報で取材班が李さんと接触、同一人物と判明した。

李さんの証言によると、三七年十二月十九日、南京の小学校の地下に隠れていて日本兵に見つかった。妊娠七カ月だった李さんが抵抗すると、日本兵は三人がかりで銃剣で顔や腹、足などを三十七カ所もめった突きにした。腹部の傷がひどく、流産したという。

取材班のインタビューに対し、李さんは「入院してから二週間ぐらいたった時、マギー牧師に、映画を撮られたのを覚えている。曇りの日などには傷あとが痛み、昔の記憶がよみがえってきて悲しくなる」と答えている。

また、取材班は同病院の米国人外科医、故ロバート・ウィルソン氏の日記を米国・エール大学で入手。この中の患者の記録と李さんの証言が一致。

李さんは現地では南京事件の「生き証人」で同記念館には治療中の李さんの写真が展示されているが、マギー牧師の撮影フィルムの登場人物であること、この写真が散逸したフィルムからの複写らしいことが今回初めて確認された。

「平和の旅」の総団長を務めた堀内忠さん（当時、福岡県教職員組合田川支部長）は「証言とフィルムが一致したことで、改めて事実の重さを痛感した」と話している。

毎日放送は、四日午後六時半からの「ＭＢＳナウ」と七日午前零時二十分からの特別番組「フィルムは見た・検証南京大虐殺」で李さんのインタビューなどを放映する予定。

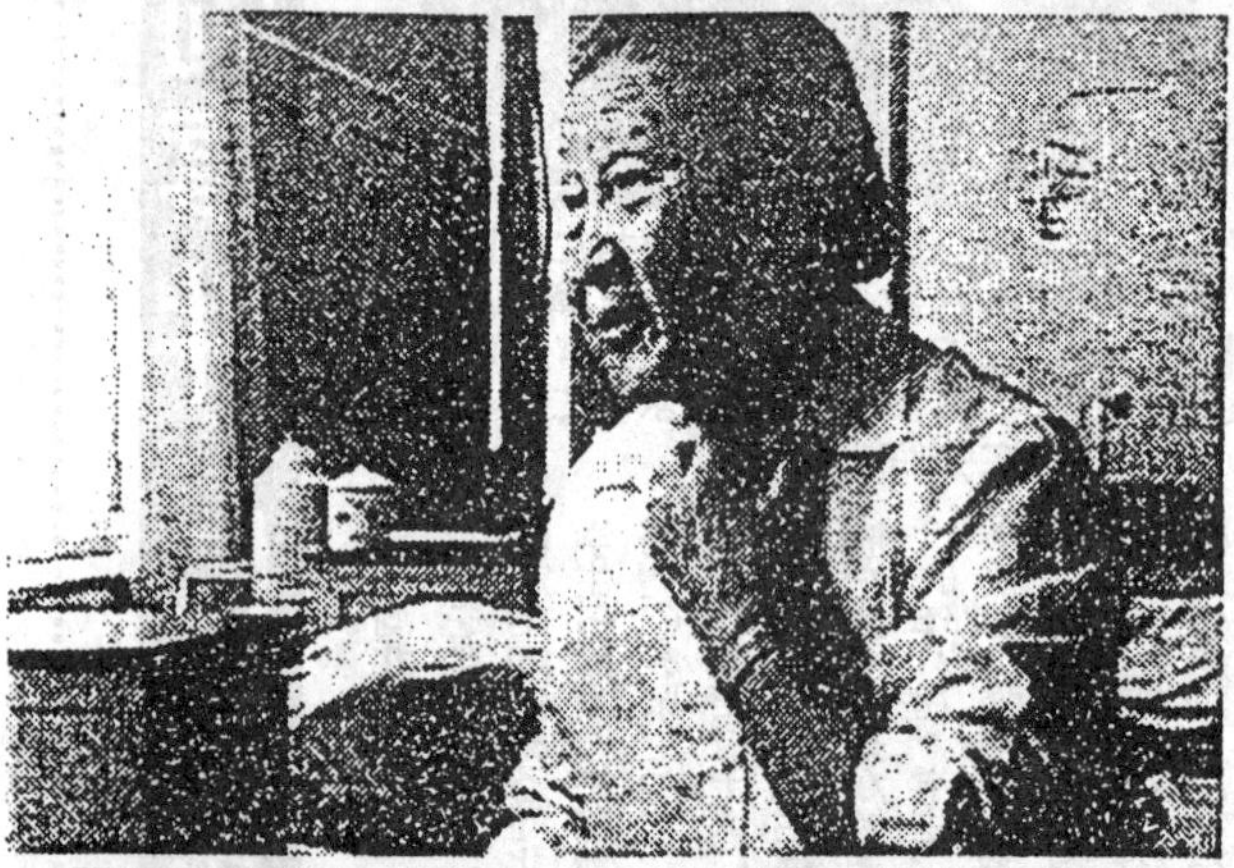

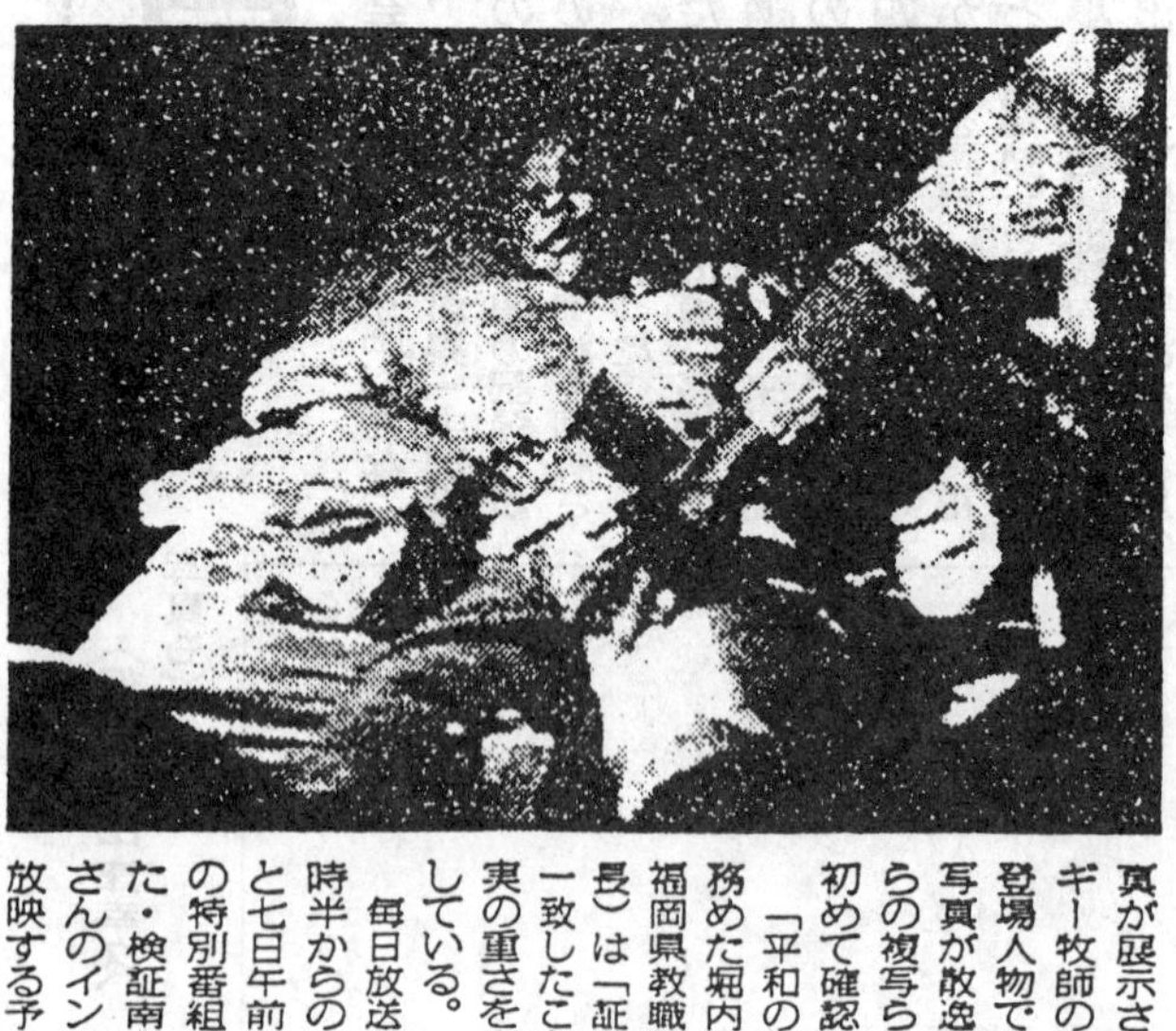

現在の李秀英さん㊤と南京の病院で手当てを受ける女性㊦（故マギー牧師のフィルムから）　＝毎日放送提供

鄭鴻永
歌劇の街のもうひとつの歴史―宝塚と朝鮮人
1997.1 ISBN978-4-906460-30-4 A5 265頁 1800円
和田春樹・水野直樹
朝鮮近現代史における金日成
1996.8 ISBN978-4-906460-29-8 A5 108頁 1000円
兵庫朝鮮関係研究会・編著
在日朝鮮人90年の軌跡―続・兵庫と朝鮮人―
1993.12 ISBN978-4-906460-23-6 B5 310頁 2300円
脇本寿 （簡易製本版）
朝鮮人強制連行とわたし川崎昭和電工朝鮮人宿舎・舎監の記録
1994.6 ISBN978-4-906460-25-9 A5 35頁 400円
尹静慕作・鹿嶋節子訳・金英達解説
母・従軍慰安婦 かあさんは「朝鮮ピー」と呼ばれた
1992.4 ISBN978-4-906460-56-4 A5 172頁 1000円
金慶海・堀内稔
在日朝鮮人・生活権擁護の闘い―神戸・1950年「11・27」闘争
1991.9 ISBN978-4-906460-54-0 A5 280頁 1800円
高慶日
高慶日マンガ展「二十世紀からの贈り物」
A4 44頁 カラー 1300円
高銀
朝鮮統一への想い
2001.9 ISBN978-4-906460-38-0 A5 30頁 400円
モシムとサリム研究所著/大西秀尚訳
殺生の文明からサリムの文明へ―ハンサリム宣言 ハンサリム宣言再読― ISBN978-4-906460-46-5 A5 164頁 700円
ジョン・レイン著、平田典子訳
夏は再びやってくる―戦時下の神戸・オーストラリア兵捕虜の手記
2004.3 ISBN978-4-906460-42-7 A5 427頁 1800円
深山あき
風は炎えつつ
ISBN978-4-906460-43-4 B6 209頁 1500円
佐渡鉱山・朝鮮人強制労働資料集編集委員会
佐渡鉱山・朝鮮人強制労働資料集
2024.6 ISBN978-4-906460-70-0 A4 184頁 1800円

竹内康人編著
戦時朝鮮人強制労働調査資料集増補改訂版
―連行先一覧・全国地図・死亡者名簿―
2015.1 ISBN978-4-906460-48-9 A4 268頁 2000円
竹内康人編
戦時朝鮮人強制労働調査資料集 2―名簿・未払い金・動員数・遺骨・過去精算―（品切）
2012.4 ISBN978-4-906460-45-8 B5 212頁 1900円

竹内康人編
戦時朝鮮人強制労働調査資料集2増補改訂版
―名簿・未払い金・動員数・遺骨・過去精算―
2024.9 ISBN978-4-906460-71-7 A4 248頁 2000円
強制動員真相究明ネットワーク・民族問題研究所編
日韓市民による世界遺産ガイドブック「明治日本の産業革命遺産」と強制労働
2017.11 ISBN978-4-906460-49-6 A5 88頁 500円
中田光信著
日本製鉄と朝鮮人強制労働―韓国大法院判決の意義―
2023.5 ISBN978-4-906460-68-7 A5 88頁 500円

●

白井晴美・坂本玄子・谷綛保・高橋眺正
今、子供になにが起こっているのか
1982.4 ISBN978-4-906460-57-1 A5 158頁 600円
竹熊宜孝・山中栄子・石丸修・梁瀬義亮・丸山博
医と食と健康（品切）
A5 132頁 600円
中南元・上杉ちず子・三島佳子
もっと減らせる！ダイオキシン
2000.10 ISBN978-4-906460-37-3 A5 145頁 1200円

●

山口光朔・笠原芳光・内田政秀・佐治孝典・土肥昭夫
賀川豊彦の全体像
1988.12 ISBN978-4-906460-52-6 A5 180頁 1400円
佐治孝典
歴史を生きる教会―天皇制と日本聖公会（品切）
ISBN978-4-906460-40-3 A5 165頁 1300円
中村敏夫
牧会五十話
1995.12 ISBN 978-4-906460-28-1 A5 177頁 1800円
小池基信
地震・雷・火事・オヤジーモッちゃんの半生記
1998.11 ISBN4-906460-35-9 四六 270頁 1600円
中村敏夫
信徒と教職のあゆみ（品切）
B6 101頁 1500円

●

神戸学生青年センター50年記念誌
50周年を迎えたセンター、次の50年に向かって歩みます
2023.4 ISBN978-4-906460-64-9 A4 254頁 2000円
まつだたえこ作人民新聞社編
貧困さんいらっしゃい
2023.4 ISBN978-4-906460-65-6 A5 155頁 1000円

※いずれも消費税別の価格です

【ご購入方法】
1)代金を郵便振替＜01160-6-1083 公益財団法人神戸学生青年センター＞で送金下さい。（振替手数料センター負担・別途送料がかかります）
2)全国どこの書店でも取り寄せられます。
「地方小出版流通センター」扱いの本と言ってお近くの書店でお申し込み下さい。
3) Amazon、学生センターロビーでも購入いただけます。

神戸学生青年センター出版部
〒657-0051 神戸市灘区八幡町4―9―22 TEL078-891-3018 FAX 891-3019
E-mail info@ksyc.jp URL https://ksyc.jp/

神戸学生青年センター出版部・出版案内　2024.9

＜ブックレット＞

成川順
南京事件フォト紀行
2011.12 A4 96 頁 560 円

宮内陽子
生徒と学ぶ戦争と平和
2011.12 A4 80 頁 560 円

浄慶耕造
国産大豆で、醤油づくり
2010.12 A4 24 頁 320 円

大森あい
自給自足の山村暮らし
2009.4 A4 36 頁 320 円

竹内康人編
朝鮮人強制労働企業 現在名一覧
2012.2 A4 26 頁 240 円

高作正博著・「高作先生と学ぶ会」編
ブックレット・高作先生と学ぶ会 NO.1
「2017 年通常国会における改憲論議―転換点としての 5 月 3 日」
2018.1 A5 56 頁 500 円

飛田雄一著
阪神淡路大震災、そのとき、外国人は？
2019.7 ISBN978-4-906460-50-2 B5 58 頁 410 円

神戸港における戦時下朝鮮人・中国人強制連行を調査する会編
＜資料集＞アジア・太平洋戦争下の「敵国」民間人抑留―神戸の場合―
2022.4 ISBN978-4-906460-62-5 A4 56 頁 600 円

松田妙子著/西本千恵子・飛田雄一編
松田妙子エッセイ集（改訂版）「いつか真珠の輝き」
2023.4 ISBN978-4-906460-67-0 B5 123 頁 800 円

藤井裕行著
歴史の闇に葬られた手話と口話
関東大震災下で起きた「ろう者」惨殺の史実を追う
2023.10 ISBN978-4-906460-69-4
B5 56 頁 600 円

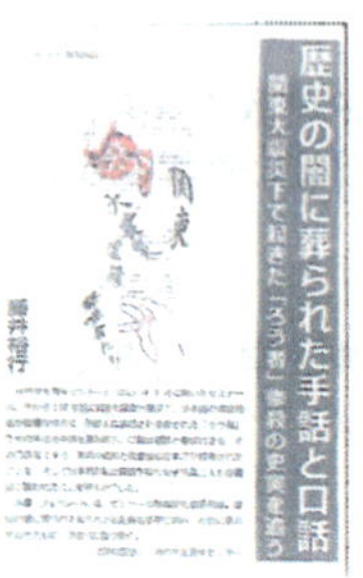

神戸学生青年センター朝鮮語講座
ブックレット①
ハンサルリム宣言（品切）
B5 28 頁 100 円

在日朝鮮人運動史研究会関西部会編
シンポジウム＜在日朝鮮人史研究の現段階＞資料集（品切）
B5 52 頁 300 円

神戸学生青年センター編
11・27神戸朝鮮人生活権擁護闘争・資料集（品切）
B5 31 頁 300 円

ブックレット版はいずれも送料 250 円をあわせてご送金ください

●

梶村秀樹
解放後の在日朝鮮人運動
1980.7 ISBN978-4-906460-51-9 A5 103 頁 600 円

金慶海・洪祥進・梁永厚
在日朝鮮人の民族教育（品切）
A5 89 頁 600 円

中塚明・朝鮮語講座上級グループ
教科書検定と朝鮮（品切）
B5 148 頁 800 円

田中宏・山本冬彦
現在の在日朝鮮人問題（品切）
A5 94 頁 500 円

新美隆・小川雅由・佐藤信行他
指紋制度を問う―歴史・実態・闘いの記録―（品切）
A5 200 頁 900 円

梁泰昊
サラム宣言―指紋押捺拒否裁判意見陳述―
1987.7 ISBN978-4-906460-58-8 A5 92 頁 500 円

仲村修・韓丘庸・しかたしん
児童文学と朝鮮
1989.2 ISBN978-4-906460-55-7 A5 216 頁 1100 円

朴慶植・水野直樹・内海愛子・高崎宗司
天皇制と朝鮮
1989.11 ISBN978-4-906460-59-5 A5 170 頁 1200 円

金英達・飛田雄一編
1990 朝鮮人・中国人強制連行強制労働資料集（簡易製本版）
1990.8 B5 80 頁 400 円

金英達・飛田雄一編
1991 朝鮮人・中国人強制連行強制労働資料集（品切）
1991.7 B5 209 頁 1100 円

金英達・飛田雄一編
1992 朝鮮人・中国人強制連行強制労働資料集
1992.7 ISBN978-4-906460-61-8 B5 272 頁 1400 円

金英達・飛田雄一編
1993 朝鮮人・中国人強制連行強制労働資料集（品切）
1993.7 B5 315 頁 1600 円

金英達・飛田雄一編
1994 朝鮮人・中国人強制連行強制労働資料集
1994.7 ISBN978-4-906460-26-7 B5 290 頁 1600 円

金英達編
朝鮮人従軍慰安婦・女子挺身隊資料集
1992.7 ISBN978-4-906460-60-1 B5 215 頁 1100 円

仲原良二編
国際都市の異邦人・神戸市職員採用国籍差別違憲訴訟の記録（品切）
B5 192 頁 1800 円

朴慶植・張錠寿・梁永厚・姜在彦
体験で語る解放後の在日朝鮮人運動
1989.10 ISBN978-4-906460-53-3 A5 210 頁 1500 円

キリスト教学校教育同盟関西地区国際交流委員会編
日韓の歴史教科書を読み直す―新しい相互理解を求めて―（品切）
A5 199 頁 2190 円

キリスト教学校教育同盟関西地区国際交流委員会編
【日韓合本版】日韓の歴史教科書を読み直す―新しい相互理解を求めて―
2003.12 ISBN978-4-906460-41-0 A5 427 頁 2500 円

韓国基督教歴史研究所著・信長正義訳
3・1独立運動と堤岩里教会事件
1998.5 ISBN978-4-906460-34-2 四六 252 頁 1800 円

金乙星
アボジの履歴書
1997.10 ISBN978-4-906460-33-5 A5 134 頁 2000 円

八幡明彦編
＜未完＞年表日本と朝鮮のキリスト教 100 年（品切）
B5 146 頁 1600 円
（簡易製本版） B5 146 頁 1000 円

にゅうす・らうんじ

逃げた山野 33年目の旅

強制連行された劉連仁さん

「又想看又不願意看」（見たい。でも、見ることはつらい）――劉連仁さん(七八)が銃剣を突きつけられ、中国・山東省の農村から北海道の炭鉱に強制連行されたのは、四十七年前の昭和十九年。悪夢のようなその苦役の現場へ向かっていた足がふと、止まった。さらに、十三年間もの逃亡生活。再訪の短い旅が、帰国後三十三年目に実現した。「来てよかった。来て、古い友人に会えて本当によかった」。着古した人民服のポケットには、石炭のかけらと、ササの葉にくるんだ赤い木の実がしのばせてあった。

（北海道報道部・秋野禎木　企画報道室・増子義久）

昭和33年4月15日、白山丸で帰国し、家族と再会した劉連仁さん。泣いているのは長男劉煥新さん、左は妻の趙玉蘭さん＝「穴にかくれて十四年」から

石狩支庁当別町。道内入りした劉さんは出迎えた袴田清治さん(七四)と手を握りあった。「命を助けてもらった。感謝したくて」

保護された辺りの山を劉さんは黙々と歩いた。「この地形……。ここは歩いたことがある」

昭和三十三年二月、ウサギ狩りをしていた袴田さんは、雪の中で十㌢ほどの穴を見つけた。タヌキの巣だと思った。穴をさぐろうとした途端、ズボッと足をとられた。穴の中にいた劉さんは「殺される」と身構えた。「クマよりも何よりも、人間が一番恐ろしかった」

再会の喜びと同時に、辛酸の日々が劉さんの脳裏によみがえった。「この山を見て、いいようのない悲しみにとらわれた」

「ヤマの食事は一食にモチ一個。仲間が次々と死んでいった」。

劉さんが仲間四人と空知支庁沼田町の明治鉱業昭和炭鉱から逃走したのは、敗戦直前の昭和二十年七月。

北海道内 身潜め転々13年…

クマと出あうよりも 人間が恐ろしかった

発見者の袴田清治さん(左)と再会、手をとり合って歩く劉連仁さん＝北海道石狩支庁当別町で

山に自生する草や木の実を食べ、海岸でコンブを拾って胃袋に入れた。冬は山中に洞穴を掘って厳寒をしのいだ。クマザサを敷き、洞穴の壁に寄りかかって春を待つ。

食料調達のために、畑のそばの物置小屋に入ったことがある。布団を持ち出そうとしたが、思いとどまった。「貧しい日本の農民が、農作業の時に乳飲み子を寝かせるためのものだ。とってはいけない」

道北、道東を転々とし、やがて当別町の山中へ。身を潜めていた山の上で、夜空に花火が見えた。札幌・豊平川河岸の、恒例の花火大会のようだった。

中国では、正月に爆竹を鳴らして祝う習慣がある。「楽しかった一家の団らんが目に浮かんだ。かれてしまうほど、涙があふれた」

生と死の境を生き抜いた劉さんの十三年間は、様々な反響を巻き起こした。

札幌市内に住む大河原孝一さん(六九)は戦時中、劉さんの故郷・山東省で〝ウサギ狩り作戦〟に参加した。「集落を包囲し、一網打尽。トラックに積み込み、そのまま連行した」

帰国後、中国帰還者連絡会の専従となった大河原さんは「心から謝罪したい」と劉さんに頭を下げた。

東京都八王子市立松が谷中学の戸川二美子教諭は九月、三年生の二百四十人を対象に「りゅうりぇんれんの物語」（茨木のり子著）を教材に取り上げた。

生徒の一人は感想文に、こう書いている。

「やさしい、広い心の劉さんにどうして日本は罪をつぐなおうとしないのか。戦争はまだ、続いている」

中国人強制連行　一九四二年十一月の「華人労務者内地移入ニ関スル件」（閣議決定）によって実施され、敗戦までの被連行者数は約四万人にのぼり、炭鉱や土木現場など全国百三十五の事業所に配置された。栄養失調や拷問などによる死者は敗戦までに六千八百三十人。九百八十六人が連行された秋田県大館市の鹿島建設（当時、鹿島組）では四五年六月、過酷な労働に一斉ほう起した「花岡事件」（死者四百十八人）が発生。遺族、生存者は現在、鹿島建設に対し、日本円で一人当たり五百万円の補償を要求している。

旧満州の炭鉱

強制労働の実態まざまざ

粗末な食事、暴行も

中国の研究者 「万人坑」の写真公表

【北京11日共同】中国吉林省の延辺朝鮮族自治州で長年にわたり日本占領下の炭鉱の強制労働を研究している沈東剣・延辺博物館教授(六二)はこのほど、同自治州東北地方(旧満州)で最も死亡率の高かったとされる老頭溝炭鉱(竜井市)の過酷な労働や暴行の実態を明らかにした。

沈氏は死亡した炭鉱労働者を埋めた「万人坑」の大量の白骨死体の写真を公表し「真の日中友好のためにこの歴史的事実をぜひ日本の若者たちに伝えてほしい」と訴えた。

老頭溝炭鉱は戦前、中国侵略のための日本の国策会社だった南満州鉄道株式会社の撫順炭鉱分鉱として、日本の管理下に置かれていた。

沈氏の調べた一九四〇年の同社の統計資料によると、石炭産出量一万ト当たりの労働者の死者数は三五・八人に上り、東北地方の炭鉱の中で最悪の労働条件だったという。

沈氏が七六年から三年がかりで実施した元労働者約九十人への聞き取り調査によると、平均労働時間は毎日十五時間に達し、粗末な食事しか与えられないため疲労や病気で動けなくなる者が続出したが、こうした労働者には容赦なく暴力が加えられた。

「日本の鬼の親方、口から血をしたたらせ、一枚一枚皮をはぎ、身をそいでいく」—当時、労働者たちが坑道の中で伝え語った歌「鉱謡」には労働者の命と引き換えに石炭を掘る「残酷な開発」を象徴するものが少なくない。

老頭溝炭鉱の「万人坑」。現在は入り口をコンクリートで閉ざされ、「万人坑碑」も荒れたままだ＝中国・吉林省延辺朝鮮族自治州竜井市(共同)

戦後一部が発掘された老頭溝の万人坑からは三百体の白骨が見つかった。総死者数の資料はないが、元労働者や目撃者の証言から数千人に上るだろうと沈氏は推定する。

文革中は「階級教育」のため中国各地で公開されていた万人坑も現在はほとんど閉鎖され、老頭溝の二棟の万人坑も白骨の風化を避けるためコンクリートで密閉されている。

中国国内に高まる「花岡事件」追及の声

河北大生ら追跡調査 生存者ら190人が判明

企業責任求める動き 北京で組織を結成

消息の分かった生存者・遺族が45年ぶりに再会、初めての追悼会を開いた　＝9日、北京市内で

太平洋戦争末期に秋田県花岡町（現大館市）の鹿島組（現鹿島建設）で、強制連行された中国人が拷問などに抗議して決起した「花岡事件」について、その企業責任を追及する声が中国国内で高まっている。今夏、中国・河北大学の学生らが中心となって受難者の追跡調査をした結果、二百人近い生存者や遺族の存在が新たに確認された。これがきっかけとなって、戦争賠償を放棄した「日中共同声明」を見直す動きも一部で出てきた。悲惨な過去を世代を超えて語り継ごうという世論が、すそ野を広げつつある。

（増子義久記者、写真も）

〈若い世代〉

「過去の歴史をきちんと清算することなしに、中日間の真の友好はあり得ない」。河北大学の劉宝辰講師は、調査の目的をこう説明した。参加した大学生は二十四人。山東省や河北省などを中心に、夏休みを利用して受難者を捜し求めた。

唯一の手がかりは、戦後に日本の外務省が作成した「華人労務者就労事情調査報告書」。この名簿を手に二人一組で関係者の消息を尋ね歩いた。「戦時中、日本に連れ去られた人はいないか、と聞くだけで、村の長者がすぐ案内してくれた。僕は五人の花岡受難者を見つけたが、三人はすでに死亡していた」。中文系二年の姜悦君(19)は「連行時の年齢が僕らとほとんど同じ。ショックだった。戦後四十五年間、心の底にしまい込んできた苦痛を、受難者たちは吐き出すように語り続けた。この痛みを歴史の中に埋没させてはならない」といった。

事件の際、決起を指導した耿諄さん(77)＝河南省在住＝の生存が確認されたのは五年前。その数は河北大の調査活動で一気に増え、これまでに生存者四十七人、遺族百五十人の身元が判明した。

〈受難者たち〉

「拷問や栄養失調で仲間がバタバタ死んでいった。食べるものが底をつき、遺体の肉を削り取った」。生存者の一人が絞り出すようにつぶやいた時、受難者たちの嗚咽（おえつ）は男泣きになった。

今月中旬、同伴の家族を含め百人以上の生存者・遺族が、受難者の連合組織を結成するため北京に集まった。着古した人民服に身を包んだ受難者たちの顔には、深いシワが刻まれ、その手は節くれだっていた。

日本の支援組織「中国人強制連行を考える会」（代表世話人・田中宏愛知県立大教授）と現地で合流した受難者たちは、口々に事件の早期解決を訴えた。

「人肉を口にするということは、あの極限状態を知る者にしか分からない。私は幸い生きて帰ることができたが、妻は再婚し、子どもたちは行方不明になっていた。一時期、日本にいたというだけで、文革期には反革分子として迫害を受けた。私の一生は一体、何だったのか」

「鹿島からはビタ一文もらっていない」と語る山東省在住の王振瑞さん(70)　＝8日、北京市内で

山東省から列車を乗り継いできた張洪臣さん(69)は「以来、私は周囲をはばかり、独り暮らしの孤独に耐えなければならなかった」とポツリ。

〈心の償い〉

「私の父も日本の炭鉱に強制連行されて死んだ。しかし、その遺骨はまだ異国に眠ったままだ」

受難者たちの会合に初老の男性が姿をみせた。王起禎さん(70)。大学の党委員会書記の肩書を持つ北方工業大学（北京）副校長の王さんは「中国国内の新聞で花岡事件の賠償運動を知った。中日共同声明は民間の賠償放棄まで規定していない。日本の加害企業はすみやかに賠償に応じるべきだ。このことは共同声明に反するどころか、中日間の友好を深めることにもつながると思う」と語り、受難者たちを励ました。

耿諄さんらは昨年十二月、一人当たり五百万円（日本円）の賠償金の支払いを要求したが、

事件の惨状を伝える写真を真剣な表情でのぞき込む河北大の学生　＝12日、河北省保定市で

鹿島側は日中共同声明の「賠償放棄」条項をタテに、今のところこれに応じる気配はみせていない。

一方、これまで「花岡事件」に直接言及することを避けてきた中国国内に、最近、対応の変化をうかがわせる動きが見られるようになった。

この夏、国際情勢を掲載する「参考消息」や「参考資料」などの国内向け新聞に事件の内容が詳しく報じられたほか、今回「考える会」の一行と会談した中日友好協会の黄世明副会長はこう明言した。

「民間同士の賠償問題は政府間のそれとは別。鹿島側が強制連行・強制労働の歴史的事実を認め、被害者に対し早急に償いをすることを期待する」

寒風が吹きすさぶ大陸で、中国人学生の追跡調査は今も続けられている。

花岡事件　一九四五年六月三十日、鹿島組に強制連行されていた中国人労働者が拷問や虐待、重労働に抗議して決起、日本人補導員ら五人を殺害したが、憲兵隊などに鎮圧された。中国人の被連行者は全国で約四万人。うち鹿島組には九百八十六人が連行され、四百十八人が死亡した。

知られざる「花岡事件」

陰に土建献金疑獄　福田文昭氏がルポ

強制労働で虐殺

タダ働き　政府は企業に補償

天津市抗日殉難烈士記念館には日本で死亡した中国人2300体の遺骨が日本から送還されたまま。三光作戦に従事した元戦犯の塚越正男氏はショックで声が出なかった＝平成３年５月１日

田中元首相の法廷写真を撮影したフリーカメラマンの福田文昭氏は、この八年間、花岡事件を追ってきた。太平洋戦争に突入した日本政府は大東亜共栄圏建設のため昭和十七年十一月、「中国人労働者の移入」を閣議決定した。名目上は賃金を支払う「契約労働者」だったが、その内実は「強制連行」だった。福田氏に花岡事件ともう一つの疑獄事件を報告してもらった。

私がロッキード法廷で被告席の田中角栄元首相を撮影した翌年の昭和五十九年六月三十日、友人の記録作家である石飛仁（いしとび・じん）は東京・本郷の事務所で報告劇「中国人強制連行の記録」の旗揚げ公演をした。

私は教科書にも、どこにも出ていない日本のアウシュビッツ「花岡事件」が四十六年前のこの日に起こったことを初めて知った。石飛は事件後も日本に残る四人の生存者を励ましながら一つ一つの事実を掘り起こし、二十年間も執ように事件の全容に迫ってきた。

ショックだった。現場は遠い中国やアジアの「戦場」ではない。秋田県大館市だ。軍人でもない警官や自警団などの市民が寄ってたかって、人肉を食べざるを得なかった飢えや寒さ、リンチにたまりかねてほう起した中国人百人余りを殺害したのだ。

戦後、政府は中国人をタダで酷使した三十五の企業に国家補償金名目で一億円もの労賃を支払っていた。裏にはロ事件より悪質な「土建献金疑獄」があった。

劇は差別や支配の仕組み、そして戦争を引き起こす社会の構造に鋭く焦点を当てていた。当時、ちっとも進展しない法廷の写真取材問題に疲れていた私は石飛仁に啓発され劇団に深くのめり込んだ。

私も舞台に立った。台本を手に事件の実体験者の証言をそのまま淡々と読み上げるだけである。

スクリーンに証拠の写真や図面が映し出される。焼け火ばしを股（また）に当てられ、のたうつ中国人の叫び。切り落とした首を手に記念写真に納まる日本人将校。目をそむけたくなるような「事実」だけで劇は進行する。

花岡事件があった鹿島組中山寮。中国人は、ゴザ１枚と毛布１枚で過ごした＝昭和20年７月、秋田県花岡町（石飛仁氏提供）

ジャズ評論家の平岡正明さん、学校の先生や高校生、会社員の人たちとも共演した。会場はお寺の本堂から学校や公民館まで全国で四十五回公演した。観客が少なくても私のワゴン車に機材を積んで各地をさまよい歩いた。

六十一年には、台湾の写真雑誌から招待を受けた。日本の若者が「加害者」としての責任を追求している姿勢に約二千人の観衆が熱狂した。

石飛は演劇活動と並行して残留中国人四人の代理人として鹿島建設に対し戦時中の未払い賃金支払いを求める交渉を開始した。交渉当初、鹿島の幹部は花岡事件について全く理解していなかった。

あれから八年。お互いの交渉努力によりやっと企業が自発的に謝罪し償いの姿勢を表明するまでに至った。「四万人の中国人への償いは日本側（政府、企業等）が自発的な「償い基金」を設立し、賠償を放棄している中国側の好意にこたえるべきでは」と石飛仁は提案する。

来年は、あの田中元首相の功績大な日中平和友好条約調印二十周年にあたる。劇団員の悲願である中国公演の実現が待ちどおしい。

（写真と文　フリーカメラマン福田文昭）

花岡事件　昭和二十年六月三十日、秋田県花岡町（現在の大館市花岡町）で中国から強制連行され、鹿島組（現在の鹿島建設）の花岡川改修工事に従事させられていた中国人約八百人がクワやツルハシを手にほう起、日本人五人を殺し、山に立てこもった。

日本側は憲兵、警官、自警団千人を動員して全員を逮捕、拷問で百十三人が死亡。前後一年間で四百十八人の死者が出た。

東京新聞 '92.1.11

日中戦争犠牲者に賠償を

社党委員長 盧溝橋で講演 実現へ積極的取り組み

田辺誠委員長

【北京11日共同】中国訪問中の田辺社会党委員長は十一日午前（日本時間同）、盧溝橋事件の舞台となった北京の盧溝橋の中国人民抗日戦争記念館で「過去を忘れず未来を開くために」と題する演説をし、日中戦争に対する日本の戦争責任を明確にするとともに、戦争犠牲者に対する損害賠償の必要性を強調した。

この中で田辺氏は、一九三七年七月の盧溝橋事件について「日本軍が戦闘を仕掛け、この事件を奇貨として全面戦争へと突き進んだ」と述べ、戦争責任は日本政府にあるとの歴史認識を表明。「戦前の日本軍国主義の犯した罪に対する償いを日本国民が民族としての責任において進んで引き受けることが必要だ」と述べ、社会党として犠牲者の実態調査、戦後補償の実現に積極的に取り組む考えを示した。

演説は歴史に対する責任を明確にしない限り、冷戦終結後の新世界秩序構築へ向けた日本の国際貢献策が「常に影を背負う」（田辺氏）という基本的考え方を背景にしており、同氏が提唱した「戦争謝罪の国会決議」の実現を促進する狙いもある。

田辺氏は中国国民に対する「日本軍の蛮行」の例として、南京大虐殺、「花岡事件」に象徴される強制連行、アヘン密売による毒化政策、人体実験などを挙げ、「現在なお日本国家が事実として認める勇気と誠意すら持てないことは恥ずべきこと」と日本政府の対応を批判した。

田辺氏は既に太平洋戦争開戦五十周年を迎えた昨年十二月、党主催シンポジウムで同様の趣旨の演説をし、アジア・太平洋地域諸国民や、旧連合国軍人など十九カ国・地域の戦争犠牲者に対する「謝罪と補償」の必要性を表明している。

田辺氏は日本軍の侵略行為の被害国で、党間交流の親密な関係にある中国での演説を強く希望したため実現した。

朝日新聞 '92.1.12

強制連行者や遺族らと面会

社党訪中団

【北京11日＝青木康晋】中国を訪れている社会党のアジア諸国訪問団は十一日、第二次大戦中の中国人強制連行関係者らに北京市内のホテルで面会した。一行は強制連行された北海道の鉱山から逃亡し、終戦から十三年後に山中で発見された劉連仁さん(七八)や強制連行者の遺族、日中両国の研究者ら十五人。劉さんは富塚三夫国際局長に対し、①日本政府の公式な謝罪②しかるべき補償③強制連行の史実を後世に残す記念館の建設、を求めた宮沢首相あての手紙を託した。

富塚氏は劉さんらに「個人に対する戦後補償については、党として取り組む。今後、具体的な解決策を検討したい」と語った。

東京新聞 '92.3.9

中国で対日戦争賠償請求案

約24兆円、全人代に提出へ

【北京9日共同】日本の中国侵略の戦争賠償として千八百億ドル（約二十三兆八千億円）を要求する法案が、二十日から北京で開幕する全国人民代表大会（全人代＝日本の国会に相当）に提出されることがほぼ確実となった。

対中賠償問題は一九七二年の日中国交回復時の中国側の要求放棄で政府間では解決済みだが、中国国内で本格的要求が提起されたのは初めて。同法案が可決される可能性はないとみられるが、正常化後二十年を迎えた日中関係や韓国など他の戦争被害国への影響が出るのは必至だ。

信頼できる中国筋によると、全人代への法案提出に必要な最低三十人の代表を確保、現在具体的な案文の作成に入っているが、これまでのところ共産党からの干渉を全く受けていないという。

先に尖閣諸島（中国名・釣魚諸島）を中国の領土と領海法に明記したことと併せ、中国指導部内に対日強硬派が台頭している、との見方が北京の外交筋の間で強まっている。

法案提出は昨年三月の全人代に建議書を出した北京の大学講師、童増さん(三五)に賛同する四川省の代表らが中心に準備を進めている。

同代表らによると、旧日本軍による中国侵略の被害賠償総額は三千億ドル。戦死や戦闘員の死傷に対する賠償の千二百億ドルは正常化の際に解決済みとしているが、南京虐殺など一般市民に対する被害賠償として残る千八百億ドルを要求している。

民間被害賠償の内訳として①非戦闘員約一千万人に対する殺害、傷害行為②約三百万人に対する労働強制③有毒化学・細菌兵器使用による市民被害④公的・私的財産の略奪、破壊——などを挙げ、民間レベルの被害賠償の法的根拠として、第二次大戦後のドイツの対ポーランド賠償を指摘している。

法案は中国紅十字会（赤十字）を通じて対日請求を行うよう求めている。

建議書提出以来、共産党機関紙「人民日報」や法律専門紙「法制日報」が新たな賠償請求の法的根拠となる理論を紹介するなど中国国内の関心は高まっていた。

戦後処理への不満を示す

【北京9日共同】日中国交正常化二十周年に当たり、対日戦争賠償要求の声が再び出てきたことは、中国の庶民の間に日本の戦後処理に対する不満が依然くすぶっていることを示している。

昨年来、旧日本軍が中国に残した毒ガス兵器や従軍慰安婦問題が表面化する一方、二日には尖閣諸島（中国名・釣魚諸島）を中国の領土と明記する領海法が制定されるなど、ここにきて二十周年の友好ムードに水を差す問題が続出している。

こうした流れには、軍部内の対日強硬派の台頭に加え、国交回復後に経済や人の交流が活発化する中で、経済格差を痛感した若年層を中心に反日意識が広がり始めていることも作用しているようだ。

香港誌「鏡報」二月号によると、中国の著名人や政治協商会議メンバーも江沢民共産党総書記に対し、対日賠償要求を放棄しないよう申し入れた。その理由としては、日本が過去を謝罪せず海外派兵をしようとしていることへのけん制や、今後さらに日本に経済援助を求めるテコとすることなどが挙げられたという。

中国外交筋は「政府として賠償問題は解決済みとの立場を変えることはあり得ない」と話しており、賠償要求法案が可決される可能性はまずない。また経済改革・開放を加速しようとしている中国が、対日関係の悪化を望んでいないことは明らかだ。

しかし、日本が戦後処理をきちんとしてこなかったという〝ツケ〟はあまりにも大きい。五月にも予定される江沢民総書記の訪日を前に中国の庶民から「過去の清算」を求める声がさらに噴き出してくる可能性もある。

過去の清算を 北朝鮮紙訴え

【朝鮮通信】朝鮮中央通信によると、朝鮮民主主義人民共和国の労働党機関紙「労働新聞」は八日、「日本は過去をきれいに清算すべきだ」と題する金国三朝鮮職業総同盟副委員長の談話を掲載し、日本政府は朝鮮人民に対する過去の罪悪に対し心から反省しておらず、応分の補償をしようとしていないと指摘した。

毎日新聞 '92.3.16

全人代に提案

中国・重慶市議会が賠償要求

日中戦争民間被害で24兆円

【北京15日時事】中国四川省重慶市から十五日北京に伝えられたところによると、同市の人民代表大会(議会)はこのほど、日中戦争中の民間被害賠償として、全国人民代表大会(全人代)が中国全体で千八百億ドル(約二十三兆八千億円)を要求するよう求める提案を全人代に送付した。全人代では既に、一部の代表(議員)が同様の要求決議案提出を計画している。

中国の地方議会が日本に対する民間賠償要求を打ち出したのはこれが初めて。二十日開幕の第七期全人代第五回会議で議題に取り上げられる可能性はないとみられるが、関係筋によると、ほかに湖北省、浙江省、黒竜江省、ハルビン市、武漢市などの人民代表大会でも賠償要求の声が上がっているという。

二月二十四日から開かれた重慶市人民代表大会に賠償要求を議案として提出したのは、四川省第二党校(共産党員養成機関)の教官を務める馬昌銘氏ら三十二代表で①全人代が法に従って、(満州事変の起きた)一九三一年から四五年の被害について日本に賠償を要求する権利を主張する②日本軍の爆撃による重慶市民殺傷、財産被害を調査し、賠償要求の法的根拠を確実なものにする――ことを提唱した。

日中戦争中、国民党政権の本拠地となった重慶は日本軍の大規模な爆撃を受け、中国側資料では数万人の死者が出たとされている。

朝日新聞 1992年(平成4年)3月22日

日本賠償求め 1億人署名へ

中国の市民団体

【北京21日＝時事】戦争中の民間損害賠償の対日要求運動を進めている中国の市民グループが二十一日、北京で「中国国民一万人」の名で日本の国会にあてた公開書簡を発表した。同グループはこの中で、戦争時の民間被害について日本が正式に謝罪し、賠償を行うまで一億人署名運動を展開するとしている。

公開書簡を発表したのは中国老齢問題委員会付属科学研究センター研究員の童増氏らで、北京の日本大使館と日本の国会にそれぞれ郵送する。

書簡は「中国政府は二十年前の中日共同コミュニケで政府間の戦争賠償は放棄したが、中国人民が(民間の)損害賠償要求を放棄したと政府が発表したことはない」と指摘。ただ、要求賠償額は明示していない。

毎日新聞 '92.1.31

対日戦争賠償の要求を放棄するな

中国で請求運動広がる

【香港29日共同】二十九日発売の香港の中国系誌「鏡報」二月号は、中国共産党に属しない著名人や民主党派、政治協商会議(政協)メンバーがこのほど江沢民・党総書記に対し、対日戦争賠償の要求を放棄するなど申し入れたと報じた。

戦争賠償については一九七二年の国交正常化の際、日中共同声明で中国政府が請求権を放棄したことが確認されているが、民衆レベルで対日賠償請求運動の芽が広がりつつある。

朝日新聞 '92.3.12

民間賠償請求「関知しない」

中国政府が表明

【北京支局11日】中国外務省スポークスマンは十一日、日中戦争の民間被害者が日本に直接、戦争被害の賠償を請求できるか、との質問に対し、政府としては関知しない、との立場を表明した。同スポークスマンは、「(賠償問題についての)中国政府の立場は、中日共同声明で明確に示されている」と述べ、賠償問題は政府間では解決済みと表明した。しかし、民間賠償については、「一部の中国人被害者が日本と当事者として接触することは、彼らの間の事である」と述べ、政府としては関知しない姿勢を示した。

読売新聞 '92.3.16

重慶市議会が要求

日中戦争の民間賠償 23兆円 全人代に意見送付

【北京15日＝時事】中国四川省重慶市から十五日北京に伝えられたところによると、同市の人民代表大会(議会)はこのほど、日中戦争中の民間被害賠償として、全国人民代表大会(全人代)が中国全体で千八百億㌦(約二十三兆八千億円)を要求するよう求める提案を全人代に送付した。全人代では既に一部の代表(議員)が同様の要求決議案提出を計画している。

中国の地方議会が日本に対する民間賠償要求を打ち出したのはこれが初めて。二十日開幕の第七期全人代第五回会議で議題に取り上げられる可能性はないとみられるが、関係筋によると、ほかに湖北省、浙江省、黒竜江省、ハルビン市、武漢市などの人民代表大会でも賠償要求の声が上がっているという。

日中戦争中、国民党政権の本拠地となった重慶は日本軍の大規模な爆撃を受け、中国側資料では数万人の死者が出たとされている。議案は同大会での討議を経て、決議ではなく「意見」として中央の全人代に送付された。

朝日新聞 '92.3.24

日中戦争問題

民間賠償に政府不関与

中国外相

【北京23日＝和気靖】中国の銭其琛外相は二十三日の記者会見で、日中戦争時の被害への対日賠償要求問題について、「中国政府の立場は、中日共同声明で明確に示されており、変化はない」と述べ、政府間で解決済みとの見解を改めて示した。

開会中の全国人民代表大会（国会）で一部代表が日本政府に民間賠償を要求する提案をしていることに関しては、「大会の事務当局が規定に基づいて処理するだろう」と政府として関与しない考えを表明した。

東京新聞 '92.3.24

日中戦争時の民間被害

賠償請求権認める

中国外相

【北京23日清水美和】中国の銭其琛外相は二十三日の記者会見で、開会中の全国人民代表大会（全人代、国会に相当）に日中戦争時の民間被害に関する対日損害賠償請求を要求する議案が提出されたことについて「中国への侵略戦争がもたらした複雑な問題について、日本政府は当然適当に処理するべきだ」と述べ、事実上民間の賠償請求権を認めた。

同外相は回答の中で「甲午（日清）戦争から抗日戦争の勝利まで、日本軍国主義は中国人民に半世紀にわたる災難をもたらした」と述べた。しかし「中国政府は中日共同声明の中で戦争賠償問題に明確な態度表明をした。この立場は変化がない」と政府としての賠償請求を放棄した立場を確認した。

全人代に提出された議案については「人民代表には議案を提出する権利があり、全人代事務局が規定によって処理する」と干渉しない姿勢を示した。銭外相の回答は「一部の中国人被害者が当事者として日本政府と接触することに干渉しない」とした今月十二日の外交部スポークスマンの発言から踏み込んだものだ。

請求は中国政府に

外務省が見解

外務省は二十三日、中国の銭其琛外相が民間の対日賠償請求権を認める発言を行ったことについて「中国側は対日戦争賠償請求権を放棄する旨を一九七二年の日中共同声明で宣言しており、戦争賠償問題は日中政府間では決着ずみだ」とした上で「中国民間の賠償請求は中国政府に対して行われるべきだ」との見解を示している。

神戸新聞 '92.4.14

731部隊、人体実験の新資料

米で発見、細菌爆弾も

第二次世界大戦中の中国大陸で、細菌戦の準備を進めていたとされる関東軍防疫給水部(通称七三一部隊、石井四郎部隊長)が行った膨大な人体実験の図解入りデータが米国で見つかり初めて公開された。これらのデータはこれまで極秘扱いだっただけに、研究者らは「旧日本軍の戦争責任を考える上で重要な発見」と高く評価している。

NHKが今年三月、生物化学兵器の防御方法を研究している米国ユタ州の陸軍ダグウェー実験場から情報公開法に基づいて入手し、十三日夜の現代史ドキュメント「731細菌部隊・前編」で放送された。

それによると、七三一部隊は満州事変後に前線への水の補給と疫病防止を名目に編成された秘密部隊で、中国人らに細菌を使った人体実験や細菌爆弾の製造をするなど細菌戦の準備をしていたとされる。

終戦直後、七三一部隊の存在を知った米国は戦犯免責を条件に石井部隊長(軍医中将)ら関係者を尋問、数多くの資料を米国に運んだが、今回見つかったのは同部隊の医師が作成したとみられる二千ページ(英文)に及ぶ詳細な実験データで、約八千枚の顕微鏡写真(複写)のほかカラーの人体解剖図も添付されていた。

例えば、死亡率の高い炭疽(たんそ)菌を口や鼻、それに皮膚を通して感染させられた三十四歳の男性(人種は不明)の場合は、三日後に解剖され、肺や気管支、膵臓(すいぞう)にどのような病変が起きていたか—などが図解入りで報告されており、資料の中には約五十人分のデータが含まれていたという。

またNHKは、七三一部隊の戦争責任を追及するため、ソ連が一九四九年十二裁判の全容を明らかにする「731細菌部隊・後編」を十四日夜に放送する。

戦争責任で再考を

常石敬一神奈川大教授(現代史)の話 終戦後、米軍が石井部隊の医者たちに書かせた人体実験リポートがあることは知られていたが、八千枚もの病理標本の顕微鏡写真や、個別の人体実験の中身が明らかになったのは初めて。

日本政府はこれまで部隊の存在は認めても、人体実験は立証されていないとの立場を取ってきたが、これで否定できなくなったわけで、政府も資料を取り寄せ、戦争責任について改めて考えるべきだ。

村人千人が消えた

老黒溝事件を調査
中国学者

【中国通信＝共同】八日の中国新聞社電によると、長春在住の歴史学者、千振鷺氏はこのほど、日本軍が吉林省の旧称「老黒溝」で行った大虐殺事件で約千人の中国人が殺された詳細な状況を発表した。老黒溝は吉林市の北東約八十㌔にある峡谷の村で、当時抗日運動の活動拠点だった。

千氏は「一九三五年五月中旬、日本の関東軍第三八連隊の兵士一千余人が老黒溝に入り、殺人、放火を五日間続けた。針金をカギ状にして鎖骨に突き刺した後、銃剣でくし刺しにしたり、針金で村民の両手を縛り、この間に棒を通して池に投げ入れるなどして殺害した。一千余人いた村が無人地帯と化し、鶏や犬もいなくなった」と述べた。

神戸新聞 '91.9.10

中国人遺骨416柱を確認

天津の記念館で保存
花岡事件犠牲者

太平洋戦争末期、秋田県の花岡町（現大館市）の花岡鉱山で、強制連行された中国人が蜂起した「花岡事件」の犠牲者らの遺骨が、中国・天津市にまとまって保存されていることが、このほど訪中した大館市民訪中団らによって確認された。遺骨があったのは、天津市の抗日殉難烈士記念館。戦後、日本から送り返したもので、遺骨は四百十八柱だったが、昨年、中国の研究者が、そのうちの四百十六柱が同記念館にあるのを発見、日本に連絡した。これを受けて、大館市民訪中団と、事件の解明に取り組んでいる弁護士野添憲治さんが現地を訪れた。

同記念館には、花岡事件の犠牲者も含め、強制連行された後、日本各地で亡くなった人の遺骨計二千三百四十五柱があった。中国側の研究者によると、これだけの遺骨が一カ所に納められていたことは、中国内でもまったく知られていなかった、という。

朝日新聞 '92.4.29

毎日新聞

1992年（平成４年） 4月28日 火曜日 （日刊）

戦死傷補償請求認めず

台湾人元日本兵らの上告棄却

「法の下の平等」反せず

最高裁

第二次世界大戦中、日本軍に駆り出され、戦傷死した台湾人十三人の本人や遺族が一人当たり五百万円の補償を国に求めた台湾人元日本兵訴訟で、最高裁第三小法廷（佐藤庄市郎裁判長）は二十八日、訴えを退けた一、二審を支持し原告の上告を棄却した。裁判の過程で、一九八八年度からの弔慰金支給が実現したが、「日本人との不公平な扱いは法の下の平等に反し、違憲」とする主張は、司法の場で受け入れられず、敗訴が確定した。（10面に解説）

上告したのは、ラバウルなどへ徴用され、戦死した四人の軍属と、負傷した九人（軍人一人、軍属八人）の遺族や本人計二十四人。

裁判では①軍人や軍属には、具体的な法令がなくても補償すべきか②国の戦争の犠牲者に、財産権を保障した憲法二九条などに基づいて補償すべきか③日本人に限って補償することは法の下の平等を保障した憲法一四条違反か——が争点となった。

最高裁判決は、「軍人、軍属の戦死傷は戦争損害で、軍人、軍属というだけで、補償請求できない」とした一、二審の判断を妥当と指摘。憲法二九条についても「戦争被害への補償は戦争の放棄を定めた現憲法は想定していない」との二審の見解を支持した。

次いで「法の下の平等」問題に言及。日華平和条約（五二年）で「（補償問題は）両国政府の特別取り決めの主題」とされていた点を挙げ、日本人だけに補償を限っていたことも「合理的根拠があった」と述べた。日中共同声明（七二年）で台湾との国交が途絶えてからは「特別な取り決めが事実上、不可能な状態にある」と指摘した。そして「このような現実を考慮して、どのような措置をとるかは、立法政策の問題だった」と結論づけた。

上告棄却の結論は四裁判官の全員一致。園部逸夫裁判官は、台湾との国交が途絶えてからは「違憲状態」との意見（結論は同じでも理由づけが異なる）を述べた。

日本人軍人・軍属の戦死傷者は、恩給法や戦傷病者戦没者遺族等援護法によって補償されている。しかし、台湾人はその対象にならず、二審判決後、戦死者の遺族と重度の戦傷者に限り、一律二百万円の弔慰金が支給されるようになった。

台湾人元日本兵らの上告棄却——

司法の救済に高い壁

（解説）台湾人元日本兵訴訟の敗訴確定は、司法による「戦後補償」の難しさを改めて浮き彫りにした。しかし、台湾と同様、日本の植民地だった韓国・朝鮮人の元軍人・軍属や従軍慰安婦の訴訟も起きており、司法と政治の場で、戦後処理の責任は問われ続ける。

台湾人元日本兵の補償問題では、戦後の複雑な国際情勢も影響した。日華平和条約（一九五二年）で懸案事項とされながら、進展がないまま、条約自体が日中国交回復で失効した。

韓国の関係は、また事情が異なる。日韓基本条約（六五年）で、韓国政府は補償請求権を放棄した形となっているからだが、「日本政府に対し、個人の請求権は残っている」と、昨年夏以降、提訴が相次いでいる。しかも、台湾と違って国交があり、外交交渉で取り上げることもできる。

今回の最高裁判決は、台湾人元日本兵への司法救済を否定したにとどまる。このため、他の戦後補償裁判については、別に司法判断を求められていることに変わりはない。

（社会部・中崎雄也）

神戸新聞 '92.5.19

海外ウイークリー

中国人被爆者にも 日本政府は補償を

北京在住
由明哲氏

爆心近く、奇跡的に生き残る

日本留学時代の被爆体験を語る由明哲氏（共同）

広島に原爆が落ちてから今年で四十七年を迎えるが、爆心近くにいながら奇跡的に生き残った中国人が北京にいた。由明哲さん（七七）だ。北京の繁華街、王府井近くのアパートに妻の孔玉蕾さんと二人で暮らしている。

被爆後数年は身体の不調に悩まされたが、現在は特に大きな持病もなく、至って健康。勤め先の工業大学を引退してからも、近所の老人仲間とゲートボールを楽しみ、悠々自適の毎日。

「被爆者に対する補償を日本政府はきちんとやってほしい。世界一の経済大国になったのだから」

今でも日本語を勉強し、ワープロで手紙を書くという由さんは、日中国交回復二十周年のことしこそ、日本の戦争被害をきちんと見直さなければならない、との考えだ。

一九四五年八月六日、広島文理科大学（現広島大学）に留学していた由さんは、早朝から実験のため学内の研究室にいて被爆した。

「無我夢中で外に飛び出した。朝だというのに薄暗く、空は一面黄色になっていた。日本人の同級生に声を掛けられ、初めて私の体中にガラス片が突き刺さり、血まみれになっていることに気付いた」

爆心から一・五㌔の近距離にもかかわらず、奇跡的に助かった。すべての建物が壊れ、そこここに死体が倒れている中を、死に物狂いで市内を脱出、郊外の寺院に逃れた。

「死んだ街のようでした。生命の跡は何もなく、幸い生き残った人々は、男女を問わずみんな抱き合って泣いていました。あの情景は永遠に忘れられない」

半年後に東京に移り、ほかの留学生とともに助け合って生活していたが、新中国成立で祖国建設に参加しようと船で帰国した。祖国に残した妻の孔玉蕾さんと再会を果たした由さんは、留学の成果を評価されて北京の工業大学で多くの技術者を養成してきた。

被爆者だということを伝え聞いて、中国当局者がその体験を聴取に来たこともあった。目立った後遺症がないことや、帰国後に生まれた二女も健康だったことについて由さんは、コンクリートの地下実験室にいたことと、爆心地を早い時期に脱出したことから、浴びた放射能が少なかったためではないかと考えている。

これまであまり注目されなかった中国人被爆者だが、由さんは十一年前の八一年七月に日本側の招きで広島を訪問した際に、平和記念公園や原爆病院を訪れており、被爆者手帳も取得している。

「当時広島に留学していた多くの中国人留学生が原爆で死亡したが、私の知る限り現在でも少なくとも三人が中国に健在だ。皆、既に高齢で、健康に不安を抱いている。日本の他の被爆者のように政府の手当で介護や医療を受けられれば良いのだが」と訴える。

「私の心残りは被爆後負傷して郊外に逃れたときに、着替えの洋服や、熱いお茶などをくれた親切な女性を捜し出せなかったこと。もし広島を再訪問する機会があれば、ぜひ会ってお礼を言いたい」（北京河野共同記者）

中国新聞 '92.6.16

強制連行で被爆 中国人徐さん

手帳・渡日治療求める

証拠収集など支援訴え

戦時中、山県郡加計町の安野水力発電所建設に動員され、広島市内で被爆した、と証言する中国・青島市の農業徐立伝さん(六九)が、被爆者健康手帳の取得と渡日治療を求めている。五月に訪中し、徐さんら元労働者・遺族と面会した市民グループが十四日、広島市中区の広島YMCAで報告会を開き、支援を呼びかけた。

徐さんの証言では昭和十九年、華北労工協会を通じ

徐　立伝さん

て三百六十人の同胞とともに加計町坪野の収容所に送られ、建設工事に従事。翌年七月、同胞同士の乱闘殺人事件に連座して広島方面へ護送され、拘留中の八月六日ごろ、強いせん光を伴った衝撃で失神したという。

その際、割れた窓ガラスで顔にけが。いったん近くの防空ごうに逃げた後、破壊を免れた施設に再び収容されたが、数日後釈放、八月十八日ごろ加計町に戻り、十一月帰国した。

徐さんの証言によると、事件では二回にわたって計十九人が逮捕された。日中友好団体などが三十年代初めに全国で強制連行犠牲者を調査した結果では、うち五人が爆心一キロ以内の広島地裁検事局(当時三川町)か広島西署(当時大手町)に拘留中被爆死したもようだが、自ら被爆したと証言したのは徐さんが初めて。

徐さんは現在、歯肉がんに侵され、「新聞で被爆韓国人が日本に補償を求めているのを知った。私もせめて日本の医者に診てほしい」と訴えている。

面会した西区福島町一丁目、保母牛尾美保子さん(四五)は「徐さんはこの五人とは別の場所で被爆したようだが、まだ裏付けが取れない。渡日治療実現のためにも、被爆当時の情報を広く求めたい」と呼びかけている。

牛尾さんの連絡先は広島キリスト教社会館保育園☎(295)7542。

朝日新聞（秋田）　'92.6.20

新　聞　　第3種郵便物認可

今年は中国大使館に招待状

花岡事件　大館市主催の慰霊式

市民団訪中の答礼

市「来年以降はまだ未定」

花岡事件が起きた六月三十日に、「中国人殉難者慰霊式」を開いている大館市は十九日までに、中国大使館に慰霊式への招待状を送った。同市は昨年春の市長交代に伴い、それまで続けていた同大使館員の招待を取りやめ、「平和意識の後退」などと批判された。が、今年は「花岡事件を記録する会」など地元の市民団体が強制連行を学ぶ全国規模の「中国人強制連行フォーラムin大館」を二十八日から開き、フォーラムに、旅費などを負担して大使館員を招く準備を進めており、日程が重なる慰霊式へ、公的な招待の形を取るよう市に要請、市もこれを受け入れた。

同市総務課によると、出席についてはすでに同大使館に電話で招請済みで、大使館側は出席することを内諾している。

同市では事件四十周年の一九八五年以降、天安門事件のあった八九年を除き、旅費などの経費を負担して、中国大使館員を慰霊式に招待してきた。が、昨年は突然招待を中止。直前の市長選挙で市政が革新から保守に変わったこともあり、市民団体などから「平和に向けた姿勢の後退」などと指摘された。

今回の招待実施について、市総務課では「経費を市民団体が負担することになったのと、四月に畠山前市長を団長とする市民団が中国を訪問、手厚い歓迎を受けたことに対する答礼の意味もある」と説明、市主催の夕食会を開くことも明らかにしている。が、来年以降については「まだ考えていない」とした。

今回の招待についてフォーラムを主催する同フォーラム実行委の谷地田恒夫事務局長は「昨年からみれば半歩前進という感じ。フォーラムは毎年開催できるものではなく、これを機会に来年からは一昨年までと同様、市の経費負担で招待が実施されるようになれば」と話している。

一方、同実行委は、二十八、二十九の両日、同市の大館労働福祉会館で開く同フォーラムと並行して、二十七日から三十日まで、同会館で花岡事件に関する未公開の写真や資料の展示会を開く予定。

展示される写真は、拷問などによって殺された中国人労働者の遺骨の収集作業を写したものなど事件に関連した五、六十点。米公文書館の資料なども並ぶ。

一九六三年、衰弱死したり、拷問などで殺され、埋められた中国人労働者の発掘作業で集められた遺骨。これとは別に戦後すぐに、第一回目の発掘作業が行われ、この時もおびただしい量の遺骨が発見されており、事件の悲惨さを浮き彫りにした＝旧花岡町の事件現場で

戦火が激しさを増す一九四二年、増産要請のため花岡鉱山を視察、鉱山労働者の子弟を集めた施設を慰問する岸信介元首相（当時商工大臣）。国内の労働力不足から、同年十一月、中国人労働者の利用が国策として決定され、強制連行、花岡事件につながる＝旧花岡町で（ともに大館労働福祉会館で展示予定）

北鹿新聞 '92.6.29

強制連行フォーラム

心の傷跡いまでも深く

生存者、遺族らが来館 李副隊長が生々しく証言

四十七年目の「花岡事件の日」を前に、生存者、遺族ら六人の中国人が二十八日、来館。前日から始まった「中国人強制連行フォーラムーIN大館」で、当時の過酷な労働条件や拷問の様子など"悲惨な事実"を証言した。生存者は来日の理由を「事実を広く訴え、責任を取ってほしいから」とし、「連行した鹿島組は謝罪もない。子々孫々まで追及したい」と訴え、今でも心に残る傷は深いことをうかがわせた。

この日来館したのは、花岡に連行され過酷な労働条件に耐えかね昭和二十年六月三十日、ほう起した中国人八百人の副隊長だった李克金さん(七二)と、生存者の柳寿欣さん(六七)、父親を花岡で亡くした孫力さん(五六)、中国国際友誼促進会の于引秘書長(五四)、中国人民抗日戦争記念館の劉建業(四八)、于延俊(四二)の両副館長。

六人はフォーラム二日目の「花岡事件の生存者・遺族と語り合う会」に出席、約百人の参加者を前に事件を証言した。このうち李さんは「中国から連行される時から満足な食糧は与えられなかった」などと状況を伝え、花岡に着いてからも「日が上っているうちは重労働が続き、暴力や少ない食糧に耐えかねてほう起を計画した」と語った。

花岡事件の模様を語る李克金さん

また、決行後、山の中で日本人に囲まれ「自殺を図ったが死に切れずに捕まった」とし、その後は「日本の警察に歩けなくなるほどの拷問を受けた」と、今でも曲がったままの手や足を示し、「事件」を生々しく証言した。今回の来日については「事実を訴え責任を取ってほしい」とし、「鹿島組が賠償に応じなければ子々孫々まで追及したい」と訴えた。

このほか語る会では、能代市のルポライター野添憲治さんが「いま、花岡事件は」と題して発表。「最近になって新しい資料が見つかりまだまだ奥が深い問題と感じている。しかし、事件を知る人が高齢になり、今こそ記録しておくべき」などと呼びかけたほか、事件を調べる作家や弁護士らが発表した。

生存者、遺族らは、きょうのフォーラム三日目の行事「花岡事件を歩く」にも参加し獅子ケ森や花岡を訪ねるほか、三十日には大館市主催の慰霊祭に参加の予定。

毎日新聞（秋田） '92.6.30

花岡事件フォーラム

拷問の地を訪問

47年前の怒りと涙新た

花岡事件を再検証する「中国人強制連行フォーラムin大館」は二十九日、事件現場を歩く「フィールドワーク」が行われた。中国人労働者らが拷問を受けた共楽館跡や遺骨が一時保管された信正寺墓地で、生存者・遺族は四十七年前を振り返って怒りを新たにし、同僚や家族の死を悼んでいた。

現地巡りは事件を風化させまいと市民グループ「花岡事件を記録する会」（谷地田恒夫代表）が数年前から行っている。副隊長の李克金さん(七四)と柳寿欣さん(六七)、遺族の孫力さん(五六)や支援関係者など約七十人が参加。一行は労働者の宿舎だった中山寮跡地をまず訪ねた。

現場は今、花岡鉱業所・滝ノ沢第二沈殿池に姿を変え当時の面影は全くない。しかし、李さんは対岸の山並みを記憶しており「ここだ、ここだ。仲間が次々に死んだ場所がこんな汚いゴミ捨て場に……」と絶句。

また、一斉ほう起後捕まり、取り調べの場所となった共楽館跡地に建つ石碑の前にひざまずいた孫さんは「お父さん」と呼びかけて号泣。鹿島建設（当時は鹿島組）が建立した信正寺境内の「華人死没者追善供養塔」前では、小さい粗末な墓石を見て「企業の良心はこれしかないのか」と憤りをあらわにしていた。

拷問を受けた共楽館跡で石碑に花束をささげ号泣する（手前から）孫さん、李さん、柳さん

朝日新聞（秋田）'92.7.1

「事実風化させまい」

花岡事件 慰霊式 碑にすがる遺族ら

花岡事件からまる四十七年の三十日、中国人殉難者慰霊式（大館市主催）が同市の十瀬野公園で営まれた。中国人生存者と遺族の三人に、中国大使館員、市関係者ら約百人が参列。裏面に犠牲者四百十八人の名が刻まれている中国人殉難烈士慰霊之碑前で、小畑市長が「事件は絶対許されない。事実を忘却し、風化させてはならない」と誓い、中国大使館代表の王泰平参事官は「慰霊碑は時代を映す鏡とし、中日両国人民の友好を約すシンボルとして心に残そう」とこたえた。

その中で、生存者の李克金さん(七三)、柳寿欣さん(六七)、遺族の孫力さん(三八)の三人は、やはり涙を抑えることはできなかった。李さんの肩は震え、孫さんは碑にすがって泣いた。

柳さんは、絞り出すような声で「鹿島は今も犯罪的な事実を覆い隠し、責任を認めず、私たちの正当な要求を無視し続けている」と訴えた。

一方、大館労働福祉会館で開かれた資料展には、四日間で市民ら約千人が訪れた。フォーラムで講演した作家の野添憲治さんは「資料展やフォーラムは予想以上の反響で、花岡への関心を政治や生活の中に生かすことのできる時期にきたと感じた」と評価した。

また、市内の信正寺でも同日、地元市民団体「日中不再戦友好碑を守る会」の主催する慰霊祭があり、市民ら約五十人が参加した。

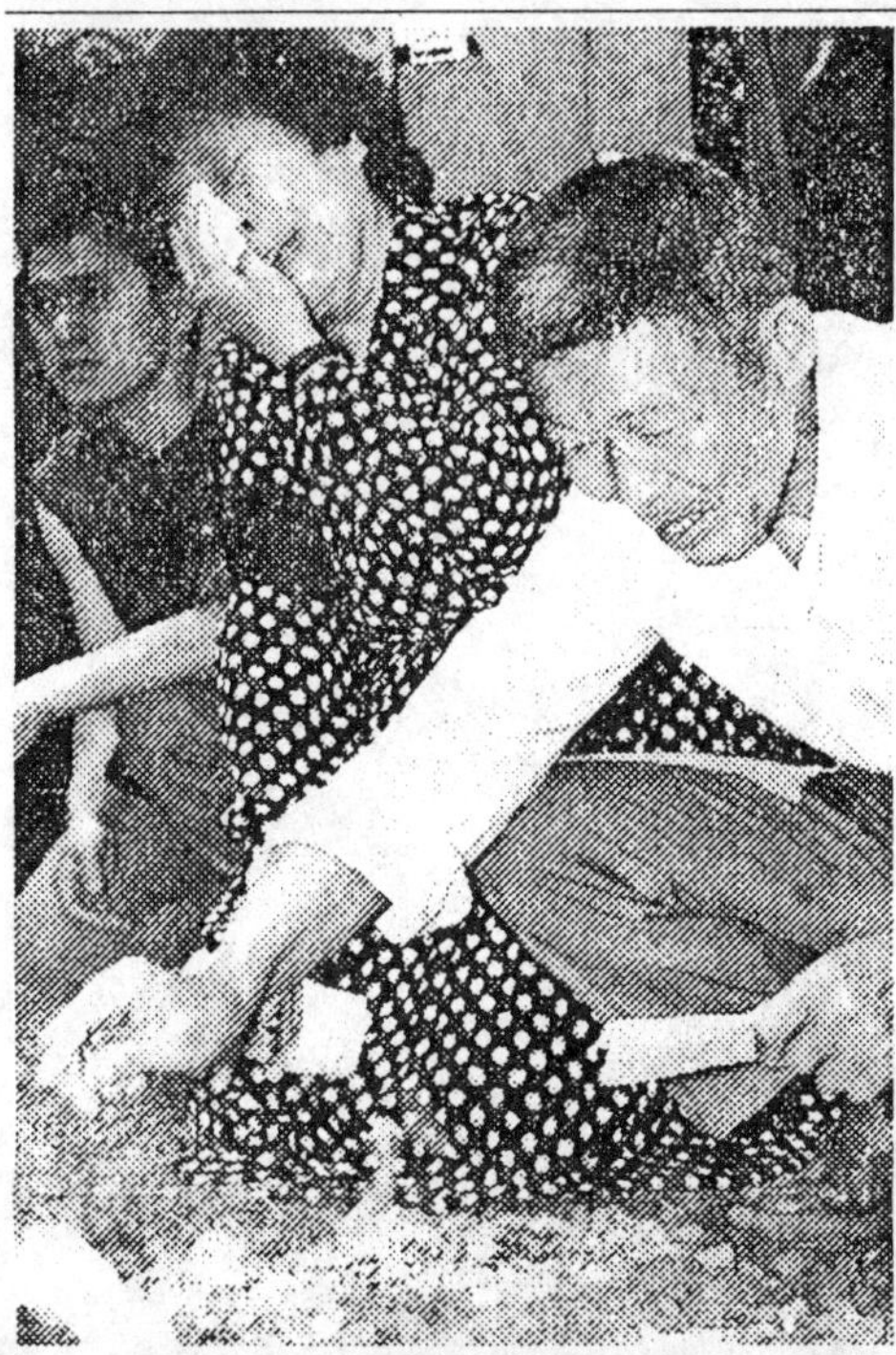

紙幣に模した紙を焼く中国式の儀式で同胞の霊を弔う李克金さん
＝大館市花岡町で

第二部　朝鮮人強制連行・強制労働　新聞記事抄録

朝日新聞 '91.5.14

軍の朝鮮人徴用文書

「極秘」資料 国会図書館で発見

工事動員人数示す

戦時中、すでに日本に住んでいた朝鮮人を海軍の軍事施設工事に徴用するため、国が府県に対して割り当てた人員表の一部など当時極秘の内部文書が、国立国会図書館に残されていることがわかった。敗戦後、連合軍総司令部（GHQ）に接収された文書のマイクロフィルムの中から、強制連行問題に取り組む兵庫県尼崎市の在日朝鮮人、洪祥進さん(四〇)が見つけた。北海道の開拓記念館などには、財閥系の炭鉱が厚生省に朝鮮人の動員を頼んだ資料が残っているが、軍関係の徴用実態を示す資料は珍しいという。政府が徴用計画を実際にどう進めていたかの空白を埋める文書は、三十一日に大阪で開かれる強制連行調査グループの全国交流集会で報告される。

海軍施設への割り当て表など、朝鮮人徴用のため日本政府が作成した文書のコピー

40府県から計5215人

文書は「各府県別割当人員表（九月二十一日　徴用命令）」」。四十府県に住む計五千二百十五人の朝鮮人が、横須賀、呉、佐世保、舞鶴の各海軍建築部の徴用に割り当てられた内訳を記し、「極秘」のスタンプを押している。

府県別の徴用数では、大阪の九百十五人が最も多く、以下、東京六百三十人▽兵庫四百五十五人▽福岡四百人▽京都三百三人など。佐世保海軍建築部の千四百十五人を最高に、呉海軍建築部・大竹工事場九百六十五人▽横須賀海軍建築部（本部）七百六十五人などとなっている。

厚生省職業局登録課の事務官が内務省警保局の理事官にあてた「府県別の割り当て数が決まった。関係する地方長官あてに徴用命令を出したので、参考までにお送りします」という書類も添えられていた。

洪さんは国立国会図書館・憲政資料室に保存されている旧陸海軍の関係文書についての目録に着目、マイクロフィルム化された文書類を調べたところ、いずれも一九四一年から四二年にかけてまとめた書類の中から見つかった。

戦争の継続とともに大量の労働力が必要になった日本政府は、一九三九年七月に国民徴用令を公布。石炭や鉄鋼などを増産するために朝鮮人動員を決めた。軍関係の徴用は一九四一年九月から始まり、朝鮮人は日本陸海軍要員（軍属）として国内をはじめ旧満州（中国東北部）など、アジア各地に連れて行かれた。

文書には「九月二十一日」の日付があるだけで、作成された年についての記述はないが、一九四一年から四二年にまとめられた文書類の中から見つかったことで、軍関係の徴用が始まった初期の書類とみられる。

当時の体験者らの証言では、徴用といっても実際は「強制労働」で、トンネル工事で発破をしかけるなどの危険な仕事は朝鮮人がやらされることが多かったといわれる。同種の文書は米国・国立公文書館に保管されていることが明らかになっている。

「青丘文化ホール」（大阪市天王寺区）代表の辛基秀さん(六〇)は「戦後になっても資料はほとんど表に出ていない。現在、朝鮮人軍属の戦後補償が裁判で問題になっており、興味深い文書だ」と話している。

社会新報 '91.6.7

在日朝鮮人が語った強制連行の真実

造兵廠で監視人付きの生活
差別され罵られ殴打されて

【大分】日朝連帯大分県民会議（大平文士理事長）と朝鮮総連大分県本部（辺海元＝ピョン・ヘウォン＝委員長）は五月二十九日、大分市と佐賀関町で朝鮮人強制連行調査をした。調査団は日鉱佐賀関精錬所や旧陸軍造兵廠（しょう）跡（現旭化成）周辺の飯場などを訪問したあと、戦前・戦中に日本に徴用され強制的に労働に従事させられた在日朝鮮人ら七人の証言を聴いた。その結果、当時いずれも約千人の朝鮮人が働いており、とくに造兵廠では囲いのなかで監視人付きの生活を余儀なくされていたことが明らかにされた。同県民会議はさらに調査を続けて、大分県内の強制連行の実態を歴史として残したいとしている。

調査には大平理事長を始め、朝鮮総連の崔英燮（チェ・ヨンソー）副委員長、それに市民団体、地区労役員など十数人が参加。佐賀関町役場で上野英一助役に対して、当時の朝鮮人の居住確認の重要な資料となる「鮮人戸籍寄留事務往復書」を提供するように要請。社史に「朝鮮移入労務者千百二十五人が尊い協力を行なった」という記述がある日鉱佐賀関では朝鮮人労働者に関する資料の提供を求めた。これに対して坂口正晃副所長は「資料は残っていない」と答えた。

↑在日朝鮮人のカンヒョウポさん（中央）ら7人が強制連行の実態を証言した。

この事実を歴史として残したい

このあと、町と日鉱の案内で精錬所裏山の朝鮮人労働者の飯場跡や無縁墓を調査、無縁墓周辺で十数個の自然石の墓を確認したが朝鮮人のものかどうかはわからなかった。

また坂の市の造兵廠跡ではカンヒョウポさん（八〇）の案内で飯場跡などを調査。宿舎には門番がいて入ったら出られず、工場ではけがをする人が多かった」などと説明した。

引き続いて大分市内のホテルで聞き取り調査をし、カンさんら七人が強制連行の実態を証言した。

「『鮮人』といわれ毎日たたかれていた」「食事は玄米一握り、汁は塩だけだった」「死んだ人が多く身元が分からない」「日本人から差別されないために特攻隊に入ろうと思っていた」など、悲惨な実態が話された。

大平理事長らは「事実を歴史に残し、二度と同じようなことを繰り返さないため、調査をさらに続ける」と語った。

↑陸軍造兵廠の飯場跡などを調査した。

石成基さん まず不服申立へ

同胞戦傷元軍属 補償訴え却下で

日本 厚生省追究図る

「戸籍法適用外」の理由 弁護団「話にならぬ」

日本政府に自国民と同等の補償や援護措置を求めていた在日韓国人の元軍属の訴えが却下されたことに対し、「在日の戦後補償を求める会」（代表世話人＝李仁夏民闘連代表、田中宏愛知県立大教授）は、日本厚生省に不服申し立てすることになった。焦点となるのは、日本厚生省が却下の理由として挙げた戦傷病者戦没者遺族等援護法附則第二項（戸籍法の適用を受けない者）の規定。弁護側は、この規定について「国家補償の趣旨にもとる」と反発を強めており、直接日本厚生省との話し合いを持つことも検討中。

日本国会で提起の意向も

在日韓国・朝鮮人や台湾人を援護法の適用外としているのは、「戸籍法の適用を受けない者については、当分の間、この法律を適用しない」とした規定。

石成基さん（六九）＝川崎市＝は一九四四年にマーシャル群島で米軍の機銃掃射を受けて負傷、右腕を失う障害の状態になった時点においては日本国籍を有していた。ただし、援護法が適用される一九五二年四月一日時点においては、日本国籍を有していながら、日本の戸籍法の適用を受ける者ではなかった。

石さんの障害年金請求書を準備した金敬得、新見隆両弁護士は、日本人として戦争に従事させられて負傷した障害者を戸籍法の適用を受けるか否かによって援護法の対象となるかどうかを決することは、国家補償の趣旨にもとるばかりか、日本国憲法が規定する法の下の平等原則に反するとしてきた。

「求める会」では二十四日、東京・四谷のウリ法律事務所で今後の対応を協議した。参加者五人からは、日本厚生省の対応について「話にならない」との不満の声が相次いだ。協議の結果、「神奈川県に対して不服申し立てを行って厚生省と交渉したほうがいろいろな資料を引き出しやすいのでよい」（金敬得弁護士）との点で意見が一致した。

石さん本人はすぐにでも裁判を起こしたいとの意向だが、金弁護士は「審査会の場で意見交換をするのであればいろいろ問い詰められる」としており「そういう場を使ったほうがよい」との考えだ。

このほか、田中宏代表世話人からは「この問題を国会に持ち込んでいきたい」との意向も示された。

不服申し立ては、日本政府を相手に大阪地裁で提訴している在日韓国人元軍属・鄭商根さん（六九）＝東大阪市、元書店経営＝に対する被告側答弁書を検討したうえで、七月二十九日午後一時から神奈川県庁援護課で行う。

戦傷・戦没同胞 戦後補償へパンフ製作

求める会

10月末完成予定

石成基さんら在日韓国人の元軍属に対する戦傷病者戦没者遺族等援護法の適用を求めて発足した「在日の戦後補償を求める会」は、十月末日の発行を目指して戦後補償啓発パンフを作製している。

内容は①韓日近代史②「求める会」の歩み③日本の援護政策の問題点④戦後補償をめぐる動き⑤まとめ（資料）の五つで構成。A5判四〇㌻の予定。在日同胞ばかりか日本人にも幅広く支援の輪を広げていくことを目的としている。

韓日近代史では、日本の植民地政策の結果としての徴兵、徴用、従軍慰安婦問題などを取り上げる。

すでに日本政府に援護法適用を要求している石さんら三人の元軍属を紹介しながら、日本の援護政策の成り立ち、適用範囲についても解説を加える。

三菱被爆徴用工 代表らが来日へ

補償で三菱重工と交渉

韓国人原爆被害徴用者同志会の代表二十二人が七月に四十六年ぶりに訪日、日本政府と三菱重工業に強制徴用と被爆による被害の補償を求めて交渉することになった。

同会は第二次大戦末期に日本に強制徴用されて広島の三菱重工業で就労中、原爆の被害まで受けた元徴用工が七四年に結成した組織。現在、二百人余りが生存しているとされる。

会の結成をきっかけに韓国原爆被害者三菱徴用者被害補償闘争委員会を構成、三菱重工業本社に対し、強制徴用による生活基盤の崩壊と被爆の後遺症で苦しんできたことに対する補償を訴えてきた。しかし、日本政府も三菱重工業も誠意ある対応を示さなかったため、昨年九月に日本弁護士連合会に対して「人権救済申請」をしていた。

招請に当たったのは、韓国の原爆被害者を救援する市民の会＝大阪府＝や、在韓被爆者問題市民会議＝東京＝など五団体で、元三菱徴用工（在韓被爆者）を迎える全国実行委員会を構成している。

訪日団は七月二十七日に大阪空港着、広島で被爆者手帳の申請・更新手続きを済ませた後、三十一日東京入りし、八月一、二日の両日、日本外務省、三菱本社との交渉に臨む。帰国は四日の予定になっている。

遠隔装置カメラがとらえた地下壕。奥の扉の向こうにも部屋らしきものがうかがえる＝大阪市天王寺区生玉町で

これが「旧陸軍地下壕」 大阪市の生玉公園

封鎖された歴史の証人 リモコン撮影に成功

大阪市天王寺区生玉（いくたま）町の生玉公園に、封鎖されたまま残る旧陸軍のものとみられる地下壕（ごう）の撮影に、カメラで戦争遺跡を追っている尼崎市武庫荘西二丁目、地方公務員、福島明博さん(四三)が成功した。カマボコ形の天井を持つ大きな部屋をとらえた十二コマ。これまで生玉公園の下に眠る軍施設については、関係資料もなく、公園管理者の大阪市が今夏にも調査に乗り出す。

この地下壕は、大阪府朝鮮人強制連行真相調査団（代表、岡村達雄・関西大学教授、韓明錫・朝鮮総連大阪府本部副委員長）によると、地下二階建ての防空壕とされていた。また、朝鮮人労働者の作業で造られた旧陸軍施設らしいとわかっている。壕の入り口は約三十年前にコンクリートの厚い壁で封鎖された。

福島さんは公園にポツンと残っている煙突形の旧通気口（直径二十五㌢、高さ二・七㍍）を利用、広角カメラを地下につり下ろして撮影することを思いついた。長さ約二㍍の細い棒七本をボルトでつなぎ、折り尺のように使用して、順繰りに地下に沈めていった。地表から約九・五㍍下げたところで、ゴツンと床に届く手ごたえがあった。そこから逆に一・四㍍引き上げ、棒を回しながら十二コマをストロボ撮影した。

現像すると、南北に長いかまぼこ形の天井（高さ約四・六㍍）と、がっしりしたコンクリート壁がくっきり写っていた。幅は約十㍍、奥行きが二十㍍近くあり、奥の扉の向こうにも部屋らしいものがあった。

福島さんは「やっとの思いで大阪に残る戦争の遺跡を記録することができた。戦争は清算されていないことをあらためて感じた」と話している。この地下壕をはじめ、現存する旧軍遺跡などを集めた写真集「今、戦争を証言する」（B5判、百六十五ページ）を七月下旬、日本機関紙出版センターから刊行する予定。

棒をつないだ先にカメラをセット、真っ暗な地下壕の撮影に成功した福島明博さん

仲間の酷使の跡…

写真を見た大阪府朝鮮人強制連行真相調査団の辛基一（シンキイル）・事務局長の話　この堅牢（けんろう）さ、大きさからいって、間違いなく軍の施設。われわれの調査で、陸軍船舶通信連隊大阪隊の基地が昭和二十年に生玉公園の地下に移動したという証言を得たが、それを裏づける貴重な写真だ。これを造るために連行された仲間の酷使の跡が見える思いだ。

朝日新聞 '91.6.28

日本とアジア

苦難のシベリア捕虜記

朝鮮人元日本兵・李圭哲さん出版

日本に犠牲者調査訴え

李圭哲さん

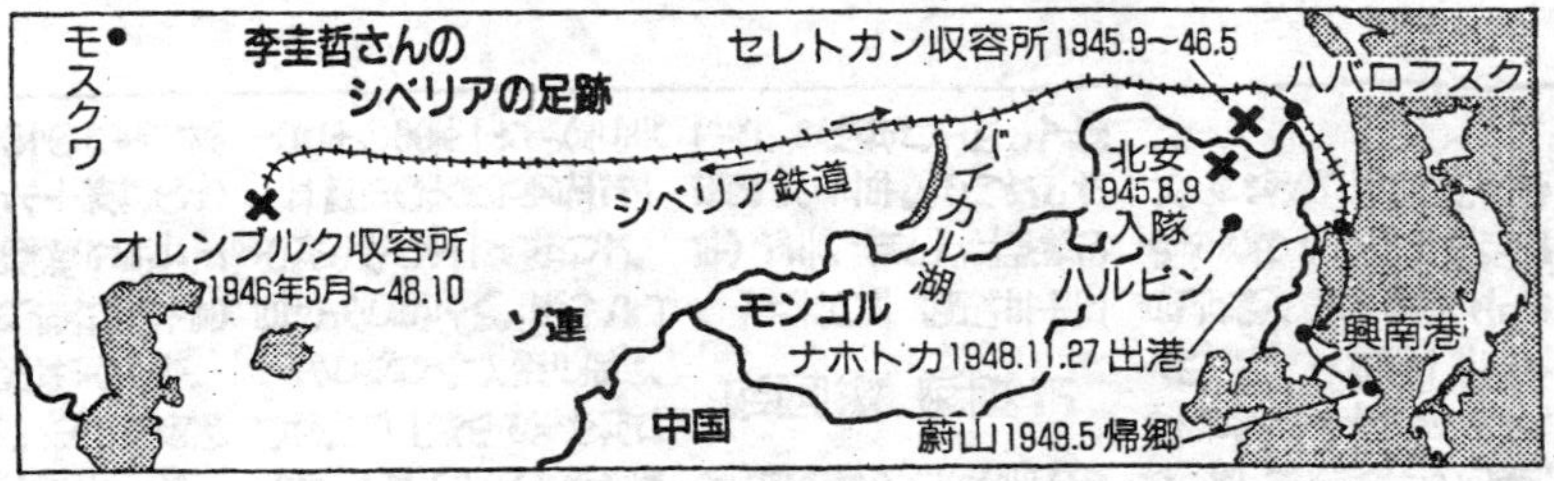

終戦間際に徴兵されて満州(現中国東北部)の戦場に駆り出され、シベリア抑留生活を送った朝鮮人元日本兵、李圭哲(イ・キュチョル)さん(六六)=韓国・釜山在住=が、日本語の小冊子「シベリア捕虜記」をまとめた。李さんは、シベリア抑留問題への関心が高まる中、「朝鮮人抑留者の存在がなおざりにされている。日本政府はせめて死者の名前を調べ、知らせてほしい」と訴える。

満州で教師をしていた李さんには一九四五年八月一日、召集令状が来た。「関東軍822部隊安部隊 木下朝幹二等兵」。李さんの肩書と創氏改名した名だ。

満州で陣地を守った。十五日、ソ連軍の監視下で下山。シベリア山奥のセレトカン収容所へ。翌年、ウラル山脈南端のオレンブルクに移送、建築作業などをさせられた。四八年十一月末に解放され、朝鮮民主主義人民共和国(北朝鮮)の土を再び踏んだ。

李さんの記憶では、朝鮮人百数十人を含め約千人の所帯だった安部隊は、酷寒の中で日本人三百人近く、朝鮮人二十数人が命を落としたという。

「捕虜記」では、鼻がもげ落ちそうなシベリアの寒さのこと、同僚が耐えきれず自殺したり、病死したり、逃亡して射殺されたことや、慰めだった日本歌謡ののど自慢のことなどが淡々とつづられている。

直筆のままを印刷した「捕虜記」は、原稿用紙約七十枚。韓国・朝鮮人の補償要求裁判を進めている市民団体の出版で、問い合わせは青柳さん(〇九七五ー九七ー六二八〇)まで。

中国新聞 '91.7.1
（1） 15版　第34973号　（明治25年5月4日第三種郵便物認可）

北朝鮮の被爆者 1

原水禁国民会議（社会党・旧総評系）の訪朝団（団長・竹村泰子参院議員、七人）に同行し朝鮮民主主義人民共和国（北朝鮮）に滞在中、同国に住む広島、長崎の被爆者五人と会った。日本人記者が北朝鮮国内で被爆者を取材したのは初めて。募る健康不安、かつての植民地支配への怒りなど、北朝鮮在住の被爆者の声や暮らしを報告する。（東京支社・栃敷啓太記者）

募る健康への不安

昨年秋にがん手術

広島で治療を

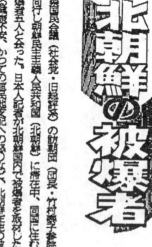

「生まれたのは日本じゃけえ」。広島への"望郷"の念を隠さない卞甲玉さん

今も望郷の念

「やっぱりうちにとってはねえ、ここが祖国じゃけえ、生まれたのは日本じゃけえね」。卞甲玉（ピョン・カプオク）さん(62)は広島弁交じりの日本語で静かに言った。

北朝鮮に住む日本からの帰国者で、公然と「日本に行ってみたい」と言う人は、まずいないと言われる。「かなわぬ夢だから言うだけ損」とあきらめているからだ。今回、平壌でインタビューできた五人の被爆者の中でも日本への"望郷"の念を隠さなかったのは、この卞さんだけだった。

大病をした後で少し感傷的になっているのだろうか。昨年十一月に受けた子宮がん手術の切開跡を見せてくれた。へそ下十数センチのところに横一文字の赤黒い線が痛々しい。

「この年になりゃ恥ずかしいこともないよね」。ブラウスのすそを直しながら「腰から下がはれてよう歩けんし、頭も痛い、目もよう見えん。悪いところばっかりよ」と続けた。

平壌市の大同江区域に一人息子の宋孝一さん(36)夫婦、三人の孫と一緒に住む。病弱だから「国の配慮」で、造花をつくる仕事も四時間やるだけで八時間分の賃金をくれると言う。

帰国後 病弱に

一九六〇年（昭和三十五年）に夫に従って北朝鮮に帰国し、三年ぐらいたったころ、足がはれ上がって動けなくなり病院で診てもらった。治療の参考になればと、「私は日本で原爆に遭ったんです」と打ち明けたが、若い医師の中には広島への原爆投下すら知らない人がいた。入院は一年四カ月に及び、夫は病弱な卞さんをきらって家を飛び出し、今なお行方はわからない。

ことし四月、卞さんのもとに広島に住む姉と妹が祖国訪問船で訪れた。実に三十一年ぶりの再会だった。妹は日本語しか話せないから、卞さんはかつての日本名加川君子に戻ってさまざまなことを話し合った。一番の驚きだったのは、同じように被爆した姉と妹が自分より格段に元気そうに見えたことだった。

「専門医に…」

「みんな一緒に尾長町（広島市東区）のボロ家の中で原爆に遭うたんですよ。それなのに…。姉たちは日本では専門のお医者さんに診てもろうとるらしい。やはり気になりますね、正直言うて」。もちろん、卞さんも他の被爆者同様、祖国の福祉制度への感謝を強調する。「気になる」というのは卞さんにとって精いっぱいの表現だったろう。

気丈に受け答えをしていた卞さんだが、父母が日本へ渡った時のくだりでは初めて声を詰まらせた。

「南朝鮮（韓国）の大邱にいたのに生活が苦しくなって日本に売られて行った。アボジ（父）は日本では市場でごみを集める仕事をしていた。私は学校から帰ると、お父さんの大八車を押したのをよく覚えてる。ボロを着てね。お父さん、お母さん、苦労して結局、原爆で死んでしもうた」

専門医のいる希望の地「広島」は同時に、いまわしい思い出の地でもある。

取材はすべて訪朝団の受け入れ団体である朝鮮平和擁護全国民族委員会（平和委）がセットした。取材場所は、一人を除き訪朝団が宿泊しているホテル。五人について平和委側は「連絡がとれ、都合のついた人」と説明した。インタビューの間、朝鮮対外文化連絡協会の指導員が通訳を兼ねて同席し、やりとりをメモにとった。北朝鮮に住む被爆者の数については、同国は「調査中」としているだけで、今もわかっていない。

北朝鮮の被爆者 —2

情報不足

大切な日本の資料

同一補償強く希望

朴政男（パク・ジョンナム）さん(50)は平壌市から南に四十キロの黄海北道黄州郡にある黄州人民病院で皮膚科長を務める医師である。

胃の不調悩む

この数年、胃かいように悩まされ、毎年一回は出血もあると言う朴さんに「病気は被爆と関係あると思いますか」と尋ねたときだ。

「はい、そう思います。というのは、日本のこの本には原爆の被害の中でそういう症状があると書かれている」。こう言いながら黒いかばんから大事そうに取り出したのは、長崎市が発行した平成二年版の「原爆被爆者対策事業概要」。指さした個所には「潰瘍（かいよう）による消化器機能障害」という記述があった。胃かいようは日本の被爆者特別措置法では健康管理手当の支給対象疾病になっている。だから私の症状も原爆によるものだと言いたい、というわけなのだ。

その本は、朴さんの存在を探し当てた長崎市の放送記者が、ことし二月に送ってくれた。日本ではあちこちにある被爆者についての統計データ集だが、何度もめくっているのだろう、ページのところどころには付せんが張られ、手あかがついている。故国・朝鮮民主主義人民共和国（北朝鮮）に住んで三十一年になる朴さんが初めて手にした広島、長崎原爆に関する資料だった。

長崎から送られてきた「原爆被爆者対策事業概要」を広げる朴政男さん

長崎市で被爆

朴さんは四十六年前の八月九日、爆心から二キロ南の長崎市御船蔵町の自宅に両親、妹といた。爆風で家がつぶれ、屋根が落ちてきたが奇跡的に助かった。母の崔三純さん(70)は、行方不明の叔父を捜して市内を歩き回ったのがよくなかったのか、おなかにいた子を死産した。

長崎東高校を卒業後、一九六〇年（昭和三十五年）に家族そろって帰国し平壌医科大学に学んだが、医者を目指したのは「原爆に遭って体の弱いアボジ（父）とオモニ（母）を安心させてやりたい」という思いからだった。

日本から送られてきたその冊子では、韓国に住む被爆者が一九八一年から六年間、長崎原爆病院で渡日治療を受けていた事実も初めて知った。しかし朴さんは、約二時間のインタビューで、国内で原爆医療に関する情報が少ないことに対する不満めいた言葉は最後まで口にしなかった。

無償治療誇る

むしろ、逆に「放射線医学などで日本は確かに進んでいるのでしょう。でも、私たちの国は無料で治療を受けられるなど社会主義制度の優越性があります」と、自国の制度を誇る言葉を何度も繰り返した。

朴さんにとって記者は帰国後初めて会う日本人だった。まず朝鮮語で話し、次に日本語を思い出しながらゆっくり口に出す。日本政府に対する要望については「私たち被爆者の補償を日本人と同じにしてほしい。そのためにも朝日の国交回復が早くできてほしい」と話した。偽らざる気持ちだったろう。

北朝鮮の被爆者 3

「強制連行が元凶」

闘病46年 償いなく

日本への恨み

「健康戻して」

金松美（キム・ソンミ）さん(62)は朝鮮語と大阪弁の日本語のチャンポンで終始、日本の植民地支配時代をのろった。

「たとえ、億の金を積んでもらってもうれしくない。私の体を元に戻してほしい。私ばかりか子や孫までも体が弱いのはきっと原爆のせいだ。父が日本に連れてこられなかったら、原爆に遭うこともなかった。根本の責任はすべて日本にある。許せないですよ」

「原爆は祖国が落としたわけではないのに、祖国は本当によくしてくれる。でも、日本にいる息子や孫は『祖国にばかり負担をかけては』と、借金までして私にお金を送ってくれる。合計するともう一千万円を超えた。これは本来、日本が出すべき金だ。金額弁償してほしい」

朝鮮民主主義人民共和国（北朝鮮）に帰国して初めて会う日本人記者に、胸にたまったものを吐き出したかったのだろう。父親がかつて日本から受けた仕打ちへの恨みが表現を一層直せつ的にさせたようだ。

炭鉱逃れた父

松美さんの父、京振さんが日本に渡ったのは一九三三年（昭和八年）ごろ。

「済州島で楽に暮らしていたのに、日本軍のトラックが村にやってきて、アボジ（父）をさらって北海道の夕張炭鉱に連行したんです」

過酷な労働に「このままでは死ぬ」と、朝鮮人五人で炭鉱から逃亡を図ったが、京振さんを除く四人はつかまって銃殺された。京振さんは大阪に逃げ、呉乙鶴さんと知り合い結婚。娘の松美さんらをもうけたが、終戦の一、二年前に広島の暁部隊（陸軍船舶司令部）に徴用になり、一家は比治山町（広島市南区）にあった暁部隊宿舎で被爆した。

一家はいったん大阪に戻ったものの、被爆者に偏見を持つ周囲の目から逃れるため、札幌に。食堂の残り物をもらうほどの貧困の中、京振さんは昭和三十六年、被爆がもとともみられる肝硬変で死んだ。松美さんは大阪で三つ年上の在日朝鮮人鄭万奎さんと所帯を持ったが、原爆の後遺症で長い時には二年、計十七回も入院を繰り返した。

祖国に帰ったのは一九七六年（昭和五十一年）。松美さんの持病で疲れ果てた万奎さんが「どうせ死ぬなら祖国で」と望んだからだ。その万奎さんは帰国して三年後に亡くなった。

松美さんは今、平壌から東へ約二百㌔の元山市で二男の家族と暮らす。一見ふくよかで健康そうだが被爆以来四十六年間、体調のいい日は一日もない、という。

やはり後遺症

「夜寝ていると背中にたいまつの火を当てられたような熱さを感じて悲鳴を上げてしまう。痛くて、苦しくて、やはりパンサソン（放射線）の後遺症ですね」。松美さんが「偉大な金日成主席からの配慮」という、この国での治療は新薬でなく、朝鮮ニンジンなどの東医薬（漢方薬）の投与が中心という。

「配慮があるから何とか生き永らえているんですよ。パンサソンですからね。日本の博士でも治せなかったじゃないですか」

「父の強制連行さえなかったら」と日本をのろう金松美さん

(1) 15版　第34976号　(明治25年5月4日第三種郵便物認可)

北朝鮮の被爆者 ―4

「治療で特別配慮」 長崎では苦い体験

祖国を誇る

朴文子（パク・ムンジャ）さん(四七)は、既に紹介した医師、朴政男さんの妹である。二歳の誕生日を約一カ月後に控えたあの日、政男さんらと一緒に長崎市御船蔵町にあった自宅で被爆。一九六〇年（昭和三十五年）に一家そろって祖国朝鮮民主主義人民共和国（北朝鮮）に帰った。

子の縁談心配

政男さんは地方に住んでいるが、文子さんは平壌市在住。帰国後、難関の金日成総合大学を卒業。今は、平壌を訪れる外国人の見学コースとなっている人民大学習堂で収集目録分類室長を務めるエリートである。設計技師の高進豪さん(五〇)との間に、ことし大学を卒業したばかりの長女を頭に二女一男がいる。三人とも未婚。だから取材を受ける前夜、高さんが「母親が被爆者と分かると縁談に悪い影響は出ないか」と心配した。だが結局「率直に話そう」という結論に達した、という。

文子さんは言う。「核兵器の恐ろしさを身をもって体験した被爆者としてこの種の取材に応じるのは重要な反核闘争でもあります。家庭のことばかり言ってられませんから」。ここで、反核闘争と言っているのは北朝鮮当局が「南朝鮮（韓国）に千余基配備されている」としきりに強調し、展開している米戦術核の撤去キャンペーンのことだ。

個人より国家

「個人の事情」より「国家的視野」を優先させた文子さんだけに、インタビューでは終始、プロパガンダ調で祖国を誇った。

「わが国の金日成主席のように、人類の平和と幸福のために尽くしておられる指導者は世界のどこにもいない。なのに日本は、一方的な核査察を言う。不公平じゃないですか」

かつて白血球減少症と腸炎で半年間入院したことを語る時も「たぶん、原子病でしょう。でもわが国は入院費はただだし、被爆者には特に配慮をしてくれる。だから、医療面の不安はありません」。

「金主席ほど、世界の平和を考えている指導者はいません」。祖国を誇る朴文子さん

こちらの目をじっと見つめ、胸を張って話す。特に気負っている様子でもない。が、「長崎に行ってみたいですか」と尋ねた時だけは伏し目がちになった。

「行きたいとは思いません。なぜかと言うと、本当に肩身の狭い生活だったんです。小学校の時は、朝鮮人だからと学芸会にも出してもらえなかった。中学校に入っても何かあると『朝鮮人』と差別された。そのさみしさ、悲しさは今も身にしみついています」

そんな日本に比べ、初めて接した祖国は違った。「教科書から衣服からすべてくださり、言葉の勉強のため特別に人までつけてくれたんです」。三十年前の少女時代の体験が今も文子さんの祖国観、日本観のもとになっているのだろう。

「生家は記憶」

インタビューが終わり、雑談している時、「反核闘士」文子さんの口からこんな言葉が出た。「今も、長崎の家の回りの様子は全部覚えてるんですよ」。男まさりの言葉と、生まれ育った長崎にはせる思い。どちらも本音なのだろう。

北朝鮮の被爆者 5

広島の妹案じる妻

肉親再会　夫は笑顔

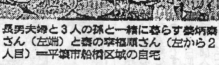

長男夫婦と3人の孫と一緒に暮らす姜炳泰さん（左端）と妻の李福順さん（左から2人目）＝平壌市船橋区域の自宅

魚釣り楽しむ

昨年夏、朝鮮民主主義人民共和国（北朝鮮）に住む被爆者として初めて日本を訪れた姜炳泰（カン・ビョンテ）さん（六〇）の自宅は平壌市の南東部、船橋区域にある九階建てアパートの八階だった。

間取りは四DK。妻の李福順（リ・ボスン）さん（六〇）、長男の秉学（ビョンハギ）さん（三八）夫婦、三人の孫の計七人で暮らす。姜さんはことし二月に乳幼児の給食工場を定年退職し、好きな魚釣りを時おり楽しむ日々という。

あの日、広島市中区幸田町三丁目の路上で被爆した。

「このところ何か心臓に負担がかかり、汗がだらだら出て、近くのバス停まで歩くのに一、二回は休まにゃいけんのです」と、体の不調を口にすることもあったが、ずっとにこにこ顔で、気さくに広島弁もまじえる上機嫌ぶり。昨年、原水禁世界大会（原水禁系）を前に東京のホテルで会った時、日本語は一切口にせず、終始表情が硬かったことを考えると、まるで別人のような変わりようだった。

そのことを聞くと「去年はやはり緊張していたんでしょうね」と照れくさそうにビールのグラスを傾けた。もちろん、どちらの取材にも朝鮮対外文化連絡協会の指導員らが通訳として同席した。表情がまるで変わって見えた背景には、自宅にいることの気安さもあったのだろうが、話しぶりから祖国に帰国後十八年にして初めて広島を訪れることができ、兄弟ら肉親に再会してひと安心したこともあるようだった。

多い建前発言

今回、北朝鮮で被爆者にインタビューして特に印象的だったのは、建前のやりとりの多さだった。大半の人は「今の不安は」と問われると「ありません。わが国の医療は無償ですから」という紋切り型。日本に帰って、北朝鮮の内情に詳しい在日朝鮮人に話すと「それは初対面なのだから無理からぬことですよ」と解説した。

交流への期待

交流がないのは、国外との関係にとどまらない。「広島、長崎の被爆者はあちこちに随分いると思う」と話していた金松実（キム・ソンミ）さん（六五）に「被爆者同士で集まって話をすることはないんですか」と水を向けた時だ。「この国で私たちは医療面など大きく配慮してもらっているんですよ。それなのに集まって話題にしようというのは…」。まるで悪いことだと言わんばかりの言い方で否定した。

とはいえ「被爆者はいない」と長く言ってきた北朝鮮当局が、今回インタビューを受け入れたことは大きな変化である。ことしの原水禁世界大会への被爆者の参加は二人許可される見通し。わずかだが、重い扉が開き始めた。

手術後気遣う

姜さん方を去る間際になって、妻の福順さんも広島の被爆者だったことが分かった。福順さんは南区宇品御幸四丁目にあった家で一緒に被爆した妹のことをしきりに案じた。「今は瀬戸田町（広島県豊田郡）にいるんですが、肝臓の手術をしたらしいんです。経過はどうなんでしょうか」

はっきりと口に出す以上に雄弁に、日朝間の被爆者交流の活発化を訴えているように受け取れた。（おわり）

戦後 遠い道

復帰20年目 沖縄から＝第二部

▷▷2◁◁

朝鮮人への証言を発掘

「離島で朝鮮人軍夫二人を日本刀で処刑した」。沖縄本島北部の村にある砕石所の所長室で、所長の元陸軍少尉知念朝睦(六八)は、記録映画「アリランのうたーオキナワからの証言」の監督、朴壽南(パク・スナム)(五五)を前に、重い口を開いた。

「海上挺進(ていしん)第三戦隊に所属、一九四四年九月、沖縄本島の離島、渡嘉敷島に渡った。村人から、強盗などの通報があり、上官の命令で、犯人とされた軍夫を殺した」

むごい証言内容に耐えられず、沖縄のスタッフは、知念を真正面から撮ることに反対した。だが、朴は、たじろぐカメラマンを説得、今年三月末、予定通りに撮影した。

知念は「命令にはそむけなかった。戦争さえなければ、あんなことはなかった」という。

◇　◇

朴にもつらい体験がある。五歳のころ、母親と外出したとき、石を投げつけられた。「なぜ朝鮮人に生まれたの」との思いがふくらんだ。以来、母親を避け、懸命に日本人になろうとした、という。

過去を告白し、自らの傷をさらけ出す朴に心を開き、体験を話してくれる人が相次いだ。

「沖縄戦の激戦地、宜野湾市の嘉数高地で、軍夫たちは爆雷を背負わされて米軍戦車に肉弾攻撃をさせられた」

「日本軍の将兵約四千人がいた南大東島には、七人の朝鮮人少女が、沖縄の女性十数人とともに送り込まれた」

「ひめゆり学徒隊」の生き残り、宮城喜久子(六三)は沖縄戦末期、糸満市の民家で偶然、朝鮮人の女性たちと一緒になった、と打ち明けた。

「当時は、一緒にいるのも嫌だと思った。今は、彼女たちにつらくあたったことが申し訳なく、恥ずかしい」

証言者は約百人。三年半かけて撮影したフィルム(16ミリ)は十一万㍍にのぼる。記録映画は七月、まず沖縄で上映される。

◇　◇

不詳

沖縄国際大学教授、安仁屋政昭(五六)は、戦争中、朝鮮半島から沖縄に強制連行され、壕(ごう)掘りや飛行場づくりなどをさせられた「軍夫」は少なくとも一万人、「従軍慰安婦」は千人以上とみる。

日本側の文献には、これらの人びとの記録が、ほとんど見当たらない。沖縄戦が終わった時点での朝鮮人の生存者などについて、防衛庁の戦史「沖縄方面陸軍作戦」は、各所で「不詳」としている。

(敬称略)

「軍夫」たちが掘った特攻艇を隠すための壕＝沖縄県・渡嘉敷島で

北日本新聞 '91.6.27

談論自由席

問われる政府の責任

強制連行朝鮮人の真相追及を

富山大学人文学部教授
小沢　浩

去る三月二十九日、富山市内で富山県朝鮮人強制連行真相調査団が結成され、小川晃県議と共に代表委員の一人に選ばれた

調査団結成の発端は一九八九年、朝鮮人強制連行の真相を追及してきた兵庫朝鮮関係研究会の人たちが、庄川町の地下工場建設のため多数の朝鮮人が強制労働させられたことを資料で突き止め、地元へ事実確認してきた時にはじまる。沢田純三庄川町議らが資料収集や調査活動を行い、翌年には「強制連行の足跡をたどる-in富山-」の人たちが独自調査を開始。これに呼応して、小川県議が県の協力を訴えるなどして調査団の結成に至った。従って、だれの功に帰するというものではないが、とりわけ沢田さんの熱意と行動力に負うところが大きい。

それにしても、これが戦後半世紀を隔てた事柄であるということに、しかも、そのきっかけが在日朝鮮人の人たちを中心とした執拗（しつよう）な真相究明によって与えられているという事実に改めて深い衝撃を覚えずにはいられない。

かつて私が学生のころ、中国文学者の竹内好さんが主催していた「中国の会」の例会で、並み居る戦中派の人たちを前に「戦争体験を聞かされるのはいいが、その責任まで若い世代が負わされるのはかなわない」と叫んだことがあった。まして、「高度成長」のもたらした「繁栄」と、歴史の真実をゆがめる国の政策とが、あの戦争を一層遠い過去のものにしてしまった今、「何をいまさら」という若者たちがいても不思議ではない。我々には確かに、戦争自体の責任など負えるものではない。しかし、すぐにも謝罪すべきこと、償うべきことを放棄してきた政府を長々と許してきた責任は、一体だれの側にあるのか。そのことが今問われているのだと思う。

遅きにすぎた、という気がしないでもない。真相の究明など何になる、という気もする。しかし、真相を明らかにして止まったままの時計の針を動かさなければ救われないのは、果たして被害者だけであろうか。しかも、その真相は我々の生活と隣り合った所に、今も息づいているのである。四月には県当局への協力要請直前に、敗戦直後の朝鮮人労働者の動向を伝える県側資料が見つかった。五月にも伏木港への中国人労働者移入計画に伴って慰安所を作るよう指示した公文書が明らかになり、中国人慰安婦が十二人いたという証人まで現れた。さらに、不二越へ徴用された韓国人女性が未払い賃金の支払いなどを求め、同社への民事訴訟を準備している。

真相の究明は政府の姿勢を正す何よりの武器であり、それはまた、だれにでもできることである。多くの県民の参加を期待してやまない。

（富山市五福末広町）

統一日報 '91.6.29

地元日本人市民グループによって発見された同胞の無縁仏

高槻市

陸軍倉庫から同胞無縁仏5柱

慰霊、返還を

市民グループ

【大阪】日帝の侵略、加害の歴史を反省し、二度とあやまちを繰り返さないようにと大阪府下高槻市で戦跡保存などの運動を進めている地元日本人市民グループが、市内成合に残る「陸軍高槻倉庫」建設にかかわったとみられる同胞の遺骨五柱をこのほど発見、遺骨の返還、記念碑建立の具体化に向けた取り組みを進めている。運動には在日同胞も加わっている。

この軍事施設は第二次大戦末期、旧日本軍が本土決戦に備え、おびただしい数の同胞労働者を動員して山中に掘った七群数十分のトンネル。五柱のうち三柱は身元が判明した。

五柱の遺骨は、昨年七月、成合中の町の「阿弥陀寺」で見つかった。住職によると、タチソ工事に従事した可能性のある人で、八・一五解放を迎えても、故郷に帰ることもできず異国の地で亡くなり、単身で渡日したのか、遺骨の引き取り手も無いまま預っているとの話だった。

今年一月、住職が高槻市に対し「埋火葬許可証」を請求。市から照合結果が出され、その結果、三柱の出身地が判明した。この三柱に関してはすでに民団高槻支部を通して韓国に親族などの調査を依頼している段階。

高槻「タチソ」戦跡保存の会など市民グループでは、単なる返還運動に終わらせてはいけない、高槻での侵略の歴史を検証し、後世に伝えていく取り組みが必要と、反省や平和、人権尊重、共生と友好などを明記した記念碑建立に取り組むことにした。この二十八日には、市に用地確保を求める要望書を提出した。

市民団体では「タチソ」に関わる様々な情報を求めている。連絡先＝高槻むくげの会。0726・71・2021

五柱の遺骨の氏名など＝李順七（慶北善山郡善山面、'47年46歳で死去）、趙性根（慶南咸安郡伽倻面、'50年25歳）、朴（松本）鍾渉（慶南宜寧郡嘉禮面、'49年27歳）、孔閏乭（'51年40歳）、李文永。

―

朝鮮人強制連行

2万人余の名簿初公開

兵庫県真相調査団結成を契機に　きょうから神戸で

日朝合同の「朝鮮人強制連行真相調査団」が二日から神戸で、全国各地で入手した強制労働従事者の名簿を初めて一般公開する。兵庫県レベルの真相調査団が結成されるのを機に「公開できる限り多くの証言を集め、いまだ解明されていない当時の実態を明らかにしたい」としている。新たに結成される県真相調査団は今後、県内で資料収集や聞き取り調査を進めることにしており、十二日には、強制労働が行われていたとみられる加西市内の鶉野（うずらの）飛行場跡地と周辺の地下ごうを現地調査する。

加西の飛行場跡調査へ

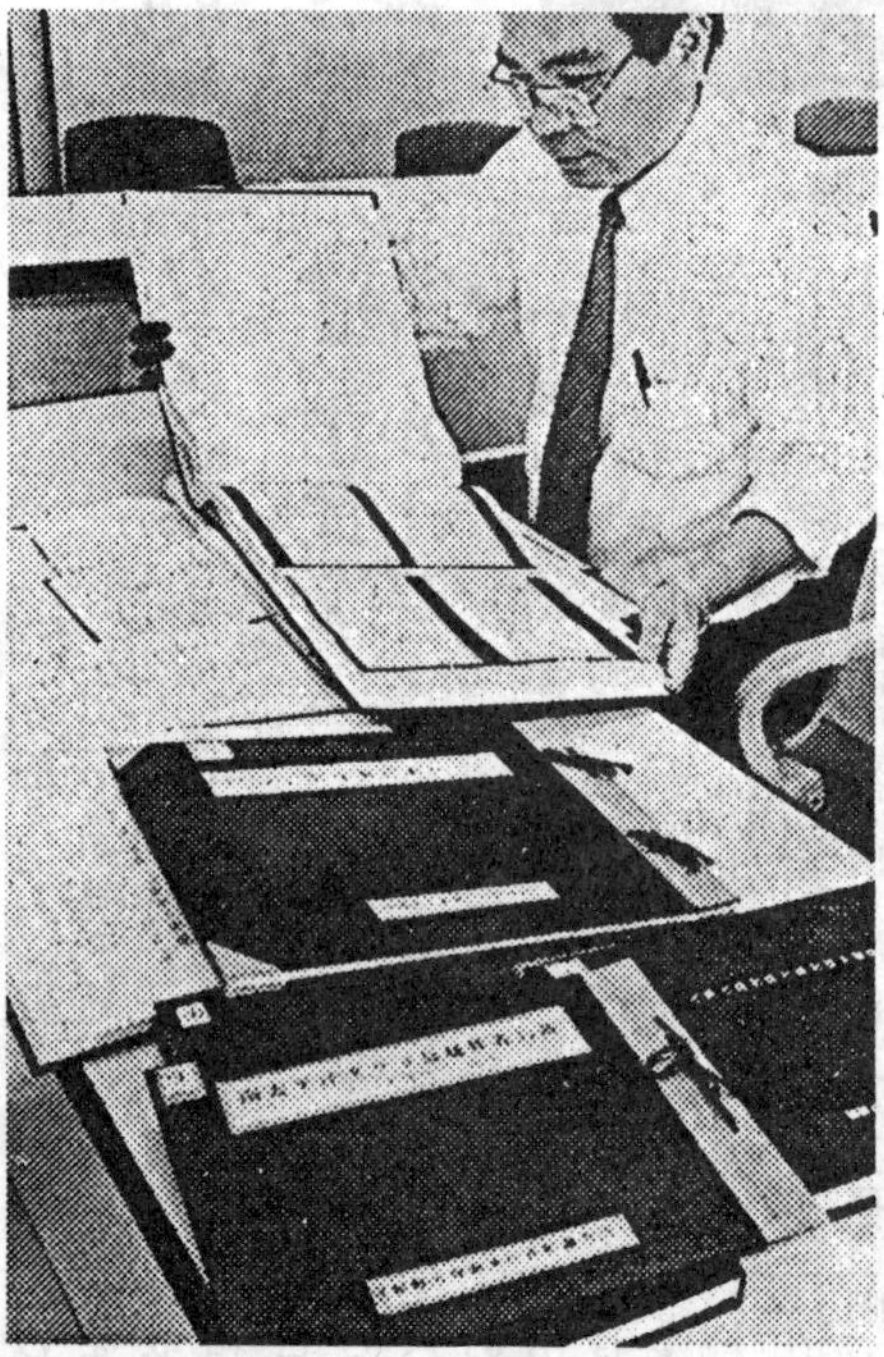
公開される強制連行者名簿＝兵庫県庁

朝鮮人強制連行真相調査団は、在日本朝鮮人総連合会と日本の弁護士、学者、文化人らによる合同調査団として、一九七二年に発足。これまで沖縄、北海道、九州、東北などで強制連行や強制労働の実態などを調べてきた。

一般公開されるのは、一連の調査を通じて入手した名簿など合わせて九種類、計二万一千六百十二人分。これまでコピーなどで保管し、照会に応じてきたが、今回初めて製本化したものを一般公開することになった。

国立国会図書館で見つかった三井三池炭鉱の連行者名簿（一万二千二十五人分）旧日本製鉄が作成したとみられる連行者名簿（二千八百二十二人分）などで、なかには一部不鮮明な部分も含まれているという。

一方、県朝鮮人強制連行真相調査団は九日、神戸市中央区の県教育会館で結成集会を開く。都道府県レベルの日朝合同調査団としては十三番目で、日本側の団長は本岡昭次・社会党県本部委員長が、朝鮮側の団長は康義平・朝鮮総連県本部副委員長が務める。

今後、現地調査のほか、兵庫県に対し、在日朝鮮人の数などが記載されているとみられる戦前、戦中の知事引継書の公開を求めるなど、強制連行に関する資料収集を進める。

名簿の一般公開は、県真相調査団の朝鮮、日本側の事務局で順次行われ、二―十三日は神戸市中央区御幸通四ノ八ノ二、在日本朝鮮人総連合会兵庫県本部☎078・251・3681で、十五―二十七日は同区中山手通五ノ二ノ三、社会党兵庫県本部☎078・351・0007で。いずれも午前十時から午後三時で、土曜日は午前中だけ、日曜日は休み。

過疎地の1世同胞 苦労史残したい

四国でコツコツ聞き取り調査10年 韓大圭さん(62)

解放後 費用なく帰れず

募集渡日、連行より苦しい面も 古着行商で生計

【香川】同胞過疎地の四国に居住する一世を対象にした渡日史の聞き取り調査が、在日同胞二世の韓大圭さん(62)＝四国学院大学講師＝の手で進んでいる。強制連行や募集の形で四国にやってきて、解放後も帰るに帰れずこの地にとどまざるをえなかった一世の「無念の歴史」を記録にとどめるのが目的。この十年間にコツコツ訪ねた同胞は三十人余りにのぼる。韓さんの取材の結果、解放後は費用もなくて帰れず、古着や古鉄の行商をしながらほそぼそと生活の糧を得てきた同胞の多いことが明らかとなった。

「無念の歴史埋もれさせたくない」

韓大圭さん

四国全土で在日同胞は四千人余り。慶尚南道陝川出身者が多い。

韓さんが調査したところ、一九三〇年代中半から四〇年代にかけては国内の飢きんや生活苦のため、「募集」に応じての渡日が中心。新居浜にあった「住友」で運搬、土木作業員として就労した。軍工事関係では高知の海軍第二飛行場で滑走路建設や格納庫の建設などに携わったことがわかっている。

その後、「国から人を連れてきたら小遣いをやる。渡航費用も出してやる」などの甘言に乗せられ、同郷を中心に友人、親戚などの呼び寄せ、家族を連れてくる同胞も多かった。

第二次大戦末期の一九四三年以降はすべて強制連行によるもので、単身で連れてこられたこともあり、解放後すぐ帰国している。

一方、現在も定住している在日同胞は、解放後も帰国費用を持たず、帰国できなかった人が多い。これは大阪などで働いていた同胞にはなかったこと。

しかたなく、古着や古鉄の行商を始めた。現在、古鉄・非鉄金属の回収業に携わっている同胞に当時のなごりを認めることができる。このほか、六・二五動乱のぼっ発で機会を逸した同胞もいる。

韓さんは十年前、大阪のKCCなどで人権関係の会合に参加したおり、若い青年の「今、（一世の）聞き取りをやっておかなければ歴史がなくなる」との言葉に心を動かされたという。「子供たちの世代に韓国人としての生きている証をつくり、一世たちの無念を形あるものとして残しておきたい」と、香川県善通寺市の自宅から徳島県を除く四国三県をくまなく回ってきた。

一世たちの取材は難しい面が多い。「昔のことを語ろうとしない」「貧しく、教育を受けていないため、なぜ日本に来たのかよくわかっていない」ためだ。「無意識に韓日両国語を使い、方言がある」ことも調査の支障となっている。韓さんは「一世たちは年をとっていますし記憶も薄れてきています。早くしなければ……」と話している。九五年ごろまでに五十人程度をめどに本にまとめる予定。

神戸新聞
平成3年(1991年)7月6日　土曜日　社会　14版　(30)

学籍簿にも強制労働の影

加西の国民学校 57人の朝鮮人児童名

調査団発見

太平洋戦争中、加西市内で日本軍の飛行場が建設された際、強制労働に就かされていたとみられる朝鮮人の子弟が地元の国民学校に多数在籍していたことが、五日までに、兵庫県朝鮮人強制連行真相調査団の設立準備メンバーによる現地調査で明らかになった。ほとんどが勉学半ばで転校、退学などで除籍となっており、軍事施設の建設で各地を転々とさせられていたといわれる在日朝鮮人の実態を裏付ける貴重な発見。研究者らは戦争末期、同地域の他の学校でも多くの朝鮮人児童が学んでいたとみている。メンバーは十二日に、現地に残る軍事施設跡を本格的に調査する。

学籍簿などを調べる調査メンバー＝加西市

多数の朝鮮人児童名が確認されたのは、加西市中野町、旧・九会国民学校（現在の市立九会小学校）。昭和十七年から終戦までの除籍者・卒業者名簿と学籍簿に、日本人児童の名前にまじって計五十七人の朝鮮人児童の名前が見つかった。うち四十九人が除籍者名簿の分で、卒業者として名前が残っている八人もすべて途中入学者。転入前の住所や転校先は県内を中心に近畿一円に広がっていた。

保護者の職業は、ほとんどが建設労働者として記入されており、住所も大半は地元住民が「詰め込み式の作業宿舎」があったと証言する場所と一致する。「評価欄」には「飯場生活ヲスルモ家庭学習ヲ忘レズシテイル」などと記入されていたり「良上」の成績が多く並ぶなど、目まぐるしく変わる生活環境の中でも、勉強に励んでいた朝鮮人児童の姿がうかがえる。

同市南部の鶉野町（旧加西郡九会村）には海軍姫路航空隊の基地として、戦中、飛行機の滑走路や砲台、防空壕（ごう）などが建設された。地元住民は約千五百人の朝鮮人が強制労働に就かされていたと証言しており、調査メンバーは同市の市長、教育長らの協力で六月から実態把握のための予備調査を続けていた。

メンバーの一人、尼崎市内に住む洪祥進さん(四〇)は「調査結果は加西市内で強制連行・強制労働が行われていたことを直接証明するものではない。しかし、これほど多くの朝鮮人が短期間在住していたことは、極めて特殊な事実で、軍事施設建設のために連れて来られたと考えるのが自然」と話している。

メンバーは九日、兵庫朝鮮人強制連行真相調査団を設立。県内各地の調査に乗り出す。

統一日報

報　(THE TONG—IL ILBO)　1991年7月9日（火曜日）

民団、総連共同で陳情

市議会認め実現へ

両団体の支部　一緒にまず骨壺スス払い

連行・徴用の同胞無縁仏 改葬

軍需工場、熱海トンネル建設

清水市

同胞の遺骨つぼを１つずつ洗い清める地元の民団・総連有志（清水市北矢部の市営火葬場）

【静岡】静岡県清水市は、地元の民団、総連両支部が巡省で宮城島弘正市長に提出していた陳情書を受け、市内北矢部にある韓国・朝鮮人無縁仏を納めた納骨堂一帯を整備していくことになった。この無縁仏は第二次大戦中、日本に強制連行・徴用され、県内各地で事故死したり、病死した同胞たち。民団と総連両組織が連名で行政当局に働きかけたのはかつて例がなく、市議会では来年度予算で準備を進めている。八日には両組織代表が納骨堂に集まり、骨つぼを取り出して二十六年ぶりにほこりをはらった。

市営火葬場わきの小高い丘の上。土に埋もれた石段を昇っていくと、林に囲まれるようにしてコンクリート製の小さな建物があった。幅約五㍍、奥行きは一㍍ほど。建物の石碑には「安らかに眠ってください。いつの日にか祖国にお戻しします」とのハングル文字が刻まれている。

市内の軍需工場建設や興津川の護岸工事、熱海のトンネル建設に携わり、犠牲となった同胞の遺骨九十二柱を近くの寺から引き取った総連系同胞有志が六五年九月に建てた。一帯は湿気が多いため、中にある骨つぼを載せる木製の棚が腐って、外れたり、傾いたりしている。

昨年秋、知人の葬式で納骨堂を訪れた鄭錫烈民団清水支部団長は、骨つぼの一部が破損しているのを見て、「同胞の墓が……」と胸の詰まる思いを覚えた。今年四月、鄭団長は、老人会「ムグンファ会」創設をきっかけに親交を深めていた総連清水支部の朴洋采委員長に「同胞の先輩が眠っているところ。修理しようじゃないか」と相談した。

納骨堂の荒廃は総連清水支部も気にかかっていた問題。今年一月から二カ月ごとに開いている民団、総連両支部代表が出席しての懇親会で詰めた結果、市に連名で陳情書を出すことで一致した。六月、鄭団長が総連清水支部の趙甫連副委員長とともに、「納骨堂で眠る仏たちは、その多くが過去の朝韓日間の不幸な時代に果てた。（荒れた堂は）同じ血を引く私どもとしては忍びない」と訴えた。

清水市環境施設課の伊藤勲課長によれば、陳情書は市議会で認められており、九二年度予算にはすぐそばにある日本人の無縁仏の墓地と併せ階段を造り直すなどの周辺環境整備することになるという。

両支部代表各十人余りは八日、納骨堂に集まり、合同で祭祀をした後、骨つぼをひとつずつ取り出して洗い清めた。納骨堂の納部には新しい棚も付けた。この日見つかった埋葬認可証をもとに納骨堂に眠る同胞の氏、名、出身地などの調査を市に要請していくことも検討している。

ひょうご
県域版

本社社会部　電話078(232)7733
姫路支社編集部　電話0792(81)1125
阪神総局　電話0798(33)5541
明石総局　電話078(912)4343
淡路総局　電話0799(22)1277
東播総局　電話0794(22)2073
北播総局　電話0795(42)5656
但馬総局　電話0796(22)3121
丹波総局　電話0795(72)0540

民家の庭先に〝鎮座〟する防空壕跡＝いずれも加西市鶉野町

農地の真ん中に〝酷使のツメ跡〟　加西

「全国でも極めてまれ」

朝鮮人強制連行の調査団確認

緑豊かな田園地帯を、真一文字に、長さ五百五十メートル、幅六十メートルのコンクリートの帯が貫く。加西市鶉野町の美しい景観にそぐわないこの〝遺物〟は、かつて「鶉野飛行場」と呼ばれ、海軍姫路航空隊の練習機が離発着を繰り返していた。この一帯に、兵庫県朝鮮人強制連行真相調査団の設立準備メンバーがこのほど、現地予備調査のために足を踏み入れた。朝鮮人強制労働の証（あかし）の、新たな発見だった。

太平洋戦争末期、西宮に本社を置く戦闘機製作会社「川西航空機」が、空襲を避け、現・加西市北条町に工場施設を分散疎開させた。時を同じくするように、海軍は同市南部の鶉野町に同飛行場を建設。周囲に高射砲台、防空壕（ごう）、隊の司令部などを設けた。そして、この時施設の建設に携わったのが、朝鮮人労働者約千五百人だった、と言われている。

飛行場南側の東笠原町に生まれ〝証言者〟として今回の調査に参加した友井公一・社町会議員(六〇)は「この辺りには農家の倉庫を改造しただけの朝鮮人向けの作業員宿舎がたくさんあった」と当時を振り返る。友井〝少年〟は、ここで暮らす朝鮮人と親しくなり、宿舎までよく足を運んだ。しかし「朝鮮人に強制労働させていたというのは、当時はタブー。地元では、あの人たちは勤労奉仕で働いている、と信じている人がほとんどだった」と話す友井議員の顔に、苦渋の色がにじんだ。

砲台や防空壕跡は、農地の真ん中や民家の庭先に、今も、異様な姿をさらしている。滑走路は、防衛庁の管理下にある。地元では周知のこれら〝戦争のツメ跡〟だが、調査団の呉邦烋・事務局長は「朝鮮人の強制連行・強制労働で造られた施設が、これほどまとまって残っている例は全国でも極めてまれ。さらに調査を続けたい」と話す。九日に正式に旗揚げされる同調査団は、十二日、日本側団長の本岡昭次・社会党兵庫県本部委員長と、朝鮮側の団長である康義平・在日本朝鮮人総連合会兵庫県本部副委員長らの指揮で本格的な現地調査をし、県下の朝鮮人強制連行の裏付けを急ぐことにしている。

かつて砲身が空に向かって伸びていた砲台も、今は農地の中にひっそり

草木がうっそうと茂る中に防空壕の不気味なトンネルが口を開ける

朝日新聞（香川）'91.7.10

強制連行された朝鮮人が掘ったトンネル。戦時中、弾薬庫として建設された＝松山市内で

2度も逃げて松山でトンネル掘り

過酷な労働

苦労背負って関係者高齢化

四国の太平洋戦争 ◆5◆

松山空港近くの小高い山のふもとに、半円形の入り口をコンクリートで閉ざしたトンネルがいくつも残っている。ミカン農家の倉庫として使用されているものもある。

トンネルは戦時中、旧海軍松山航空隊の弾薬庫として建設された。記録では三十八本。直径三、四㍍、奥行きは五十㍍ほど。トンネルは同空港の前身が軍用飛行場だったことを今に伝えると同時に、日本が植民地化した当時の朝鮮から労働者を「強制連行」して働かせた「証拠」でもある。

松山飛行場の一帯では約二千人の朝鮮人が働いていたという。愛媛県大洲市で焼き肉店の経営を手伝う高秉紹（コウ・ビョンソ）さん（六九）はトンネル掘りをさせられた一人だ。

過酷な労働から解放された一九四五年（昭和二十年）八月十五日のことはよく覚えている。昼食をとっていると、日本兵が「午後は働かんでもええ」と言う。すぐに「日本が戦争に負けた」という話が広まり、気がついてみると、威張り散らしていた日本人の現場監督は姿を消していた。

強制連行

忠清北道で生まれ育った高さんは二度の「強制連行」を経験している。最初は四二年三月。呼び出されたのは兄だったが、すでに父を亡くし、母子家庭の大黒柱になっていた兄を失うわけにはいかないので身代わりになった。

このとき連れて来られたのは福岡県飯塚市の炭鉱。「窯」は鉄条網で囲まれていた。仲間の朝鮮人が落盤事故で死んだことがある。日本人の監督は死体をそのままにして仕事を続けさせたという。非人間的な仕打ちに腹が立ち、初めて許された日曜日の外出を利用して逃げた。やっとの思いで故郷に戻ると、母への送金を約束されていた半年分の給料は届いていなかった。

翌四三年の五月、今度は高さん本人が名指しで徴用され、新居浜市の近くの鉱山へ送られた。「高知は待遇が良い」との情報にまた逃げた。夜通し歩いて四国山地を越えた。その後は各地の現場を転々とし、最後が松山の飛行場だった。

戦時下の労働力不足を補うため、三九年から四五年にかけて日本に「強制連行」された朝鮮人は全国で約百五十万人ともいわれる。朝鮮人強制連行真相調査団が入手した旧内務省資料によると、四国へは四四年までに約一万五千人。高知約八千五百人▽愛媛約四千人▽香川約二千人▽徳島約二百人で、高知が多いのは長い海岸線に数多くの特攻基地がつくられたためだ。愛媛県内は別子銅山などを含めて十数カ所にのぼる。

「強制連行」の実態ははっきりしていない。大半の人々は戦後すぐに帰国し、証言者を探すのが困難になっている。高知県下の調査を続けている朝鮮総連高知県本部の役員は「真の友好を進めるためにもこの問題は解明されなければならない。関係者の高齢化が進んでおり、一刻も猶予はできない」という。

高さんは敗戦の直前に日本人女性と結婚したこともあって愛媛にとどまったが、その後の人生でも苦労をなめた。あれきり郷里の土を踏んでおらず、涙で見送った母はとうにない。

統一日報 '91.7.10

大牟田市教委

強制連行同胞の残した漢詩

資料館に永久保存

宿舎押入れの白壁に…

【福岡】第二次大戦中、大牟田市の三池炭鉱に強制連行された同胞の書き残した漢詩が、市の歴史資料館で永久保存される。九日、民団大牟田支部の禹判根団長立ち会いのなか、三井石炭鉱業株式会社の三池鉱業所の代表が大牟田市教育委員会（西田茂教育長）に戦略下の資料として寄贈した。

この詩は採炭夫として徴用した韓国人を強制収容していた宿舎の押し入れの中の白壁に書かれていたもの。現在、この一帯は三池鉱業所の社宅になっているが、くしくも改修を免れていた一軒の白壁から十年ほど前に見つかった。

詩文は横書きで五行。上から「壱心一徳、自力更生（更はハングル）、中山海鳳、平生壱心、正元慶力」とつづっている。このほか、下半分ははぎ取られていて不明だが、上半分は縦書きで「成則軍黄」、その横に「城則軍皇」「敗主力敵」の二行を確認できる。これらの文の一部について、禹団長は「今はとても苦しいけれど頑張ればいつかいいことがあるだろうという意味だと思う」と話している。

禹団長は、強制連行の悲惨さを残すものとして、昨年十一月から大牟田市教育委員会に保存を呼びかけていた。同支部によると福岡県内に強制連行された同胞は二十八万人。このうち、大牟田市内にも一万二千人が来たという。

ソウルで展示へ

松代大本営 同胞酷使 生存者捜しも

【長野】第二次大戦末期、七千人以上といわれる朝鮮人強制連行者を酷使し、多くの犠牲者を出しながら松代町に日本軍部が極秘に掘らせた「大本営地下壕」を調査している地元長野市の篠ノ井旭高校郷土研究班が、強制労働従事者・工事関係者など生存者と遺族を探している。

強制労働生存者の多くは解放後、帰国したといわれ、工事の状況を知る関係者は少ない。しかし、政府機関、大本営、送受信施設など大規模な施設を収容するため掘られた地下壕工事については未解明部分が多く、同校の研究班ではより深く調べるため、韓国への帰国者を探しており、来月六日からソウルで開く「松代展」に合わせ訪韓する。

「松代大本営」は、朴菖熙韓国外語大教授の努力や韓国マスコミの報道で韓国内でも知られており、初の「松代展」開催は反響をよびそうだ。

連絡・問い合わせは0262・92・0726まで。

統一日報 '91.7.2

強制徴用者

日本に賃金支給要求

李外相、国会答弁で表明

李相玉外務部長官は十日の国会本会議での答弁で、「核兵器保有に対して是認も否認もしない米国の政策は、戦争抑制の重要な要素だと考えるので、この政策を評価している」とし、「韓半島の非核地帯化は、核兵器のない世界を実現するという理想的側面からみると望ましいが、現実とは距離がある」と明らかにした。

戦時接受国支援協定について李長官は「韓半島有事の時、米国の増援軍を迅速に配置、韓米両国の安保協力過程の各種体系を現実に合うよう補完し、駐韓米軍の段階的削減にともなう増援軍接受体系を円滑にするためである」と説明、「現在、最終実務交渉が進行中であり近いうちに仮署名できるだろう」と述べた。

また「原爆被害者に対する治療と療養がなされるように日本側と交渉し、現在四十億円の支援約束を取り付け、挺身隊と強制徴用者の実態調査のため名簿を発掘してくれるよう要請している」とし、「日本政府に強制徴用者の賃金支給を要求する方針である」と答弁した。

朝日新聞 '91.7.11

強制連行

未払い賃金 考慮を望む

韓国外相が答弁

【ソウル10日＝波佐場清】韓国の李相玉外相は十日、韓国の国会で、戦争中、日本の鉱山や工場に強制連行された朝鮮人に対する未払い賃金の問題について、「日本側の適切な考慮を望む」との考えを明らかにした。韓国政府の高官が日本側の「考慮」に公式に言及したのは初めて。強制連行された朝鮮人の未払い賃金はいまも約五千万円が法務局に供託されたままになっているともいわれているが、日本の法務省は「払い戻しはできない」との立場をとっている。

朝鮮人強制連行の跡調査

真相調査団　市へ実態解明の要望書

加西

兵庫県朝鮮人強制連行真相調査団は十二日、太平洋戦争中に海軍姫路航空隊の鶉野飛行場があった加西市へ現地調査に訪れ、同市に戦時中、在籍した朝鮮人の実態解明に協力を求める要望書を提出するとともに、鶉野町の軍事施設跡を調べて回った。

旧九会村で555人の戸籍簿発見

雑木林の中に残る砲台跡などを調べる朝鮮人強制連行真相調査団＝加西市鶉野町、鶉野飛行場跡

この日、調査に訪れたのは、日本側団長の本岡昭次・社会党県本部委員長（参院議員）と朝鮮側代表の康義平・在日本朝鮮人総連合会兵庫県本部副委員長ら十人。同市役所で松本義文助役、菅野和彦教育長らと会い、①強制連行当時の資料調査と公開②徴用のための寄留簿と除籍簿の調査・公開③作業宿舎などから、学校に通ったとみられる朝鮮人の卒業者名簿、除籍簿の公開―を求める要望書を手渡した。

また、同調査団は、事前調査の結果、旧加西郡九会村の文書の中から、県下でも珍しい「朝鮮寄留簿（戸籍簿）」が見つかったことを報告。この寄留簿に昭和十八年三月から二十一年六月にかけ、同村内七地区に百九世帯、男子三百十一人と女子二百四十四人の計五百五十五人の朝鮮人名があることを明らかにした。

一行はこのあと、市のマイクロバスで鶉野飛行場跡を巡回。現在はコンクリートがデコボコになった軍用機の滑走路や松林の中に残る機関砲座跡、地下倉庫跡、朝鮮人が住んでいたといわれる作業宿舎を見て回って記録した。

強制連行朝鮮人の「寄留簿」

加西市役所に555人分

戦時中、日本に強制連行された朝鮮人の住民基本台帳に当たる「寄留簿」などが兵庫県加西市役所に残っていることが十二日、調査に訪れた同県朝鮮人強制連行真相調査団のメンバーによって確認された。最近、大分県日田郡中津江村役場で見つかったのに続き、全国二例目。

寄留簿は、当時の九会村役場で現在、同市が倉庫に使用している建物内から今月初め見つかった。表紙に「朝鮮人戸籍簿」と記され、A4判の大きさ。一九四三年三月二十九日―四六年六月二十六日の間、同市南部の旧九会村に住んだ百九世帯五百五十五人（うち女性二百四十四人）の名前、住所、生年月日、転入元などを書き、一部には本籍も記入していた。また、同じ戸籍簿の表紙がついた転出簿も見つかり、四三年七月から四五年五月までに二十二世帯が京都府舞鶴市などに転出した、と記されていた。

当時、この地域では海軍の飛行場建設などに千数百人の朝鮮人が従事しており、調査団は「大分県で発見されたものより詳しい内容もあり、強制連行の実態解明には、非常に貴重な資料だ。さらに調査を進めていきたい」と話している。

毎日新聞 '91.7.13

朝鮮時報 '91.7.18

新たに「寄留簿」入手

千葉、兵庫、京都で調査

朝鮮人強制連行

兵庫県旧加西郡九会村の「戸籍簿」と小学校「除籍簿」

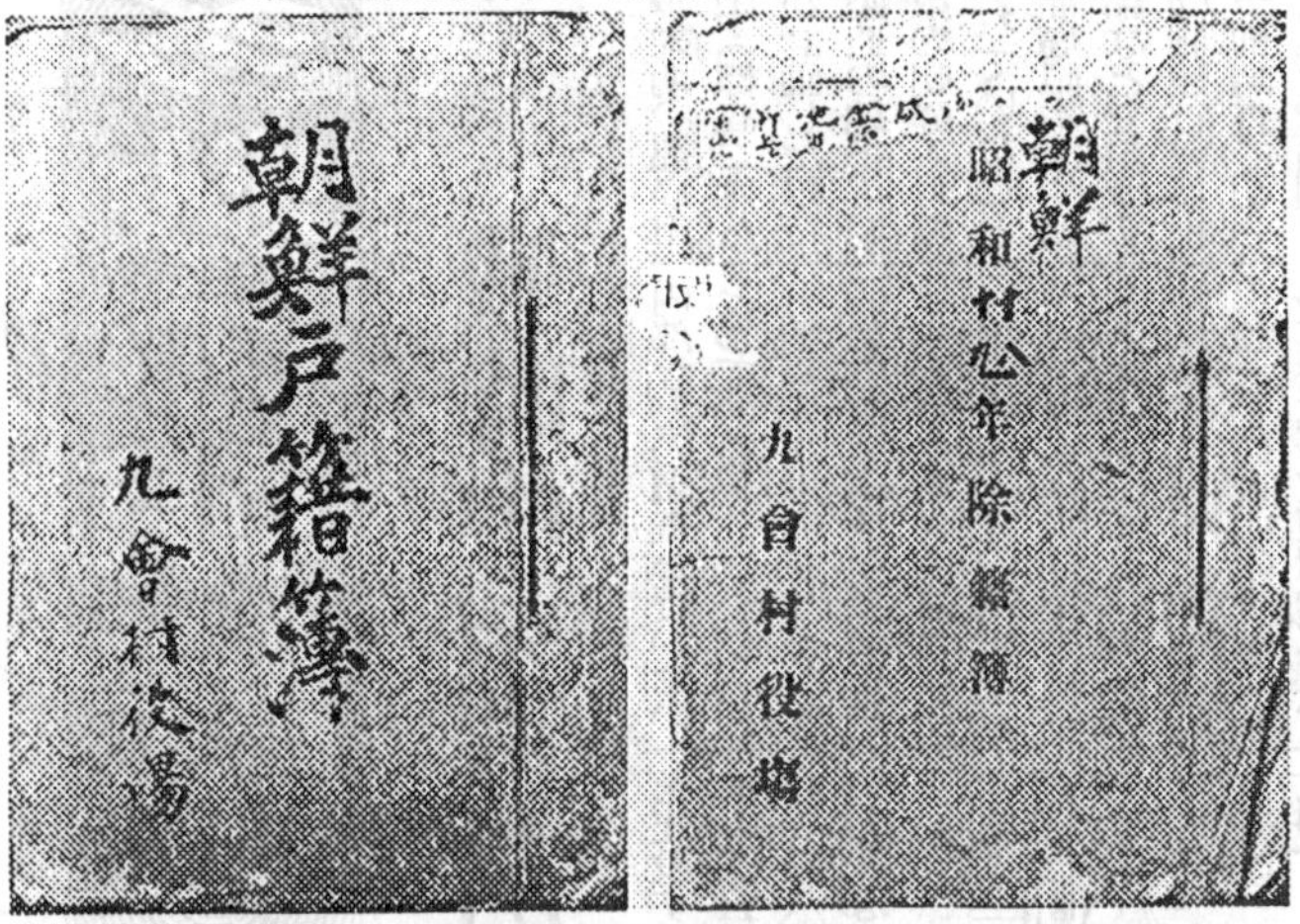

朝鮮人強制連行の実態を解明する現地調査が十二、十三、十四日にかけて千葉、兵庫、京都で行われた。

千葉では地元の高校教師や生徒、在日朝鮮人の現地調査団による六月の予備調査で、君津市の第二海軍航空廠八重原地下工場跡トンネルの全貌がほぼ明らかにされたことを受け、十三、十四の両日、朝鮮人体験者や日本人証言者とともにトンネルの最終確認を行った。

一九四二年十月二十四日に「徴用令」によって黄海道・沙里院（現在の朝鮮民主主義人民共和国・黄海南道）から連行され、八重原地下工場のトンネル工事に従事させられた金斉石さん（77）は「釜山から『鎌倉丸』という船に乗せられた。女性もたくさんいた。その内、二百人ぐらいが一緒に八重原に連れてこられた」と証言した。

兵庫では十二日、県調査団が同県加西市にある海軍姫路航空基地鶉野（うずらの）飛行場跡を現地調査し、同飛行場建設に従事させられていた朝鮮人の「戸籍簿」（旧加西郡九会村、五百五十五人分）と同地の小学校の「除籍簿」（約二十二人分）を入手した。

また、大阪と京都の調査団は十四日、約六万八千人の朝鮮人が従事させられていた京都府園部町の大阪陸軍造兵廠疎開工場跡を合同調査し、体験者、付近住民からの聞き取り、寺院の過去帳や町役場の火埋葬許可証などを調査、当時の同町町長の事務引継書を入手した。

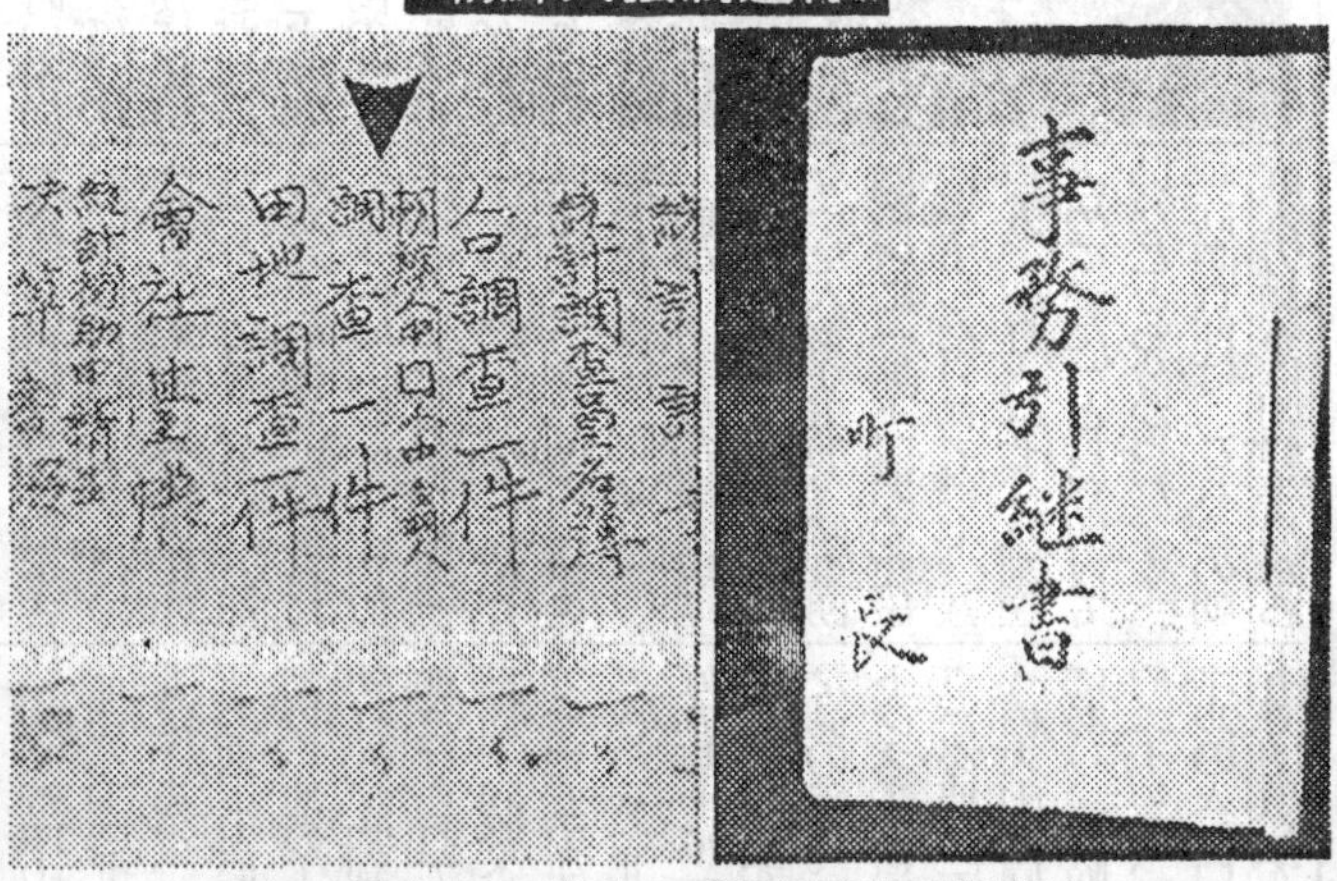

京都府園部町の当時の「町長事務引継書」

毎日新聞 1991年（平成3年）7月15日

多数の朝鮮人を徴用

戦時中、福島の地下工場

社党などの調査で判明

太平洋戦争末期、福島市御山の信夫山（標高二六八㍍）に軍部が計画した飛行機エンジン製造の地下工場造営に、多数の朝鮮人労働者が徴用されていたことが、社会党福島県本部や朝鮮総連県本部などで組織する「朝鮮人強制連行県真相調査団」の予備調査で初めて明らかになった。強制連行されてきたとみられ、同調査団は閉鎖中の地下工場内部などの調査も行いたいとしている。

朝鮮人が労働させられていたのは、軍部が空襲を避け、東京から疎開させた中島飛行機（現在の富士重工業の前身）の耐弾地下工場。国会図書館にある「米国戦略爆撃調査団報告」などによると、信夫山の中腹を掘って完成予定面積約三三、〇〇〇平方㍍の地下空間にエンジン月産三百台の工場を建設する計画で、終戦直前の四五年三月に着工したが、同八月の終戦により三分の一ほどで工事は終わった。

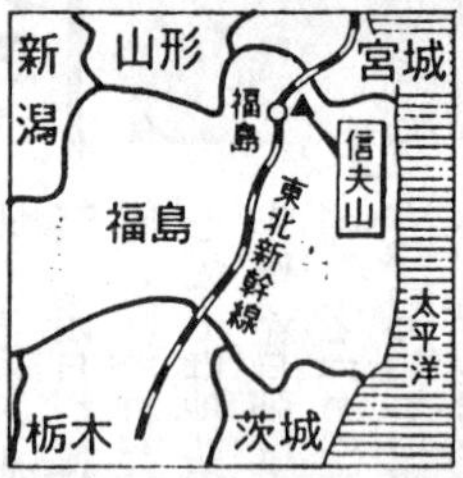

コンクリートでふさがれた信夫山地下工場の入り口

朝鮮人労働者については、軍の機密に属し、資料もなく、ほとんど知られていなかった。しかし、今回の予備調査で、当時の中島飛行機の営繕課土木係長代理で工場の疎開業務に従事していたAさん(七七)が福島市に在住していることが判明。Aさんは調査団の聞き取りに「人数ははっきりしないが、大勢の朝鮮人が働いていた。終戦直後、暴動を恐れた責任者に指示され、朝鮮人のリーダーに、朝鮮人を福島以外の所に連れて行ってくれないかと頼んだこともある」と証言。「二十四時間三交代の突貫工事で、トンネルの掘削と土砂の運び出しなどに使われていた」と当時の模様を語った。

また、中島飛行機の現地の労務担当で七年前に亡くなった人物が生前、調査団関係者に「地下工場の建設に従事した労働者は七、八百人。朝鮮人は七、八割を占めていた」と打ち明けていたことも分かった。

同調査団は、これらの朝鮮人労働者は朝鮮半島からの強制連行や県内外の炭鉱からの二次連行者と見ている。

同調査団中央本部の洪祥進さん(四〇)＝兵庫県尼崎市＝によると、全国で約百カ所の地下工場があるとみており「他の工場でも同様に朝鮮人が強制連行、強制労働させられていたはず」と指摘。同調査団のメンバーで、地方史研究家の大塚一二さん(五八)＝同県いわき市好間町＝は「埋もれた歴史を掘り起こすのは、連行した側の義務。それだけに、トンネル内部の具体的な調査が必要だ」と話している。

信夫山は同市のほぼ中央にあり、危険なため同市は約二十年前、同工場のトンネルの入り口をコンクリートで閉鎖している。

田沢湖の姫観音

朝鮮人労働者ら慰霊の為だった

「辰子姫と魚類の供養」は表向きで

同胞がつきとめ

建立趣意書の「附言」と古老証言で

木立に囲まれ、湖に向かって立つ姫観音像（田沢湖畔）

【秋田】観光地として知られる秋田県田沢湖の北側湖畔に五十年前に建立された「姫観音像」が、湖の伝説の主人公・辰子姫と滅びゆく魚族への供養のために建てられたと、これまで言われてきたのは表向きの説明で、実は戦争期の当時、日本の国策による東北地方の電源開発のため韓半島から強制連行され、山腹に導水路を掘る突貫工事に従事して犠牲になった朝鮮人労働者たちを慰霊するためのものであったことがこのほど、同胞二世の手によって明らかにされた。

導水路突貫工事の強行で多数が犠牲…記録もなく

田沢湖は、周囲二十㌔㍍、最深部四百二十三㍍の日本一深い湖。観光地として湖の伝説をシンボルにした「辰子像」（辰子姫の像）＝一九六八年造立＝で知られている。

「姫観音像」は一九三九年建立で、「辰子像」とは湖水の対岸に位置する所に建てられ、台座二㍍一〇㌢、本体一㍍五〇㌢の石像。芝生など、整備された木立ちの中に湖水に向かって立っている。

「姫観音像」建立の隠れた真の目的をつきとめたのは、幼少から同地で育ち、父母、叔父らが導水路工事に従事し、身内に犠牲者のいる二世、河正雄さん（五二）＝埼玉県在住＝。河さんの奔走で先月十二日、同胞無縁仏を葬る地元の田沢（でんたく）寺から観音像建立の趣意書と一体の「附言」が出てきたことで明らかになった。

それによると、趣意書本文や観音像碑文、町の掲示板には湖水の清浄を守り伝える辰子姫伝説と、導水による強酸性水の流入のため死滅した魚類の霊を慰めるという像建立の表向きの趣旨に対して、工事に従事し犠牲になった人々を追悼慰霊し冥福を祈ることが明言されている。

田沢湖への導水トンネル工事は、東北の電源開発のための生保内発電所の水力発電に利用する湖水の減少を補うため、三八年から、玉川と先達川からトンネルを掘って行われた。

玉川導水路は延長一・八㌔㍍（深さ五・二㍍）、先達川導水路は延長二・六㌔㍍。本来、七千人が従事して行われるほどの難工事を四千人が二年間の突貫工事で行ったという。強制連行された同胞労働者を多数酷使した。発破作業や先頭を手掘りで掘り進んだため、落盤などによる同胞犠牲者が多かったといわれている。

地元では町の仏教会が八四年から法要を行っている。「附言」の存在が明らかになったことで、河さんや地元の有志は、秋までに「朝鮮人犠牲者の碑であることをきちんと記したい」と話している。

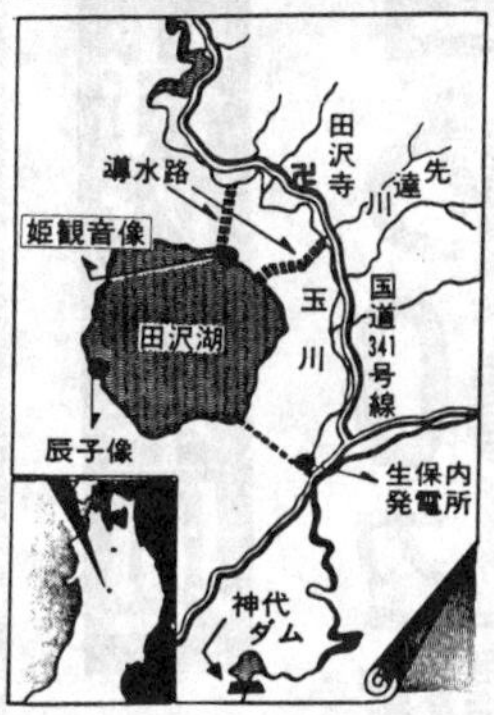

辰子姫伝説

摩周湖に次ぐ透明度を持つ田沢湖に昔から伝わる伝説。辰子とよぶ村の乙女が永遠にかわらぬ美しさを保ちたいと大蔵山の観音に祈ると、満願の日、山は砕け、水をたたえた清澄な湖水が現れ、乙女は蛇体に変身して湖水の主となり、以来、湖水をとりまく村々の民は姫をあがめ、湖水を守ってきたという。

導水工事で悪水が流入してクニマスなど魚類が死滅し、伝来の信仰をもつ近郷の村に工事への不満が流言飛語となって表れたことを趣意書は明かしている。工事による死者の「たたり」を恐れる人々の心のひだもうかがわれる。

姫観音像建立趣意書　附言

本姫観音像建立成ヲ告ゲ其ノ開眼式ヲ行フ時ニ際シテハ各会社従業関係者ニシテ其ノ職ニ殉ジ貴キ犠牲トナリタルモノ、追悼慰霊ノ弔会式ヲモ施行シテ其ノ冥福ヲ祈ラントスルヲ以テ之レヲ附言ス

昭和十四年（1939）五月　槿湖佛教會

町の恥になるかと黙っていた　地元古老

田沢湖町芸術文化協会会長で槿湖仏教会の法要責任者、高橋福治さん（六四）の話　心でこれは朝鮮人の犠牲者の慰霊碑だと思って仏教会の人たちと法要してきた。ずーっと思っていたが、町の恥になると思い積極的に打ち明けてこなかった。しかし趣意書付言が出てきたことで、これで町の人たちにもはっきり言える。自分は救われたような気持ちである。「聖地として正しく紹介されるようにしたい。

田沢寺・菅原完美住職の話　先代住職と子どもの頃二度ほど山中にある玉川導水路工事飯場に朝鮮人の葬儀を営んだ。先代住職より趣意書が残されていたことはわかっていた。詳しく読んだことはないが、朝鮮人の犠牲者の慰霊碑だとは思っていた。以前、家族を連れ、草むしりし、単独で法要を営んでいた。言われて、先代住職が保管していたのを確認したところ、付言が出てきた。今まで口では言わなかったが、やはり本当だと分かった。

毎日新聞 '91.7.21

旧海軍の特攻基地

南方含め50ヵ所も

在日朝鮮人研究者確認

第二次大戦末期、極秘につくられた「人間魚雷」など、旧海軍の海上・海中特攻基地が日本や南方諸島の沿岸に少なくとも五十カ所あったことが、兵庫県宝塚市の在日朝鮮人研究者、鄭鴻永さん(六二)の調査でわかった。当時、極秘で建設が進められたため、これまで確認された特攻基地は全国で五カ所しかない。鄭さんは、基地の一覧地図を作り、各地の研究者に現地調査を呼びかける。

旧海軍の特攻基地の場所をまとめた鄭鴻永さん

鄭さんは昨年八月から「戦史叢書」や昨年刊行された元特攻隊員の回顧録集などを照合して調査。新たに確認されたのは、千葉県銚子を最東端に伊豆半島、香川県小豆島、広島県呉、高知県土佐湾、鹿児島県錦江湾など。それに、奄美大島、沖縄のほかサイパン、グアムなど南方諸島。いずれも米軍の空襲を避けるため、沿岸の岩場にトンネルを掘って造ったとみられる。

各基地には、爆弾を搭載し操縦者もろとも敵艦に体当たりする特殊潜水艇や小型船の奇襲兵器が配備された。いずれも昭和十九年ごろから旧海軍が開発。五人乗りの潜水艇「蛟龍」(全長二十六㍍)▽一人乗りの人間魚雷「回天」(同十五㍍)▽モーターボート「震洋」(同六㍍)がある。

現地調査をしていないため保存状態はわからないが、出撃用のレールや魚雷艇の残がいが見つかる可能性も高いという。鄭さんは、この調査結果について「終戦末期の混乱期で資料が少ないだけに、現地調査が大事。特攻基地の建設にも、多くの朝鮮人が従事させられたはず。日本人にとっても、自身の歴史を知ることになるのでは」と話している。

千葉・八重原地下工場　現地調査

全容明らかに

十三、十四の両日、千葉県富津市の第二海軍航空廠八重原地下工場跡の現地本調査が、地元の高校教師、生徒と在日朝鮮人で結成された現地調査団によって行われ、地下工場の全容がほぼ明らかになった。調査に参加した高校教師らは〝日朝の正しい歴史を知るうえでの身近な教材〟と、今後も証言収集などに力を注いでいく方針だ。

八重原地下工場の存在は、朝鮮人強制連行真相調査団中央本部（団長＝金基喆・朝鮮総聯中央社会局長）が昨年、米国立公文書館から入手した資料によって明らかになった。そして一九四五年十月に所管の市川警察署長が知事に提出した文書の中で、同工場の存在とともに強制連行されてきた多数の朝鮮人労働者がいたことを指摘、調査に弾みをつけた。

地元の高校教師、生徒、在日朝鮮人らが、こうした資料をもとに調査した結果、同工場の全貌がほぼ明らかになった。

同工場が建設された経緯は、一九四四年六月、マリアナ海戦で空母の大半を失った旧日本軍が、同年後半からは米軍機の本土空襲が避けられないとして、木更津海軍航空隊（現在の木更津自衛隊基地）に所属する工廠の飛行機工場設備を地下に疎開させるため現在の富津、君津の二市にまたがる大規模な地下工場建設に乗り出したことから始まる。

山林約二㌔にわたり、奥行き約二～三百㍍の放射線状の主要トンネル約三十本と、各トンネルを連結させるトンネル百本以上が地下を縦横する大規模なものだ。このため当時、大倉組、銭高組、島藤組、株木組、飛鳥組など数社が請け負って現地に事務所や飯場を設け、その下請け業者などでこの地域の人口は急速に膨れ上がったという。

朝鮮人の強制連行、強制労働はこれらの民間業者と軍部、朝鮮総督府が一体となって行ったもので、証言や資料などからその数は少なくとも二百～三百人以上にのぼると調査団では推定している。

主要トンネルは約30本

2～3百㍍放射線状に

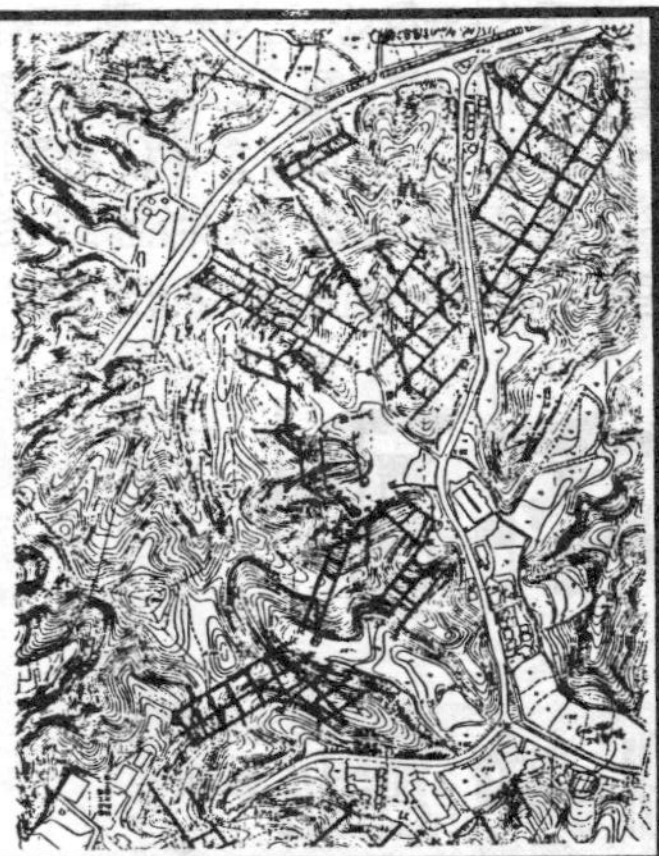

現地調査団が作成したトンネルの見取図

自分が掘ったトンネルの中で当時の労働状況を証言する裵鐘泰さん

連行朝鮮人は300人以上

正しい歴史認識のために

参加した日本人教師、生徒ら

「毎日、（トンネルの）前を通っていたが、穴が空いている、程度にしか思わなかった」——六月中、週末を利用して約三十本のトンネルを探しだし、測量した向井夏詩教諭（県立木更津高）は言う。

八重原地下工場の小山野トンネル群を調査するために現地調査団が結成されたのが五月中旬。県調査団（日本人側団長＝市川福平・社会党前県会議員、朝鮮人側団長＝盧在玉・総聯県本部副委員長）の呼びかけに、地元の上総高、木更津高、君津高、天羽高など七校の歴史担当の先生十四人と上総高郷土史研究部の生徒六人、県総聯南部支部の在日朝鮮人三人が参加した。

「今まで授業で朝鮮人強制連行について話す時、北海道や九州の炭鉱などを教材に使っていたが、こんな身近に、強制連行の事実があったとはまったく知らなかった。正しい歴史認識のためにも、ぜひ実態調査し教材にしたいと思った」と日本人側団長の栗原克榮教諭（上総高）は現地調査団を結成した契機を話す。

トンネルの探索とともに資料の収集、証言の聞き取りと精力的に調査を進めた結果、同工場の「ほぼ全貌が明らかになった」と言う山崎庸男教諭（君津商高）は、証言者を探して横須賀まで足を延ばした。

トンネルの測量にたずさわった上総高郷土史研究部の鈴木一広君（高三）は「規模の大きさに驚いた。工事に従事させられた朝鮮人の苦しみ、逆に言えば日本がどんなひどいことをやったかを実感した」と言う。

「正しい歴史認識のために！」と教師らは口々に語っていた。

体験者の証言

○　○

裵鐘泰さん（71＝慶尚南道昌寧出身）

四三年三月頃から、翌年の七～八月頃まで、佐貫町の地下工場のトンネル建設現場で働いた。株木組に所属し、現場の世話役として、工事現場ではダイナマイトの火つけ役をしていた。トンネルは現在の国道の方から、二～三本を平行して掘り進めていった。ある程度進むと、横穴のトンネルを掘り、そこから工作機械を挺身隊の人が運び入れていた。

私の飯場には朝鮮人が約三百人いたが、ほとんどが徴用だった。日の出から日没まで働きづめだった。日当は二円五十銭と決まっていたが、貰った記憶はない。

○　○

金斉石さん（77＝黄海道載寧〈現在の朝鮮民主主義人民共和国・黄海北道〉出身）

一九四二年、徴用令で沙里院に集まれと指図された。私の村からは二十人ぐらいが行った。沙里院で列車に乗せられた。北の方から来た列車ですでに満員だった。客車の一つは女性用で、今考えるとみんな慰安婦にさせられたのではないかと思う。釜山から「鎌倉丸」という船で横須賀まで来て、二百人ぐらいが、ここの工事現場に連れてこられた。

宿舎は二棟あり、それぞれ百人ほどずつ収容されていた。着いた翌日からレール敷きをやらされ、その後はトロッコ運びをやった。日が暮れるまで働いた。

○　○

李東乙さん（75＝咸鏡南道出身）

四二年、商用で沙里院に行った時、警官に呼び止められ、「お前は朝鮮人のくせに、なぜ髪をのばしているのか」と殴る蹴るの暴行を受け、留置場に入れられた。

数日後、今でも忘れない四二年十月二十六日、突然警官に「お前は今から日本に行くんだ」と言われ、釜山に送られた。金斉石さんと同じ「鎌倉丸」で横須賀に送られ、この工場に連れてこられた。「鎌倉丸」には二千人ぐらいの朝鮮人が乗せられていたと思う。

四四年に突然、飯場から沢山の人がどこかに連れていかれたことがあった。後で横須賀の復員局で聞いたら、みんなサイパンに連れていかれ、船が上陸する前に沈没してほとんどが死んだと言っていた。

日没まで地下工場造り

〝賃金は貰った覚えなし〟

朝鮮北部から2千人

毎日新聞 '91.7.27

人間魚雷の秘密工場

高校生らが確認

岡山

第二次世界大戦末期に旧海軍が開発した人間魚雷「咬龍（こうりゅう）」の秘密地下工場が、岡山県玉野市の高校生グループによって全国で初めて確認された。強制連行された多くの朝鮮人が工場建設に従事させられており、二十七、二十八の両日、兵庫県西宮市で開く「朝鮮人・中国人強制連行を考える全国交流集会」で発表される。

確認したのは、岡山県立玉野光南高校社会問題研究部。二年前、部員七人が玉野市玉の山中で戦跡調査。高さ、幅各約四㍍、奥行き約三百㍍の地下壕(ごう)を確認した。

部員は地元に残っていたかつての従業員六人を捜し、聞き取り調査を進め、咬龍の工場だったことを突き止めた。

入り口が石垣でふさがれているため中には入っていないが、証言をもとに、工場の位置や、旋盤、空気穴の配置などを図で復元、▽工場が昭和二十年二月から終戦まで操業され、二十四隻の咬龍が完成、九隻が製造途中だった▽工場近くの収容所に、強制連行の朝鮮人三千五百人がおり、工場建設に従事した――ことなどもわかった。

高校生たちは、強制連行の実態を知るため、昨年九月、韓国の新聞に当時、玉野市にいた朝鮮人の組織「協和隊」の幹部捜しの記事を掲載。この幹部を韓国に訪ねたり、玉野市に招いてシンポジウムを開いてきた。こうした費用の工面に校内募金もした。

全国交流集会では、顧問の青木康嘉教諭(三九)が研究内容を発表する。集会には、戦前戦中の強制連行を調査、研究している八十二グループが参加。活動報告や記録ビデオの上映などをする。問い合わせは、神戸学生青年センター内の全国交流集会実行委員会（078・851・2760）。

人間魚雷「咬龍」　長さ二四―二六㍍で、四、五人乗りの潜水艇。先頭に爆薬を積み、敵艦に体当たりする特攻兵器。防衛庁防衛研修所の記録によると、二十年初めに開発され、終戦までに百十五隻が完成した。

戦略問題研究家、新開徹夫さん(六二)の話　日本の責任として、もっと早くするべき研究だった。若い人が、身近な歴史のなかから史実を明らかにした点を高く評価したい。

神戸新聞 '91.7.28

朝鮮・中国人強制連行

「考える会」西宮で集会

「朝鮮人・中国人強制連行・強制労働を考える全国交流集会」（同実行委員会主催）が二十七日、西宮市松原町の市立勤労会館で開かれ、全国各地から約四百人が参加した。

集会は、全国の研究グループなど八十二団体が、昨年の名古屋大会に続いて開いた。午後一時からの全体会で各グループが強制労働の体験や研究の成果を報告。続いて歴史家・朴慶植さんが「〝強制連行〟調査の課題と展望」と題して記念講演したほか、今年一月、太平洋戦争中に旧日本軍に徴用され、右腕を失ったとして国を相手取り補償を求める訴えを起こした鄭商根さん(六九)が、訴訟の支援を求め、飛び入りでスピーチをした。午後四時半からは、十グループに分かれて地下工場と強制連行、教育現場での実践リポートなどのテーマで分科会を開き、参加者は活発に意見を交わしていた。

二十八日は午前九時から、同市甲陽園の地下工場跡見学と、市立甲陽園小学校での映画会などを行う。

朝日新聞 '91.7.28

政府の姿勢に批判相次ぐ

強制連行考える全国交流集会

「朝鮮人・中国人強制連行・強制労働を考える全国交流集会」（主催・同集会実行委）が二十七日、兵庫県西宮市松原町の市立勤労会館で始まった。全国各地で調査、研究に取り組んでいる八十五団体の市民ら約四百人が参加し、強制労働や従軍慰安婦の実態、戦後補償問題などについて報告、意見を交換した。

全国集会は昨年八月の名古屋に続き二回目。元朝鮮大学校教員の歴史家朴慶植（パク・キョンシク）さん(六八)が「調べるべきことがあまりに多く残されている。急がないと証言者がいなくなる」と強調、資料公開に積極的でない日本政府の姿勢を批判した。

補償を求めて今年一月提訴した東大阪市の在日韓国人一世、鄭商根（チョン・サングン）さん(六九)は法廷での意見陳述書を朗読し、「日本人同様、日本のために働いてきたのに日本政府からも韓国政府からもはがき一枚来ない」と訴えた。

旧海軍特別志願兵で和歌山や石川に配属された金太華（キム・テファ）さん(六四)も穴掘りと下士官の拷問対象だった日々の記憶を語り、「軍人でなく、まるで奴隷だったが、戦後は対日協力者のらく印を押された」と振り返った。

旧芳山国民小学校（ソウル市）の教師で、担任していた小学六年の女子六人を女子挺身隊（ていしんたい）として日本の軍需工場に送り込んだ経験を持つ奈良県生駒市の池田正枝さん(六八)の報告では、今月上旬に訪韓、四十七年ぶりに六人のうち三人と電話で話した。「女子挺身隊は従軍慰安婦と見られ、ずっと夫にも子にも事実を隠し続けていた。さぞつらかったでしょう」と話し、三人を来年、日本に招く、という。

二十八日は、西宮市にある旧川西航空機地下工場跡を訪れ、「朝鮮国独立」の文字が残るトンネルを見学する。

強制連行の朝鮮人約230人

太平洋で玉砕巻き添え

飛行場建設に従事

ブラウン環礁

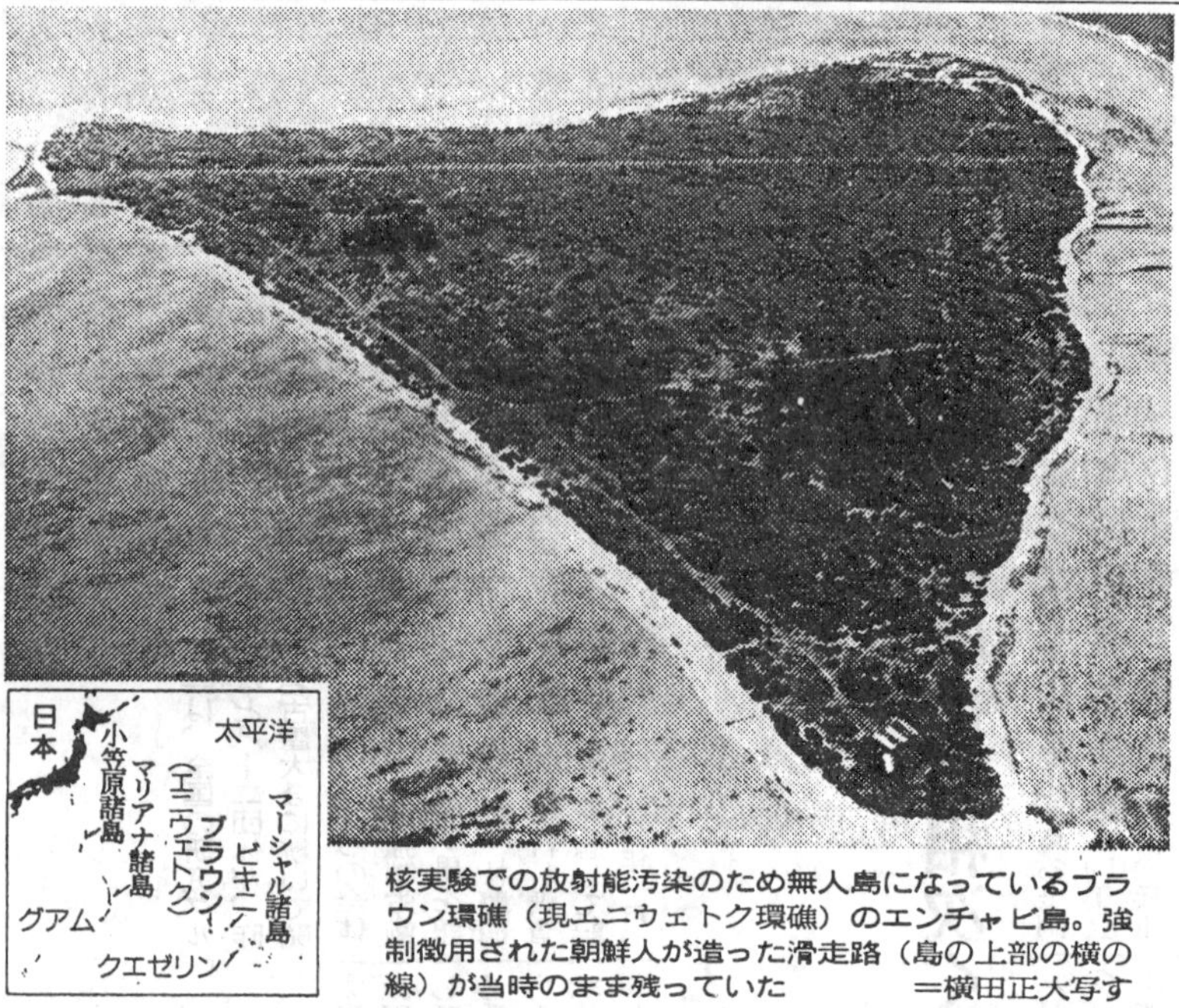

核実験での放射能汚染のため無人島になっているブラウン環礁（現エニウェトク環礁）のエンチャビ島。強制徴用された朝鮮人が造った滑走路（島の上部の横の線）が当時のまま残っていた　＝横田正大写す

太平洋戦争さ中の一九四四年（昭和十九年）二月、日本統治下の南洋群島の軍事拠点、ブラウン環礁（現エニウェトク環礁）に米軍が猛攻を加え、日本軍守備隊は全滅、この巻き添えで、当時、軍属として飛行場の建設・整備工事にあたっていた労働者も玉砕した。このほど存在が明らかになった「ブラウン玉砕者名簿」によると、戦死したとされた労働者二百九十人のうち邦人は五十五人で、残りの二百三十五人のほとんどは朝鮮半島から強制連行（徴用）された朝鮮人だった。その一部の遺族を追跡調査したところ戦後半世紀近くにもなるのに、戦死の知らせの届いていない遺族がかなりあった。

（社会面に関係記事）

「名簿」で明らかに

ブラウン環礁は、マーシャル諸島にある。直径二十八キロ、約四十の島から成り、戦後はエニウェトク環礁と呼ばれ、ビキニ環礁とともに、米国が原水爆実験を行った場所として知られている。

米軍は、四四年一月三十一日から、同環礁最大の日本軍の基地があるエンチャビ島に、空襲と砲爆撃を行った。約千五百五十人の日本軍守備隊は、二月十九日、全滅。当時、エンチャビ島では、強制徴用された人たちが軍属として、飛行場の建設・整備に従事しており、大部分が戦死した。

「ブラウン玉砕者名簿」の原本は、元シベリア抑留者とその遺家族で組織する全国抑留者補償協議会の斎藤六郎会長が十年ほど前、元日本政府関係者が処分した資料を買ったものだ、という。最近、資料を整理していて貴重なものであることが分かった。戦死者に対する功績を判定するための人事関連資料として、トラック島に本部を置く旧海軍第四施設部が作ったものと見られている。

名簿に記載されている戦死者は日本人五十五人、朝鮮人二百三十五人だが、その中には捕虜や行方不明などでいったん戦死と認定されたのち生存が確認され、抹消手続きが取られた人が若干名含まれているとみられる。朝鮮人は、ごくわずかの志願者を除き、大部分が日本海軍によって強制徴用された。氏名、生年、採用年月日、職務、本籍地の記載があり、ほぼ全員が現在の韓国の出身者。朝鮮名から創氏改名した日本名を名乗っている人が多い。

朝日新聞社は東亜日報の協力によって、この名簿から無作為に抽出した十二遺族を追跡調査した結果、日本政府から死亡通知書が届いたのは三家族で、今もって生死不明が七家族あり、残り二家族が自分で日本政府などに照会して、死亡を確認したことが分かった。日本人の遺家族には戦死公報が届いており、一連の援護措置を受けている。

◇

「ブラウン玉砕者名簿」に記載されている朝鮮人戦死者の氏名は、近日中に掲載します。

「ブラウン玉砕者名簿」のコピー。戦死した朝鮮人は、創氏改名で日本名を使っている人が多い

91年(平成3年)7月29日　月曜日　朝日

朝鮮人強制連行の証拠
「徴用令書」21人分

朝鮮総連の調査団が発見

朝鮮半島から労働者を強制的に連行するため交付した「徴用令書」や、徴用をめぐる一連の書類が、駒沢大学図書館に所蔵されていることがわかった。企業が地元の警察署に提出した朝鮮人名簿も含まれており、朝鮮人が軍や総督府の連携で徴用され、来日後の動向は警察に報告されていたことを裏づけている。徴用令書は強制連行の証拠となるため、各企業は戦後すぐに処分した可能性が大きく、研究者の間ではこれまで実物が見つかったという報告はないという。朝鮮総連の朝鮮人強制連行真相調査団（金基喆団長）が見つけたもので、総連は近く「東京都朝鮮人強制連行真相調査団」を結成、朝鮮人労働者たちを追跡調査する予定だ。

一連の書類は「半島労務者移入ニ関スル書類」と題され、東京都城東区（現・江東区）内の会社の労務課がまとめた。終戦直前の一九四五年三月に朝鮮から同社に来た二十九人の労働者に関するもの。このうち、二十一人の徴用令書が添付されていた。この会社は戦時中、船舶エンジン製造の軍需工場で、当時の従業員数は約千三百人だった。

徴用令書は、いずれも、出身地の朝鮮・全羅南道の知事（日本人）名で交付された。徴用された朝鮮人の本籍、住所、日本名、生年月日のほか、従事する会社名と所在地が書かれ、従事する業務は「総動員物資ノ生産ニ関スル業務」、職業「労務」、徴用期間は「出頭日ヨリ一年」となっている。

裏は、「徴用令書ノ交付ヲ受ケタル者ノ心得」が五項目印刷されている。指定された日時、場所に出頭できない場合、病気なら医師の診断書か警察官の証明書を届けるよう指示している。

連行までの経緯を示す書類は次のような内容だ。

四四年十一月二十八日付　東京海軍監督長からの照会に対する会社の返答。「半島人徴用員を五十人希望」とある。

同十二月七日付　在東京海軍監督長から同社あて。「半島人応徴士割当」は五十人と記載。

四五年一月二十日付　同社から朝鮮総督あての「国民徴用令ニ依ル徴用申請ノ件」、など。

人手不足が顕著になった戦争末期、海軍が各軍需工場に朝鮮人労働者使役の希望を取り、改めて会社から朝鮮総督府に申請して、徴用が行われたことがわかる。

このほか、朝鮮人労働者到着後に同社が地元の警察署に提出した、朝鮮人全員の日本名、生年月日、本籍地、前職、現住所を記した一覧表もあった。

初めて見る一級資料

田中宏・愛知県立大教授（日本アジア関係史）の話　戦争末期、徴用によって朝鮮から大勢強制連行されたのは知られているが、徴用令書の実物は初めて見た。来日するまでの経緯、警察への情報の集まり具合などもわかる一級の資料だ。

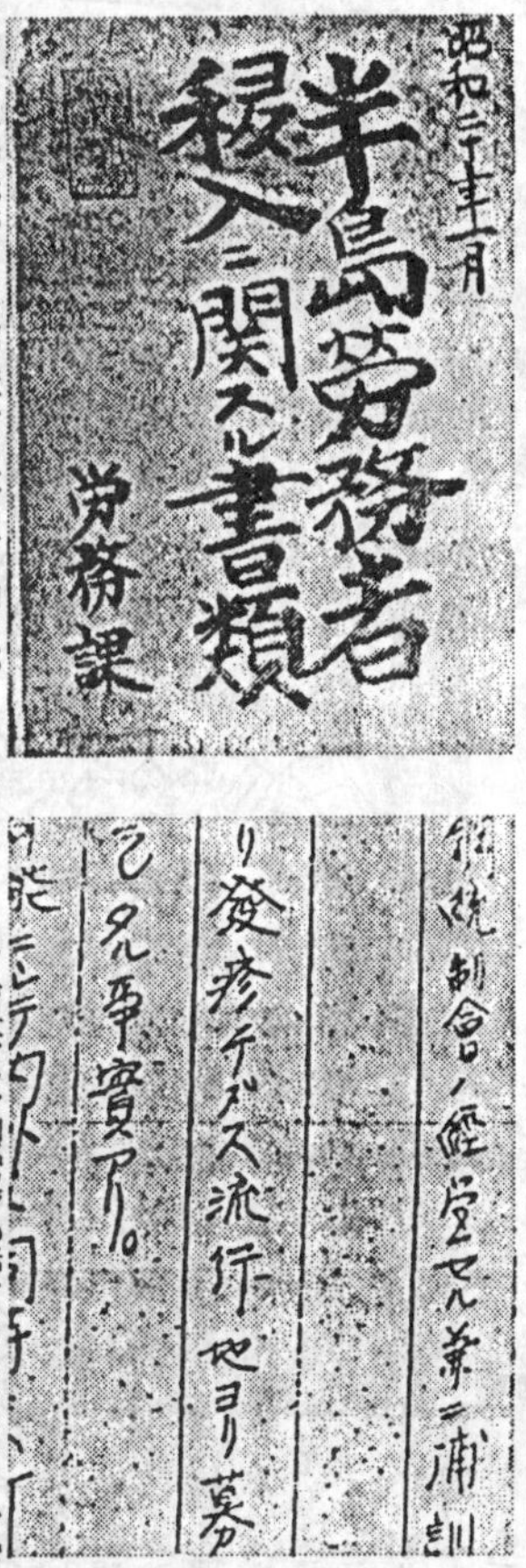

㊤徴用令書など強制連行の経緯を示す一連の書類の表紙㊦チフスの報告書の文章には「発疹チブス流行地ヨリ募集」の記述がある

強制連行　一九三九年九月、朝鮮総督府が「朝鮮人労務者募集ならび渡航取扱要綱」を出し、「募集」といわれる強制連行が始まる。第二段階は四二年二月の閣議決定「半島人労務者活用ニ関スル方策」に基づく「官あっせん」で、朝鮮労務協会が主に人集めをした。第三段階が一般徴用令が出た四四年九月から終戦まで。

朝鮮人の強制連行・労働

千葉県内でもやっぱりあった。富津の海軍地下工場跡に調査団、事故で犠牲者も多く出たと証言。

千葉県にも朝鮮人強制連行の歴史があった。富津市の山中に確認された旧第二海軍航空工廠地下工場跡。太平洋戦争中、学徒動員の女学生らが航空機のエンジン部品などを作っていたこの地下工場を作るにあたり、強制徴用された朝鮮人がトンネル掘りに動員され、何人もの犠牲者をだした。長野県の松代大本営跡地にも匹敵するこの地下工場の調査のため、「朝鮮人強制連行の真相を調査する千葉県日・朝合同調査団」が十三日に調査に入った。

県の回答は事実を隠す

この日の調査には地元の高校教師や生徒、当時地元工場のトンネル掘りをさせられた朝鮮人や工場で勤労動員で働いていた女学生など七十人が参加。クモの巣状に掘り巡らされたトンネルの保存状態は良く、床には厚さ十センチのセメントが打ち込まれ、壁にはツルハシの跡が無数に残されていた。

この地下トンネルは戦争中の一九四二年暮れから建設を開始。敗戦直前まで拡張工事をしていた。高さ五メートル、奥行き五十～三百メートルのトンネル四十本が確認されるなど、規模は長野市の松代大本営跡地に匹敵する。しかも現地は、全国で現存する唯一の軍直轄の地下工場跡でもある。

戦後忘れ去られていた同地下工場で朝鮮人強制徴用の事実を発掘したのが「朝鮮人強制連行真相調査団」。昨年五月の盧泰愚韓国大統領訪日を期に日本政府は厚生省を通じて全国自治体に保存されている強制連行者名簿の調査を通達したが、千葉県は「県内にそういった事実はなかった」と回答していた。しかし、同調査団は米国公文書館に保存されていた資料をもとに、この海軍地下工場建設に三百人以上の朝鮮人が徴用されていたこと、千葉県内にはこのほか約二十ヵ所にわたる地下トンネルがあることなどを明らかにした。

こうした新たな事実をもとに千葉県では社会党千葉県本部と千葉県高教組、朝鮮総連千葉県本部などの呼びかけで二月に「真相究明合同調査団」を発足。その調査の一環として、この日の行動となった。

一九四二年十月二十四日に強制「徴用令」で黄海道沙里院（現在の朝鮮民主主義人民共和国）から連行され、工事に携わった金斉石さんは「釜山から二千人が「鎌倉丸」で横須賀に送られた。船には慰安婦にとられたと思われる女性もたくさんいた。富津には二百人が連行され、ダイナマイト事故などで犠牲者も多くでた」と証言した。

↑学徒動員では「神風」のハチマキをして働いたと斉藤さんらは語った。

↑山中をくり抜いた旧海軍地下工廠トンネルの見取図（一部分）

↑千葉県高教組がこの夏調査に入る予定の強制連行跡地。このほか判明しているだけで28ヵ所にのぼる。

真相究明へビデオ作り

旧制木更津高等女学校、（現木更津東高校）生徒で四五年三月から学徒動員で戦闘機のエンジン部品の組立てをしていた斉藤智恵子さんは「湿度が高く水滴がしたたるなか、眠気を覚ますため、皆で穴の外に出て軍歌を歌った」と裸電球の下、油にまみれた青春の日々を当時使った「神風」のハチマキを手になまなましく語った。

千葉県の強制連行問題に組織をあげて取り組んでいる県高教組の菅谷貢書記次長は「敗戦で軍の重要書類は焼却処理され、生き残っている人たちも少なくなっている。現地に東急資本がゴルフ場計画を進めるなど、行政サイドを含めて早急に立ち上がらないと真相は埋もれてしまう」と強調する。調査団ではこれまで明らかになっている大網白里、茂原、館山などの県内各所合わせて、記録ビデオを作り、戦争を風化させない平和教育の教材作りをしていきたいとしている。

北海道・朱鞠内湖ダム

韓日民族和解へ「願いの像」建立

強制労働で死亡の朝鮮人労働者を慰霊

10月除幕

15年の運動実る

町民の半数賛同人に　遺骨発掘にも参加

【札幌】北海道北空知の奥深い辺地に強制連行され、ダム工事や鉄道建設のために過酷な労働を強いられて殉難した朝鮮人、タコ労働者の遺骨掘り起こしと慰霊・顕彰を進めてきた地元同胞と日本人が、朱鞠内湖畔に「命の尊さにめざめ民族の和解と友好を願う像」を建立する。朱鞠内で調査と発掘、追悼の運動が始まってから十五年。二人の僧職を中心とする市民グループの取り組みは、町民の半数の賛同を得るまでに広がった。除幕式は十月六日、追悼法要を兼ねて行う。

朱鞠内湖畔に建立される「願いの像」

無茶な発破工事担わせ死者2百人
殉職者碑あるが朝鮮人に触れず

石狩川の支流、雨竜川の最上流にある幌加内町字朱鞠内。伐材あとの埋もれ木が湖面に立ちつくし、湖をとりまく原始林が緑の影を落とす。

ここに巨大なダムがある。半世紀前、この雨竜ダム（現朱鞠ダム）工事と名雨線鉄道工事が行われた八年間（一九三六〜一九四三年）に、多い時には二千人以上の朝鮮人が労働に従事させられた。

朝鮮人酷使・死亡には一言も触れていない殉職者慰霊碑（手前）

朝鮮人労働者で犠牲となったのは名前が判明しただけでも三十三人。これは埋（火）葬認許証で裏付けられた。日本人を含めれば百七人にのぼる。ところが、危険な発破工事などで犠牲となった朝鮮人は、医師の死亡診断書さえなく、実数は明らかでない。同胞・市民団体の最近の調査では、死者二百人は下らないとされる。

七六年、二人の日本人僧職が湖畔の光顕寺を訪ねて、引き取り手のない七十基の位牌の中から二十五歳の朝鮮人姓を見つける。「なぜ、朝鮮人の若者の位牌がここにあるのか？」こうして雨竜ダム工事の犠牲者調査が始まった。

湖畔に立つと、えん堤の右側の小高い丘の上に巨大な塔が立っている。「殉職者慰霊塔」と大書してあり、この工事を完成した雨竜電力株式会社社長の名前は分かるが、それ以外の事は全く書かれていない。ただし、幌加内町役場を訪ねた僧職は、埋火葬認許証と光顕寺から見つかった位牌を照らし合わせた結果、三十人以上の名前が一致することを確かめた。このうち、十四人は朝鮮人だった。

光顕寺の壇家が中心となり、「朱鞠内追悼法要協力会」が発足、七六年に第一回追悼法要を実施した。参加者からは「いつの日にか遺骨を発掘し、遺族にお返ししたい」との声が出た。一方で「どうして今さら四十年も前のお骨を掘って、わざわざ昔の事をむし返すのだ。みんな忘れたいと思っていることなのに」という意見もあった。

八十年から四回の追悼法要と遺骨発掘が営まれた。この間、四人の在日同胞が加わり、地元住民とかかわってきた。十五年の歳月は住民の意識さえ徐々に変えていった。いまでは住民の半数が「願いの像」建立の賛同人に名前を連ねるまでになった。

除幕式を終えた後、十月中旬には遺骨を韓国の遺族のもとに持参、法要を営む。

朝日新聞 '91.8.1

大多数が日本名

ブラウン環礁で玉砕した朝鮮人

旧日本軍の統治下にあった南洋群島ブラウン環礁の守備隊が一九四四年二月、米軍の猛攻で全滅。その際、強制連行で労働させられていた朝鮮人も巻き添えにされたことが明らかになった。朝日新聞社がこのほど、全国抑留者補償協議会（全抑協）の斎藤六郎会長から入手した「ブラウン玉砕者名簿」には戦死した朝鮮人二百三十五人の氏名が記載されている。旧海軍省功績調査部員（少佐）の青木勉氏は「トラック島の海軍第四施設部が作成したものだろう」といっている。

本籍地別に区分すると、全羅北道百三十九人、全羅南道八十七人、慶尚北道六人、慶尚南道、忠清南道各一人と現在の韓国の出身者がほとんどで、朝鮮民主主義人民共和国（北朝鮮）出身者は咸鏡南道の一人しかいない。年齢は十八歳から三十五歳にわたっている。

名簿に記載されている朝鮮人の大部分は、朝鮮名から創氏改名した日本名を名乗っており、朝鮮名をそのまま使っている人はごくわずか。しかも、その身分は全員が二等工員（土工員）。

全羅北道金堤郡の国本潤宰さんのように、捕虜や行方不明になって、いったんは戦死と認定されたものの、のちに生存が確認された人も若干含まれていると見られるが、詳細は不明。ブラウン環礁は①玉砕を大本営が発表しなかった②戦後、米国の核実験場となり遺骨収集すら困難、という特殊な事情もあり、名簿に記載されている強制連行朝鮮人全員の名前を掲載する。

名簿記載の朝鮮人氏名

（住所は徴用時の本籍地）

【全羅南道】

◇求礼郡▽光義面 呉錫俊▽馬山面 西原一宮▽龍方面 宮本養浩、清川宗錫、李鐘植、梁原宗燮▽良文面 玉川湧大▽求礼面 高島在祚、竹山斑湜、林正雄、乾山貴童、阿部瀧石、李田其夾、林鐘伯、山原光治、林永淳、原田光治▽土旨面 青柳珍天、知山宇鉉▽山洞面 柳在福、松山康琇、木山洋本、金本仁植◇和順郡▽和順面 安田道順

◇麗水郡▽雙鳳面 金海采斗、三井甲洪、木山海明、漢川仁俠▽三日面 玉峯基泰、金田萬守▽召羅面 松谷政義、林光明、山下明山、平山祐豊、南相洙▽麗水邑 林成信、松本寿昌、新本土房▽栗村面 文元奉吉、金村鐘烈、松原燦朝、柳井在千▽華陽面 松本鍾珍、松原長水、瑞原相根、張田明圭、張田翼徹、新井珍奎▽突山面 金本宗三

◇長興郡▽長東面 文野奉貴、文野卜同◇霊巌郡▽新北面 杉山順錫◇宝城郡▽弥力面 宣元正植◇順天郡▽住巌面 伊正善、金山光雄、石川南洙▽順天邑 慶山富平、金谷南秀、金沢武雄、金本宗坤、宣城礼次郎、徳山漢胄▽海竜面 蔡原広徳▽西面 張川聖方、金城種一、金村烘均、金城烘臣▽月燈面 羽谷永俊、長吉貞夫、張松旺録、権藤明光▽外西面 新井桂洙▽楽安面 広田哲喜、金沢享順、金本永云、山本仁変▽道沙面 山村享雨、山村貴烱、玉川聖文▽松光面 孫田基煥、国本成根、金海道日、松村中煥▽黄田面 宮本同助、岩村吉淡

◇長城郡▽南面 金世洙◇羅州郡▽多侍面 裵潤洙

【全羅北道】

◇井邑郡▽徳川面 金城中洛▽新泰仁邑 河本成滝、丁漢洙、金井福東▽所声面 金倉判泰、呉海完、宮田宅用▽古阜面 南戸南赫、南原三郎、棉本奉吉、金本泳文▽笠巌面 南永熙、金光容喆、金光容俊、清穆雲滝▽永元面 柳奥善、水原仁基、辛川鐘英▽井州邑 藤野正吉、茂原秉熙▽泰仁面 吉田延顕、金石千洙▽内蔵面 木村源玉、柳鐘烈▽北面 星田光信

◇南原郡▽帯江面 金原文圭、徳村溢均、広川正烈▽大山面 金沢文植、安東鳳来▽東面 金本佶原、佳山淙沢、山本炳甲▽水旨面 柳政雄、大原永燮、蘇野基鎬、金沢在燮、黄村時元、良原判金▽王峙面 新山満秀、李川振相、西山正光、蘇山淳滝、金本寿▽南原邑 姜吉東、松原仁錫、琴甲滝、金井黄甫▽宝節面 蘇山（名は判読不能）

◇金堤郡▽龍池面 本居健一▽進鳳面 柳元永、徳山鳳淳、康本恭建、菊村昌正▽聖徳面 国本潤宰▽白歌面 俞鎮台、金本栄基、石中吉童、金本雲基▽孔徳面 江城炳沢、新本吉守、清水海春、岩本凡出▽扶梁面 坡平相封、安城相祚、朴金童、正木一先、華山炳水▽金堤邑 富田相植▽万頃面 金城東基、中野有明郎、金寧永昌▽金溝面 国本蘭述▽鳳山面 安本典熙▽竹山面 尹東明春、東川大成▽青蝦面 青山鎮福、東本永謨、宣川琪順

◇鎮安郡▽鎮安面 山本洪栓、月山鐘殷、月山福童、金本暖洙、松田昌善、朴成圭、金本必洙、国密永才、松岩錫根、岡本在沢▽馬霊面 金本基万、高山芳樹、松山圭煥、原田南斗、長原泰元、良原在鉉▽龍潭面 久賀漢坤▽程川面 菊元基元、景山昌元▽朱川面 李山鎮五、新山永寿、吉田在福、安田昌均、李山成雨▽聖寿面 李根昌、城山甲滝▽顔川面 山佳苛山▽富貴面 栄山奉順

◇完州郡▽助村面 花岡鳳徳、松山桂淳、乾山南福、徳村貴徳、松木雲岩、芳山奉来、大城福東、金本昇学▽草浦面 義本聖遠、成本昌官、文義基遠▽竜進面 松本容求▽上関面 高山在燮、星本竜文、三田鴨遠、国本炳春、山田判竜▽雨田面 棹本茂雄、金田弐男、金海鳳大、大山順寛、紆州鎬鎮▽所陽面 柳良秀、金川徳俊、柳次吉、林同玉▽九耳面 茂山義鳳、良原順哲、李芳寧、茂元義允

◇淳昌郡▽柳等面 崔山正植

◇錦山郡▽錦山邑 洪本海碩

【慶尚北道】

◇金泉郡▽甘川面 新井月奉◇尚州郡▽沙伐面 光山敏夫▽尚州邑 金補政吉◇聞慶郡▽永順面 豊田仁吉◇安東郡▽北後面 平山点得◇栄州郡▽伊山面 玉原用鎬

【慶尚南道】

◇河東郡▽丘陽面 大田昌白

【忠清南道】

◇舒川郡▽馬西面 新羅昌燮

【咸鏡南道】

◇洪原郡▽洪原邑 宮本吉雄

2世から3世へ 第2部 〈127〉

在日同胞年長世代群像

18の頃から足踏入れ

金蓬洙さん

強制連行現場写真集を共同出版

悲惨さ聞いて育つ

このほど、写真集「証言する風景——名古屋発 朝鮮人・中国人強制連行の記録」が、名古屋市の出版社、風媒社から刊行された。

愛知、岐阜県下の旧日本軍による地下軍需工場、施設の現地調査の資料集であり、この種では、全国初のものといえる。

この本は名古屋の「ピッタム(血と汗)の会」「日朝協会愛知県連合会」「〈ノーモア南京〉名古屋の会」の三グループによるこれまでの調査の成果がまとめられている。いずれも地元地域での過去の歴史にこだわろうとするグループである。

執筆者の一人で「ピッタムの会」のメンバーである金蓬洙さん(四八)=愛知県小牧市在住=にとって、この本の出版はひとしお感慨深いものがある。

二十歳の時、渡日したアボジは岐阜県可児市の帷子(かたびら)の名古屋陸軍造兵廠の地下工場を目的とする隧道工事に従事、受注会社の末端配下として三本の隧道掘りを請け負う。

子供の頃、蓬洙さんはアボジから、当時の強制連行朝鮮人の悲惨な状況を詳しく聞かされてきた。アボジは「苦労なんてもんじゃない。話にならない」とよく言っていたという。

辿り着いた先は闇

十八歳の頃、蓬洙さんは、自分で当時の地下軍需工場、施設の調査を始める。「小説家になりたかったので、文学的テーマにしよう」というのが、そもそものきっかけだった。ところが、周辺の調査を進めるにつれ「真相が闇から闇に葬られている」ことがわかってきた。現場まで何とかたどりつけるものの、「その先は一歩も進めない」。記録などが一切残されてなかったのだ。

「まず、現場をみんなに知ってもらおう」と写真集の製作にとりかかった。昨年、名古屋で開かれた、第二次大戦中の朝鮮人・中国人強制連行、強制労働を考える第一回全国交流集会直後に、風媒社の稲垣さんに出版の依頼をうけたが、それまでの活動で疲れがピーク状態で、一度は辞退したものの、体力が回復するにつれ、「がぜん、やる気がでてきた」。「どうせだすなら、今年の第二回全国交流集会に間に合わせよう」と、十分なゲラのチェック時間もないまま、稲垣さんに言われれば「綱渡り的な出版」だった。

蓬洙さんは、岐阜県の中学卒業後、旋盤工、パチンコ店員などさまざまな職を経験。

現在、弟の金唱律さん(四二)と二人で建物内配管工事の下請けを業としている。「とにかく肉体労働一本できました」と、日焼けした顔で、くったくなく笑うが、資料集の完成で「これまで仕事のあい間にこまめに回った現場を全国に紹介できるのが、一番うれしい」と語る。

途中で調査に参加した唱律さんも「同じ目的で活動している仲間の起爆剤になれば」と、完成をともに喜ぶ。

「死ぬまでこういうことをやりたくない。日本政府に決着をつけてもらい、早く静かに暮らしたい。自分たちに特別の力があるわけでなく1人の『在日』にすぎない」＝名古屋市中区の風媒社にて

犠牲者補償を求める

過去清算ができねば

地味な調査活動の中で、被害を受けた当人である在日一世から「自分たちができなかったことをやってくれた」と手をにぎって喜んでくれるのが、何よりもうれしい、と語る蓬洙さん。しかし、本来の夢は「好きな古典文学を研究すること」。「こんな幸せな時間は訪れてこないかも」といいながら、「真相追究に終わるのではなく、犠牲者に対する補償までしなければ、日本は過去の清算ができない」「それができなければ、在日同胞への差別が断ち切れない」と、歴史を語りつぐべき、調査活動への熱意を新たにしている。

傍見

昨年の強制連行調査グループの第一回全国交流集会に参加する過程で知り合った。一途で感激屋。仕事をしながらの現場調査、執筆は大変な作業だったと思う。これからもテーマを絞り、何か出版することがあればお手伝いしたい＝稲垣喜代志さん(風媒社・代表)

朝日新聞 '91.8.2

未払い賃金名簿

記載の一人ソウルに

市民団体確認　補償を求め来日へ

日本製鉄（現・新日鉄）が戦争中に使った朝鮮人労働者に対する未払い賃金を戦後、法務局に供託したことを報告する名簿の存在が明らかになったが、この名簿に記載された男性が韓国ソウル市に生存していることが、東京の市民団体「日本の戦後責任をハッキリさせる会」（臼杵敬子代表）などの調べでわかった。この人は「二年間タダ働きさせられた。経済大国である日本はきちんと補償して欲しい」と訴えており、日本政府への抗議のため二日、来日する。名簿の被供託者が確認されたのは初めて。

韓国の「太平洋戦争犠牲者遺族会」（金鍾大会長）の会員で、呂運沢＝ヨ・ウンテク＝さん(六八)。

「ハッキリ会」によると、呂さんは創氏改名で日本名「宮本運沢」と名前を変えさせられていた一九四三年九月ごろ、当時の平壌で、日本製鉄の徴用に応じた。大阪工場で一年八カ月働き、その後現在の朝鮮民主主義人民共和国（北朝鮮）の清津の工場で三カ月働いた。しかし貯金通帳を見せられただけで一切給料はもらわず、解放を迎えた。

最近になって駒沢大学の図書館に日本製鉄の内部資料「朝鮮人労務者関係」が保存されていることが明らかになったが、そのなかに大阪工場の「朝鮮人労務者に対する未払い金供託報告書」があった。

「遺族会」が同大学の古庄正教授の協力を得て、調べたところ「宮本広沢」という名の労働者が記載されており、「（昭和）二十年六月に清津に転傭」とあった。呂さんの記憶とも一致し、古庄教授は「広と運の違いなど一部に違いはあるものの、同一人物であるのは間違いない」という。未払い金は四百九十五円五十二銭で、現在の貨幣価値で二百万円くらいという。

「遺族会」はこの夏、日本で戦後処理を訴える行事を計画、来日のメンバーに呂さんを加えた。同会は、二日から十日まで日本に滞在し、供託金問題の解明や強制連行の名簿公開などを日本政府に訴える。

一方、呂さんの分が供託された大阪法務局（当時の大阪供託局）は「すでに資料もないし、供託金の残高もない。時効手続きがとられたのではないか」と話している。

朝日新聞 '91.8.7

強制連行の賃金返還請求

法務省「時効」と回答

呂さんに

戦時中、旧「日本製鉄」大阪工場に徴用され、強制貯金させられた賃金をいまだに受け取っていない韓国人、呂運澤さん(六八)が七日朝、法務省を訪れ、同社から供託された未払い金四百九十五円の返還を求めた。法務省は、一般論として「十年の消滅時効が成立しているはず」と回答。朝鮮人労務者名簿などの書類も、「一般の供託書類と区別がつかないので、各法務局で処分したのではないか」と答えた。

法務省は、供託金そのものについては、国庫へ歳入納付しないよう各法務局に指示しているという。呂さんは「無理やり働かせて、期間が過ぎたらもう払わないとはあんまりだ」と失望の表情。

朝日新聞 '91.8.8

強制連行の賃金支払え

呂さん　大阪法務局訪れ要求

戦時中、徴用先の旧「日本製鉄」大阪工場で、強制的に賃金を貯金させられたまま、いまだに受け取っていない韓国人、呂運澤（ヨ・ウンテク）さん(六八)が八日、賃金が実際に供託されたとされる大阪市中央区の大阪法務局を訪れ、供託書類の閲覧と未払い賃金四百九十五円五十二銭の支払いを求めた。この訴えに対し、大阪法務局は「閲覧申請は一応預かるが、現在のところ本人と確認できない。また呂さん関係の供託書類が残っていないので、時効処理されたと思われる」としている。

呂さんは「今年初めて自分の給料が大阪に供託されているのを知った。それなのになぜ時効になっているのか。強制的に働かせて、賃金を払わないのは強盗のやることだ」と怒りの声を上げた。

呂さんは一九四三年九月、平壌で徴用され、大阪で一年八カ月働き、その後現在の朝鮮民主主義人民共和国（北朝鮮）の清津の工場に移され、そのまま解放を迎えた。現在はソウルに住んでいる。

毎日新聞 '91.8.5

韓国人元徴用工の被爆補償交渉

「直接被害受けず」

三菱重工広島側が文書で主張

太平洋戦争中に朝鮮半島から強制連行され、広島市の三菱重工広島造船所（現三菱重工広島製作所）などで被爆、日本政府と三菱重工本社（東京）との補償交渉のため来日中の韓国人元徴用工十六人に対し、徴用工は原爆の直接被害は受けていない、と三菱側が主張。文書で交渉資料の訂正を求めていることが五日、分かった。「原爆投下で大きな損害を被った」と記述している三菱の社史を自ら否定したほか、元徴用工十六人全員を被爆者と認定し被爆者手帳を交付した広島市とも対立する見解だ。

行政と対立見解

元徴用工側「責任逃れ」と反論

文書は徳田耕一・三菱重工広島製作所総務部長名で「元徴用工（在韓被爆者）を迎える全国委員会」あて。問題の個所は、元徴用工側が交渉に先立って全国委員会を通じ提出した資料に対し、誤りとして訂正を求めたうちの一項目。

「当初は爆心地から最も近い所でも約四キロ離れていたため原爆による直接被害は極めて軽微で、死者三人はいずれも日本人。徴応士（徴用工）の方々は市内の捜索・救援などに出ておらず、原爆の直接被害は受けていない」としており、「原爆の被害を受けた」とする元徴用工側の主張に反論している。

広島市が編集発行した「広島原爆戦災誌」によると、三菱重工では戦時中、約二千人の徴用工が働き、被爆当日もうち半数程度が就労していた。原爆による被害では日本人と元徴用工の内訳こそないものの、重傷者が二百人を超え、入院患者も百人以上に達した、と記録されている。また、三菱重工が昨年発行した社史の序章でも「大きな損害を被った」と記していた。

徴用工問題で三菱側は、一九四八年に徴用工千九百五十人分の未払い賃金として約十七万八千円を広島法務局に供託したことで解決済みの立場をとっており、これまで交渉に応じていなかった。このため、昨年九月、元徴用工で構成する「韓国人原爆被害三菱徴用者同志会」のメンバーが日本弁護士会に人権救済申請を申し立て、初の交渉が実現。今月一日に東京の三菱重工本社で同志会代表が約一時間の話し合いをしたが、三菱側は「給料未払いの事実はない」などと突っぱね、交渉は決裂していた。

「被爆の認識は日本人の常識」

来日直後の健康診断で胃腸と皮膚が悪いと診断され、広島市内の病院に入院中の呂在淵さん(六八)は「責任逃れとしか思えない。原爆の被害を受けたという認識は日本人の常識だと思っていた」と話している。

行政と事実は別だ

文書を出した徳田耕一・三菱重工業広島製作所総務部長の話　文書は本社の了解を得たものだ。被爆者行政では〝旧市内に住んでいれば直接被爆〟などと機械的に処理してしまうが、それは事実とは別だ。

朝日新聞 '91.8.6

時時刻刻

「ブラウン玉砕者名簿」は語る

「徴用」いやされぬ戦後

――韓国ではいま

「息子の帰りを待つ老いた母は今も玄関先に頭を向けて眠る毎日」――アジア・太平洋地域戦後補償国際フォーラムで、戦争被害者はまだ終わらぬ「戦後」を口々に訴え、日本政府に対して被害補償を求めた。今年は太平洋戦争の開戦から五十年。今回、存在が明らかになった「ブラウン玉砕者名簿」を手がかりに韓国とエニウェトク環礁（旧ブラウン環礁）の現地で見た現実も、玉砕から四十七年後の今日もいえぬ戦争の傷あとだった。

（ブラウン玉砕取材班）

「朝鮮の人から教わった」と「アリラン」を歌うアブナールさん(左)とケンさん＝エニウェトク島で、横田正大写す

――玉砕から47年

「問答無用」の連行

働き手失った留守家族

根こそぎ

「ナミャングンドエク　リヨガンサラムン　モドゥ　ジュコッタ」（南洋に連れ去られた者は、みんな死んでしまった）

老人会館で、花札遊びに興じていた老人たちは指を折りながら、「思い出すのも恐ろしい」と口をそろえた。

韓国・全羅南道の光州市から東へ車で約一時間半の静かな農村地帯。緑の稲が山裾（やますそ）まで広がっていた。

求礼郡求礼面山亭里。人口約五百人。「南洋だけじゃない。北海道、九州、それに樺太……。この村だけで四十人は下るまい。私も九州の炭鉱に連行されたが、重労働に耐えかねて逃亡した」と崔正基さん(七五)。

「まだ、弾の破片が体に残っている。朝鮮戦争で受けた傷です」。同じ求礼郡の山洞面に住む柳在文さん(六四)は左足をさすった。男だけの四人兄弟。長兄は病死し、残された二人の兄が戦争にとられた。

「名簿にある『柳在福』はすぐ上の兄。父母は畑仕事に、私は学校に行っていた間に兄はいなくなった。その上の兄も南洋群島のどこかの島へ。二人ともいまだに生死不明。私も朝鮮戦争で大ケガ。一家は戦争でズタズタに引き裂かれてしまった」

生活苦

日本人によって突然、父や夫や息子が強制連行された朝鮮人留守家族はいずれも、悲惨な境遇に追い込まれた。

慶尚北道尚州郡沙伐面在住の農業、盧仁玉さん(七三)は、四歳違いの兄、夫玉さん（創氏改名後の日本名は光山敏夫）を連行された。「日ごろ、丈夫だった母がショックで寝込んでしまい、兄がいなくなってから十五日目に、死んでしまった」

一家の働き手を失った留守家族を、生活苦が襲った。朝鮮の農家は戦時中、朝鮮総督府が一方的に押しつけてくる過大な米穀供出のノルマを果たすため、飯米まで供出させられた。松の内皮や野草を食べて飢えをしのぐ日々。

八歳のときに父親の柳奥善さん（死亡時二十八歳）と生き別れになったソウル在住の元公務員、柳仁永さん(五四)は、畑仕事を続けることができず、「食うために母と一緒にふろしきをかつぎ、化粧品や裁縫道具の行商をしてやっと生き延びた」といった。

“核”の島 遺骨返らず

収集を阻む残存放射能

一方、朝鮮人二百三十五人を含む約千五百五十人のほとんどが玉砕したエニウェトク環礁のエンチャビ島。太平洋戦争前には、島民五、六十人が住み、ヤシやパンノキが茂り、ロブスターが取れる楽園だった。

だが今は、低木が全島をおおい、ヤシやパンノキは残留放射能測定用にわずかに植えられているだけだ。

ヨシタロウ・エライザさん(六六)の案内で、エンチャビ島を二時間半かけて一周した。ヨシタロウさんは、大戦中、この島の測候所に勤めていて、朝鮮人とも交流があった。ヨシタロウさんが「朝鮮の人は、ここにたくさんいた。故郷を思ってアリランをよく歌っていた」と指さす滑走路の西端付近は、やはりクサトベラ群落だけであった。

当時、南洋の重労働を志願する者はきわめて少なく、日本人の囚人グループが送り込まれたほどだった。朝鮮半島からの徴用も、こうした背景の中で行われ、日本海軍は「一年で交代」と約束していた。また、沖縄の人たちも労働力としてねらわれた。エンチャビ島玉砕の二、三日前に着いた運輸会社の作業員二百七十人の大半も沖縄出身者であった。

元ミクロネシア議会議員のチュウジ・グシ・チュウタロウさん(五八)は「当時の南洋で最もひどい差別を受けていたのは朝鮮人、次が島民、三番目が沖縄出身者」と語る。

米軍司令官の報告によると、エニウェトク環礁の玉砕三島に埋めた日本人と朝鮮人の遺体は「エンチャビ島九百三十四人、エニウェトク島七百人、メリレン島千二十七人」。米軍は、ブルドーザーで遺体をかき集め、掘った穴に押し込んだ。

このほか、玉砕前に砲爆撃でエンチャビ島の六百人余をはじめ多数が死に、日本軍によって埋葬されている。戦死者は約三千五百人にのぼる。

米国は、大戦後の四八年から五八年までの間に、エニウェトク環礁で水爆三回を含む四十三回の核実験を実施した。このうちエンチャビ島では十回。七七年になって米国は汚染除去作業を始め、表土をはいで新しい土と入れ替えた。作業は八〇年まで続いた。

戦争中の遺骨はまだ一体も、同環礁から収集されたことがない。核実験で収集はいっそう困難になった。

七九年三月、エニウェトク島に三時間だけ滞在した厚生省の「エニウェトク環礁遺骨調査等政府派遣団」は、エンチャビ島について「残存放射能が多く、将来においても遺骨収集は不可能と思われる」との結論を出している。だが、事情を知らない韓国では、遺骨の送還を待ちつづけている遺族が幾人もいる。

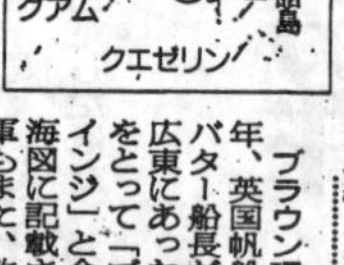

ブラウン環礁　一七九四年、英国帆船のトーマス・バター船長が発見、中国・広東にあった彼の工場の名をとって「ブラウンズ・レインジ」と命名、英海軍の海図に記載された。日本海軍もまた、敗戦まで「ブラウン島」と呼称した。しかし、英国人が発見する前からミクロネシア人は「エニウェトク（東と西の間の地）」と名づけ、米国はこの現地語を使った。大戦後は、地図上でも現地語に統一された。

補償対策室の設置 外務省に申し入れ

同省は「解決ずみ」

「外務省に戦後補償問題対策室を、国会に特別委員会を設置して」――東京で開かれたアジア太平洋地域戦後補償国際フォーラムに参加したベラウのヤノ・マリウルさんら各国の被害者代表たちが五日、外務省を訪れ、「日本政府、企業はアジア太平洋の戦争犠牲者に補償を」と要望した。同省側は「補償問題は解決ずみ」という従来の見解を繰り返した。

手紙　女たちの太平洋戦争

ヤブジイにもらった下駄

強制連行者との思い出

福岡県鞍手郡　副田　惇子　家事　60歳

昭和二十年（一九四五）四月一日付をもって、福岡県立福丸高等女学校三年生副田惇子は、百余人の学友と貝島炭砿六坑における作業に従事するため、女子学徒として動員されました。作業日課は午前と午後で二交代でした。

私は少し体が弱いということで、学友と二人で、石炭を運ぶトロッコを引っ張っているロープが回り動く個所に、油をさす作業でした。他の学友は、トロッコに石炭を積み込む作業とか選炭を、本職の作業員の方に指導されながら従事致しました。

二カ月過ぎた六月の初旬でした。学友の松田チズ子さんの事故がありました。

石炭を七坑の露天掘り現場から新七坑まで、朝鮮の強制労働のおじさんたちが、手押しでトロッコを「チョイチョイ」とかけ声をかけながら運びました。新七坑で集められた石炭を別のトロッコに積み替え、電気でロープを動かしながら六坑に運びました。

その新七坑にロープを回す矢玄（やげん）という中心がありました。電気のスイッチが入ると回り出し、ロープの行きと帰りを回す場所です。

松田さんは休み時間に遊びに来ていて片足をロープと輪に取られました。そして、その矢玄の上に転がりました。「助けて」と数度叫びました。

近くにいた強制労働のおじさんが、スイッチを切るために走りました。でも声は聞こえなくなりました。胸の骨をザクザクに砕かれてスイッチが切れました。矢玄は止まりました。松田チズ子さんは立ち上がりませんでした。彼女は十五年の生涯を終わりました。

私は翌日は午前中の作業でした。いつものように矢玄にも、ロープの所々にある車輪に油をさしました。

矢玄には血痕の上に塩がまかれて白くなっていました。何の花かわかりませんが、小さな野の花の束が置いてありました。戦時中のことです。悲しみを表現することも出来なかったように思い出します。

七坑に強制連行のおじいさんがいて、休み時間になると、一人で小屋の中で下駄（げた）をつくっているという話を聞きました。油さし係二人で、そのおじいさんの所に行き、下駄をつくる作業を見ました。

私たちは休み時間におやつを食べることを許されていました。米も配給で、すぐ空腹になりましたから、毎日ふかし芋とか、豆をあられ餅（もち）などと一緒にいり豆にして、持って行きました。

私はおやつを、下駄をつくるそのヤブジイという、おじいさんに、黙って置いて帰るようになりました。

同じ仕事をする者同士という気持ちが私にはありましたが、通じないようでした。ヤブジイは毎日、同じ下駄をつくっていました。何も話さず私は毎日通いました。

ある日、新聞にくるむようにして私に下駄を下さいました。この時、ヤブジイは初めて笑いました。

私は他人には見せてはいけない気がして持ち帰りましたが、うれしい気持ちは忘れられませんでした。

数日後には、友だちにもつくってくれました。私たちはこの時、強制連行のヤブジイを哀れに思っても、気持ちを知ってやることができずにいました。

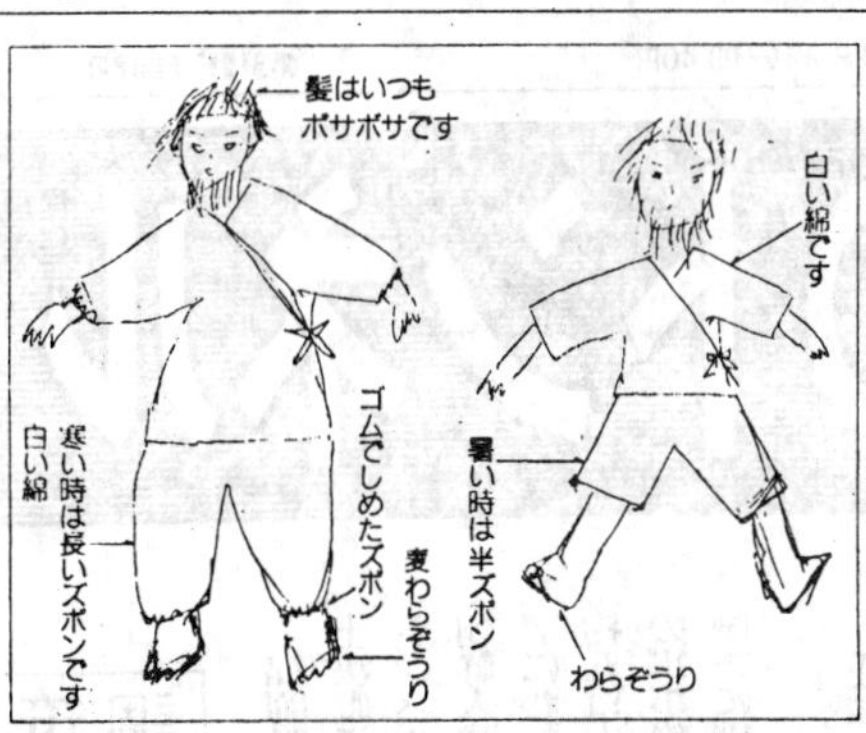

↑副田惇子さんが思い出して描いた、同じ坑内に強制連行されて来ていた朝鮮人労働者の服装

朝日新聞 '91.8.2

強制連行の朝鮮人労働者

60体の遺骨保管

相生市の寺

戦前、兵庫県相生市の播磨造船所（現石川島播磨重工）などで働いていたとみられる朝鮮人の遺骨約六十体が、同市内の寺に保管されていることが二日、県朝鮮人強制連行真相調査団の調査で判明した。戦時中、同市では三千人以上の朝鮮人が強制連行などで働いていたといわれ、調査団は市と石川島播磨重工相生事業所に、朝鮮寄留簿や従業員名簿の公表を申し入れることを決めた。

遺骨が保管されていたのは、同市那波大浜町の善光寺（大道巌猛住職）。過去帳などによると、遺骨は昭和初期から二十二、三年ごろにかけ同寺に持ち込まれた。朝鮮人の遺骨を引き取る寺はほとんどなかったため、夜間に五―六体ずつ持ち込まれ、数体に一体の割で朝鮮人の名前が記されていた。同寺ではこれらを納骨堂に納め供養してきたという。

同調査団が関係者から聞き取り調査をした結果、これらの「無縁仏」は、徴用で強制連行され、造船の労働に従事した可能性が強まった。また、旧播磨造船所の朝鮮人寮跡や、遺体を焼いたとみられる場所も市内であることが判明した。

播磨造船所の社史などによると、朝鮮人の徴用は昭和十六年から行われ、十九年の国家徴用で新たに千七百十人が強制連行された。朝鮮人は工場拡張のための発破作業など危険が多い重労働に従事し、労災事故が絶えなかったという。

朝日新聞 '91.8.7

日 新 聞
新聞定価(税込み)月ぎめ 3,190円、1部売り(朝刊)90円(夕刊)40円
第3種郵便物認可

山中に旧陸軍のトンネル

大戦末、司令部置く

筑紫野・夜須 調査団確認

延べ8キロ 本土決戦備え

第十六方面軍司令部のトンネル群が掘られた小山＝福岡県筑紫野市山家で

福岡県筑紫野市と朝倉郡夜須町の山中に、太平洋戦争末期、本土決戦に備えてひそかに造られた旧陸軍第十六方面軍司令部跡のトンネルを、在日本朝鮮人総連合会(朝鮮総連)などでつくる県朝鮮人強制連行真相調査団が六日確認した。山中の地下に延べ八㌔にわたり張り巡らされているといわれ、強制連行された朝鮮人約五百人が掘ったとの証言も得た。同調査団は、福岡県内のほかの軍事施設の建設でも朝鮮人が強制労働させられたとみて、実態調査に乗り出す。

強制連行の朝鮮人500人動員か

現地は、筑紫野市山家(やまえ)と夜須町にまたがる地域。宮地岳の尾根続きの山の一帯に、幅約四㍍、高さ約七㍍など大小多数のトンネルが六、七本掘られた、という。現在、金属加工工場がトンネルの入り口の一つを作業用に使っているが、その他の入り口は砕石現場になったりして埋まっていた。トンネルは戦時物資の倉庫用に造られたとされていた。

第十六方面軍は、米軍の九州上陸に備えて一九四五年二月に編成された野戦軍。「日本土木建設業史」や「熊谷組社史」など複数の資料によると、トンネル司令部は運輸通信省の軍部委託工事として四四年十月に着工、四五年五月に完成し、一部は当時三百万円で熊谷組が請け負ったことが分かっている。終戦まで実際に使われたという。

調査団の調べなどによると、工事には朝鮮人約五百人が従事。労働力不足が顕著になった戦争末期、朝鮮半島から連行されてきたとみられる。背をかがめてやっと入れる高さのバラック七、八棟に起居。内部はむしろ敷きで、通路をはさみ、左右にかろうじて横たわれる広さだったという。

兄の朴道洙さん(昨年死亡)が働いていた福岡市博多区住吉四丁目、朴玉順さん(63)は「筑豊の炭鉱から逃げ出してきた人たちもおり、憲兵隊が捜しにきたことがあった。戦後、大半が朝鮮半島に帰った」と話している。

同調査団は十二日午前十時から現地に入り、金属加工工場内のトンネルなど数カ所の調査をする。

戦闘機を製造していた福岡市の九州飛行機会社でも、四五年四月以後、香椎や雑餉隈にあった工場を、周辺の和白、乙金地区など二十九カ所に疎開させたことが米軍の「米国戦略爆撃調査団報告書」で分かっている。和白工場では、丘の斜面の地下にトンネル群が掘られ、多くの朝鮮人が働いていたとの証言がある。

こうした朝鮮人を強制労働させた司令部や地下工場の建設は、全国百カ所以上で行われたともいわれる。現在明らかになっているのは、政府機関や皇居を移す予定だった長野市の大本営跡などわずか。

連行の実態 貴重な証言

朝鮮人強制連行真相調査団中央本部のメンバー、洪祥進さんの話 戦争末期造られた軍司令部の施設では、長野市の大本営など全国で二、三件が確認されているが、実際に司令部として使われていた施設を確認できたのは初めて。五百人という多数の朝鮮人を強制労働させたこともほかに例がない。強制連行の実態を探るうえでも、貴重な歴史の証言である。

南日本新聞
1991年(平成3年)8月8日 木曜日 18

終わりなき旅路

鹿児島の朝鮮人強制連行

〈1〉

太平洋戦争が始まる前後から終戦にかけ、日本には多くの朝鮮人が強制連行され、炭坑などの危険で過酷な労働を強いられ、おびただしい犠牲者を出した。鹿児島も例外ではない。本土最南端、本土決戦に備えた飛行場建設などに相当数が送り込まれ、幾多が命を失った。犠牲者は墓標もなく、いまなお異国での「終わりなき旅路」をたどり続けている。だが、記録は残っていない。歴史を覆って、はたして日韓、日朝の真の友好・理解が進むのか。十五日は四十六回目の終戦記念日。埋もれ、風化が進む暗く重たい歴史を検証する。
（社会部・北元静也記者）

生き延びる

たこ部屋で半殺しに

北海道から万世 苦しみの5年

鹿児島市在住の全徳仁さん(72)は鹿児島では数少ない強制労働の生き残り組。五年に及ぶ苦渋の日々を語るうち涙があふれ、何度も言葉を詰まらせた。

韓国は全羅北道長水郡の出身。日本に連れてこられたのは二十二歳のころというから、昭和十五年ごろか。「日本にはいい仕事がある」という日本人の募集に乗ったのがいけなかった。約六百人が一緒に釜山から船で下関へ。ここで列車に積み込まれ、監視つきで連れて行かれたのは北海道（場所不明）の山の中だった。

「仕事は飛行場造りで一日中働かされた。食事は玄米とジャガイモを煮たもの。水が悪くて腹を壊した。それで、休まれたら困ると少ししかくれなかった。目を盗んで水を飲もうものなら半殺しの目に。仕方なくツララを折って、布団をかぶってかじっていると、見つかってまた殴られた」

脱走者が相次いだ。監視が厳しく便所の落とし口から逃げた。日本人の監視に見つかると見せしめに死ぬほど殴られた。気を失うと水をかけ、また殴った。

栄養失調などで毎日のように仲間が死んでいった。「死体は松の木を切って焼いた。半焼けのまま埋めると、北海道はキツネが多くてねえ…」

北海道には三年いて十八年十一月ごろ万世（加世田市）へ。貨物列車で何日もかかった。離れる前に監督が「ここにいたら死ぬ。万世はぬくいから、まだいい」と言った。

加世田駅に着いたらなるほど子供たちははだし。しかし、北海道よりましとはいえ、同じ軍の飛行場造り。たこ部屋、地獄に変わりはなかった。万世でも何人かが死んだ。

全さんは、北海道の寒さと雪の反射で右目をやられており、万世では病院通いの毎日。満足に働けない。働けない者がどうなるかはわかっていた。四カ月目に脱走を決行する。十九年の三月ごろだった。

北海道、万世と給料は払われずじまい。文無しの逃避行は、ただ歩くしかなかった。ひたすら北をめざして鉄道線路をたどった。

「捕まると半殺しに遭うから歩くのは夜。最初の難関は万世の近くにあった霜で滑る鉄橋。一晩かかって越えた。昼間は山に隠れ、寒いとわら小積みに潜り込んだ。腹が減った。どこかはわからないが、おばあさんがふかしたカライモを二個もくれた。食べているうち、おばあさんが消えた。警察に通報に行ったんだ。あわてて逃げたよ」

水俣市まで逃げて偽名で軍需工場に潜り込んだ。しかし、ここも空襲が激しくなったために熊本市へ移る。そして終戦。玉音放送を聴きながら思った。「勝った。これで自由になれる」

全さんは、終戦後も日本にとどまった。熊本で国の仲間と始めた仕事が順調だったことと、故国の家族と連絡が取れなかったためだ。その後、知人を頼って鹿児島へ。強制労働時代にやられた右目はいまも不自由だ。「タンノグミといった、私をひどいめにあわせた会社は」。痛む目をカッと見ひらいて、吐き捨てた。

連行された朝鮮人が掘った防空ごう。病院と郵便局に使われていた ＝加世田市白亀

メモ　昭和十三年四月公布された国家総動員法に基づき翌年七月に策定された総動員計画で「朝鮮人の大量移入」が柱に組み込まれた。移入は当初、募集の形を取ったが同十六年の太平洋戦争突入後は産業報国隊の名のもとに官あっせん、徴用とエスカレート、日本国内に強制連行され、不足する労働力の穴埋めに充てられ過酷な労働現場に配置された。その総数は百数十万人といわれる。

終わりなき旅路

鹿児島の朝鮮人強制連行

〈2〉

一家の大黒柱を失う

突然だった通知　有無を言わせず

徴用

国分市在住の趙昌淳さん(七七)は最初「思い出したくもないし、しゃべりたくもない」と取材されるのをしぶった。韓国北部の江原道出身。「徴用」の名で有無を言わせず日本に連れてこられた。「何年だったかは覚えてないが、数え年十六か十七のころだった」と言う。年齢から逆算すると昭和十六年前後になる。

徴用の通知は突然だった。日本人の役人が「内地(日本本土)は人手不足。若者は内地に行く義務がある」とやって来た。そのままトラックに乗せられ、列車に詰め込まれて、釜山から下関へ。

父親が死んで間もないころだった。貧しい農家の二男。兄は発電所に取られていた。「たった一人の働き手の自分が持っていかれたら、あとは年老いた母と幼い妹の二人暮らし。畑仕事は、燃料のまき集めはどうなる」。後ろ髪をひかれる思いの旅立ちだった。

「当時は、役所の命令で集落の戸長が適当に徴用対象者を人選、名簿を提出した。体格のいい屈強な若者はほとんどが日本に持っていかれていた。だから年端もいかない私にまで回ってきた。金持ちの息子は、そでの下をつかって人選から免れたが、貧乏人はどうにもならなかった」。命令に反することなど、植民地時代の朝鮮では考えられないことだった。

山口県で働いた後「軍の仕事は人手が足りない」と宮崎県・都城の飛行場造りに移される。殴られ、空腹の毎日。給料もくれなかった。二、三人で脱走したが、すぐ駅で捕まった。警察で「仕事に帰るか、それとも刑務所に行くか」と脅され、やむなく帰る。都城の飛行場造りには、徴用の朝鮮人が何百人も投入されていたという。

約一年半いて国分へ。また、軍の飛行場造りだった。バラック暮らし。

「ここでもしょっちゅう殴られた。体はボロボロ。休みたくても休ませてくれない。具合が悪いと言って休めば『病人にはおかゆだ』と、水みたいなカユを与えられた。もっとも、ふだんもまともなメシではなかった。仕事に出ると休み時間に握り飯を一個ずつくれた。それ欲しさに働いた」

国分には二年半ほどいた。朝鮮人労務者は約二百人。その後、姶良郡隼人町松永の海軍病院の患者用防空壕掘りに回され、たまに溝辺町の十三塚原の軍飛行場造りに動員された。十三塚原での連行朝鮮人の数はわからないが、本格的な作業に当たったのは、ほとんどが朝鮮人だったという。この間も給料は一切なし。

「仲間の死には出合わなかったが、十三塚原で道路造りをしていた仲間二人が、上空を飛ぶ米軍機に旗を振ったといって憲兵隊に引っ張られたまま帰ってこなかった。旗ではなく、持っていたのは手ぬぐい。米軍機に合図などするものか。スパイと間違われたのでは。生きていればいいけど」

終戦―。給料はもらえずじまいで文無し。国に帰りたくても旅費がなかった。「生来の世渡り下手で、戦後もずいぶん苦労した」としんみり。

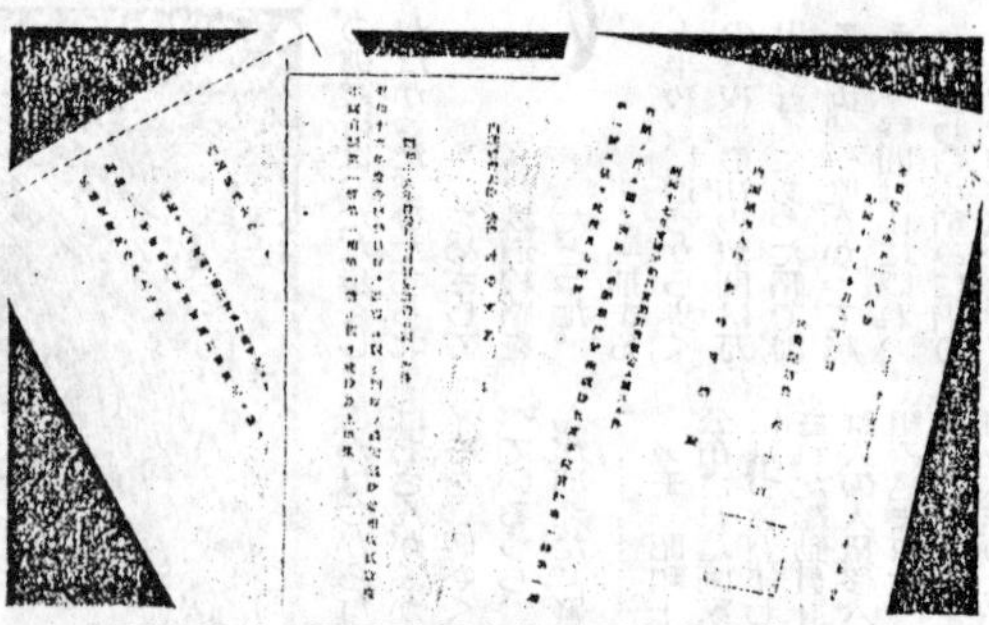

企画院総裁の国民動員実施計画策定上申書の写し。この計画で朝鮮人の連行も行われた
＝戦後補償問題研究会の資料集から

メモ　強制連行は、はじめは名称だけでも一応「募集」のかたちをとった。しかし、戦局が厳しくなるにつれて行政機関が応募者を駆り集めて訓練、それを隊組織に編成して事業主に引き渡す「官斡旋（あっせん）」に移行する。さらに戦局が悪化、労働力が極端に不足すると官斡旋でも間に合わなくなり「徴用」へエスカレートした。徴用といっても日本国内で日本国民に対して行ったのとは異質の、狂暴なやり方だった。文字通り「人狩り」だった。

終わりなき旅路 <3>

鹿児島の朝鮮人強制連行

資料なく詳細は不明

県内で1万人を超すとの推測も

「なんとか鹿児島での強制連行の実態を解明したいと調べてはいるのだが、当時の資料はほとんどなく、関係者も大半が死亡していたり、高齢化していて至難の業。結局、足で掘り起こすしか方法はない」

在日本大韓民国居留民団(民団)鹿児島県地方本部の孫南植副団長、在日本朝鮮人総連合会(総連)鹿児島県本部の張興権委員長は、戦後四十六年がたち、記憶の風化が進む中での難しさを強調する。

実態調査

鹿児島県内での強制連行の資料は名簿はもちろん、皆無に近い。鹿児島県警察誌に「本県の朝鮮人は戦時中おおむね三〇〇〇人から六〇〇〇人程度であったが、一八年の中ごろには六二九〇人であった。その中では飛行場建設など軍事施設の労務者がもっとも多く…(抜粋)」、頴娃町郷土誌の青戸陸軍飛行場の項に「建設工事は建設業者の労務者(主として朝鮮人)のほか、ほとんど一般住民と学徒隊の勤労動員によって施工された(抜粋)」とある程度だ。

戦時中、内地朝鮮人の監視にあたり、強制連行の統制機関でもあった協和会の鹿児島県組織「鹿児島県協和会」(警察、県当局などが主体)関係の資料も一部を除きめぼしいものは発見されてない。大半は戦災にあったり(県関係書類)、終戦時に焼却処分(県警関係書類)されている。

乏しい中で頼れるのが民団、総連や研究者らが戦後発掘した旧内務省警保局編の「社会運動の状況」「特高月報」などの資料。

これらを基にした、一九四四年(昭和十九年)の強制連行者の全国総数は約百五十三万七千人、九州が二十八万七千人、鹿児島県が五千八百七十三人にのぼる(朝鮮人強制連行真相調査団=総連系=一九九一年四月作成)。

連行朝鮮人はどのような場所に配置されたのか。残念ながらここでも資料はなく、当時の関係者の証言に頼らざるをえない。

鹿児島県での強制連行の実態調査は過去一回行われている。強制連行真相調査団が昭和四十九年四月に弁護士、大学関係者、労組員らで編成して行った。軍の飛行場があった加世田市万世、鹿屋、出水、知覧などで聞き取り調査したが、調査団は「鹿児島県には一万人を超える連行者があったのでは」とこれまでの当局資料をはるかに超える数字を示している。証言では万世が約六百人、鹿屋が約五百人、出水二千人などが出ている。最近では指宿の田良海軍飛行場建設にも約千人が従事していたらしいことが地元民の証言で判明している。

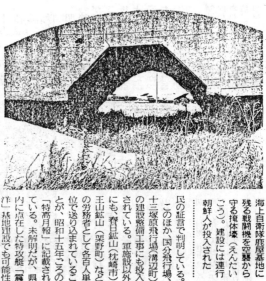

このほか、国分飛行場、十三塚原飛行場(溝辺町)の建設整備工事にも投入されている。軍施設以外にも、春日鉱山(枕崎市)、王山鉱山(栗野町)などの労務者として各百人単位で送り込まれていることが、昭和十五年ごろの「特高月報」に記載されている。未解明だが、県内に点在した特攻艇「震洋」基地建設でも可能性が強い。一万人説を裏付ける根拠は少なくない。

海上自衛隊鹿屋基地に残る戦闘機を空襲から守る掩体壕(えんたいごう)。建設には連行朝鮮人が投入された

メモ　協和会は日本による朝鮮植民地支配期に在日朝鮮人に対する内務省、警察当局を中心とした統制機関。全国各地で都道府県協和会(会長は知事、支会長は警察署長)が結成された後、一九三九年(昭和十四年)に統括機関として中央協和会が設置された。「内鮮一体」をめざし在日朝鮮人の日本人への同化政策を推し進め、戦争遂行に必要な労働力、軍人軍属への動員、思想・行動の監視を行った。鹿児島県では同年十二月に結成され、警察署単位に二十二の支会を置いている。

終わりなき旅路

鹿児島の朝鮮人強制連行

〈4〉

つかめない死者の数

鹿児島県に強制連行された朝鮮人の中には、かなりの死者も出ている。過酷な労働や伝染病、空襲などで倒れた人たちだ。リンチで死んだという話もある。しかし、資料らしい資料はなく、その実数はつかむべくもない。

異国に果てる

そんななかで、ある程度判明しているのが万世陸軍飛行場（加世田市）での犠牲者数だ。

昭和三十三年十二月七日付の南日本新聞に「県外国人遭難者慰霊実行委員会は、万世飛行場西側の相星川（通称しもん川）川尻に韓国人四十体の遺骨を十五日に発掘する。昭和十九年から終戦にかけ四十七人が発疹チフスや爆撃のため倒れ、現地に埋葬されていたが、うち七体は終戦まもなく発掘、本国に送還されている。県内では伊集院一体、西之表に四体があるほか国分、清辺、鹿屋にも埋葬されている」とある。

さらに同月十七日付は「十五日に埋葬個所二十カ所にくわを入れ、四十体を収集、白鹿山火葬場で焼骨した」と報告している。

加世田市唐人原、元同市助役の森利保さん(八二)は旧万世町助役時代の終戦直前、軍の依頼で埋葬を手伝っている。「三、三十人ぐらいだった。仏さまのことゆえ拒否できまいと手伝った。海岸の松の木を切って組み、遺体をだびにふし、砂の中に埋葬した。その後、このままではかわいそうと、骨を拾って寺に預けた。遺骨は終戦後、本国から引き取りにきた」。数も違うし、寺に預けたというから南日本新聞の記事とは別の遺骨の可能性も。

万世飛行場で死んだ朝鮮人の弔いは、近くの浄願寺で行われている。だが、遺骨は一柱も残っていなかった。竹中静海前住職(八二)は「住職についたのは二十九年。それ以前のことは分からない。ただ、三十年ぐらい前に遺骨三柱を県に引き取ってもらったことがある」。寺で朝鮮人供養を物語るものは、永代経受付簿に残る「半島人（朝鮮人）」と記入した八人の名前だけ。十九年六月から二十年二月にかけて死亡しており、名前は「林斗名」「金相喜」などとあった。

「墓標」すらなく　寺や野辺に埋葬

鹿屋市古前城町の外国人納骨堂は、県内ただ一カ所の朝鮮人死没者の墓。同市在住の徐炳駿さん(六〇)が「日本のために死んだことに変わりはない。死んでまで差別するな」と鹿屋市に働きかけて昭和三十七年に建立された。強制連行されたと思われる二十柱が納められている。

昭和六年から鹿屋に住む徐さんは「鹿屋航空隊が爆撃されたとき、防空ごうが直撃を食った。戦後まもなく掘ったら何百という遺体が出てきた。うち朝鮮人が一番多かったと思う。納骨堂にはこれらの遺骨も納め、当初は八十から九十柱入っていた。大半は私が韓国に照会するなどして身元を割り出し、遺族に引き取ってもらった」と言う。

県内にはこのほか、知覧町の大心寺に三柱、西雲寺に一柱、指宿市の東船寺に一柱の遺骨が納められている。県内の寺は住職が輪番制で交代するところもあり、忘れ去られた遺骨もあるとみられている。また、鹿児島市などでも空襲などでかなり死んでいるといわれ、実数の掘り起こしはこれからだ。

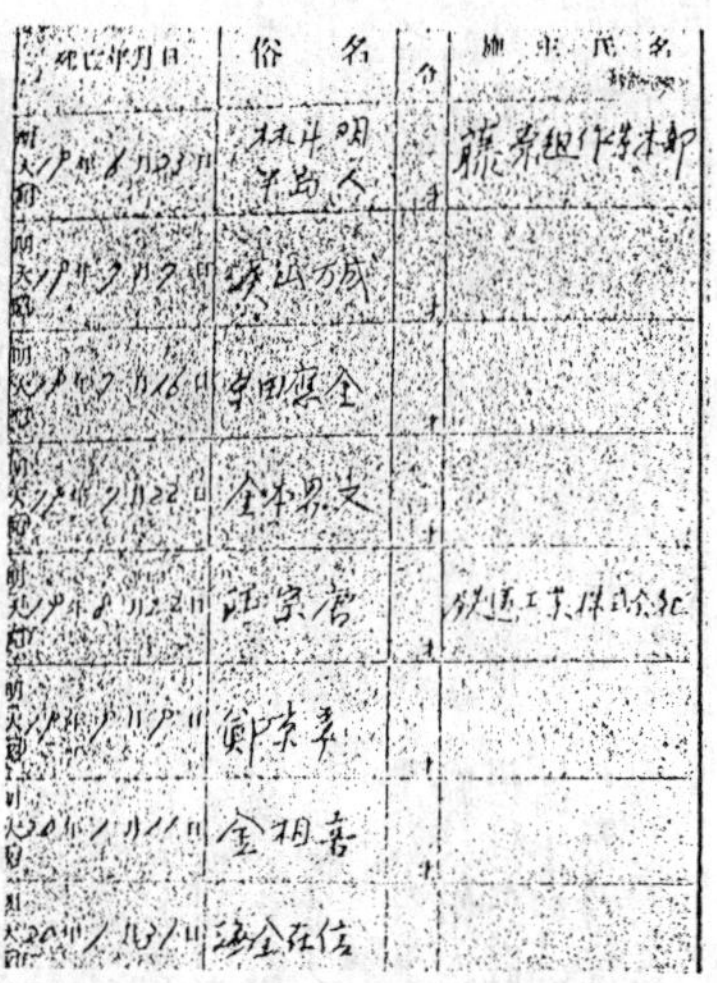

加世田市・浄願寺の永代経受付簿に記載された朝鮮人労働者の名前と死亡年月日

メモ　朝鮮半島から強制連行されたり、日本内地から強制労働に狩り出された朝鮮人は主に炭坑、鉱山、軍の飛行場造りなど過酷で危険な労働現場に配属されたために事故や病気にかかる比率が高く、死亡率も日本人労務者の比ではなかった。鹿児島県への強制連行は、他地に比べ戦争末期の短期間に集中、しかも軍の飛行場建設など本土決戦に備え、突貫工事で行われたケースが目立ち、犠牲者も多かったとみられている。

終わりなき旅路

鹿児島の朝鮮人強制連行

〈5〉

把握できない「氏名」

出身地の不明も身元捜しの壁に

鹿児島県で確認されている連行朝鮮人のものと思われる遺骨は現在二十五柱あるが、早くから遺族への返還が叫ばれながら、実現していない。まず、大半が名前すらわからない。分かっていても、日本が植民地時代に皇民化、内地同化の一環で進めた「創氏改名」で日本名になっており、実名が分からない。しかもほとんどは出身地が記載されていない。ないないづくしでお手上げ状態なのだ。

遺骨の嘆き

二十五柱の内訳は、鹿屋市外国人納骨堂の二十柱、指宿市乗船寺の一柱、知覧町大心寺の三柱、西雲寺一柱。

うち、身元捜しにもっとも条件が整っているのが西雲寺の一柱だ。

遺骨の外箱に「國本八万(法名、釈寂然)廿二才　昭和十九年九月二日、青戸陸軍航空隊建設用員トシテ勤務中病死ス　九月四日貯ル　朝鮮京畿道楊州郡白石面福池里」と墨字である。預かった先代の丸山日丸師(故人)が記入したらしい。預け主は不明。

「出身地らしい地名もあるのだから、なんとか、仏さまの身元を割り出して遺族にお返ししたい。せめて五十回忌までにはね。あまりに気の毒ですよ」。鮫島聡住職(七二)は遺骨を前に訴えた。

鹿屋市外国人納骨堂の二十柱は、大半が鹿屋飛行場整備に従事していた人のものとみられている。うち、六柱に「野村健一」「金本光子」「岩本達雄」「金順烈」「吉村マツエ」「金元政夫」の名前がある。

出身地らしい地名が記載されているのは、うち三柱。金本光子名の遺骨に「慶尚南道」、吉村マツエ名に「全羅南道」、岩本達雄名に「釜山市佐川町八〇九」とある。ほかの十四柱も朝鮮人であることは確実だが、名前すらわからない無縁仏である。名前の分かっている遺骨も、これまでの調査では身元は分からずじまいだ。

指宿市乗船寺の一柱には「伊藤政夫」とある。昭和十八年八月の預かり。田良海軍基地造りに駆り出された人のものだという。

知覧町大心寺の三柱は名前もない。朝鮮人労務者のものであることは預かった経緯からはっきりしているが、どこに投入されていたかもわからない。

民団と総連の両鹿児島県地方本部はわずかな手がかりをもとにはやくから身元調査を進めてきた。しかし、記録も情報も極端に少ないなかでは思うように進まない。しかも、六・二五戦争(朝鮮戦争)で役場の戸籍簿が焼失、せっかく名前や住所がわかっても調べられないという二重三重の障壁が立ちふさがる。

八月七日付の韓国系「統一日報」紙は「戸籍が生きたままになっている人も多い。七十歳のハルモニ(おばあさん)が寝たきりになっても帰らぬ夫を待ち続け、開けはなった玄関ばかり見続けている」と報じる。

名前すら記入がない遺骨に、民団鹿児島県地方本部の孫南植副団長(六七)は「異国に強制連行され、重労働で酷使されたうえに死んでまで差別される同胞たち。どんな思いで眠るのか」と憤りを隠さない。

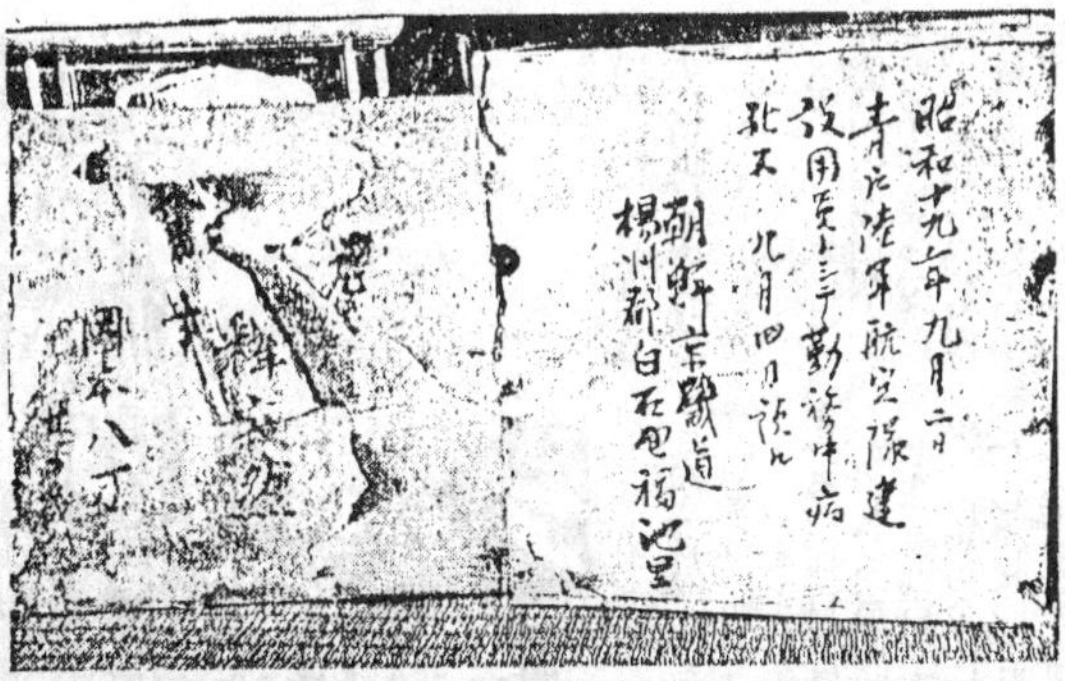

名前とともに死亡年月日、出身地らしい地名まで記入された骨つぼの外箱　＝知覧町西雲寺

メモ　創氏改名は、朝鮮総督府が一九四〇年(昭和十五年)二月に実施、これによって皇民化運動が本格化した。この政策で金、李、朴などの姓から強制的に日本名の姓に変えさせられた。なかには、ら致された場所が田んぼの中だったところから「田中」を名乗らせられた強制連行者のケースもあるという。姓名は民族文化のひとつでもあるが、過去の植民地政策の中で、姓名まで奪うような暴挙例は日本の朝鮮統治のみである。

終わりなき旅路

鹿児島の朝鮮人強制連行 〈6〉

スト、一斉休業で訴え

抵抗

過酷な重労働、劣悪な労働環境、日常的な暴力、伝染病、仲間の死と絶望的な日々の中で、強制連行された朝鮮人たちは、ストライキや一斉休業などで抵抗を試みている。鹿児島県でもいくつかの例があった。

まず、ストライキ。昭和十五年一月の内務省警保局編「特高月報」の「募集に依る移住朝鮮人労働者調査表」に姶良郡栗野町の王ノ山鉱山（金鉱山）で十四年十二月二十九日に発生した事例の記録がある。

「坑内に於て内地人坑夫が朝鮮人坑夫を殴打したるに端を発し、九九名の朝鮮人労働者は右坑夫の社宅に押し掛けたるも本人が避難せるため、更に鉱山側に対し交渉し同盟罷業を断行す」「所轄署長の説得により加害者は警察に於て取り調ぶることとなり円満解決、団体行動の不可なることを説得す」

さらに同十五年三月の「特高月報」には同じ王ノ山鉱山での一斉休業が報告されている。

「二月二十三日、過失に基ずくダイナマイト爆破事故発生し内地人一名即死、他一名と朝鮮人労働者一名重傷を負ひたるに恐怖を感じて一斉休業せんとし動揺したるも、所轄署員の慰撫に依り鎮静す」「事業主に対して火薬取扱上の注意をなす」

当時、朝鮮人労務者は厳しい監視下にあった。内通者も置いており、団体行動などはたちどころに発覚して、スト決行など容易ではなかった。同じ鉱山で短期間に二度も相次いで発生しているのは、労働環境や労働条件によほどの不満があってのことだろう。

賃上げ要求を特高警察が仲介

終戦直前には、万世飛行場（加世田市）で騒動に近いかたちのストライキが発生している。雇い主の建設業者に賃上げを要求して、大勢の朝鮮人労務者が数日間事務所などを占拠したのである。

証言者は当時、県警察部特高課次席を務め、間に入って解決に当たった平原哲夫さん(八二)＝鹿屋市在住＝。

終戦の一カ月ぐらい前だった。当時の加世田署長から来てくれと要請があって出掛けた。同署は朝鮮人を二、三人引っ張ってみたもののガンとして事務所の占拠を解かない。当時の同署は四十人体制。手におえず、困って特高課にSOSに及んだらしい。

「たいした騒ぎではなかろうと思っていたが、行ってみて驚いた。険悪な雰囲気だった。時局が時局だけに、これはもう業者に賃上げをのませるより策なしと判断した。要求は十円（月額）。ところが業者は一円も出せないと言う。間をとって五円ではどうかと向けたが、それも聞き入れない。のんでくれないと大変なことになる、と業者を強引に説得した」

平原さんは朝鮮人を集め、業者が五円の賃上げを認めたことを報告した。「集まったのは五、六百人。朝鮮語での歓声が今でも耳に残っている」と言う。

一カ月後には終戦。平原さんは「なにしろあのドサクサ続き。実際に賃上げが行われたかは確認せずじまいだった」と言う。しかし、連行朝鮮人の賃上げ交渉を特高警察が仲介、しかも曲がりなりにも朝鮮人の側に立ったというのはきわめてまれな例だ。

王ノ山鉱山の最盛期、昭和17年ごろの竪坑
＝栗野町郷土誌から

メモ　王ノ山鉱山はJR肥薩線大隅横川駅と栗野駅の中間にあった金鉱山。明治初年に島津家が採鉱、昭和十二年に日本鉱業の傘下に入る。同十年ごろの従業員数は百人余だったが、最盛時の同十七年には九百五十人を数え、屈指の金山に成長した。しかし、同十九年には国の方針を受けて採掘を全面休止する。戦後、一時復興がはかられたが、休山に追い込まれている。

終わりなき旅路

鹿児島の朝鮮人強制連行

〈7〉

医師が献身的に治療

加世田の親切

悲惨な重労働に明け暮れる連行朝鮮人たち。だが、「地獄にも仏」の救いがなかったわけではない。陸軍の万世飛行場造りに大勢が投入された加世田市。ここでは同情を寄せる人が少なくなかった。

鹿屋市在住で加世田市出身の久保和清さん(六五)は益山国民学校(現益山小)三年のころ、今の宮原工業団地近くの岩場で、登下校の途中に何度も見た集団が目に焼きついて離れない。岩を崩し、万世飛行場建設現場にトロッコで運ぶ朝鮮人たちだった。

「現場はみんな上半身裸に近かった。現場監督らしい人にたたかれ『アイゴー』と声をあげて泣いているところに幾度も出会った」

子ども心にも「むごい」と映った〝隣人〟たちの姿。多くの親たちが親身になって接した。

万世飛行場の建設現場から昭和十九年三月に苦労して脱走した鹿児島市在住の全徳仁さん(七三)には、加世田時代の忘れられない恩人がいる。北海道での強制労働で患った目の治療に脱走直前まで通っていた親切な眼科医だ。

「その先生は薬もきちんとくれ、わけ隔てなく治療してくれた。お茶も飲ませ、菓子まで持たせたんだ。菓子は当時、日本人にも貴重品だったはずなのに」

「医院の場所も医師の名前も思い浮かばない。当時も相当の年輩だったから、もう故人だろう。でも生涯感謝を忘れない」

全さんの話をたどって眼科医を捜したが、特定するには材料が乏しく、四十七年の歳月はあまりに大きかった。

加世田市郷土史料館に勤務する上東三郎さん(七三)は、市誌づくりの際に集めた事例を語ってくれた。

「万世飛行場造りに従事した朝鮮人に十九年から終戦にかけて発疹チフスがまん延した。治療に当たった羽牟応輔医師(故人)は自らも感染するほど親身に診察した。空襲が激しくなると、バラックの宿舎にいた重症の朝鮮人を『病人を危険にさらすわけにはいかない。患者に日本も朝鮮もあるか』と、同市白亀の山腹に掘った防空壕に疎開中だった病院に移して、日本人患者と一緒に治療した」

住民も食料を差し入れる

万世陸軍航空基地跡には特攻隊員の碑と一緒に連行朝鮮人はじめ建設作業中に倒れた人々の慰霊碑(左)が立つ

乏しい食糧事情のなか差し入れも少なくなかった。当時の吉峰斉八郎万世町長(故人)は「きつい仕事だから」と、もちをついたり、カライモをふかしてはバラックの宿舎に運んだ。万世地区の主婦らも「ひもじかろう」とふかしたカライモ、フキやカボチャの煮付けなどをよく届けた。朝鮮人労務者たちはうれしそうにほおばっていたという。「たぶん、故郷の母や妻を思い出していたのだろう」と上東さん。

バラックの宿舎がある海岸からはよく「アリラン」の歌が聞こえた。重く、もの悲しい響き。同じく戦争に苦しんでいた万世の住民たちには、お上とは違い、朝鮮人労務者を身近に感じていた。

戦争—。個々の日本人をとると朝鮮人同様に犠牲者ではあっても、全体としては植民地支配国の人間であり、加害国の人間である。加世田市で繰り広げられた朝鮮人への思いやりの行為を、強制連行に対する償いとしてとらえれば、それはとるにたりないことかもしれない。しかし、その中に込められた人々の「心」は記録にとどめておく価値があろう。

終わりなき旅路

鹿児島の朝鮮人強制連行

〈8〉

戦後の苦難

終戦―。三十六年余にわたる長く苦しかった日本の朝鮮植民地支配の終えんであり、連行朝鮮人には重労働からの解放、自由の回復だった。しかし、喜びもほんのつかの間。"日本人"として連れてこられたのに、終戦後は一転、外国人としてほっぽり出されたのである。こうして、つらい戦後が始まる。

強制連行された人々は当然ながら故国に帰りたがった。しかし、容易ではなかった。日本政府による送還船の手配のまずさに加え、連行朝鮮人のほとんどが賃金をもらっておらず、旅費を工面できなかったからだ。国分市在住の趙昌淳さん(六八)は「くやしかったけど、文無しではどうにもならなかった」と当時を振り返る。

なかには一時金をもらった人もいたが、船が出る下関まで行ける金額ではなかった。徴用船の機関士として中国まで行かされた鹿児島市在住の金介祚さん(六九)は「千円もらったが、当時は米一斗がヤミで六百円。二十一年、神奈川県の浦賀の港に復員したものの、とても下関までは行き着けなかった」と言う。

もらった一時金で帰国しようとした人にはこんなケースもある。昭和四十九年の朝鮮人強制連行真相調査団に加わった鹿児島大学教養部の前田毅教授が加世田市万世で聞いた。「千円もらった連行朝鮮人が早く帰りたい一心で漁民から和船を買い、沖にこぎ出した。二、三日して船だけが打ち上げられた」

故国に帰れず日本にとどまった朝鮮人たちの戦後は苦難の連続だった。日本国籍ではないとして、就職の範囲も限られ、公務員はもちろん会社就職などの機会も閉ざされた。差別も強かった。戦後の長い期間、鹿児島県でも多くの人々は金属商や行商、日雇い仕事などにその日の糧を求めている。

補償もなく細々と

日本政府の援助もなく、母国にも頼れない朝鮮人たちは結束して自らを守らなければならなかった。そのために終戦直後まもなく在日本朝鮮人連盟（その後、総連と民団に分かれる）を結成している。「抑圧から解放された朝鮮人の中には、オリから解き放たれたトラのように乱暴なことをする同胞もいた。そんな反省もあって結成された」と民団鹿児島県地方本部の孫南植副団長(六七)。

就職限られ差別に泣く

この連盟もマッカーサー指令で解散させられる（昭和二十四年）など戦後は幾多の弾圧にも遭遇した。鹿屋市在住の徐炳駿さん(八六)は当時、同連盟鹿屋支部長を務めていた。「県の役人が命令書を持ってきて家宅捜索、一切を押収して事務所を閉じさせた。あのマッカーサーの命令だというから従ったけど、なにも悪いことなどしていないのに、とずいぶん悔しかった」

最大の難問は食糧難。日本人でさえ苦しかったが、外国人の朝鮮人はもっと大変だった。当時、食糧は配給制だった。

徐さんは「配給通帳を受けるには身元の証明が必要。そこで市とかけ合って身分証明書をつくった。パスポート代わりだ。しかし、仲間の多くが受け取りを拒否した。戦前の体験で、管理されることに疲れていたからねえ」。徐さんは自分のものと受け取り手のなかった身分証明書を「足跡」として、今でも大事に保管している。

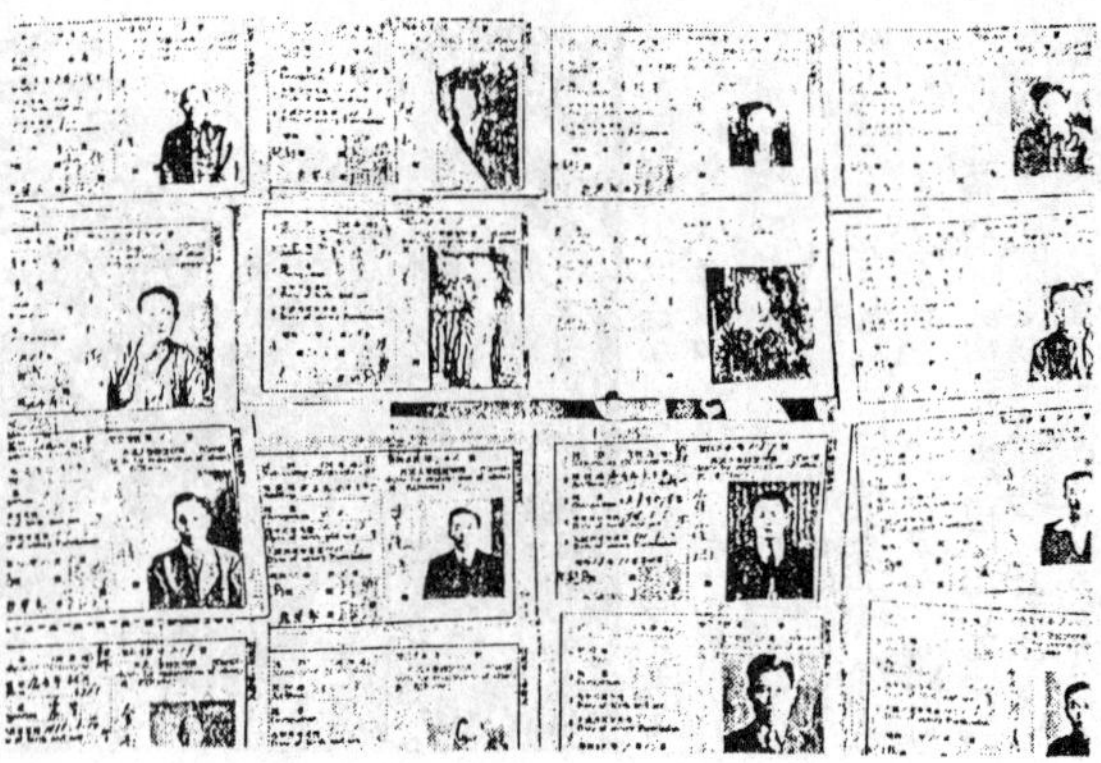

徐さんが保管している朝鮮人の身分証明書

メモ　終戦当時の在日朝鮮人は二百三十万人とも二百五十万人ともいわれる。鹿児島県分は不明だが、内務省関係のものとみられる資料には一万八千人とも記録されている。現在県内の在日韓国人、朝鮮人はあわせて四百人程度。

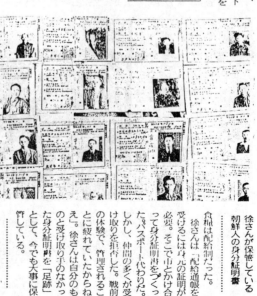

終わりなき旅路
鹿児島の朝鮮人強制連行 〈9〉

進まない政府の調査

鹿屋市古前城町の永野力男さん(七〇)は連行朝鮮人のものとみられる無縁仏が納められている同市の外国人納骨堂の管理を二十年も続けている。毎日、丹念に掃除、賃仕事の稼ぎで買った花をたむけ、長い時間合掌する。報酬や手当てなど一切ない、まったくのボランティアだ。

償い

きっかけは少年期から青年期をすごした福岡県の炭鉱町で目の当たりにした連行朝鮮人坑夫の悲惨。落盤事故に遭い、遺体すら収容されない人。脱走して捕まり、悲鳴も上げられなくなるまで殴られるところを何回も見た。「少しでも償いになれば」との思いが管理を始めた理由だという。

強制連行に対する「償い」は、供養や慰霊など民間のボランティアがあるだけで、国レベルでの補償は実現していない。

補償どころか強制連行者の人数、氏名、時期などの調査すら戦後四十年余放置されてきた。日本政府が調査を始めたのは昨年のことだ。それも、韓国の盧泰愚大統領訪日の際の日韓外相会議で、韓国側から「名簿づくり」への協力を要請され、やっと重い腰を上げたというのが実情。

その調査も、調査と呼べるのは労働省のものぐらいだ。外務、厚生省あたりも当然、関係ありそうだが、国会答弁などを見るかぎりでは、あまりやる気はなさそう。

労働省の調査にしても本腰入れたものとは言い難い。昨年七月、都道府県の職業安定課などに指示して調査を続けたが、返ってくるのは「実態はつかめない」というのがほとんど。

鹿児島県職業安定課は九十六市町村、職業安定所に文書で依頼したほか鹿児島、鹿屋、川内、加世田、出水、名瀬市の図書館などでの記録の有無を調べた。しかし、「いずれも存在しない、という回答だった」と同課。連行朝鮮人を雇用したとみられる事業所も調べたが「経営者が代替わりしており実態は聞けなかった。あくまでもお願いする形での調査であり、それ以上は無理だった」という。

組織と時間、資金を投入した実効性のある調査でない以上、実態を解明できようはずがない。

補償に至っては、政府の腰はさらに重い。国交のない朝鮮民主主義人民共和国（北朝鮮）との交渉はこれからだが、韓国とは一九六五年の日韓条約で有償三億ドル、無償二億ドルの「経済協力」の供与の引き換えに一切の対日請求権の放棄を韓国側に了解させており、日本政府は「解決済み」との立場に立つからだ。もっとも調査なしでは補償のしようもないのだが。

戦後補償求め運動高まる

納骨堂に合掌する永野さん。心の中で「許してください」を繰り返すという

これに対し、韓国内はもちろん在日韓国人の間にも反発が強い。最近では戦後補償を求める声も高まり、日本人市民団体などの支援も集めた運動に発展している。「国民として戦争犠牲を強要、戦後は外国人にして戦後補償から排除するやり方が許されるのか。日韓条約で戦後補償問題は解決済みと言うが、補償とは呼べないほどの額だった。なにより、まず徹底した調査を行うべきだ」と、民団鹿児島県地方本部の孫南植副団長(六七)。

米国は戦時中、強制収容所に送った日系人に謝罪するとともに生存者六万人に各二万ドルを補償している。同じ敗戦国のドイツは戦争犠牲者であれば、軍人、民間人の身分や国籍、居住地に関係なく援護している。日本とは大きく違う。強制連行された朝鮮人の戦後は終わっていない。

＝おわり＝

（社会部・北元静也記者）

メモ　ドイツの戦争犠牲者に対する補償は、西独時代に制定された連邦援護法（一九五〇年）、連邦補償法（一九五三年）で行われ、これによって軍人だけでなく民間人、連邦内外の外国人も援護をうけている。また、政府の対応とは別に企業による独自の強制労働者に対する補償も行われている。

被爆の韓国人 元兵士が申請

被爆者手帳

【広島】植民地時代、日本軍兵士として広島県安芸郡海田町にあった陸軍特設陸上勤務第一〇三中隊に所属していた時に被爆、解放後帰国した在韓被爆者五人が五日、被爆治療のため広島入りし、広島市役所で被爆者手帳を申請した。

この日は、在韓被爆者渡日治療広島委員会（金信煥代表）の呼びかけで、当時中隊長だった中塩正義さん(七七)＝奈良県在住＝も広島で合流、金基栢さん(六七)ら在韓被爆者と四十六年ぶりに再会し、市役所での申請の際にも証人として五人の被爆の様子を説明。

統一日報 '91.8.7

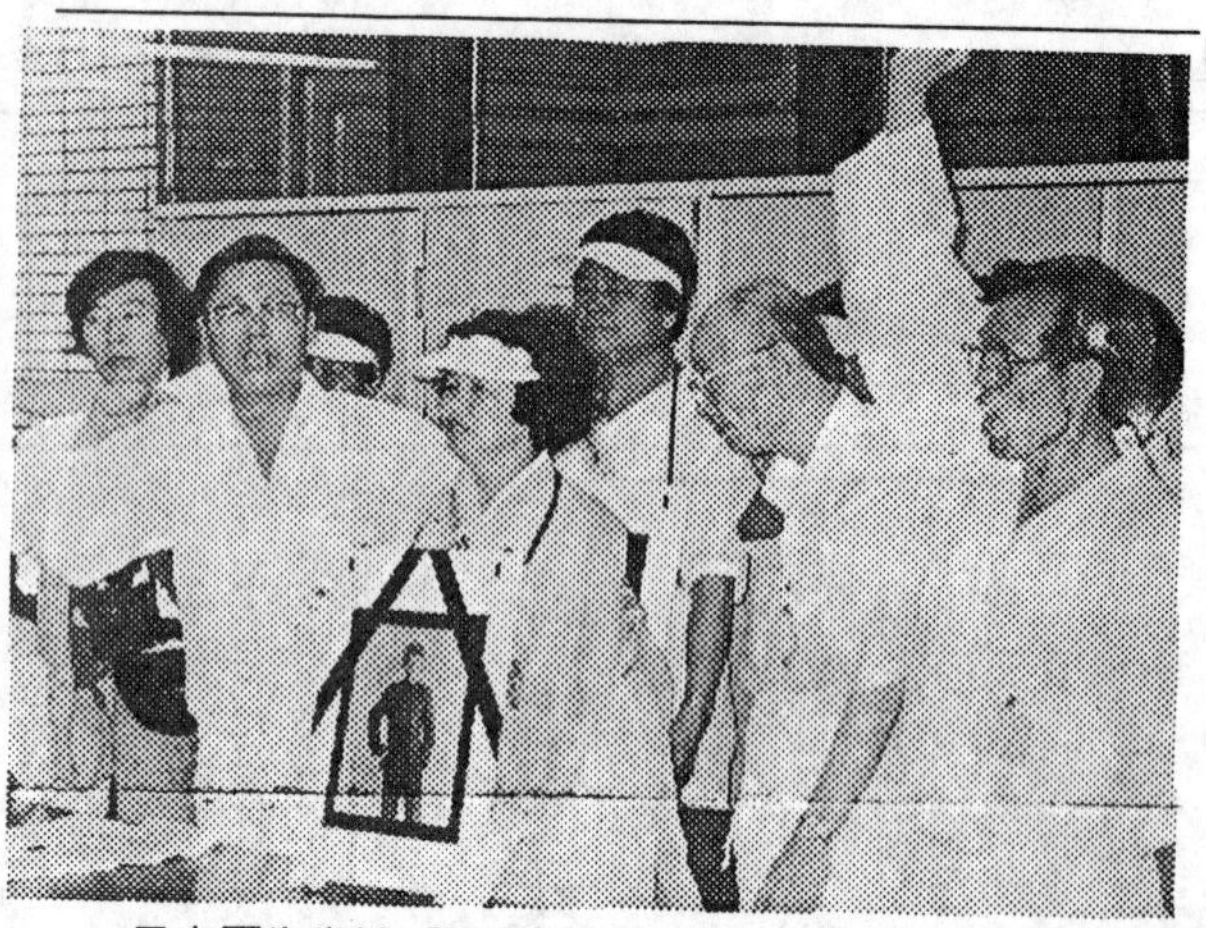

日本厚生省は「誠意がない」と代表の交渉の席に入り抗議する韓国太平洋戦争遺族会の会員ら

従軍200人生死確認要請

日本 厚生省、門前払い

韓国太平洋戦遺族会代表に

第二次大戦当時、日本政府によって強制的に軍人・軍属・軍夫として駆り出された犠牲者と遺族で組織する「太平洋戦争犠牲者遺族会」（金鍾大会長、本部・ソウル市）の代表七人が六日、日本厚生省に二百人の名簿を提出し、生死確認を求めた。応対に出た援護局調査資料室の担当者は、団体からの照会には応じていないと拒絶したため、室外で待機していた五十人近いメンバーが交渉の席に詰めかけ、シュプレヒコールで抗議した。

厚生省では「プライバシーの問題」を理由に金鍾大会長の「月曜日までに回答を」との要求も黙殺した。

この後、「遺族会」代表六人は日本労働省を訪れ、韓国人強制連行者名簿公開など五項目からなる日本労働大臣あての要請書を提出した。

「遺族会」は要請書の中で①行方不明者二百人の生死確認②日本労働省収集の九万余人の徴用者名簿の公開③百万人にのぼる強制連行者の名簿の収集④女子挺身隊の実数公開⑤強制連行者を調査する専担窓口の設置――の五点を求めた。

これに対し労働省の職業安定局担当者は「お気持はよくわかるが、日韓政府間の外交問題でもあり、労働省の一存で決定できない」と述べるにとどまった。

神戸新聞 '91.8.15

朝鮮人強制連行

別子銅山で墓発見

労働実態を裏付け

朝鮮人強制連行真相愛媛調査団（崔東振・朝鮮人側代表、笹田徳三郎・日本人側代表）は、このほど太平洋戦争中、愛媛県宇摩郡別子山村の旧住友金属鉱山（別子銅山）で労働に従事し、死亡したとみられる朝鮮人の墓約十基を同村皿谷地区の山中で発見、十四日、墓前で供養を行った。

同鉱山では戦時中、多くの朝鮮人、中国人が強制連行され労働に従事したとされており、この墓もその中の人のものとみられている。

供養には調査団のほか同村の和田秋広村長らも参加、供物をささげるなどして犠牲者の霊を慰めた。

同鉱山の強制連行の実態を明確に裏付ける名簿など資料はまだ見つかっておらず、墓の存在は調査団が近隣市町村の聞き取り調査で分かった。このうち三人については地元の寺の過去帳で昭和十八年から二十年にかけて亡くなったことが確認されている。

また、隣接する新居浜市の調査でも昭和十六年から二十年までの間に男女計三十六人の朝鮮人が亡くなっていることが分かっており、調査団はさらに同鉱山での強制労働の実態を調べる。

級認可>　統　一　日　報

古庄教授が日本製鉄の未払い賃金総額は350億円にのぼると報告した「太平洋戦争犠牲者遺族会」交流集会

同胞労働者への未払い賃金

少くとも350億円

現在の貨幣価値で

日本製鉄（新日鉄）

遺族会交流集会で古庄教授報告

第二次大戦中、強制連行された朝鮮人労務者の資料を研究している古庄正・駒沢大学教授は七日、東京・早稲田の日本キリスト教会館での「太平洋戦争犠牲者遺族会」交流集会で、日本製鉄（現・新日鉄）の朝鮮人への未払い賃金の総額は、現在の貨幣価値に換算して三百六十億円にのぼると報告した。

古庄教授は「判明している日本製鉄分の未払い賃金は当時の額で合計六十六万四千円。現在のレートで三百五十億円から三百六十億円になる。平均すると一人当たり百六円三十銭で、これは朝鮮人労働者の二カ月分の賃金にあたる。中には千円以上の労務者もいるが、その大部分は死没者です」と述べるとともに、「一九四五年当時、三十二万人の朝鮮人労働者がいたことから、全朝鮮人労働者の未払い金の総額を推定すると三千六百億円にのぼると思われます」と説明した。

さらに古庄教授は、供託金の払い戻し請求を日本法務省が拒否していることについて「法務省は時効が成立したとして応じられないというが、成立時点で時効完成を関係者に通知しなければならないのに何もやっていない」と指摘した。

統一日報 '91.8.8

元徴用工 在韓同胞

供託賃金返還を

日本法務省 難色示し調査は約束

日本が戦時中、徴用などで労働させた韓国・朝鮮人への企業の未払い賃金を戦後、各地の法務局に供託させた名簿の本人が七日、初めて、供託金の返還を求めて韓国から日本法務省を訪れ交渉を行った。

この人は、太平洋戦争犠牲者遺族会（金鍾大会長）会員の呂運澤さん（六八）で、呂さんはさる六月、日鉄大阪工場の供託報告書に自分の名前があることを知った。それによると呂さんへの未払い賃金は当時の金で四百九十五円五十二銭で、現在のおよそ二百万円に相当する金額。

呂さんは太平洋遺族会代表とともに、①供託されている未払い賃金の支払い②各企業に徴用された徴用工の賃金供託名簿と金額の公表③戦後四十六年間の未払い賃金の供託経過の説明を求めた。

これに対して法務省民事局は、一般論的に言って払い渡しは難しいとし、調査し検討して対応すると答えた。呂さんはきょう、大阪法務局に供託書の閲覧請求を行う。

朝鮮人強制連行問題

中四国各地に侵略のツメ跡が 市民の力でその実態明らかに

太平洋戦争終結から四十六年目の夏。また、今年は陸軍が当時のイギリス領マレー半島に上陸、海軍がハワイの真珠湾を攻撃し日本が米英等と戦争に突入して五十年を迎える。約半世紀前の戦争、しかし、甚大な被害を及ぼしたアジア諸国との関係は、朝鮮民主主義人民共和国との国交はなく、国交のある国からも事あるごとに日本の姿勢が批判の的となっている。それというのも、戦後の混乱から朝鮮戦争による特需景気、急速な経済復興と米軍事戦略のもとで、国家としてアジアの人びとに対する植民地支配と侵略を謝罪し、償うとの意識を持たぬまま、もっぱら国内問題に専念したことによる。経済的には力を持ったものの、政治的に信用されない日本の原点は、戦争の責任を自ら問うことなく、それにほうかむりしてきたことにある。朝鮮人強制連行問題は、その特徴的なものであり、政府による調査は遅々として進んでいない。いま、中四国各県の強制連行真相調査団や市民グループによって、その実態が明らかになりつつある。

阿南市で350人が強制労働 民間人のメモ書きから判明

⬆(中)金委員長(右)眞島さん

⬆強制連行の新資料

【阿南】太平洋戦争中、阿南市椿泊町で朝鮮人が強制労働させられていたことが判明。地元の有力者が書き残していた資料から三百五十人との数もわかった。

朝鮮総連県本部や社会党でつくる徳島県朝鮮人強制連行真相調査団（金太奎・朝鮮総連県本部委員長、榊武夫県議の両団長）は徳島県内での強制連行の実態を調査してきたが、これまで板野郡松茂基地や麻植郡山川町の鉱山などで六百七十人の存在を確認していた。

一九四四年当時の『特高月報』には千七百九十五人の朝鮮人が存在しており、そのうち千六十人余りが強制連行によるものとみられていた。この新資料で空白の三百九十人の存在がほぼ解明した。

新しい資料は阿南市椿泊の眞島利臣さん(五三)宅から見つかった。「何にでも手を出し、書き魔だった」利臣さんのおとうさん、眞島熊次郎さん（八十四歳で死去）が書きつづけた資料（B5判、厚さ三十㌢三百冊）の中に書かれていた。

一九四五年六月三日には「海軍施設部隊三五〇名堂々駐屯さる（朝鮮人）。学校二〇〇名、等学寺八〇名、彦座八〇名。眞島斎蔵宅が炊事場に占領された。古川悦之助宅も同様」と書かれていた。彦座は劇場。「占領」と書かれているのは「否応なしに決まり、家が改造されたことを覚えている」と利臣さん。

利臣さんは当時十一歳。「毎朝、小学校に集合し、二キロ離れた大深原に要塞を造っていた。九本から十三本のトンネルを掘っていた」と証言する。

要塞とは本土決戦に備えて米軍に体当りするための爆薬を装着したモーターボート「震洋」を隠すためのトンネル。

眞島さん宅にも二十人ほどの朝鮮人が泊り、「ほとんど日本語は使っていなかった。タンベ、ハナチョソ（たばこ一本くれ）などの言葉を覚えた」とも。

また、週辺の寺にも「朝鮮人が宿泊していた」との証言もあり、調査団では聞き込みを続けていく。

朝鮮総連徳島県本部の金太奎委員長は「この新資料で人数はほぼ解明された。本当の友好を強めるのは真実を知ることが基礎となる」と、まだまだ埋もれている情報を求めている。

情報は☎0886(23)1675朝鮮総連徳島県本部まで。

朝鮮人強制連行先

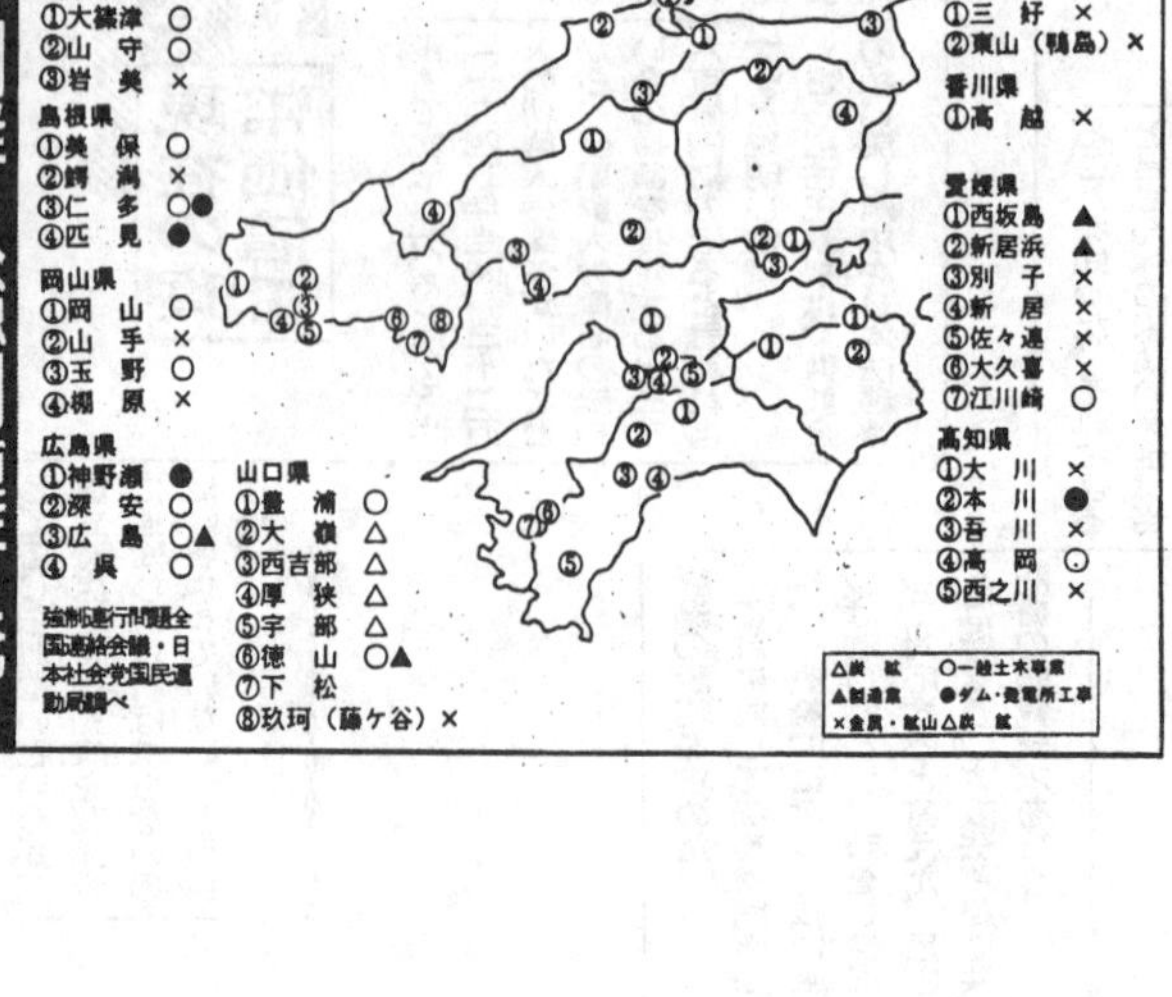

強制連行問題全国連絡会議・日本社会党国民運動局調べ

'91.8.10

第3種郵便物認可　　朝日

舞鶴湾でナゾの爆沈

浮島丸事件

死と隣り合わせの恐怖感は消えぬ

徴用韓国人の生存者と遺族

賠償求め提訴へ

日本政府に

【ソウル9日＝森治文】終戦直後、京都・舞鶴湾内でナゾの爆発を起こして沈没、祖国に向かう途中の朝鮮人労働者ら約五百五十人が死亡した海軍特務艦「浮島丸」（四、七三〇トン）事件の韓国人生存者と遺族が、日本政府を相手取って損害賠償と真相究明などを求め、京都地裁に提訴する作業を始めた。

「日本国に朝鮮と朝鮮人に対する公式陳謝と賠償を求める裁判を進める会」（宋斗会代表）のメンバーも訪韓、韓国の「太平洋遺族会忠清南北道支部」（李成潤支部長）と協力して、訴訟をバックアップしている。

事件が起きたのは一九四五年八月。青森・大湊海軍施設部の工員として徴用されていた朝鮮人ら三千七百三十五人の帰国のため、海軍が浮島丸を釜山港へ向けて大湊港を出発させた。途中、舞鶴港へ立ち寄り、二十四日の夕方、湾内で爆沈した。政府発表の資料によると、朝鮮人五百二十四人と乗組員二十五人が死亡したが、駆け込み乗船者もあり、犠牲者はもっと多いといわれている。

原因について、政府は「触雷」としているが、生存者の証言などから、船内に爆薬を仕掛けた「自爆説」を唱える研究者もいる。助かった人たちは、後に韓国や北朝鮮へ渡ったり、青森へ戻るなどしたが、今ではほとんど消息がつかめない。

青函連絡船・洞爺丸の遭難に次ぐ戦後の海難史上二番目の惨事だが、事件の真相究明や犠牲者に対する補償はされていない。事典や年表などにもほとんど記述がなく、生存者の記憶も年々薄れている。

生き残りの一人で、事件当時二十五歳だった朴載夏さんは「死と隣り合わせの恐怖感は消えない。強制連行の責任も含め、日本政府に補償を求めていきたい」と話す。

この動きについて、舞鶴市で毎年、追悼慰霊祭を営んでいる「浮島丸殉難者追悼実行委員会」の須永安郎さん(六六)は「政府は戦争の償いとして、きちんとした対応をすべきだ。心から支援したい」という。

また、事件の調査を二十年以上続けている元青森中央短大助教授の秋元良治さん(七三)は「今こそ、浮島丸のような未解決の問題を、納得いくよう究明する必要がある。提訴はその要求の表れで当然だ」と話している。

「生還したとはいえ、徴用を強いられ、死の恐怖感も味わった。日本政府からの補償は当然」と訴える朴載夏さん＝9日、韓国・大田市内のホテルで、森治文写す

読売新聞 '91.8.14

サハリン虐殺提訴へ

韓国人遺族ら

【ソウル十三日＝小山利信】終戦直後の一九四五年八月、サハリン（樺太）で起きた日本人憲兵らによる「上敷香朝鮮人虐殺事件」の死亡者の遺族が十三日、ソウルで会見し、日本政府を相手取って謝罪と慰謝料一億円を請求する訴訟を二十日に東京地裁に起こすことを明らかにした。

聯合通信によると、訴訟を起こすのは、事件で死亡した金慶伯さん（当時五十四歳）の二女景順さん(六二)（ソウル市在住）ら三人の遺族。

朝日新聞（夕刊）　1991年(平成3年)8月10日

朝鮮人強制連行　見つめ掘り返す

日韓併合で、日本に渡ってきた朝鮮人労働者が各地の土木工事に従事し、多くは故国に帰れないまま亡くなった。広島県では、無縁仏として日本に眠る、こうした人たちの遺骨を掘り出し、ふる里に帰している人がいる。兵庫県では、旧国鉄の余部（あまるべ）鉄橋建設中、犠牲になった労働者の慰霊碑が、地元の人たちによって大切に守られている。市民たちによる、朝鮮人強制連行の歴史の見直しともいえる。

工事犠牲者の碑を守る

◇兵庫・浜坂町の住民ら

山陰線建設中に亡くなった日本人と朝鮮人の労働者が一緒に供養されている慰霊碑
＝兵庫県美方郡浜坂町久谷の久谷八幡神社で

兵庫県美方郡浜坂町久谷の久谷八幡神社の境内には、明治四十年代に、県北部の国鉄（現JR）山陰線・桃観トンネルや余部鉄橋の工事中、事故で亡くなった朝鮮人労働者七人を日本人犠牲者二十人とともに供養する珍しい慰霊碑がある。一九一一年（明治四十四年）の建立で、八十年間、地元の久谷地区の住民が碑の周りの清掃を続けており、今年もお盆を前に草取りをした。

「鉄道工事中職斃（へい）病歿者招魂碑」で、高さは一・九㍍。裏に犠牲者二十七人の出身地と名前が記されており、うち七人が朝鮮人労働者だった。

郷土史家らによると、桃観トンネル、余部鉄橋は一九〇七年から五年の歳月をかけて完成、翌年に山陰線京都―出雲市間が全線開通した。この工事で犠牲者が出たため、建設業者らが発起人となって碑を建て、地元に永年供養を委託した、という。

久谷地区では戦前まで毎年八月に境内で盛大に盆踊りをして供養をしてきた。戦後、盆踊りはなくなったが、慰霊碑の清掃は引き継がれて来た。

慰霊碑への参拝を欠かさないという地元の農業尾崎久雄さん(八六)は「あの当時、われわれの生活も貧しく、朝鮮から来た労働者に対して仲間意識のようなものがあったんでしょうね」という。

朝鮮人の強制連行の歴史に詳しい在日本朝鮮人被爆者連絡協議会長李実根さん(六二)は「支配民族の日本人が被支配民族の朝鮮人を同列に扱った例は聞いたことがない。碑を建立した人はよほど良心的な人だったんでしょう」と話している。

遺骨さがし故国に帰す

◇広島の元小学校教師

福政さんは毎朝毎夕、自宅に安置した遺骨に「ふるさとに帰します」と話しかける　＝広島県双三郡三良坂町で

遺骨を返しているのは、広島県双三郡三良坂町の元小学校教諭福政康雄さん(五九)。十二年前、学校の教材づくりで島根県・赤来町の宋丙守さんを知ったのが、きっかけ。

宋さんは一九四三年、強制連行された。九州の炭鉱や工事現場を転々とし、戦後は赤来町の農家に作男として住み込んでいた。「わしはここで死ぬんかのう」。その言葉が胸をついた。

八六年四月、宋さんは七十二歳で亡くなった。福政さんは友人と二人で、韓国天安市内の国立墓地「望郷の丘」に、宋さんを葬った。

以来、中国山地の同県比婆郡高野町の高暮ダム建設工事で働いた人たちの遺骨をさがして歩いた。これまでに二十一体を見つけ、うち十七体を韓国の国立墓地に返した。

いまも自宅の仏壇に四つの骨壷（つぼ）が安置してある。

福政さんは、土をすくうスコップに日本人として「謝罪」の気持ちを込めている、という。

強制連行

北海道と南太平洋諸島 新たに221人の名簿発見

本紙はこのほど第二次大戦中、北海道・根室市の牧之内飛行場建設に従事させられ犠牲になった朝鮮人名簿五十七人分を入手した。

また、日本社会党の本岡昭次参院議員事務所は八日までに、日本国立国会図書館所蔵の連合国軍総司令部（GHQ）の資料の中から、ハワイなど南太平洋諸島で捕虜となった朝鮮人の名簿百六十四人分を発見した。

牧之内飛行場建設の名簿は、北海道庁の委託を受けた道総合開発機構が「北海道開拓殉難者調査」を行う過程で、飛行場周辺の寺の過去帳と根室市の埋火葬認可証などから確認しまとめたもので、それぞれ氏名、死亡年月日、雇用形態（土工夫）が記されている。

埋火葬認可証から確認された犠牲者は、多くが発疹チフスや脚気で死亡しており、当時の労働環境と労働条件の劣悪さをうかがい知ることができる。

同飛行場は、当時、仙台にあった大湊海軍施設部が一九四二年に着工したもので、その詳細は同機構の調査でも明らかにされず、霧に包まれたままである。

本岡昭次参院議員事務所が発見した捕虜名簿は、「朝鮮人帰国者初期名簿」と題されており、明らかに女性と分かる名前、百四十七人分が含まれている。これらの女性は従軍慰安婦として動員された可能性が高い、と同事務所では指摘している。

朝鮮時報 '91.8.12

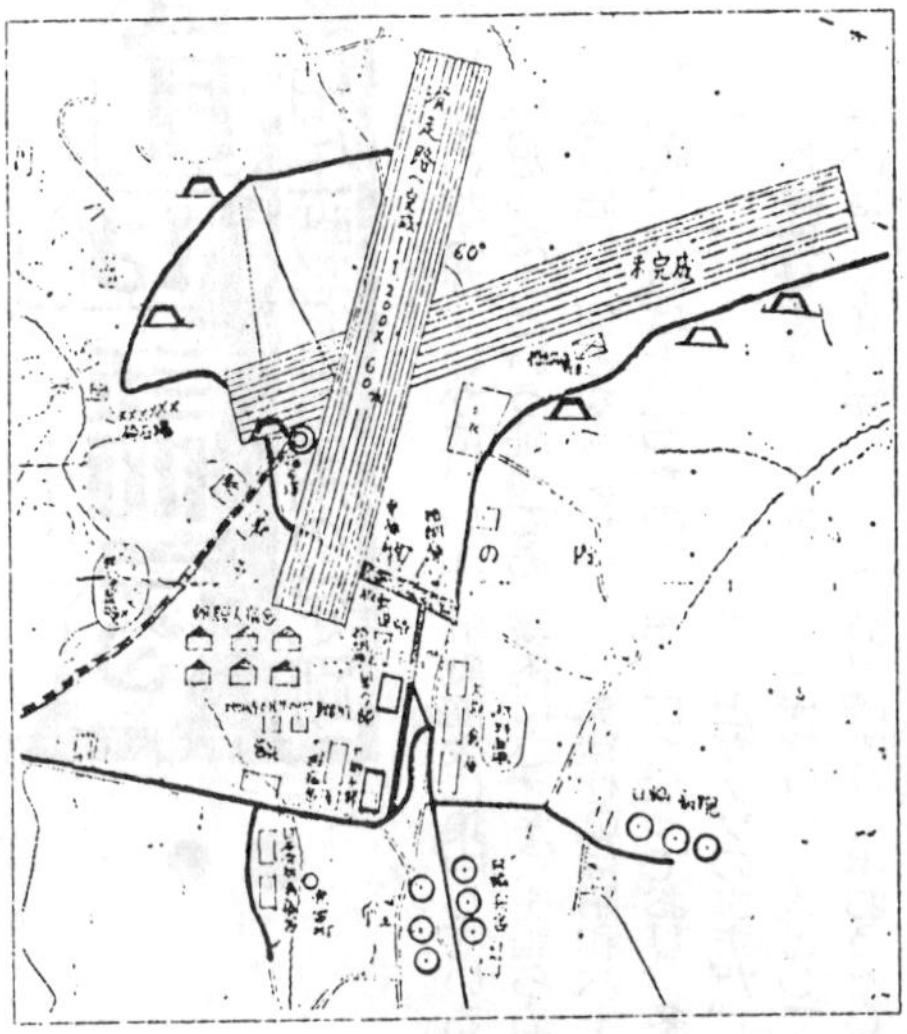

根室市・牧之内飛行場の建設見取図。朝鮮人は飯場を日本人と分けられ、差別された

兵庫にも60体の遺骨

福岡では陸軍司令部に約500人

兵庫県相生市那波大浜町の善光寺（大道厳猛住職）に、徴用工として播磨造船所（現在の石川島播磨重工、四四年に千七百十人を強制連行）で強制労働させられた朝鮮人が多数含まれていると見られる約六十体の身元不明の朝鮮人遺骨が安置されていることが、一日までに同県朝鮮人強制連行真相調査団によって明らかにされた。

大道住職によると、先代の真猛住職が一九二九年に広島・倉橋島にあった寺の住職を兼務した後から四七、八年ころまでの間に、こっそり本堂の上がり口などに置かれるようになり、いつの間にか六十体になったという。

同寺に遺骨が安置されているとの情報が寄せられたのは、同調査団が先月、全国で収集した約二万人の強制連行者名簿を公開したことがきっかけ。

また、福岡県朝鮮人強制連行真相調査団は六日、筑紫野市と朝倉郡夜須町の山中に、第二次大戦末期に本土決戦に控えて密かに造られた旧陸軍第十六方面軍司令部跡のトンネルを確認するとともに、同司令部建設工事に強制連行された朝鮮人約五百人が従事させられていたことを明らかにした。

神戸新聞
平成3年(1991年)8月13日　火曜日　社会　14版 (20)

遺骨は語る

相生戦時徴用の足跡 ●●上

46回目の夏

戦後の日本の歩みを告発

本堂の納骨所から、大道厳猛（げんみょう）住職(38)が、白い包みを取り出した。かすれた墨字で「無縁之骨」と記された包みを解くと、素焼きのつぼが現れる。底の方に焼けた木片や朽ちた鉄クギと一緒に、わずかばかりの骨片が混ざり合う。

戦前から戦中にかけて亡くなった朝鮮人約六十人の遺骨である。包みごとに仮につけたと思われる日本名が記してある。

相生市那波大浜町。市街地を見下ろす高台に立つここ善光寺の本堂で、先月、これら遺骨が初めて報道陣らに公開された。公にした理由を大道住職はこう話す。

「朝鮮人の遺骨がいつまでも無縁のままで残っていること自体が、戦後の日本の歩みが、いかにいい加減だったかという証拠であると思い、何とか今よりいい形になればと思ったのです」

無縁遺骨を寺に引き取ったのは、昭和四年にここに寺を築いた父で先代の真猛（しんみょう）住職だった。住職が残した過去帳をたどると、遺骨の引き取りは寺建立の翌年から終戦直後の二十二、三年まで続いているが、なぜか十四年までと終戦前後に集中している。身内にさえ多くを語らぬまま、真猛住職は昭和六十一年に亡くなっており、多くのことがナゾのままだ。

「先代は同じ人として、分け隔てなく弔おうとしたのだと思うのですが、当時は朝鮮人の遺骨を預かっているというだけで、白眼視される時代でした。それが口を固くさせたのだと思います」

今となっては遺骨がだれのものなのかを知る手掛かりすら、ほとんど残されていない。遺骨を確認した「兵庫県朝鮮人強制連行真相調査団」は十二日、戦前、戦中と多くの朝鮮人が徴用された当時の播磨造船所（現石川島播磨重工相生工場）の関係者、関係先を訪ねた。独自に資料や証言を集め、遺骨にまつわる歴史の掘り起こしをするためだ。

無縁の遺骨。仮の日本名がつけてある＝相生市の善光寺

調査団の呉邦烋事務局長は「戦前、戦中の正しい歴史を学ぶことを通して、お互いに腹を割って話し合える仲のいい隣人関係をつくりたいんです」と話す。

善光寺の先代がこの地に寺を興した昭和四年当時、日本は朝鮮半島を植民地としていた。過酷な植民地政策の下で、田畑を奪われ職を失った人々が日本に大量に流入。相生にも朝鮮人集落が三つあったという。昭和十四年に「国民徴用令」が発令され、強制連行も含めさらに大量の朝鮮人が軍事工場や炭鉱に送られた。

「播磨造船所五十年史」には、朝鮮応徴士と呼ばれた国家徴用があったことが記されている。昭和十七年九月末でその数二百十五人、十九年九月から十月にかけての国家徴用で全羅南道などから新たに千七百十人入社した、とある。

応徴士たちは朝鮮人集落とは別の寮に住んでいた。善光寺に残された無縁遺骨が、このうちのいつ、どういう形で相生に来た人たちのものか定かでない。しかし、多くは偏見と差別の中での非業の死だったことは推測される。調査団はこの日、相生市などに対し、遺骨を納める慰霊碑の建立と慰霊祭の実施、今回の調査で分かった応徴士の寮の保存などを求めた。

戦後四十六回目の夏。無名の無縁遺骨は、埋もれてきた歴史を語り始めた。

× ×

戦後生まれが六〇%を占め、年ごとに戦争は「風化」していく。戦時徴用の調査が始まった相生市で、この先何が明らかになり、何がどう引き継がれていくのか。調査のきっかけとなった無縁遺骨の周辺を探った。

（記事・慶山充夫、豊田瑞樹、写真・三上彰規）

遺骨は語る
相生戦時徴用の足跡 ●●中

過酷な労働
今問われるアジアとの関係

相生在住の詩人、高須剛さん(59)の目に、今も焼き付いているシーンがある。動員学徒だった昭和十九年から二十年のころのことだ。

播磨造船所（現石川島播磨重工相生工場）のドックで、油で真っ黒に汚れた布切れを何枚も口いっぱいにほおばり、「アーアー」ともがく朝鮮人徴用工。過酷な労働に耐えられず、われを忘れての行動だったのか。みつけた日本人監督が殴りながら、口の布切れを引きずり出す…。

この場面は「昆布」という題で「大阪詩集 89年版」に収められている。

「相生の造船は、大正時代から最も危険な土木作業を朝鮮人に任せてきた。現在の日本はきつくて、汚い、危険な職場をアジアの出稼ぎ労働者にゆだねている。戦争と経済という時代背景は異なりますが、アジアの人々を浅いところでしかとらえていないところに、時代を超えた共通点を感じます」と高須さんは話す。

播磨造船所は明治四十年の設立。太平洋戦争の開始とともに船舶需要が増し、ドックが増設された。作業を一手に引き受けていたのは、日本の土木会社に雇われた朝鮮人である。そのドックで造船作業に従事にしたのも、また朝鮮人徴用工。いずれも突貫工事だった。

証言1　ドック増設のために海岸部を埋め立てたが、埋め立て土砂用に山を崩すとき、山すそをダイナマイトで爆破し横穴を掘った。一気に山を崩せるので、工期の短縮とダイナマイトの節約になる。このハッパで朝鮮人が生き埋めになり、仲間がワーワー泣いていた＝元播磨造船電気工、岡武彦さん(72)

×　×

崩した土砂、岩石はトロッコで海まで運んだ。でこぼこの山の斜面に人力でまくら木、レールを運び上げ、その上を走らせる。朝鮮人労働者は二人一組でトロッコの後部に乗った。カシの木を車輪に当ててブレーキとし、トロッコを止めた。

今、市内のそこかしこにある切り立ったガケは、当時の爆破の名残である。

証言2　ブレーキ操作一つですぐにトロッコは転覆しドック造りでは朝鮮人がしょっちゅう死んだ。朝鮮人集落では毎日のように葬式が行われた。ちょうちんを先頭に白いチマチョゴリを着た人の後にカゴが続くにぎやかな葬列でした＝同従業員福田三郎さん(74)

×　×

危険な作業にもかかわらず、死亡者の補充は簡単だった。危険手当がつき、ほかの作業より日給が二割ほど高かったからである。

埋め立てで拡張された工場は、現在、市役所のある「松の浦」や造船所の敷地の一部になっている「日の浦」など、かなりの面積に上る。「戦後の一時、相生の造船量が世界一となり、市が大きく発展したのも戦時中の朝鮮人による工場拡張のお陰と思う」と、当時を知る多くの人がそう話す。

相生で働いた朝鮮人は、強制徴用以前から土木工事の下請け、孫受け作業をしていた人たちと、徴用で船造りに従事した「臨時社員」の二グループに分けることができる。しかし、人数や日常の具体的な記述、記録は、ほとんど残っておらず、相生工場にも存在しないという。最近になり、いくつかの証言によって埋め立てに従事した朝鮮人集落が工場敷地の一部になっている「日の浦」にあった、と判明した程度だ。

「日の浦集落の労働実態を最近、初めて知った。しかし、それを『えらいことだった』と昔話で終わらせず、今日の日本とアジアの関係に、教訓としてどうつなげていくかが大切なのではないか」と高須さん。

善光寺で確認された無縁遺骨が問いかけているのも、それである。

夏草に覆われた廃屋。戦時徴用の朝鮮人が困苦を刻んだかつての寮の跡だ＝相生市佐方

神戸新聞
平成3年(1991年)8月15日　木曜日　社　会　14版 (22)

遺骨は語る
相生戦時徴用の足跡
●●下

平和の並木
授業で取り上げ心に刻む

相生市の町外れ。伸びるに任された夏草の中に、朝鮮人徴用工の寮は建っていた。文字通りの廃屋に、証言をたどって行き着いた「兵庫県朝鮮人強制連行真相調査団」は声を失った。

相生市での戦時徴用の実態を知る手掛かりは、わずかしか残されていないが、もう一つある。市中央通りに植えられたプラタナス並木だ。

終戦から十四年経た一九五九年八月。日本と朝鮮民主主義人民共和国(北朝鮮)の両赤十字社の間で帰還協定ができ、相生から第一陣十数人が編成された。プラタナスの苗木は、「友好の印に」と、その人たちが中心となって植えた。中央通り周辺の市街地は戦時中に海を埋め立てた場所で、山の爆破や採石をトロッコで運搬中に命を落とした朝鮮人作業員、徴用工も多い。しかし、世話になった土地への礼と帰国の喜びをこめて、小さな苗を植えた。二百本ほどだったという。

植樹から約三十年。プラタナスは約九十本が残り、幹の直径は二十五ｾﾝﾁ前後、高さ八、九ﾒｰﾄﾙに成長した。

多くの人が忘れていた「プラタナスの歴史」がよみがえったのは一昨年。道路改修で切り倒されそうになった時、地元の人の訴えで、やっと並木が残ることになった。この話を新聞で読んだ地元の市立中央小学校の教師たちが、授業に取り上げた。

今年一月、「世界の中の日本」という六年生の社会科の単元で、プラタナス並木を取り上げ「プラタナス並木は残った」と題する独自のカリキュラムを組んだ。戦後、帰国した朝鮮人たちが残していったプラタナス並木をめぐるエピソードを通して、人権感覚を身に付けた国際人に育てることを目的とした授業だった。

山本勉校長はその理由をこう話す。「これまでの学校教育は欧米志向が強く、アジアの国々に対する視点をもっと大事にしたかった。そうした教育の視点を定めていこうと考えていた矢先に、プラタナスのニュースを読んだんです」。

湾岸戦争開戦も重なった。ゲーム感覚でテレビ画面を見ている限り、戦争の実像を知ることはない。

「たくさん住んだ朝鮮の人々が戦後、どういう生き方をしたかということを掘り起こしていくことによって、民族差別の実態や戦時中の惨状もとらえられると思いました。悲惨さを強調するだけで終わらず、どうしたら世界の人たちと一緒に平和を築けるかを考える内容にしました」と山本校長は言う。

授業の組み立てと資料・証言の収集は、主に岸本雅彦教諭(四五)と内中秀樹教諭(四〇)で行った。並行して父母の意識調査も実施した。

授業は全部で五時限。「差別はいつから」「朝鮮を追われた人々」「強制連行された人々」「祖国へ帰れなかった人々」と続き、「プラタナス並木は残った」で終了した。

「最初の四時間は、子供たちも緊張して授業を聴いていましたが、最後でホッとした様子でした。暗い過去の歴史の中で、プラタナスをめぐる人々の心の交流に救われる思いがしたんでしょう」と岸本教諭。児童の一人は、こう感想文をつづった。

「みんなが差別することもなく、人が殺しあう戦争もないような、平和な世の中になればいいと思いました。もう二度と朝鮮の人々の悲しみを繰り返したくないです」

授業は地域に働きかける活動へと発展した。プラタナスの歴史と保存を訴えた児童作成の立て看板が、通りの四カ所にくくりつけられている。

大空に枝を伸ばすプラタナス。「平和のシンボル」として、町の中央部にそびえている＝相生市中央通

福島県各地で 朝鮮人強制連行 予備調査進む

32事業所中心に体験者探し 真相解明し真の日朝友好へ

「朝鮮人強制連行の真相を明らかにし、日朝両国間の理解と友好親善の促進」を目的に結成された、朝鮮人強制連行福島県真相調査団（大隅保光団長）の県内予備調査活動が進められている。徐々にベールがはがされ、真相解明の日が近づいている。（村上武記者）

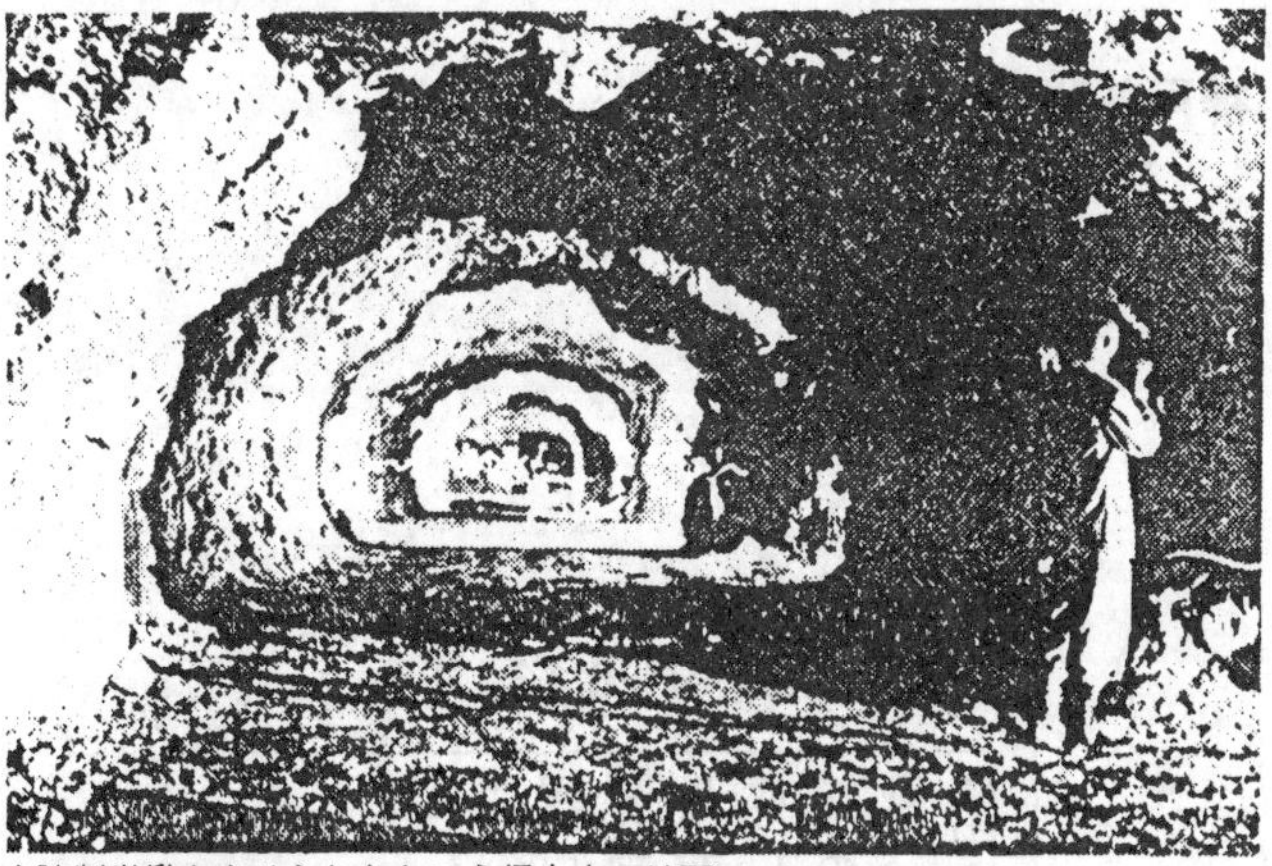

⬆強制労働をさせられたという信夫山の地下工場跡（写真集「ふくしま100年」より転載）

朝鮮人強制連行福島県真相調査団が結成されてから約二ヵ月。調査団員は約三十人と、その輪が広がり続けている。

第一回調査団会議は七月二日に開かれ、予備調査の分担など具体的調査活動が始まっている。

二十年来調査活動を続け、資料収集をしてきているいわき市の大塚一二さんの調査では、戦時中福島県内には約二万四千人もの朝鮮人が強制労働させられていたという。

予備調査は、大塚さんが調査・整理した「福島県内朝鮮人就労事業所調」をもとに、百人以上の朝鮮人労働者が就労していた三十二事業所を中心に進められている。

➡「情報公開」で公表された昭和25年の知事引継書（朝鮮人関係資料は含まれていなかった）

調査活動は、福島県をはじめ各自治体に残されている資料調査、当時の体験者や目撃者探しと聞きとり、現地調査など多方面にわたっている。

特に貴重な資料となるのが「知事引継書」の存在。調査団は七月四日、副知事に対し「公表」を要請してきた。しかし、県当局の回答は「一九四九年（昭和二十四年）以前の知事引継書は所在確認できなかった」というものであり、再調査を要請している。

他方、県内各地での予備調査も進んできている。

福島市のほぼ中央に位置する信夫山。ここに一九四五年三月頃から当時の中島飛行機（株）のエンジン部門の工場疎開に向け、地下工場建設の掘削工事が始められている。資料では、約八百人が働かされており、その約七〇％が朝鮮人であったと言われている。

現在、信夫山地下工場は子どもの転落事故などが起き、出入口は閉鎖されているが、一日も早い現地調査が待たれている。また、同市内の住民からトンネルの見取図も提供されるなど、関心も高まってきている。

一方、昨年九月に結成された在日朝鮮人の人たちによる調査団も活動している。福島県内の約五百の寺院に「遺骨」の存在を確認するなど精力的に進められ、既に約百の遺骨が残されていることが判明している。

日朝両国の国交正常化に向け、朝鮮人側団長の崔錫友さんは「歴史をきれいにして正常化したい。朝鮮から遺骨の引取りに来ることを考え、責任もって解明したい」と話す。

戦争を二度と起こさせないためにも、日本が行なった事実を身近な所から解明することが求められている。

朝日新聞 '91.8.13

「新秩序」への貢献などで合意

日韓議連合同総会　戦後処理問題も検討へ

【ソウル12日＝小田川興】日韓議員連盟の第十九回合同総会が十二日、ソウルで開かれ、日韓双方の議連として▽冷戦後の北東アジアの情勢展開に共同で対処し、両国協力関係の構築に中心的な役割を果たす▽朝鮮民主主義人民共和国（北朝鮮）が核査察を受け入れるよう促し、日朝関係の改善が朝鮮半島の平和と安定に役立つよう、共同で努力する▽両国間の貿易不均衡の改善に努力する――など九項目で合意した。

合同総会には日本側から同連盟会長の竹下元首相ら四十二人、韓国側は朴泰俊会長（民自党最高委員）はじめ与野党議員ら約百人が出席した。

分科会では、韓国側の野党新民党議員から、サハリン残留者や原爆被爆者、女子挺身（ていしん）隊など、日本による強制連行の被害を受けた韓国人に対して「包括的な救済基金（統合基金）」を設ける必要がある」との提案が出され、今後、双方でこうした日韓条約で積み残した戦後処理問題の扱いを検討することにした。

双方は日韓文化交流の促進へ、日本の優秀映画を韓国で紹介することで一致。このための窓口づくりを同連盟で検討するとした。

また、両国間の漁業資源の保護、管理をめざす「国際漁業資源管理センター」の設置を検討。両国の地方自治体間の友好増進へ積極的な役割を果たすことでも合意した。

神戸新聞 '91.8.14

朝鮮人の寄留者名簿　市役所に1657人分

相生

相生市は十二日、戦時中に同市内で土木作業などに当たっていた朝鮮人のうち、千六百五十七人分の名前を掲載した「寄留者名簿」が見つかったことを明らかにした。同名簿が確認されたのは、兵庫県下では伊丹、加西市に次いで三例目。

同市によると、市の書庫に保管されていた。昭和二十七年に寄留法が外国人登録法に切り替えられた際、同市に戸籍のあった朝鮮人をリストアップし、一冊にまとめたものという。

このため、二十七年までに帰国した朝鮮人は含まれていない。また強制連行の場合は市町村の戸籍に編入されなかったため、この名簿には強制連行された朝鮮人は含まれていないという。

名簿によると、国民徴用令が公布された昭和十四年以前に相生に入った人は男四百二人、女三百四十九人。十四年以後、二十年八月の終戦までが男四百十人、女三百七十八人。子供を含めた家族ぐるみで住んでいた人が大半。

兵庫県朝鮮人強制連行真相調査団（本岡昭次、康義平団長）は、十六年に朝鮮から初めて徴用されてきた百人余りが含まれている可能性があるとして、同日、名簿の詳しい分析を同市に要請した。

強制連行　企業側の資料発掘

東京で朝鮮総連調査団

約七十万人とも百五十万人ともいわれる戦時中の朝鮮人強制連行。当時、この連行に携わった企業の連行実態の記録文書が、朝鮮総連（東京都千代田区）の朝鮮人強制連行真相調査団の手でこのほど見つかった。連行する側による当時の記録の発掘は初めて。

資料は、東京都世田谷区の駒沢大学図書館が五年前に古書店から購入、保管した。B5判百五十八㌻。表紙に「昭和二十年一月　半島労務者移入に関する書類　労務課」というタイトルがつけられている。内外製鋼所（戦後、東京製鋼所となり、大同特殊鋼に合併）の砂町（江東区）、船堀（江戸川区）両工場長や、サクション瓦斯機関製作所砂町工場長らが作成。朝鮮での連行の模様に触れているのはこのうち、「移入労働者発疹チブス罹災状況」と題した文書。同製鋼所船堀工場の「工場長取締役」一名になっている。

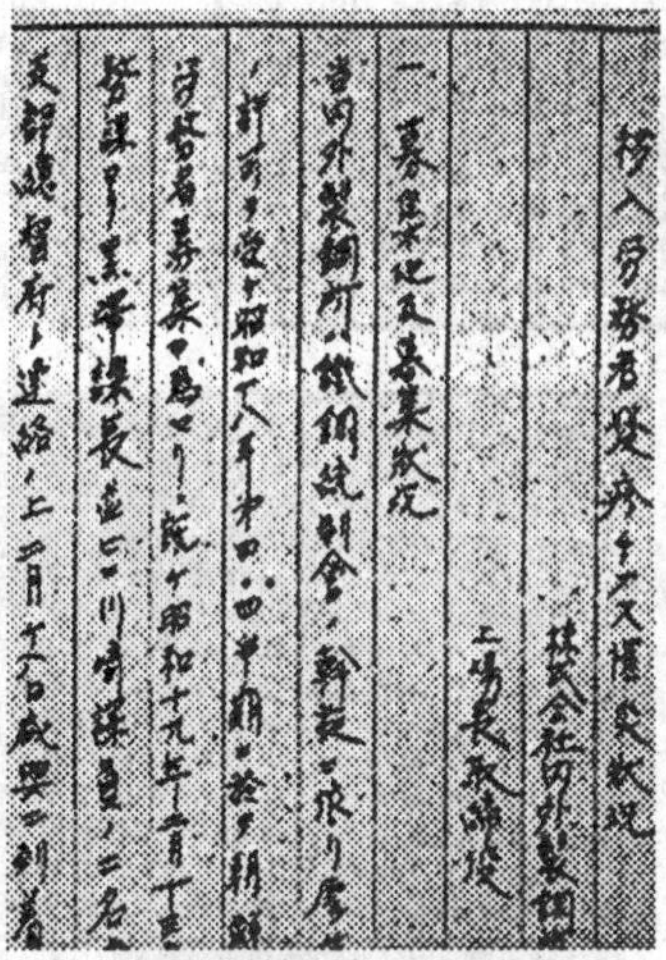

移入労務者発疹チフス罹災状況
株式会社内外製鋼所
工場長取締役
一、募集地及募集状況

朝鮮人強制連行真相調査団が入手した資料の写し

伝染病患者まで徴用

それによると、「厚生省警視庁朝鮮総督府ノ許可ヲ受ケ」一九四四年二月、同社労務課の課長ら二人が渡鮮。同十八日、咸鏡南道（現在の朝鮮民主主義人民共和国北部）の道庁で「咸與府（に）十五名」など日本海沿岸の二府七郡に「募集人員」計百人が割り当てられた。

だが、「募集」は難航。「此ノ広範囲ニ於テハ補導員ノミニテハ及ビ難ク労務課ヨリ各郡ニ通牒シ」て「供出」させる形をとったと記している。

四月十五日に東京駅に着いたが、「逃亡」や「病気送還」で七十五人に減少。すでにその時、数人に発熱など発疹チフスの症状が出ていた。砂町工場に三十七人、船堀工場に三十八人が送られ、五月十八日現在、両工場で計二十人が入院している。

大同特殊鋼、サクション瓦斯機関製作所の両社とも「昔の労務記録もないと思われ、分かる者もいない」という。

同調査団の洪祥進さん（四〇）は「伝染病の疑いがあると知りながら連行するなど当時の日本の労働力不足を補うためになりふり構わず連行した様子が読み取れる。一級の資料だ」と語る。

朝日新聞 '91.8.14

あす終戦46年

また「8・15」が巡ってくる。日本が連合国に無条件降伏してから、この十五日で丸四十六年。太平洋戦争の開戦から今年はちょうど五十年目に当たる。戦前、県内に朝鮮半島から多くの人が強制連行され、さまざまな重労働に酷使された。また、和歌山市内は米軍の空襲にあい、多くの人命が奪われた。それぞれの思いをこめて十五日を迎える。

朝鮮人強制連行

苛酷な労働と差別明るみに

軍需工場や土木工事で

金さん実態発掘 資料公開訴え

日本の植民地政策の下で戦時中、朝鮮半島の人々が労働力として強制的に日本国内や中国東北部（旧満州）、サハリン（樺太）に連行された。現在、その名簿や資料が全国各地で見つかり、当時の日本政府の支配の実態が徐々に明るみになっている。和歌山でも鉄道工事などに多くの朝鮮人労働者が従事した。「和歌山・在日朝鮮人の歴史」などの論文を「在日朝鮮人運動史研究会」に発表した海南市日方、歴史研究家金静美さん(四三)が県内の強制連行や労働の実態を掘り起こしている。

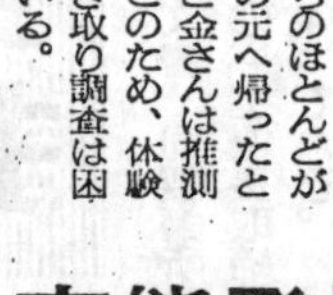

金静美さん

戦前から終戦直後にかけて在日朝鮮人の労働力で造られた逢阪トンネル＝西牟婁郡中辺路町福定で

金さんは和歌山で生まれた韓国籍の二世。「自分はなぜここにいるのだろうか」と素朴な疑問にとらわれ、十五年前から朝鮮現代史を研究し始めた。

強制連行による徴用は一九四〇年に始まった。二十―三十代が中心で、その実数ははっきりしていない。県内には四四年、約二万人の朝鮮人がいた。それが終戦後の四六年には約六千人に減っている。「強制連行された人たちのほとんどが戦後、家族の元へ帰ったと思われる」と金さんは推測している。このため、体験者からの聞き取り調査は困難を極めている。

現在県内に住む在日韓国・朝鮮人約四千五百人は強制連行実施以前に、「企業募集」などに応じて来日したとされる人とその子孫がほとんどという。しかし、いずれにしても低賃金の重労働など苛酷（かとく）な差別を経験している。

金さんの調べで、西牟婁郡中辺路町の旧国道３１１号沿いにある逢阪トンネルは朝鮮人労働者の手で造られたことが分かっている。戦前から近くに住む住民の話では、四三年ごろ、日本の建設会社の下で、朝鮮人労働者七十人ほどが飯場を組み、土木工事に従事していたという。

紀勢線敷設工事現場でも多くの人が使役された。兵庫県洲本市の鄭承博さん(六七)は十一歳の時、田辺市付近の鉄道工事現場で食事づくりの仕事をした。「大人は朝から晩までトンネル掘りや土運び。日本人がしない危険な重労働をさせられていた」と当時を振り返る。

また、爆弾部品を製造していた住友金属、燃料基地として重要だった丸善石油、東亜燃料の建設土木工事、鉱山、ダム工事などには強制連行の朝鮮人が働かされていた可能性が高いという。「どこも土木工事など重労働がほとんどで、トンネル工事では多くの朝鮮人が事故死したり、逃げ出したりしている」「特に強制連行は朝鮮人差別の象徴。資料を持っている人があれば、公開してほしい」と金さんは呼びかけている。

強制連行について、県内の在日朝鮮人団体の関心は強い。在日韓国居留民団県地方本部の呉文圻事務局長(六六)は「戦後、軍隊から和歌山に帰った時、住友金属に何百人もの朝鮮人労働者がいたらしい。鉱山などにも強制連行者がいたはずだ。今後、組織的に調査を進めたい」と話す。また朝鮮総連県支部の韓鼎均・常任委員会委員長(六五)は「早期に県に調査を要望したい」としている。

園部の旧大阪陸軍造兵廠の疎開工場跡

元飯場に今も続く生活

朝鮮人の強制連行の実態を探る調査が、戦後四十六年たったいま、ようやく各地で進められつつある。府内にも戦時中、舞鶴海軍施設部など約十カ所に、強制連行による朝鮮人が少なくとも約五千人いたことが明らかになっている。しかし、詳しいことはまだこれからの段階だ。京都、大阪両府の朝鮮人強制連行真相調査団が七月に調査した園部町の旧大阪陸軍造兵廠(しょう)の疎開工場跡を見た。

朝鮮人強制連行真相調査団、現地へ

調査は、園部町の協力を受けて進められた。西岡貢・町教育次長が子どもの時の記憶をたどって作成した工場や飯場跡の地図をもとに、約五十人の調査団が町内を巡った。

見回った工場跡は三カ所。二カ所は、工場建設のため山を削った様子がうかがえた程度だった。しかし、最後に訪れた場所に、不自然な盛り土や溝の跡が発見された。溝は深さ二―三十ｾﾝﾁ。長さ約十ﾒｰﾄﾙ以上にわたって続いていた。建物の周囲に張りめぐらしたようだ。盛り土は目隠しのためらしい。周辺から腐った材木やさびついた鉄板も見つかった。

工場跡を視察するため、山の中を進む朝鮮人強制連行真相調査団のメンバーら＝園部町小山東町で

調査団の質問に答える戦時中からの生き残り証人趙鳳伊さん＝園部町立中央公民館で

次々他界する「残留者」

飯場跡もあった。園部川沿いに当時の棟続きの建物が今も残っている。人も住んでいた。その一人、許玉さん(七七)は終戦の年に移ってきた。当時ここに、独身の朝鮮人が二十人ほどが住み込み、働きに出ていた。

飯場で炊事婦として働いていた別の朝鮮人女性もいた。趙鳳伊さん(七五)。祖国へ帰らずそのまま園部町に残った人だ。

夫とともに、青森や愛知県などを転々としたあと、今はゲートボール場になっている園部高校の飯場にやってきた。終戦の一年ほど前だ。

[illegible]七年に約百人が住んでいた[illegible]

近くの作業場へ働きにいき、昼食をとりに戻り、また出かける毎日だった。

終戦後もここに残った人が多くいたが、次々と亡くなった。趙さんの夫も去年の五月に他界している。団員の口から「あと十年、調査が早く始まっていたら」とためいきが漏れた。

妻帯者もおり、同じ小学校に金や朴姓の四、五人の朝鮮人の子どももいた。

立ちはだかる機密扱いの壁

空襲を避け、本土決戦に備えて武器弾薬を用意するため、大阪造兵廠の分散疎[illegible]ったのは四四年春。疎開先は大阪府の学校、寺院、民家の物置を中心に数百カ所。製作所は府外の京都、兵庫、鳥取、島根に及んだが、終戦までに稼働したところはほとんどなかった。園部に移転したのは追撃砲やその弾丸、手りゅう弾などの小型兵器を担当していた第四製作所第一工場。町内の工場跡は全部で五十カ所になるものとみられる。

朝鮮人労働者の住んでいた飯場。今も人が住んでいる ＝園部町新町で

府内ではこれまで、鉱山や軍需工場に五千人近い朝鮮人労働者が集団移入させられたことが、四五年の「知事引継書」から明らかになっている。しかし、園部の疎開工場はこの引継書にはない。軍独自の移転計画だったためらしい。

園部町長の終戦直後の事務引継書の中に「朝鮮人中国人〇〇〇人調査一件」(〇〇は判読不能)との記載があるが、これに相当する書類はまだ見つかっていない。

全国で十三番目にできた府朝鮮人強制連行真相調査団の一員、中島智子・西山短大専任講師は「徴用された労働者が戦後、移住したらしく、直接の関係者が町内にいない。さらに、機密扱いされたため、軍関係の施設をくわしく知っている町民もいない」と調査の難しさを説明する。

調査団の事務局、朝鮮総連府本部の柳球采・社会部長(五三)は「真実を知らなければ、真の友好親善はありえないと調査を始めた。この問題では南も北も関係ない。広く同胞から情報を得たい」と話している。

同調査団は今後、東舞鶴の海軍司令所として使われたというトンネルや、精華町祝園の東洋一といわれた弾薬庫跡地なども訪ね、強制連行の実態を解明していく計画。

連絡は朝鮮総連府本部(313・6161)、きょうと教組(252・67[illegible])の両事務局へ。

「国民動員計画による集団移入朝鮮人労務者」数

就業場所	移入数	現在数
大江山鉱山	383	81
栗村鉱業所和知鉱山	49	48
飯野産業舞鶴支店	164	152
日通東舞鶴支店	53	39
佐藤工業所舞鶴出張所	100	87
三菱重工業京都発動機工場	227	220
栗村工業所大谷鉱山	47	47
日南工業鐘打鉱山	50	18
舞鶴海軍施設部(含工廠)	3,800	3,500
計	4,873	4,192

(「昭和20年、知事引継書」から。1945年6月1日現在。)

府内の朝鮮人徴用工の就業場所(確認分)
(府朝鮮人強制連行真相調査団作成)

奈良新聞 '91.8.15

天理の柳本飛行場 "戦争の証人"保存を

きょう終戦記念日

「防空壕跡は教材」

朝鮮人強制連行も解明を

教師らが呼びかけ

戦争の悲惨さを風化させてはならない―。終戦間際に朝鮮人労働者の強制労働で、天理市柳本町に完成した海軍航空隊「柳本飛行場」（正式名称＝大和海軍航空基地）。榛原町天満台西三ノ三ノ一四、天理市立柳本小学校教諭山中憲司さん(三九)と奈良市大安寺町一二二ノ一、県外国人教育研究会事務局長金井英樹さん(三七)らの調査で、一部の人たちにはすでに知られている格納庫や防空壕（ごう）跡の詳細が確認された。歴史の"証人"ともなる格納庫や防空壕。すでに、格納庫の一部は建設開発のため破壊されているが、山中さんらは格納庫や防空壕を戦争の真実を知らせる生きた教材として、保存を呼び掛けている。

防空壕跡　（天理市岸田町の田地内で）

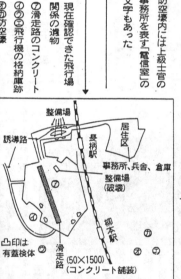

柳本飛行場は昭和十八年に整地に入り、同十九年中ごろから建設に着手。約二千人の朝鮮人労働者によって、昼夜二交代制の突貫工事で同二十年に第一滑走路が完成した。天理市内に住む作家・薮景三さんによると、朝鮮人労働者のほとんどが朝鮮半島からの強制連行、強制労働だった、といわれる。

これまで新たに格納庫跡が確認されたのは、飛行場の滑走路の西側に二基と東側に一基の全三基。三基の格納庫のうち、二基は半分以上が壊れていた。完全な形で残っている一基は滑走路に向かって間口が開き、幅二七・五㍍、最も深いところが一七㍍。屋根はかまぼこ形、草色に塗られており、北側と南側はコンクリートで丈夫に造られていた。この格納庫には大型の爆撃機一機が入っていた。

金井さんは「この爆撃機は敵を攻撃するためには使われたことがないそうです。残念ながら、今夏の老人福祉センターの建設に伴う整地で現在はなくなった」と話す。

また、二基の防空壕は同市岸田町の田地内で残っていた。二基の防空壕はほぼ同規模。内部がわかる一基は全長二〇㍍。入り口は四カ所あり、部屋の中はかまぼこ形。四㍍、九・二㍍、一・五㍍幅の三部屋に仕切られていた。また、部屋の一部に「電信室」の文字が残っており、山中さんは「上級士官の防空壕として使われていたとの証言や、内部構造、位置関係から上級士官の事務所の役割を果たしていた、と思う」と説明。

このほか、山中さんらは全長千五百㍍の滑走路のうち、現在残っている約七百㍍の滑走路跡の断面などの構造なども調査した。

すでに山中さんは国語、社会科、国際理解などの授業などを通して「天理における朝鮮人強制連行、強制労働」の学習会や資料保存を行っている。

山中さんは今回の調査、確認で、「朝鮮人強制連行の問題を解明しない限り、戦後処理は終わっていない。また、奈良は文化財が多く、空襲がなかったと考えがちだが、そうでないという認識が必要ではないか」と語調を強める。

また、金井さんも「今後は格納庫や防空壕をなんらかの形で残すことができないか」と保存を呼びかけている。

防空壕内には上級士官の事務所を表す「電信室」の文字もあった

現在確認できた飛行場関係の遺物
㋐滑走路のコンクリート
㋑㋒㋓飛行機の格納庫跡
㋔㋕防空壕

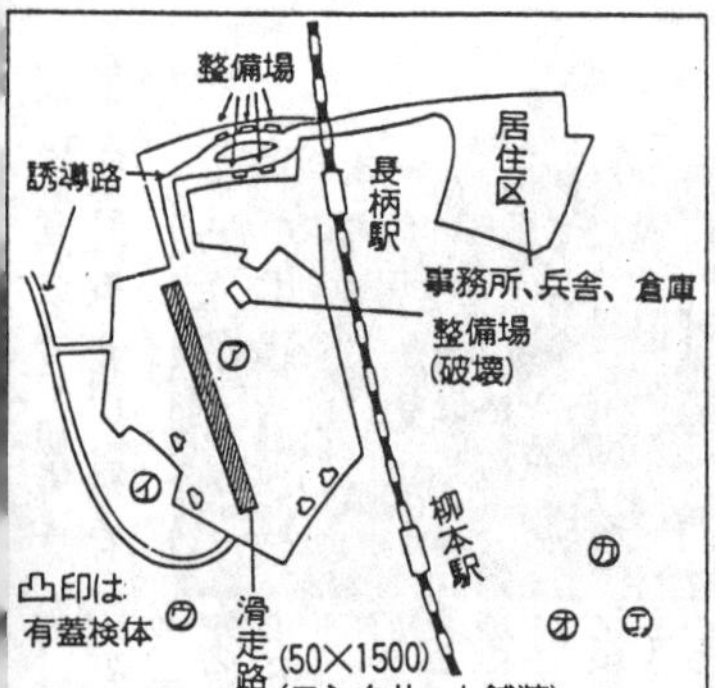

（柳本飛行場略図）

格納庫跡　（天理市柳本町の柳本飛行場跡西側で）

「強制連行の朝鮮人虐殺」

生存者証言　食べ物奪い合い発端

マーシャル諸島 ミレ環礁

「無人の島へ追い出され、そのうえ大量虐殺。日本人は朝鮮人にひどい仕打ちをした」と怒りを込めて話す鄭さん＝京都市中京区のホテルで

太平洋戦争中、日本が統治していた南洋群島に強制連行された朝鮮人生存者が十七日、マーシャル諸島のミレ環礁であった日本人による朝鮮人大量虐殺を証言した。補給路を断たれた島で、わずかな食べ物の奪い合いから始まった無差別銃殺。こうした事実はこれまでほとんど知られておらず、歴史の暗部からよみがえった生々しい証言に、関係者はショックを受けている。

この生存者は、韓国・光州市で農業を営んでいる鄭吉采（チョン・キルチ）さん(六五)。京都の「日本国に朝鮮と朝鮮人に対する公式陳謝と賠償を求める裁判を進める会」（宋斗会代表）の招きで十六日に来日、メンバーらに明らかにした。

鄭さんは一九四二年三月、十六歳のとき、強制的に連行され、釜山港から、ミレ環礁に送り込まれた。

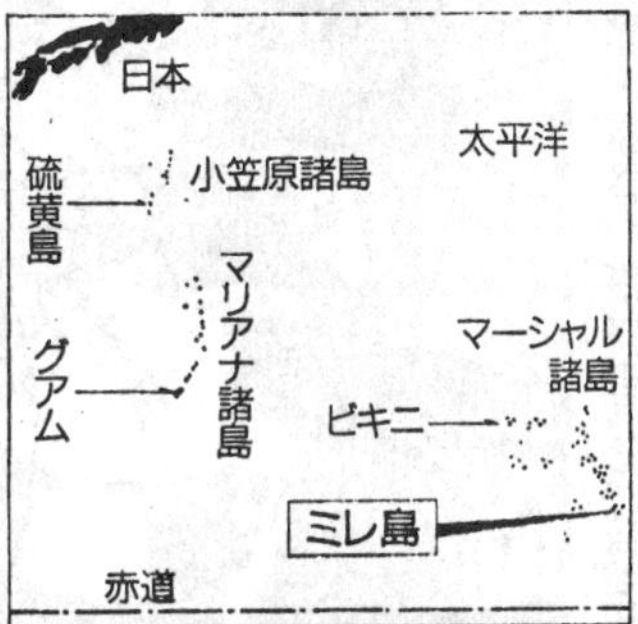

そこの最大の島ミレ島では、日本軍が飛行場を建設しており、千人を超える朝鮮人が三十六の班に分かれ、滑走路予定地の木を切り出す仕事などに従事した。

四三年暮れごろから、米軍の攻撃が始まった。ミレ島にも、毎日のように米軍の機銃掃射や艦砲射撃があり、多数の死者が出た。朝鮮人も三分の二が死んだ、という。補給基地となっていたマーシャル諸島の島も占領され、補給路を完全に断たれた。

生き残った朝鮮人は全員、わずかな米を持って別の無人島へ移らされた。鄭さんも百人近くの朝鮮人とともに名も知らぬ島へ移り、そこで魚や貝を取り、草の実を採って生きた。反乱を警戒して週に何度か、日本人の見張りがやってきた。

ある日、強風で落ちたヤシの実を、朝鮮人と見張り役の日本人が奪いあった。これをきっかけに朝鮮人グループが反抗、日本人との争いになった。翌日、約二十人の日本人が機関銃を携えて来島、朝鮮人に向かって無差別乱射を始めた。草むらや岩かげに隠れていた朝鮮人は根こそぎ殺された。

鄭さんは木に登り、葉かげに身を隠して難を逃れた。助かったのは四十人ほどで、約五十人が虐殺された。その後、米軍に助けられ、終戦後に祖国に帰った。

鄭さんは「その日その日を食いつなぐので必死の毎日。死体の山を見ても、あ然とするだけで涙も出なかった」と怒る。そして「生きて帰った日本人にこの惨劇を明らかにし、謝罪を求めたい」と訴えている。

徹底的に検証して

「東条英機と天皇の時代」などの著書で知られるノンフィクション作家保阪正康さんの話　日本の軍は生存がかかってくると、極めて非人間的な行動を取ってきた。この虐殺も十分考えられる話だ。遅きに失した感があるとはいえ、日本政府はこのような証言に耳を傾け、隠されてきた戦争の事実を徹底的に検証すべきだ。

朝日新聞 '91.8.18

毎日新聞 '91.8.22

露天掘り、運搬作業に従事

褐鉄鉱採掘の跡地見学

阿蘇町

朝鮮人・強制連行の足跡

若者とたどる旅

終戦直前に朝鮮人の強制徴用による労働が行われた地域を訪れる「強制連行の足跡を若者とたどる旅」（加藤慶二代表）の一行が二十一日、阿蘇町の旧三井金属鉱業の褐鉄鉱を採掘していた現「日本リモナイト鉱業」などを訪れた。

阿蘇に朝鮮人の強制労働があったことは、今年五月、「指紋押捺制度を考える熊本の会」（代表・小松裕熊本大助教授）の崔正剛・在日大韓基督教牧師ら三人が調査して明らかになった。

それによると、昭和十八年から二十年にかけ、三井金属鉱山が褐鉄鉱を採掘していたが、戦局の悪化で鉄鉱石の輸入が困難となり、硫酸の原料にするため朝鮮人労働者が五百人から七百人動員され、露天掘りやトロッコによる運搬作業に従事させられていたという。

「若者とたどる旅」は三年前から福岡県や長崎県などの現地を訪れている。今回は、十四日から韓国を訪れたあと熊本入りした。一行は韓国人七人を含め全国から六十人が参加、阿蘇のカルデラの中に強制労働の跡を見て驚いていた。加藤代表は「今後も実態を掘り起こし、事情を見つめなければ、新しい日韓、日朝関係は築けない」と話していた。

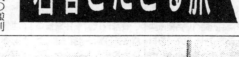

初めて阿蘇を訪れ、崔牧師から強制連行の報告を聞く「若者とたどる旅」の一行

熊本日日新聞 '91.8.22

朝鮮人労働者が働いていた採掘場の跡地＝阿蘇郡阿蘇町狩尾

強制労働 阿蘇でも

鉄鉱採掘 朝鮮人数百人を連行

押捺制度考える熊本の会が調査

戦時中の朝鮮人の強制徴用・労働が阿蘇郡阿蘇町（旧黒川村）の鉱山でも行われていたことが、このほど「指紋押捺（おうなつ）制度を考える熊本の会」（代表・小松裕熊本大助教授）の調査で分かった。

強制労働の現場とされるのは同町狩尾の明神山と灰塚。当時、三井金属鉱山が褐鉄鉱を採掘しており、戦局の悪化で鉄鉱石の輸入が困難になったため、年間十万トンの鉄鉱生産が計画されていた。現在も別の会社により褐鉄鉱の採掘が続けられている。同会では、地元住民の証言や旧黒川村史などから動員された朝鮮人労働者は五百—七百人に上り、露天掘りやトロッコでの搬送作業をさせられていた、とみている。

二十一日には、北九州市の日韓学生、在日韓国人ら市民グループを中心に六十人が現地を視察。「—熊本の会」の崔正剛牧師から「連行された人々は憲兵隊の監視下、過酷な労働を強いられた。作業中の事故や空襲による死者もあったらしい」と説明を受けた。

一行の加藤慶二代表は「こんなに遠い所にまで朝鮮人が連れて来られていたとは驚いた。メンバーには韓国人労働者の孫も参加しており、新しい日韓、日朝関係を築くためにも、過去の事実を見つめ直さなければ」と話していた。

朝鮮人強制連行

福岡でも軍用トンネルを七本 五百人を作業小屋にすし詰め

⬆筑紫野市の山中でみつかった軍用トンネルの現地調査をする合同調査団

【福岡】太平洋戦争末期、本土決戦に備えて強制連行した朝鮮人に掘らせたとされる旧陸軍第十六方面軍司令部の軍用トンネルが、福岡市近郊にあることが明らかになった。

十二日には社会党福岡県本部や朝鮮総連福岡県本部などで構成する「朝鮮人強制連行の真相を調査する福岡県朝・日合同調査団」（団長・朴明緒朝鮮総連県本部副委員長、渕上貞雄参議院議員）が現地を調査。「歴史的悲劇を繰り返さないためにも強制連行の真相を究明し、日本と朝鮮との真の平和と友好関係を深めていく」と表明した。

軍用トンネルは福岡市に隣接した筑紫野市山家から朝倉郡夜須町にまたがる地域に、幅約四㍍、高さ七㍍などの大小七本、延べ八㌔にわたり張り巡らされていると推定される。

第十六方面軍は、米軍の九州上陸に備えて一九四五年二月に編成。トンネル工事は四四年十月に着工、四五年五月に完成したが、調査団の調べによると、この工事には強制連行された約五百人の朝鮮人が従事した。当時現地に住み、兄がトンネル掘りに従事したという朴玉順さん（五九）＝福岡市博多区在住＝らの証言では「粗末なムシロを敷いただけの作業小屋がそれぞれのトンネルのそばにあり、かなり多くの朝鮮人がすし詰めにされ、時には殴る、けるの暴行を受けていた」という。敗戦後、「軍の命令で資料などが焼却された」ことなどもあって、存在さえ隠されていた。

同調査団は、国や市町などに協力を求めて、現地に連行された朝鮮人の名簿探しや死亡した朝鮮人の遺骨の所在確認などをしていく方針だ。

朝鮮人を強制労働させた地下工場や司令部の建設は、全国で百ヵ所以上あるとされるが、現在までに明らかになっているのは、長野の松代大本営跡や千葉県富津市の海軍地下工場跡など、わずかにすぎない。

社会新報 '91.8.23

朝鮮人強制連行の実態解明を急げ

草の根の粘り強い調査で戦争犯罪が次々明るみに

別子銅山で労働強いられた朝鮮人の墓を発見、慰霊祭

↑犠牲者の冥福を祈る金在碩・合同調査団事務局長（中央）

【愛媛県別子山村】愛媛県別子銅山に強制連行された朝鮮人の墓が、「朝鮮人強制連行真相愛媛県調査団」（日本側団長＝笹田徳三郎社会党県本部副委員長、朝鮮側団長＝鄭泰重朝鮮総連県本部委員長）の調査で発見され、十四日、別子山村山中の墓地前で慰霊祭が行なわれた。

この墓地は、同村の真言宗南光院の過去帳から明らかになったもので、七日に笹田団長らが発見した。墓は標高七百㍍の山中にあり、一帯は木や草におおわれていた。

慰霊祭には笹田、鄭両団長のほか、同調査団宇摩地区担当の高橋剛伊予三島市議ら関係者と、別子山村の和田秋広村長ら二十人が参列、三つの墓石と、この日新たに見つかった墓石、合わせて九つの墓に母国の料理などを供え、霊をなぐさめた。

別子銅山での強制連行の実態については、同鉱山で働いていた人の証言があるが、県は一九四一年九月現在の資料は出したものの、そのほかは公表せず、明らかになっていない。

同調査団日本側事務局長の野口仁・松山市議は「今後、同銅山を経営していた住友グループに資料の提出を求めるとともに、強制労働が行なわれた軍需工場、鉱山等があった自治体に資料の公表を呼びかけていく。また、事実の判明した所には、慰霊碑等の設置を求めていきたい」と語った。

劣悪環境、拷問の事実まとめ年内にも出版へ

↑中央が発見された墓石

【高知】高知県朝鮮人強制連行真相調査団（日本側＝栗原透団長、朝鮮側＝黄英信団長）は三日、高知市内で中間報告会を開いた。

調査団はことし一月に結成され、資料の収集、現地調査、証言の聞き取りなどの活動をしてきた。

調査のなかで、県内で強制連行、強制労働が行なわれていたのは十六市町村、二十三ヵ所。終戦時に県内にいた朝鮮人九千七百九十二人（特高月報より）のうち九割近い八千五百七十四人が強制連行であったことが判明した。連行先は、特攻艇震洋の基地作り、日章の飛行場建設など軍関係が九ヵ所、そのほか白滝鉱山、津賀ダムなど十四ヵ所。

八十五人からの聞きとり調査では、劣悪な食料事情、杉板にゴザ一枚といった過酷な生活環境の下で危険で厳しい労働に従事させられていたことが明らかになった。また、逃亡者にはすさまじい拷問、リンチが行なわれていた、などの実態が解明された。

同調査団は、調査結果を整理し、「四国と朝鮮人強制連行」としてまとめ、年内に出版の予定。

第3種郵便物認可

にゅうす・らうんじ

浮島丸事件から46年

京都・舞鶴湾でナゾの爆沈を起こし、たくさんの朝鮮人が犠牲になった海軍の特務艦「浮島丸」事件から四十六年たったいま、事件の当事者や遺族らが日本政府を相手どり、謝罪と賠償を求める訴訟を起こす準備を始めた。祖国の土を再び踏むことなく海に沈んでいった強制連行の朝鮮人は約五百五十人。韓国で出会った生存者や遺族はせきを切ったように、事件への悲しみ、そして日本への憎しみを口にした。訴訟費用の問題も絡み、支援する日本の団体と被害者との思惑の違いも目立つ。生存者らの証言を聞くとともに、提訴の背景を探った。

（京都支局・森 治文）

沈没し、レーダーと機銃を海面からのぞかせる浮島丸（手前）。今は海中からすべて引き揚げられた。向こう側は引き揚げ船「興安丸」=1954年、舞鶴市余部下、三浦日出夫さん撮影

生存者・遺族に重い戦後

賠償訴訟の準備進むが
生活苦しく費用不安

生存者の一人で裁判の原告に名乗りを上げている朴戴夏（パク・チェハ）さん(七二)=忠清北道永同郡=は、二十二歳のとき徴用を受け、青森県の三沢飛行場で地下へ武器や火薬を隠すための穴掘り作業に従事した。当時、朝鮮人は五、六百人いた。

一九四五年八月十五日、ポツダム宣言受諾を告げるラジオの前で、日本人兵士が泣いているのを見て終戦を知った。二十日ごろ、荷物をまとめるようにと指示を受け、翌日汽車で港へ行き、浮島丸に乗り込んだ。

船内は、船室も甲板も朝鮮人ですし詰め。寝るにも足や体を重ね合った。朴さんは、同じ村から徴用された李利金さんといつも隣り合って、船の中央付近の甲板にいた。

しかし二十四日の夕方、あまりの暑さのため、一人でへ先へ出た。これが運命の分かれ目だった。大爆発がその直後に起き、船は中央部でくの字形に折れて沈没した。朴さんは、岸に泳ぎ着いて助かった。

二十日後、下関から釜山へ渡り家族と再会。李さんの遺族に悲しい報告をした。

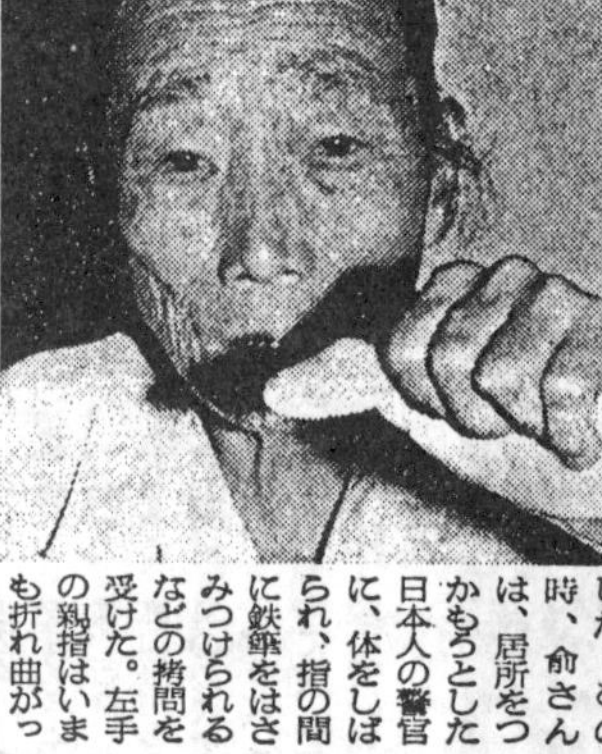

日本人警官の拷問のため、外側に折れ曲がったままの左親指を見せる俞順徳さん
=韓国・大田市内のホテルで

呉光煥（オ・ガンファン）さん(五八)=大田市=は、十五歳年上の兄、呉戴煥（オ・チェファン）さんを失った。生還した人の話では、爆発の後、海中に飛び込んだ兄の足にまわりの人がしがみつき、おぼれたのだ、という。

八〇年に突然、韓国政府から遺骨が釜山の納骨堂に届いたので引き取るように、と連絡があった。つぼに名前と骨が入っていただけ。何の説明も書かれていなかった。

俞順徳（ユ・スンドク）さん(七二)=忠清南道青陽郡=も、徴用に取られた夫を失った。徴用の令状を受けたとき、夫はいったん逃亡した。この時、俞さんは、居所をつかもうとした日本人の警官に、体をしばられ、指の間に鉄筆をはさみつけられるなどの拷問を受けた。左手の親指はいまも折れ曲がったままだ。

夫が青森へ連れていかれたことは、夫からの手紙で知った。終戦後間もなく、夫を乗せた船が日本を出発したと聞き、十月ごろまで帰りを待ちわびて毎日バス停に通った。その後、船が沈んだと聞いた。村の役所で戸籍を調べたところ、夫の名前の上に赤い線が引かれていた、という。

俞さんは畑仕事で女の子一人を育てた。食べるにも困る状態で、その子が十一歳のとき、富裕な家庭に家事手伝いに出した。「言葉でいえないようなつらさを味わった。日本は夫を勝手に連れていって返してもくれない」と訴えた。

しかし、原告には加わるかは、まだ決めていない。一カ月の生活費は、約十万ウォン（一万九千円）。「裁判を起こしたい気持ちはやまやまだが、訴訟費用を出す余裕はありません」と力なく話した。

浮島丸事件の犠牲者らに対して、訴訟を働きかけているのは「日本国に朝鮮と朝鮮人に対する公式陳謝と賠償を求める裁判を進める会」（事務局・大分市）。一九一九年の朝鮮独立運動に端を発して起きた堤岩里の朝鮮人虐殺事件で提訴した人たちの世話役も務めた。

宋斗会代表(七六)はいう。「戦争によって引き起こされた事実が歴史に埋もれる前に、日本の政府や国民の前に明らかにする必要があるのです」

裁判の見通しは決して明るくはない。実質的な審理の前に、訴えそのものが却下される心配もある。「単なる『打ち上げ花火』なら原告に対して無責任過ぎる」との批判的な見方は韓国内にもある。

「原告になれば何らかの金銭的な恩恵を受けられるのでは」という期待感がある一方で、当事者には訴訟に必要な費用負担の不安がつきまとう。戦争で一家の支えとなる夫や父を失い、韓国の平均的な生活水準以下の人たちが多い。

これに対し、宋代表は「確かに、訴訟で『実』を取るのは難しい。しかし、裁判を起こすことが結果として、戦争被害者救済のために日本政府を動かすことにもなる。それを分かってほしい」と話した。

日本軍の捕虜だった元豪兵

48年ぶり再会

在日韓国人の「BC級戦犯」

48年ぶりの再会を果たしたダンロップ氏と李さん(左)＝20日、キャンベラ市内で、増子写す

死刑は望まなかった

国籍失った棄民です

戦争の悲しさともに

【キャンベラ22日＝増子義久】「生きているうちに加害者の一人としてひと言、おわびをしたかったのです」「死刑の判決とは知らなかった」——旧日本軍の捕虜監視員で、戦後のBC級戦犯裁判で一時は死刑となった在日韓国人の李鶴来氏(六六)＝東京在住＝と、捕虜だった元オーストラリア兵のエドワード・ダンロップ氏(八四)＝メルボルン在住＝が二十日、キャンベラ市内で四十八年ぶりの再会を果たした。

李さんは一九四二年（昭和十七年）六月、朝鮮半島から「捕虜監視要員」として泰緬鉄道（タイ—ビルマ間）の工事現場に強制徴用された。当時、十七歳。マラリヤや赤痢などが多発し、捕虜約六万五千人のうち、一万三千人が死亡した。

戦後のBC級裁判で李さんは死刑判決を言い渡された。告訴人の一人がダンロップ氏だった。李さんは懲役二十年に減刑となり、五六年に釈放となった。

この日、李さんはダンロップ氏を抱きかかえるようにして謝罪した。ダンロップ氏がいたわるような口調で言った。「私は部下に頼まれて告訴状にサインした。裁判に出廷していたら、あなたの死刑は決して望まなかった」

サンフランシスコ平和条約で朝鮮人戦犯は日本国籍を失い、戦後の援護措置から排除された。「日本の戦争責任を肩代わりさせられた揚げ句、国から捨てられた棄民なのです」と李さんはいった。ダンロップ氏は黙ってうなずいた。

現在、オーストラリアには約四千人の元捕虜がおり、日本政府に対し補償要求をしており、一方の李さんらも賠償請求訴訟を起こす準備をしている。

統一日報 '91.8.23

資料集の表紙と内容の一部

「強制労働資料集」を発行〈第2集〉

神戸学生センター

【神戸】植民地時代の強制連行・強制労働に関する新聞記事を集め一冊にした「一九九一朝鮮人・中国人強制連行・強制労働資料集」が神戸学生センター出版部から発行された。今回の第二集は昨年の第一集にくらべ記事数が三倍近くになり、内容的には地方紙やシリーズ記事が増えており、トップ記事になりにくくなった半面、広く扱われるようになったことを表している。

B5判、二百十㌻。新聞記事のほかに関連図書、パンフレット、論文のリストが掲載されており、研究者にとっては便利帳とし、研究者でなくとも関心のある人には、わかりやすく、読みやすい手ごろな冊子となっている。

読者からは「いろんなところが紹介されており、記事はコンパクトだしタイトルが出ていてわかりやすい」「全国の流れがわかるとともに、各地でがんばっている姿が目に浮び励みになる」などの声が聞かれ、ときにはこの冊子が縁で交流が始まったケースもある。

編集者の飛田雄一さん(四一)は「これを機会にして全国にネットワークをつくりたい」と各県で情報提供をしてくれる人を求めている。

問い合わせ078・851・2760(神戸学生青年センター)

神戸新聞 '91.9.12

強制連行の写真集出版

名古屋の市民グループ

「写真集　証言する風景」

ポケットカルチャー

第二次大戦末期、名古屋近郊の山間部などに数多くの地下トンネルが掘られた。都市部の軍事工場を空襲から避け、移すためのもので、強制連行された朝鮮人、中国人らが働かされた。危険な工事、過酷な労働のため、多数が死亡したといわれる。

強制連行問題を考える名古屋の市民グループらが、愛知、岐阜、長野のトンネル、軍事工場跡、ダムなど計十五カ所を写真に撮影。生存者の生々しい証言や当時の資料などと合わせてまとめた「写真集　証言する風景」(風媒社・二三六九円)をこのほど出版した。

編集者の一人、愛知県小牧市の金蓬洙さんは、写真の〝素人〟というしゅう恥心をかなぐり捨てて撮った。日本の侵略がもたらした事柄を「身の回りの日常風景の中に追ってみた」と言う。副題に「名古屋発　朝鮮人・中国人強制連行の記録」と付けた理由を、金さんは「日本各地で同様の記録写真集が刊行されることを期待して」と語っている。

朝日新聞 '91.8.24

筑摩書房も掲載へ

浮島丸事件 来年刊行の年表

筑摩書房（本社・東京）は来年一月刊行予定の「年表日本歴史」第六巻（明治、大正、昭和編）に、終戦直後、京都の舞鶴港内で起きた「浮島丸事件」を掲載することをこのほど決めた。

犠牲者数が五百四十九人と、戦後の海難史上二番目の惨事にもかかわらず、事件を記述した事典、年表がほとんどなく、浮島丸殉難者追悼実行委員会（和田藤吉会長）が「歴史に埋もれてしまう」と、昨年から主な出版社に掲載を呼びかけていた。

これまで、平凡社の「大百科事典」に記述があるほか、岩波書店が要請に応じて、今年二月刊行の「近代日本総合年表」に事件を載せている。

朝鮮時報 '91.8.26

朝鮮人強制連行 犠牲者を碑に刻む

現在、地底博物館として公開されている大分県日田郡中津江村の旧鯛生（たいお）金山の殉職者の碑に十六日、強制連行されて犠牲になった朝鮮人の無縁仏八体が納められ、その存在が碑文に刻まれた。

この無縁仏は、昨年十一月、大分県朝鮮人強制連行真相調査団（団長・崔英燮朝鮮総聯県本部副委員長）と日朝連帯県民会議（大平文士理事長）が金山付近墓地の無縁仏十五体を共同調査した際、その内八体が朝鮮人であることを地元住民や墓主、金山関係者の証言を得て確認したもの。今年四月、慰霊碑が建立され供養祭が行われたが、調査団側が朝鮮人犠牲者の存在を碑に刻むよう申し入れ、実現した。

鯛生金山観光管理事務所の中元富太所長は「事実は、事実として明らかにすべきだ」と話している。

大分・旧鯛生金山慰霊碑

統一日報 '91.8.28

浮島丸殉難追悼集会

民団、総連の代表 14年ぶり揃って出席

【京都】大浦半島の慰霊像前で二十四日行われた「浮島丸殉難追悼集会」（同実行委員会主催、和田藤吉会長）に民団、総連の代表が参席した。双方の代表が揃って参加したのは十四年ぶりのこと。「政治色が濃い」との理由で一九七八年から集会への参席を見合わせてきた民団側が、主催者側の招待と南北統一機運に応えて出席して実現した。

この日の集会には、民団側から舞鶴支部の金容甲支団長はじめ団員三十五人、総連側から魯仁寿京都府本部副委員長ら数十人が参席した。

金支団長、魯副委員長はそろって追悼の辞を述べ、「祖国統一の成就に全力を」「同胞として新しい一歩を」と祖国統一への思いを確認し合った。

「浮島丸」事件は解放直後、青森を立って釜山へ向かう朝鮮人労働者や家族ら三千七百二十五人を乗せた日本海軍特務艦「浮島丸」が舞鶴湾で突然、爆発沈没し、五百四十九人が犠牲となった。爆沈原因はいまなお不明のまま。

朝日新聞 '91.8.25

在韓被爆者の9割 今も後遺症に悩む

韓国が認定者2085人調査

【ソウル24日＝共同】韓国の保健社会省は二十四日までに、初の本格的な在韓原爆被爆者実態調査をまとめた。それによると、被爆認定を受けた二千八十五人のうち八八・五％が何らかの後遺症に現在も悩んでおり、二一％は回復不能の重症で、皮膚を含め体に異常のある人は六七％いることが明らかになった。

また被爆者（一世）の三分の一を超す七百八十人が六十五歳以上の高齢で、地域的には慶尚南道陜川に二九％の人が集中し、釜山・慶尚南道地域に五七％もの被爆者が居住していることが分かった。

昨年九月から実施した今回の調査の結果、調査以前に既に認定されていた被爆者千七百三十七人のほか新たに、同院が面接審査認定した二百四十五人、原爆被害者協会（本部・ソウル）が審査認定した百三人の計三百四十八人が初めて被爆者と判明した。また被爆二世は計五千五百五十七人に上った。

被爆地は広島が九一・五％と圧倒的に多く、長崎は八・五％だった。

朝鮮人従軍慰安婦を 考える集いに三百人

関西に住む在日韓国・朝鮮人の女性たちで組織する「朝鮮人従軍慰安婦問題を考える会」（朴美津子代表）が二十四日夜、大阪市中央区の市立労働会館小ホールで「朝鮮人従軍慰安婦問題を考える集い」を開き約三百人が参加した。

集いでは、同問題を調査している「韓国挺身（ていしん）隊問題対策協議会」の共同代表で前梨花女子大教授の尹貞玉さん(六七)が講演した。

尹さんは、現在聞き取り調査をしている元従軍慰安婦の話や、別の元従軍慰安婦が日本政府相手に補償を求める訴訟準備をしていることなどを報告。「終わってしまった昔の問題ではない。今も苦しんでいる人がいるのです」と話し、「日本政府は従軍慰安婦は民間業者がやったことと言っているが、それはもう一度朝鮮女性を殺すことに等しい。加害を反省しない限り、善隣友好は実現できません。歴史の前に謙虚になってもらいたい」と訴えた。

44年間…忘れられた「戦後」

朝鮮人元戦犯 孤独の死

記憶停止、身寄りもなく

千葉の療養所で

戦争中、日本軍の俘虜（ふりょ）収容所監視員として働かされ、捕虜虐待の罪に問われた朝鮮人元BC級戦犯、李（日本名＝慶本）永吉さん(七八)が、二十一日、千葉市の国立下総療養所で直腸がんのため亡くなったことが、わかった。服役中の一九四七年ごろ精神分裂病が発症、以来記憶が止まったままで、釈放後も同療養所の閉鎖病棟を出ることはなかった。日本が起こした戦争に巻き込まれ、李さんの時計は四十四年間止まったままだった。四十九年前に別れた妻子は連絡が取れない。李さんを支えてきた元戦犯仲間は「日本の戦争責任を肩代わりさせられた」と、政府相手に賠償を求める提訴を決めたばかりだった。

朝鮮人元BC級戦犯三十人と遺族らで作る「同進会」（文泰福会長）によると、李さんは一九四二年、朝鮮半島からスマトラに渡り、軍属としてオランダ兵捕虜の監視に。妻と娘二人を残し、収容所勤務中に男児誕生の報も来た。

戦争裁判で懲役十年の判決が下り、ジャカルタのチピナン刑務所に服役。約半年後、刑務所内の仕事場から突然厠に逃げ込み、両手で頭を抱えたまま一言も話さなくなった。五〇年、巣鴨刑務所に移送され、五一年十一月に仮釈放。そのまま下総療養所に移され、分裂病の治療を続けていた。

刑務所で一緒だった文済行さん(六九)は、「元気なころは娘のことばかり話していた」という。文さんは人生の半分以上を病棟でぼんやりと過ごした。

故郷に帰れば病気も良くなる。同進会の仲間はそう考え、韓国で肉親を随分捜し訪ねた。二年前、遠縁の親せきという人物が名乗り出たが、はっきりしないままだった。「きっと朝鮮民主主義人民共和国（北朝鮮）に子供たちが生きているはず」と、文さんは言う。

二十八日午後一時、千葉市桜木町の市営火葬場でだびに付される。葬儀は未定。同進会は「せめて遺骨を遺族に届けたい。肉親捜しは続ける」という。

強制労働の朝鮮人徴用工

須磨寺の一角で寮生活

戦争末期 川重で軍艦建造

戦争末期、軍艦を造っていた神戸市の川崎重工業で強制労働させられていた朝鮮人徴用工の寮が、源平ゆかりの須磨寺（同市須磨区）の一角にあったことが、同寺正覚院（三浦真厳住職）に保管されていた土地賃貸契約書と当時の実測平面図から二十五日、明らかになった。

二棟に三百―五百人

賃貸契約書と平面図が実存 調査新たな進展

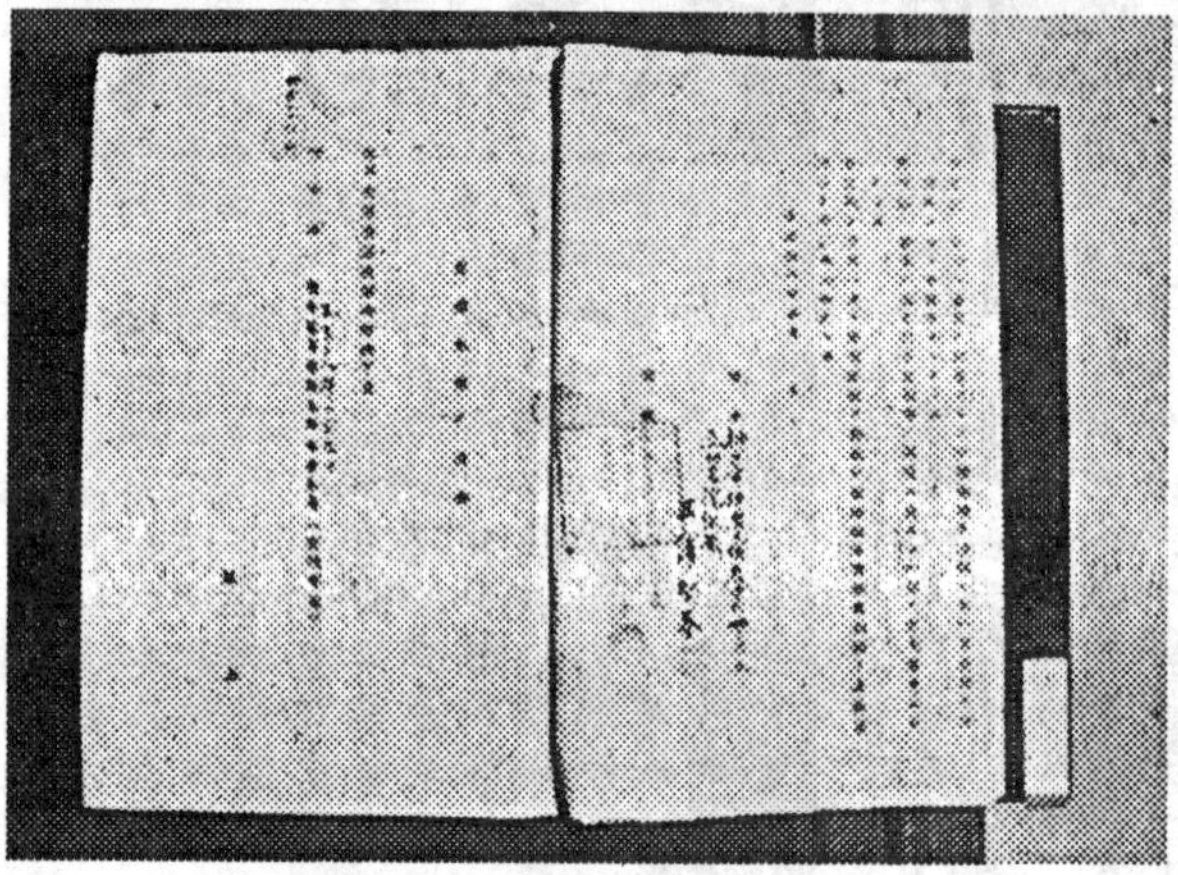

須磨寺正覚院に保管されていた土地賃貸契約書

契約書は昭和十八年三月に先代住職と当時の鋳谷正輔川崎重工業社長とで交わされ、「一坪（三・三平方㍍）二十銭」と、当時としても格安の賃貸料。実測平面図は須磨寺全体として約一万四千平方㍍の土地を提供していたことを示している。朝鮮人強制連行の実態調査を進める研究者も「歴史を裏付ける貴重な資料」と注目している。

軍部の強い要請

須磨寺一帯は桜の名所として親しまれていたが、賃貸契約後境内の桜の林を切り、運動場を整地して木造二階建てのバラック二棟が建てられた。「当時、川重の要請は軍の要請。とても断れるものではなかった」と三浦住職。

付近の住民の証言によると、昭和十九年秋、ここに二十歳前後の三百―五百人の朝鮮人徴用工が入寮。徴用工たちはどす黒いあい色の服装で、寒い日にはオーバー代わりに川崎重工の社章の入ったねずみ色の毛布をかぶっていたという。

「重労働の身に、配給される食料だけでは足らず、時折配給されるたばこやビールを寺へ持ち込み、食べ物と換えてくれるよう頼んだ」という。川崎重工には約千六百人の朝鮮人が徴用され、神戸市垂水区や芦屋市などに宿舎があったことが、これまでに分かっている。

三浦住職は「朝鮮人の強制労働という戦争のつめ跡が、神戸市内にもあることを多くの人に知ってほしい」と話している。

旧陸軍の地下壕公開

大阪 生玉公園 調査団は保存求める

　大阪市天王寺区生玉（いくたま）町の生玉公園に残る旧陸軍のものとみられる地下壕（ごう）を調査している大阪市は二十七日、関係者らに内部を公開した。コンクリート壁に囲まれたカマボコ形の大きな空間で、調査を申し入れていた大阪府朝鮮人強制連行真相調査団（代表、岡村達雄関西大教授、韓明錫・朝鮮総連大阪府本部副委員長）は、「強制連行の朝鮮人が建設したという証言もあり、平和を訴える貴重な資料」として市に保存を求めていく。

　同調査団の調べによると、一九四一年暮れから朝鮮人労働者百人近くが壕の建設に携わり、四五年春から終戦まで、陸軍船舶通信連隊大阪隊の基地として使われた、という。

　六四年ごろ、入り口が閉鎖され、そのままになっていた。このため、公園管理者の同市が安全性や耐久性を確認するため二十日から調査を開始。厚さ三十センチのコンクリートで固められていた入り口を破り、この日、同調査団のメンバーに公開された。

　壕はカマボコ形で、東西二十三メートル、南北約九メートル、高さ約七メートル。生玉公園の西南部にあり、地下数メートルのところに埋まっていた。幅一・八メートル、高さ二メートル、長さ約十メートルの進入通路があり、壕の中は大小三つの部屋に仕切られていた。四メートル四方ぐらいの部屋にはコンクリートで造られた流し台と便所の跡が残っていた。床にはコンクリートの破片が散乱、朽ちたいすと見られる木片がころがっていた。

　市は強度試験などのろえ、九月中旬には入り口を再び封鎖する予定だが、岡村代表は「調査団の調べで、大阪府内には強制連行された朝鮮人の労働で造られた軍事施設の跡など約六十カ所が確認されている。しかしこれほど保存がよいものも珍しい。公共の公園の下にあるのだから、歴史を証言する施設として残すよう大阪市に働きかけたい」と話していた。

地下壕を調べる調査団の人たち
＝27日午前10時10分、大阪市天王寺区生玉町で

「政府間は決着済み」

従軍慰安婦問題で 外務省局長が答弁

　谷野外務省アジア局長は二十七日午前の参院予算委員会で、太平洋戦争中に連行された韓国の元従軍慰安婦らが、日本政府を相手取って補償を求める訴訟を準備していることについて、「政府と政府の関係は一九六五年の日韓協定でこれらの問題は決着しているという立場だ」と述べ、日本政府としてはあらたな補償などには応じられない、との姿勢を示した。清水澄子氏（社会）の質問に答えた。

　これに関連して、海部首相は韓国側が求めている元従軍慰安婦の名簿調査について、「誠意を持って努力をしたい」と述べたものの、補償問題には言及するのを避けた。

「人的被害の資料収集」

賠償請求で北朝鮮代表

交渉後会見

毎日新聞 '91.9.3

【北京2日共同】第四回日朝国交正常化交渉を終えた朝鮮民主主義人民共和国（北朝鮮）の田仁徹首席代表（外務次官）は二日夕、北京で共同通信と単独会見し、日本への戦争賠償請求に関して戦前の人的被害についてドイツのユダヤ人補償例などを基に基礎資料を集めていることを明らかにしたうえで、「被害は朝鮮半島全体で計算するが、補償は北半分の被害に対して要求する」と言明した。

朝日新聞 '91.8.27

村長だったアボジの涙…

徴用…「お前が行ってくれ」

生き抜いて今、日本に愛着

大阪市　金　壬生

私は韓国済州道翰林面で生まれました。小さな村の村長をしていたアボジ（お父さん）と優しいオモニ（お母さん）と私とで、幸せな生活を送っていました。

オモニの死と戦争が、この暮らしを大きく変えました。戦争が激しくなっていくと、農業をして作った穀物だけでなく、牛や馬まで強制的に持っていかれました。

アボジは、うちの村から「兵隊を何人」とか「徴用を何人」とか集めさせられました。アボジがいやがると、いつも日本の巡査や憲兵が来て、アボジを説教しました。

さやのついた長い刀で突いたり、突き倒したりして「バカヤロー」「コラー」と怒鳴りました。だから、私が初めて覚えた日本語が「バカヤロー」と「コラー」で、私は兵隊と憲兵隊と巡査が大嫌いでした。

ある時、アボジが、「壬生（イムセン）や、戦争が激しくなってきて、わが朝鮮半島は侵略されて朝鮮人は全部ドレイにされる。男は兵隊や徴用でとられてるが、こんどは海女さんを出せと命令された。アボジは、うちから出さないで、他の家だけに娘さんや嫁さんを出してくれと言えない。お前が行ってくれ」と私に言った。

「海女なんか、私出来ないのに」と言うと「お前は、海女さんの赤ちゃんの子守に行くんや」と、アボジは言いました。そして「同じ日本人のドレイになって働くなら、日本に行って腹いっぱい食べさしてもらえ。そして死ぬときが来たら、このアボジを恨んで、オモニの居る所へ行け」と泣きながら、私を抱きしめてくれました。アボジが私を抱きしめてくれたのは初めてでした。アボジの涙は、今でも忘れられません。

島を出るのは死ぬほどつらかったけれど、それから五十二年。戦争と差別のために日本での生活は口では言えないことがいっぱいありました。

「鰯（いわし）も魚か、粟（あわ）飯も飯か、朝鮮人も人間か」と日本の人たちに嫌われても、憎まれても、踏みつぶされそうになっても生き抜いてきました。

しかし、日本の諺（ことわざ）に「住めば都」というのがあります。私は日本に愛着を持ち、日本の土になるつもりです。

今、私は夜間中学で勉強し、文字の読み書きが出来るようになり、目の前が、パーッと明るくなりました。やっと今が青春と思うようになりました。

朝鮮時報 '91.9.9

朝鮮民主主義人民共和国 強制連行、被爆体験者の証言

人権セミナー訪朝団

在日朝鮮人・人権セミナー訪朝団（団長＝北山六郎・元日弁連会長、八月十六日～二十四日）は、初めて朝鮮民主主義人民共和国で三人の被爆者を含めた十二人の強制連行体験者から聞き取りを行った。朝鮮人強制連行真相調査団の洪祥進さんとともに、広島で被爆した申連玉さん（66）と兵庫・明延鉱山に強制連行された白禔寅さん（60）に強制連行の実態などの話を聞いた。

申連玉さん

広島で被爆した 申連玉さん

「傷ではない」と治療もされず

申さんは一九三〇年、「募集」方式で日本に連行された父親が働く大阪の企業から家族で来るように言われ、母親とともに渡日した。四歳の時だったという。

強制連行の初期の方式である「募集」では、各企業は「契約期間」が切れた後でも引き続き仕事を続けさせようと、このように家族を呼び寄せるような巧妙な方法を取っていた。

十九歳の時、申さんは「挺身隊に動員されるのを逃れるために」結婚した。そして、大阪で屑鉄拾いなどの仕事をしていたが、食うに食えず四五年七月、広島で軍の食糧奉仕のため養豚をしていた両親の所へ移った。

八月六日早朝、空襲警報が鳴り終わった後、七時頃ひと安心して食事をしている時だった。また、警報が鳴り始め、ピカッと光った後、台風のような暴風が吹き、バラックの家が一瞬にして吹き飛んだ。

「自分はもう死んだんだと思った。意識がもうろうとしてうろうろしてると、背中が真っ黒に焦げて死んでいる母を見つけた」

申さん一家は「被爆」というものを知らなかった。六九年、夫は四十七歳の若さで亡くなった。

七二年に帰国。現在は週に一回病院に通う状況である。

申さんは腕の傷を見せながら「日本では最初、『そんなものは傷じゃない』といわれ治療もしてもらえなかった。日本はちゃんと補償をしてほしい。私たちが死ぬのを待っているつもりなのか」と訴えた。（相）

白禔寅さん

兵庫・明延鉱山に連行された 白禔寅さん

逆さ吊りにし木刀、鞭で殴る

一九四三年五月、慶尚南道居昌郡から百五十人の仲間とともに兵庫・明延鉱山に「三年契約」で連行された。

明延鉱山は三菱が経営し、銅、錫を採掘していた。記録によると同鉱山に強制連行された朝鮮人は七百三十五人以上に上る。白さんは同鉱山に関する初の体験証言者である。朝鮮人はおもに、鉱内での削岩作業に従事させられていた。「働き盛りの年頃だったから、弁当も午前中に食べてしまい、午後はいつも空腹だった」食事の内容も雑穀や豆糟だったという。

朝鮮人は名前で呼ばれず、胸につけた番号で呼ばれた。飯場は逃走防止のため二重三重に包囲されていた。しかし、あまりにも酷い労働環境のため脱走者は後を絶たなかったという。

「脱走者に対するリンチは本当に酷かった。見せしめのためにみんな会館に集めさせられ、脱走者は逆さ吊りのまま木刀や鞭で殴られた。気絶すれば茶碗の水を鼻から注いで、また殴っていた。公開された死刑執行みたいなものだった」

白さんは四四年夏、友人とともに脱走に成功し、相生市、広島・呉市、大阪の佐野飛行場建設などを転々とした後、岡山で解放を迎えた。（洪）

（夕刊）　1991年（平成3年）9月10日
朝日新聞

朝鮮人労働者らの慰霊碑

本名を記し改めて建立

48年前の鳥取大地震で犠牲

慰霊碑に並ぶ朝鮮・韓国人犠牲者の本名＝10日、鳥取県・岩美町荒金で

四十八年前の一九四三年九月十日に起こった鳥取大地震で、鳥取県岩美郡荒金の銅山にいた朝鮮人労働者たちが亡くなった。戦後、供養塔が建てられたが、そこに刻まれたのは創氏改名による日本名。これでは本当の供養にならないと、地元の「荒金鉱山に眠る韓国・朝鮮人日本人をまつる会」（代表世話人・吉田達男参院議員）らが本名を調べて新たにその名を記した慰霊碑を建て、十日、現地で建立法要を営んだ。

鳥取大地震の際、日本鉱業岩美鉱山の鉱泥が流れだして下流の集落を埋め、六十数人が犠牲になった。この中に鉱山で強制労働させられていた朝鮮人と家族が二十八人いた。

四八年に供養塔が建てられたが、犠牲者の名は日本名で記載された。このため遺族らが当時から「本当の名前に戻して欲しい」と訴え続けていた。去年、朝鮮人強制連行者の名簿探しが盛り上がった際、「まつる会」などの調査で旧岩美鉱山労働者の名簿や実態が明らかになり、当時のことを知る人たちの話と照合して犠牲者の本名を調べ、十九人までわかった。本名を入れた慰霊碑は、供養塔の横に副碑として建立された。横一・四㍍、高さ一・一㍍の韓国産青みかげ石に犠牲者名を刻んだ銅板をはめ込んでいる。総工費約三百万円。

南日本新聞 '91.9.15

古仁屋で強制労働させられたと証言するキムさん＝鹿児島市

強制連行の「朝鮮人軍夫」

古仁屋で約200人労働

来鹿の金さん（ソウル在住）が証言

太平洋戦争末期、日本によって朝鮮から強制的に連行された「朝鮮人軍夫」が、奄美大島の古仁屋（大島郡瀬戸内町）でも労働に従事させられていたことが分かった。十四日、鹿児島市であった朝鮮人軍夫・慰安婦の記録映画「アリランのうた」上映会で、出席したキム・ウォンヨン（金元栄）さん（七〇）＝ソウル市在住＝が証言した。古仁屋は日本軍の要さい地帯だったため、朝鮮人の強制労働があったのではと言われていたが、具体的な証言はほとんどなかった。

キムさんは、現在、対日賠償請求訴訟推進委員会の事務長を務め、たびたび来日している。今回は「アリランのうた」上映委員会の働き掛けで来鹿した。

キムさんの話によると、一九四四年（昭和十九年）七月九日、慶尚北道で日本軍に徴発された。前日の深夜に令状が配られ翌朝九時集合というような、うむを言わせない集め方で、本人がいないときには別の人を代わりに連行するなど、根こそぎ徴発だった。軍属の最下位の軍夫として分隊（七十人）に編成され、七月下旬、下関に集められた。約三千人はいたという。

改造貨物船にぎゅうぎゅう詰めで運ばれ、八月五日にキムさんら約二百人だけが、古仁屋に上陸した。残りの部隊は徳之島や沖縄に行ったらしい。

古仁屋では水上勤務隊と呼ばれ、食糧やセメントなどの物資の陸揚げと船積み作業が主な仕事。しかし、荷揚げした物資を陣地まで運ぶ仕事（本来日本人の仕事だった）や、山上の要さいの壕掘り、開墾作業までさせられた。肉体を酷使する仕事ばかりだった。

労働のつらさから三人が脱走し、捕まったときには、軍人たちが分隊全員に竹棒で三人を打ちのめすよう命令し、朝鮮人同士でリンチさせたこともあった。キムさんらは約四カ月滞在したあと、徳之島、沖縄と南下した。古仁屋と同じ厳しい労働が続いたが、沖縄では、朝鮮人慰安婦のための小屋造りまでさせられたという。

キムさんは結局、沖縄に上陸した米軍の捕虜となって、九死に一生を得た。

キムさんは「中国、韓国や東南アジアの各国はみんな日本の侵略史を教えている。日本の国民だけがそのことを知ろうとしていない。日本の歴史にそういう時代があったと正しく知ってほしい」と話している。

'91.9.22
朝日新聞　第3種郵便物認可

ヒロシマは加害者でもあった

朝鮮人徴用工の実話 劇画に

福山の高校生 吉岡香織さん

太平洋戦争中に徴用され広島で被爆、終戦後、祖国へ帰る途中であらしにあって亡くなった朝鮮人徴用工二百四十六人を取り上げた詩人深川宗俊さん(七〇)のドキュメンタリー「鎮魂の海峡」が、広島の高校生の手で劇画になった。近く、原爆をテーマにした高校生たちの劇画集に収録して出版する。市民グループ「広島の強制連行を調査する会」も、「戦争や差別の問題に正面から取り組んでいる。劇画なら若い人も関心をもつはず」と、中高校生向けの教材にする考えだ。

劇見て悲惨さに衝撃

描いたのは、福山市瀬戸町地頭分、県立福山商業高校三年の吉岡香織さん(一八)。中学のころから長編漫画を描きはじめ、高校ではコミックアート部の副部長。

「鎮魂の海峡」に関心をもったのは昨年二月。遭難した徴用工たちが流れ着き、その碑がある長崎県・壱岐の県立壱岐高生が、この芝居を広島で上演したのを見たのがきっかけだ。

原作は、三菱重工広島造船所などで朝鮮人徴用工の指導員をしていた深川さん自身の体験と、長崎・壱岐沖の海に沈んだ徴用工たちの追跡調査、若い徴用工夫婦の往復書簡などを記したドキュメンタリー。劇は、若い徴用工を主人公に日本の加害性を訴えていた。

劇を見て吉岡さんはショックを受けた。「広島で朝鮮から連れて来られた人たちが、何人いて、どんな労働をして、どんなひどい目にあったかを知らないでいた。今まで、広島は被害者だとばかり思っていました」

吉岡香織さんが描いた「鎮魂の海峡」の一コマ

「同世代に伝えたい」

劇画にしたくて、「広島の強制連行を調査する会」会員で、アジアでの日本の戦争加害の問題に取り組んでいる広島市在住の画家吉野誠さん(五八)に相談。徴用工の働いていた当時の様子を聞いたり、原爆資料館を見学するなどしてイメージをふくらませた。

一枚の紙で突然徴用され、差別を受けながら働かされ、被爆した朝鮮人たちの苦しみや怒り。故郷に残した若い妻との切々とした手紙のやりとり…。三カ月かけて八十二ページの長編に仕上げた。

深川さんは、昨年、脳梗塞(こうそく)で倒れてリハビリ中だが、自分の作品が若い世代に引き継がれるのを喜んでいるという。

吉野さんは「高校生でこれだけ描くのは相当の力量。一気に読めるし、感動的だ。実際の徴用工はほとんどが丸刈りなのに、主人公の風ぼうが現代の若者風だったり、登場人物が美男美女ばかりだが、その方が作者と同世代の読者には受け入れられやすいかもしれない」という。

吉岡さんは「劇画でもまじめなことが表現できるし、活字とイラスト両方を使えば思いがストレートに伝わる。私と同じ若い人たちにも、日本の過去に気付いてほしい」と話している。

作品は、同級生川崎亜衣さん(一七)の「リトルボーイ」、池田雅美さん(一八)の「平和のかなたに」、金尾康代さん(一八)の「同じ空の下で」と一緒に、原爆・平和シリーズの劇画集「夏—少年が街に降りた日」として、この秋に出版する予定。一部八百円で販売する。問い合わせは、福山商業高校の藤井ひろ子教諭(〇八四九—五六—一五一一)へ。

統一日報 '91.10.29

未払い賃金支給を

八幡製鉄所に

解放直前まで働いた呉万寿さん

【福岡】解放直前まで北九州市の八幡製鉄所（現・新日鉄八幡製鉄所）で働いていた慶尚北道浦項市在住の浦項第一教会役員、呉万寿さん(七七)が二十五日、同市戸畑区の同製鉄所総合センターを訪れ、終戦の混乱などで未払いのままとなっている十一年間分の退職金や四五年五月分の月給などの支払いを求める交渉を行った。

呉さんは一九二九年に来日し、三四年から十一年間、当時の八幡製鉄所の第二製鋼課瓦斯係で勤務、四五年五月に休暇をとって一時帰国したが、その後戦争の激化で連絡船が不通となり、賃金支払いの請求すらできないまま終戦を迎えた。

その後韓日条約締結直後や今年九月に手紙を出し、賃金の支払いを求めたが、製鉄所側は在籍証明書が残っていないことを理由に、支払いを拒否する返事を送っていた。

当日、同センターを訪れた呉さんは、応対した土屋春男労働室長らに対し「当時の再来日が厳しかった事情を考慮してもらい、誠意を持って対処してほしい」と願い出たが、土屋室長は「未払い金は現在、法務局に供託しており、請求権も時効で、企業としての法的責務は終わっていると思う」と答え、支払いを拒否する考えを示した。

このため、呉さんは同行した同市小倉北区の崔昌華牧師に十二月の次回交渉を委任し、帰国の途についた。

朝日新聞 '91.9.2

「被害の資料必要」

日朝交渉 請求権で日本側示す

【北京1日＝福家康宣】「李恩恵（リ・ウネ）」問題をめぐる対立から日程を延長し、三日目に入った日本と朝鮮民主主義人民共和国（北朝鮮）の第四回国交正常化交渉は一日、北京の日本大使館で前日に続き本会談を開いた。第二議題「経済的諸問題」を中心に討議したが、議論はほぼ平行線をたどった。日本側は今回、「請求権に基づく補償要求は、被害の事実関係を裏づける客観的資料が必要」との見解を北朝鮮側に伝えた。

（2面に関係記事）

「請求権に基づく補償要求は客観的資料が必要」との考えは、当時、郵便貯金をしていてそのままになっていたり、徴用されながら賃金が未払いになっているというケースであれば、それを裏づける通帳などの書類が必要との考えだが、北朝鮮側は「五十年以上たっており、朝鮮人のだれがそういうものを持っていようか」と強い反発を示した。

朝鮮時報 '91.10.31

朝鮮人強制連行者

9万余人の名簿、7ヵ月放置

与野党、公開と補償要求

南朝鮮当局

南朝鮮外務部関係者と関連民間団体が十七日に明らかにしたところによると、南朝鮮当局は今年三月四日に、日本政府から九万八百四人の朝鮮人強制連行者名簿二十一冊を受け取ったにもかかわらず、関係部署間で一度も協議しておらず、外務部の引き出しの中に放置されたままだったという。

このため、与野党議員の間からは、当局のずさんさを非難する声が高まっている。

民主党の李寿仁議員は十八日の「国会」で、「政府が強制徴用者名簿を放置しているのは、日本政府の徴用者補償拒否の立場を助けるものだ」と指摘、「政府は六五年の韓日協定で請求権問題はすべて片づいたとの法的解釈を一貫して掲げているが、強制徴用者問題は日本政府が名簿を提出したことで新たな請求権交渉の契機を作り出した」と主張した。

また、民自党の権憲成議員は、日本政府から補償を受け取るよう努力すべきだと語った。

一方、民主党の朴宇燮副スポークスマンはこの日、声明を発表、強制徴用者名簿を公開し徴用者の生存如何、補償有無などの確認作業にすぐに着手するよう要求した。

日本政府から名簿を受け取った後、外務部は「総理」室に協議を求める公文を送ったが、「総理」室は「政治的に敏感な問題」などの理由で明白な回答を避けている。

'91.9.27
認可> 統一日報

強制連行
強制労働

歴史のツメ跡共同調査

同胞、日本人教員が会発足へ

【静岡】静岡県各地での朝鮮人強制連行・強制労働の実態を調査する会が、地元在日同胞と日本人教員の呼びかけで今年十二月から来年一月にかけて正式に発足する運びとなった。呼びかけ人となるのは、民団側から金勇さん＝静岡市在住、会社員＝、総連側から庾妙達さん＝清水市在住、主婦＝、日本側から枝村三郎さん＝藤枝市在住、教員＝の三人。三人でそれぞれアピール文を作り、各所属組織・団体に向けて参加を呼びかけていくことになっている。

活動目標は、「十五年戦争」当時の在日朝鮮人の強制連行・強制労働、および「戦争史跡」を実態調査し、併せて在日韓国・朝鮮人一世の生活体験も記録すること。このため、年に一、二回のフィールドワークも予定している。

静岡県では清水市のように、民団と総連が共同で無縁故同胞のための合同慰霊碑を再建する気運が高まっており、これを機会に県下の実態調査に取り組もうとの動きもある。こうしたことから、十年余りにわたり「十五年戦争」に焦点を絞って日本人としての加害の歴史を追求してきた「静岡県近代史研究会」幹事の枝村教諭が、金さんと庾さんに共同の「調査研究会」を組織できないだろうかと働かけてきた。

枝村教諭は二十五日、金さんと庾さんの間で正式に「調査する会」を発足させることで合意したため、十月十日に予定されている「静岡県近代史研究会」の第十四回総会でメンバーに個人としての参加を呼びかけるとともに、会の支援を取りつける方針。

朝日新聞 '91.10.10

戦災死の朝鮮人か

神戸の寺に50体の遺骨

強制連行調査団が慰霊祭計画

一九四五年の神戸空襲で亡くなった朝鮮人とみられる約五十体の遺骨が神戸市中央区国香通七丁目、東福寺（圓通幸温住職）に埋葬されていたことが九日、兵庫県朝鮮人強制連行真相調査団（団長、康義平・朝鮮総連兵庫県本部副委員長）の調査でわかった。遺骨は戦後半世紀近くになる今も引き取り手がなく、同調査団は十六日午後、同寺境内で「無縁仏慰霊祭」を営む。

朝鮮人とみられる約50体の遺骨が眠る境内に立つ観音像＝9日、神戸市中央区の東福寺で

圓通住職の話では、空襲直後、役所の人が寺を訪れ、先代の住職（故人）に「神戸空襲で亡くなった朝鮮人約五十人の遺骨です。引き取り手がなくて困っています」と引き取りを依頼した。骨は炭を入れる大きな木箱いっぱいに入っていた。

当時、神戸市内は空襲で焼け野原だったが東福寺は被災を免れていた。遺骨は先代住職が引き取り、本堂に安置した。先代住職は「神戸市内の工場で働いていた朝鮮人の骨」と話していた、という。六年前に圓通住職が境内の一角に埋め、その上に観音像を建立した。

強制連行の歴史を調べている調査団のメンバーが、この話を聞き、空襲当時、神戸市内の工場で働いていた人らから聞き取り調査を進めている。

同調査団の呉邦烋・事務局長は「私たちの同胞が異国の戦災でひっそりと亡くなっていたと思うと、いたたまれません」と話している。問い合わせは、朝鮮総連兵庫県本部内の同調査団（電話〇七八―二五一―三六八一）。

毎日新聞 '91.10.19

日本伝達の名簿 韓国で公開へ

【ソウル18日薄木秀夫】日本政府から今年三月に伝達され、非公開となっていた朝鮮人強制連行者名簿について、李相玉外相は十八日、一般公開する方針を明らかにした。

野党議員の質問に答えたもので、李外相は「強制徴用者数は、七十万から二百万人にのぼると推定されるが、今年三月から日本政府から九万八百四人分の名簿が送られてきている。マイクロフィルムに整理中で、完全に処理できたら一般に公開したい」と述べた。

朝日新聞 '91.10.14

第3種郵便物認

タラワに散った朝鮮人「同胞」へ

48年後の慰霊碑

遺族会を結成
現地で建立へ

第二次世界大戦で旧日本軍が玉砕した太平洋のタラワ環礁（現キリバス共和国）に軍属として送られ、九死に一生を得た在日朝鮮人が、日本兵とともに戦火に散った朝鮮人徴用工約千五百人の慰霊碑を現地に建立する。十三日には、この人の呼びかけで姫路市内で朝鮮人徴用工の遺族会が結成され、一緒に現地へ出かけることが決まった。

この在日朝鮮人は大阪府門真市石原町、無職劉喜亘さん(七三)。十四歳のとき、勉学を志して来日。一九四二年十月、徴用で呉の海軍設営隊に配属され、十二月にタラワへ渡った。

タラワは、日本から約五千キロ離れた、赤道近くの一環礁。大戦中、日本の海軍基地になっており、日本兵約三千人と、朝鮮半島から強制連行された人も含め朝鮮人徴用工約千五百人が駐留していた。

劉さんは通信施設などの建設や、米軍機の爆撃を受けた滑走路の修復に従事したが、空襲で負傷したため、翌四三年十月に島を離れた。十一月、米軍の上陸作戦が始まり、七十六時間に及ぶ激戦の末、日本軍は全滅。劉さんは「タラワ玉砕」の報を日本で聞いた。

一緒に徴用された「同胞」の死に胸を痛め続け、犠牲者の名簿探しをしていたところ、朝鮮人徴用工三百十七人の名前が判明。

十三日の会合には、劉さんのほか、夫をタラワで失い韓国から駆けつけた李金珠さん(七三)をはじめ、七遺族十三人と生還者一人が出席した。タラワと同じギルバート諸島にあるマキン島で同じころに戦没した朝鮮人徴用工の遺族も加入する予定。黙とうをささげたあと、会長に選ばれた劉さんが、タラワでの重労働ぶりや仲間の思い出を語った。

劉さんは「島を離れるとき見送ってくれた仲間のため、生きている間に何か残さねばという思いが頭から片時も離れなかった。今は胸がいっぱいです」と話している。

一行は韓国からの参加者も加えて十一月二十一日に日本を出発する。

慰霊碑の制作や運搬などにかかる費用約三千万円は、話を聞いた枚方市の浄土真宗西本願寺派「久宝寺」（鷲尾覚堂住職）が全額負担を申し出た。

（第3種郵便物認可）　長崎新聞

「日本政府に強制連行犠牲者の解明と謝罪を求めていく」と語る李教授夫妻　＝高島町、端島近くの船上＝

韓国・李教授

強制連行…名簿の中に叔父の名

端島訪れ非業の死に涙

謝罪、補償を訴え

戦時中、朝鮮半島から強制連行され、西彼高島町の端島（軍艦島）炭鉱で強制労働に従事中に死亡した犠牲者の名簿の中から、叔父の名前を発見した韓国群山市、全北産業大学工業化学科、李福烈教授（五〇）が十五日、端島を訪れた。わずか二十二歳で果てた叔父の無念の最期をしのぶとともに、「日本政府は韓国人犠牲者の死の真相を解明し、遺族に謝罪と補償をすべきではないか」と涙ながらに訴えた。

死亡した叔父は、韓国全羅北道から昭和十七年ごろに強制連行された李琓玉さん。県内で強制連行の実態調査に取り組んでいる長崎在日朝鮮人の人権を守る会（岡正治代表）が六十年に入手した、戦前および戦時中に端島で死亡した朝鮮人百二十二人、中国人十五人を含む死亡診断書、火葬埋葬許可証の名簿の中に、李琓玉さんの名前があった。

琓玉さんは昭和十九年六月六日に「溺死」と記されている。守る会は、朝鮮人に対する虐待の実態から琓玉さんが逃亡しようとしておぼれ死んだか、捕まってリンチで殺された可能性が強いと見ている。

守る会は同名簿を五年前、「原爆と朝鮮人・第四集」に収録して公表。この本が今年八月、李福烈教授の目にとまり、端島訪問を実現した。

李教授は金和子夫人（四九）と共に十五日朝、岡代表ら守る会メンバーの案内で端島に上陸。強制労働、虐待、そして非業の死をしのんで涙を流した。また端島から数百㍍離れた無人島で当時、火葬場のあった中ノ島にも上陸、祈りをささげた。

李教授は「強制連行のうえ無残な死に追いやっておきながら、日本政府は韓国の遺族に一片の死亡通知さえ出していない。叔父だけでなく韓国人犠牲者全体の問題として、今後、死の真相究明に取り組み、日本政府に謝罪、補償を要求していく」と話していた。

THE SHAKAI SHIMPO　1991年10月18日（金曜日）

民族差別超えた庶民の心
山陰線招魂碑に見る日朝の友情

兵庫県美方郡浜坂町久谷にある久谷八幡神社の境内に「鉄道工事中職斃病没者招魂碑」と刻まれた石碑が建っている。明治時代後期に行なわれた旧国鉄山陰本線建設工事で犠牲となった二十七人を慰霊するもので、一九一一（明治四十四）年十月一日に建立された。

石碑に刻まれた二十七人のうち七人は朝鮮人で、建立八十周年にあたる十月一日、兵庫の在日朝鮮人の歴史を研究している「兵庫朝鮮関係研究会」（兵朝研）のメンバーらが同地を訪れ、慰霊祭を行なった。

一九〇八年から一一年にかけて工事が行なわれた久谷付近は、山陰線最長の桃観トンネル（一九九二㍍）と余部架橋という二つの難工事を抱えた最大の難工区

↑朝鮮人の名が刻まれた招魂碑の前でかたい握手を交わす尾崎さん（左）と徐さん（右）

間。一九一〇年の韓国併合以前に、既にたくさんの朝鮮人労働者が工事に従事、「二千〜三千人ぐらいいたのでは」という当時の主任技師の証言もある。久谷地区には大勢の工事関係者が住みつき、朝鮮人労働者の飯場もあったという。

招魂碑は安山岩の自然石を使った立派なもので、台石を入れると高さ三・四㍍にもなる。工事請負業者らが発起人となって建立、積立金百円を出しその利子で慰霊するよう地元住民に頼んだという。戦前は碑の前の広場で盆踊りなどを行ない供養をしていたが、戦後は途切れてしまい、現在は地元のお年寄りや子どもたちが清掃奉仕をしたり、宗教団体の有志が慰霊祭を行なっている。

七年前、調査に訪れた兵朝研代表の徐根植（ソ・グンシク）さんらは、日本人の名前と合わせて「朝鮮　趙徳彦」「全　趙敬白」など、七人の同胞の名前がはっきりと刻まれ、供養の盆踊りも行なわれたという話に驚いた。「初めて調査に来たときにも、ちょうどお年寄りと小学生たちが草むしりをし、花を供えてくれていたんです。胸がじーんとしました」と、徐さんは当時を振り返る。

午前十時からの慰霊祭は朝鮮式で行なわれ、兵朝研メンバー五人と地元のお年寄りら十五人が出席した。その一人、今年八十六歳になる尾崎久雄さんは、当時の村の模様をよく覚えていた。「同じ貧乏人同士、日本人と朝鮮人の間に差別はなく、仲間のようなものでした」と尾崎さん。

慰霊祭のあと、メンバーは尾崎さんの案内で飯場跡や桃観トンネル、余部鉄橋を見学、地区の有志が用意してくれたチラシずしをごちそうになりながら当時の話を聞いた。

「民族差別もなく、長い間、供養をしてきた久谷の人たちの心は、両国の友情と親善の模範。植民地支配の暗い歴史のなかに、こんな民衆の歴史もあったのだということを伝えることも大事だと思う」と徐さんは語っている。

社会新報

日本が強制連行…朝鮮人 12万人の名簿初公開

1日から 朝鮮総連

日本政府の発表数を上回る強制連行朝鮮人の名簿＝東京・霞が関の東京弁護士会

在日本朝鮮人総連合会（朝鮮総連）の朝鮮人強制連行真相調査団（金基詰団長）は十八日、これまでに約十二万六千人分の強制連行者名簿を収集したことを明らかにした。名簿は来月一日から東京都内で公開する。

日本政府は三月、韓国政府に約九万人分の名簿を渡しているが、日韓両国とも内容を公開していない。

同調査団は一九七二年に沖縄から調査を始め、全国各地で関係者の証言と名簿収集をしてきた。

その結果「倭政時被徴用者名簿」（七万五千人）「三井三池炭鉱の連行者名簿」（一万二千二十五人）「住友鴻之舞鉱山連行者名簿」（三千百八十一人）「長崎朝鮮人被爆者名簿」（二千二百六十一人）など五十二点十二万六千三百八十四人分を集めた。内訳は強制連行・強制労働が十一万二千五百十一人、軍人・軍属などが一万三千八百七十三人となっている。

日本政府が収集した名簿は労働省と防衛庁保管の約六万八千人分に、地方から集めた約二万三千人分を合わせたものだが、調査団の名簿は日本各地と韓国、朝鮮民主主義人民共和国（北朝鮮）から収集しており、三十四点、十万七千八百七十人分が日本政府の名簿と違う氏名、という。

また連合国軍総司令部（GHQ）のマイクロフィルムから見つかった「朝鮮人帰国者初期名簿」にはハワイから沖縄に送られた百六十五人の女性名と本籍が載っていたが、従軍慰安婦関係とみられ、今回は削除された。

名簿は来月一、二の両日、東京都文京区の朝鮮出版会館で公開した後、大阪、福岡、北海道などの各地でも一般公開する。

問い合わせ先は、東京都千代田区富士見町二ノ一四ノ一五、朝鮮総連。☎03・3262・7111まで。

宇部時報　1991年（平成3年）10月19日

市へ理解・協力を訴える

長生炭鉱〃水非常〃

朝鮮人犠牲者の慰霊レリーフ建立を

昭和十七年の水没事故で多数の朝鮮人労働者が犠牲になった宇部市西岐波の旧……レリーフ、慰霊碑の建立などを要望する代表者

長生炭鉱の〃意味〃を後世に伝えようと、長生炭鉱の〃水非常〃を歴史に刻む会（山口武信代表、七十二会員）の代表者六人は十七日、市役所を訪れ、ピーヤ（排気坑）の見える事故現場に日本人としての謝罪を含めた由来文と犠牲者全員の氏名を刻んだレリーフ、または慰霊碑の建立願を市に提出し、協力を求めた。

要望書によると、これまでにピーヤの保存に寄せられた署名は二千六百八十七人。事故現場のコンクリート堤防に金属製のレリーフをはめ込むこと、堤防道路わきに碑を建立することが記されている。また、長生炭鉱の海底で非業の最期を遂げた犠牲者の本名と、死亡通知を遺族が受領した当時、または死亡を知った経緯を探るため、ハングル文字に訳した手紙を今月中に百三十三人の遺族あてに送付する。

また、県と当時の関係者にも要望書を提出し、協力を求めた。県へは韓国に対して犠牲者の本名を照会するように要請した。

朝鮮人の遺骨が消えた

強制連行の約100柱

市民グループ 真相解明に乗り出す

西彼高島

戦時中、朝鮮半島から西彼高島町の端島（軍艦島）に強制連行され、三菱石炭鉱業端島炭鉱で強制労働に従事中、死亡した朝鮮人の遺骨約百柱が、戦後、端島の泉福寺から高島の千人塚（無縁塚）へ移され安置された。ところが三年前の「分骨」以後に、すべての遺骨が名簿とともに行方不明になったことがわかり、強制連行問題に関心を寄せる市民グループが真相解明に乗り出した。

3年前〝分骨〟、名簿も

叔父の遺骨の行方をつかめず、端島犠牲者を焼いた火葬場跡で静かに追悼する韓国の李福烈教授夫妻＝西彼高島町端島近くの中ノ島＝

端島犠牲者の遺族、韓国・全北産業大学の李福烈教授(五〇)と、長崎在日朝鮮人の人権を守る会の岡正治代表、高實康稔・長崎大教養部助教授らが十五日から三日間、現地調査して突き止めた。

守る会は、大正十四年から昭和二十年までに端島で死亡した朝鮮人百二十二人、中国人十五人の死亡診断書、火葬埋葬許可証を、昭和六十年に発見。〝端島資料〟として公表した。李教授は同資料の中から叔父の名前を見つけ、遺骨探しに来県した。

守る会ではこれまで、端島の朝鮮人遺骨は韓国居留民団長崎支部関係者の手で既に同国へ持ち出されているもの、と考えていた。だが今回、李教授が民団長崎支部で返還遺骨名簿を調べたところ、端島犠牲者の名前はなく、まだ県内に残されている可能性が出てきた。

このため李教授、高實助教授らは十七日、改めて端島、高島で調査。この結果、端島の朝鮮人犠牲者の遺骨の大部分は四十九年の端島閉山まで島内の泉福寺に名簿とともに安置され、閉山後、高島町の千人塚へ移され、名簿とともに塚の中の棚に安置されていたことが判明。さらに高島砿閉山後（六十一年十一月）の六十三年四月、遺骨の一部が同町内の金松寺に分骨されていた。

李教授らは同寺を訪ね、分骨された百六柱を調査。約十柱に日本人の名前が記されているだけで、残りの百柱近くは氏名、死亡年月日いずれも不詳とされ、朝鮮人の遺骨かどうかすら確認できなかった。

一方、遺骨本体のあった千人塚は、分骨後、大規模に改造され、塚の内部はコンクリートで固められて遺骨はなくなっていた。当時の関係者は教授らに「遺骨の上から土をかぶせて埋めた」と証言したという。

高實助教授は「三年前まで遺骨も名簿もありながら、分骨を機にすべて消えたのは不自然。だれがしたのかわからないが、朝鮮人犠牲者への加害の歴史を消し去ろうとする犯罪的な行為だ」と怒り、今後、守る会を中心に徹底した真相解明を進めたい、としている。

統一日報 '91.10.22

日帝時の徴用者名簿

日本に追加発掘要求

李外相答弁

国会は十八日、運営、外務統一、行政、国防委など七常任委員会を開き、三日間にわたる各常任委別九〇年度歳入・歳出決算と予備費支出審議を終えた。

外務統一委で李相玉外務部長官は「さる三月初に日本政府から日帝時代の徴用者九万八百四人の名簿を受け取ったが、出所が多様で内容も不明確なために再整理中であり、この名簿が七十万〜二百万人と推定される全体徴用者のきわめて一部のために追加発掘および確認を日本に要求している」と明らかにした。

李長官は、徴用者名簿確認と処理対策についての野党議員らの質問に対し、このように説明、「政府は名簿内容が完全に整理されしだい、これを公開する」が、「補償は六五年の日本との請求権協定締結によって外交的に一段落ついたが、徴用人名簿接受にともなう追加措置が必要かどうか、関係部処と協議、対処したい」と表明した。

（3面に関連記事）

朝日新聞 '91.10.17

美唄炭鉱で死亡朝鮮人

534人分の名簿発見

戦時中、北海道美唄市の美唄炭鉱で強制的に働かされ、死亡した朝鮮人の名簿が、朝鮮民主主義人民共和国（北朝鮮）の朝鮮革命博物館に保存されていることが、在日本朝鮮人総連合会（朝鮮総連）の調べでわかった。この名簿は、朝鮮総連の前身の在日本朝鮮人連盟（朝連）が、終戦後まもなく同市の死亡者名簿から転記、その後北朝鮮に寄贈されたとみられる。人数は五百三十四人分で、名簿は近く公開される。

名簿は、朝鮮総連・朝鮮人強制連行真相調査団のメンバーが今年八月に訪朝した際確認した。出身地、住所、氏名、生年月日、死亡日時と場所などが記載されている。氏名は朝鮮名と通用名がまちまちだ。

同炭鉱の労働者数は、一九四五年六月の石炭統制会北海道支部の調べでは計五千五百九十五人。うち朝鮮人は四千八百四人で、四千五百五十七人は強制連行者とみられている。

死亡名簿に記載された五百三十四人の内訳は、三菱鉱業二百六十九人、三井鉱山百九十八人、日東鉱業十八人、不明五十七人。

朝日新聞 '91.10.22

現代人物誌

朝鮮人離散家族会会長　李（リー）　柱鶴（チュハク）さん

辛酸超え母国見つめ

この肩書の上にハバロフスク地方とつけなければならない。ロシア共和国極東の大都市、ハバロフスクには、南北朝鮮ゆかりの人たち八千人が住む。

ロシア永住を決めた朝鮮出身者が会を作ったのは昨年一月。「一度でも母国へ帰ってみたい、という思いからです」。朝鮮語はむろん、ロシア語、日本語を母国語のように使いこなす。

英語もあやつる小柄な六十六歳は、集団帰国実現に奔走し、この夏、まず九十一人が一カ月近く韓国に帰った。「韓国赤十字が動き、日赤も援助してくれて韓国政府招待の形でした。来年は百二十人帰れます」

韓ソ接近の中で初めて実現した韓国集団里帰り。「祖国の土を踏み、泣いた人も少なくなかった」

細い目にほほえみを絶やさない温顔の心底に、「離散家族」の辛酸が焼きついている。故郷は日本大軍需工場があった朝鮮北部の咸興（かんこう）。四歳の時、日本の支配する樺太（サハリン）に父母と移住した。秀才少年が旧制真岡中に合格したその日、坑内員だった父は落盤事故で死んだ。

進学できず、母の養豚を手伝って商工学校を終えたが、向学の思いは断てない。旅費だけを工面して上京。新聞配達をしながら神田の英語学校へ通い、今の東京外語大に合格した。しかし、二十歳の「日本人・李山柱徳」は徴兵の対象だった。

召集を覚悟し、サハリンの母の元へ帰って炭鉱労務係をしている時に敗戦。ソ連統治下でロシア語と朝鮮語を必死に独学した。強制連行されて来た人たちを含め四万人以上の同胞がサハリンにいた。

中学教師を続けていたが、一九五四年、モスクワ放送に招かれ、翻訳員としてハバロフスクへ。一昨年の定年後も、韓・朝ソや日ソの人間交流に誠実さを尽くしている。

十月から市内各地で朝鮮語学校開設。「母国語教育禁止の時代も続きました」

（文・坂本　龍彦
写真・佐賀　文雄）

統一日報 '91.10.24

侵略と強制連行展

220点の資料・写真で実相に迫る

リバティ・おおさか

多くの実物資料で侵略と連行に迫る（㊤展示場㊦徴用の現場を語る写真）

【大阪】リバティ・おおさか（大阪人権歴史資料館、JR芦原橋下車南へ七分）で二十二日から「朝鮮侵略と強制連行展」が始まった。強制連行名簿など実物資料八十点や写真百四十点、解説ビデオなどで歴史の実相にせまる。来月九日には、韓国から強制連行体験者を招き文化フォーラムを開く。また十二月に従軍慰安婦問題でフォーラムを開くことを計画している。十二月二十三日までの開催（AM10～PM5、月曜・祝日の翌日休館、一般二百五十円、電話06・561・5891）。

展示スペースは約百十平方㍍。①日本帝国主義の朝鮮侵略②植民地下の生活③皇民化政策④強制連行⑤解放の日8・15⑥現在も日本各地に残る強制連行の爪痕――の各パートに分け、写真百四十点、解説パネル二十点を展示。

実物資料は八十点で「半島人労務者事故名簿」や「半島人逃亡関係綴」、朝鮮総督府の「従業員募集」ポスター、松代大本営や高槻陸軍地下倉庫跡から発見された労働用具など。解説ビデオは「つめあと――大阪の朝鮮人強制連行」（20分）など三本。

十一月九日午後一時から文化フォーラム第一回「いま、朝鮮人強制連行を問う！」を開く。第一部では、天理市の柳本飛行場建設のために強制連行された韓国在住の宋将用さん、金永敦さんの二人と、山口県労務報国会下関支部動員部長として強制連行した吉田清治さんから青丘文化ホールの辛基秀代表が体験談を聞く。第二部では、李和子さん（朝鮮人従軍慰安婦問題を考える会）、鄭鴻永さん（兵庫朝鮮関係研究会）、岡村達雄さん（大阪府朝鮮人強制連行真相調査団）、池田正枝さん（元・芳山国民学校教員）の四人が討論を行う。司会は川瀬俊治さん（奈良・発掘する会）。要電話予約。

日本のずさんさ浮き彫りに

真相調査団　10万人分を独自入手

徴用者、軍人・軍属、慰安婦…

12万6千人分の名簿

日本各地、各層にわたる

朝鮮人強制連行真相調査団が十八日の記者会見で公表した約十二万六千人分の名簿は、これまで日本各地で地道に調査を行ってきた民間研究グループなどの協力で集められたもの。北は北海道から南は沖縄まで、軍人・軍属、慰安婦、被爆者と、日本全土、各層におよんでいる。また、朝鮮民主主義人民共和国の朝鮮革命博物館で一般展示されていた「美唄炭坑死亡者名簿」、「花岡鉱業所徴用者名簿」（別項）と南朝鮮で発見された「倭政時被徴用者名簿」、「ハワイ捕虜収容所名簿」も含まれている。日本政府が発表した未公開名簿と重複しているのは十八種類約二万人分だけと思われ、日本政府の調査がいかに誠意のないものであったかが浮き彫りにされた。（相）

11月1、2の両日に一般公開される名簿

南でも公開されない名簿

日本政府は昨年八月七日、約七万人分の名簿目録を発表した後、〝資料が散逸し、収集不可能〟などの理由をつけて調査を打ち切った。しかしその後、民間グループや研究者の手によって新たに名簿が発掘され、調査打ち切りに対する批判の声が高まるや今年三月五日、民間が発見した分を追加した約九万人分の公表し、再度調査を打ち切った。

しかし、調査団がこのたび公表した名簿の半数以上は政府発表以降、新たに発見されたもので、しかも、政府管轄の国立国会図書館で発見されたものも少なくない。

調査団では、政府発表分と重複しているのは約二万人分と見ており、政府発表分を超える約十万人分を民間が発掘したことになる。

今回の名簿公表は、日本政府の調査がいかにずさんで、誠意に欠けたものであったかを証明したことになる。

また日本政府は約九万人分の名簿を日本では公開せずに南朝鮮当局に提供したが、南朝鮮でも公開されていない。

南朝鮮当局の無責任さもさることながら、「韓日条約」で解決済みとの立場を取る南朝鮮当局が公開しないことを見越しつつ、そのまま南朝鮮当局に名簿を渡した日本政府の態度には、加害者としての認識、反省がまったく欠如していると言わざるを得ない。

本来、名簿の収集は本人や遺族を探し出し、情報を集め、強制連行・強制労働の実態を解明することを目的としなければならない。日本政府はその上で、過去を反省し謝罪し、補償を行うべきなのである。「名簿は探しました。後はそちらで」という態度は、口先だけの、あまりにも誠意のないものだと言える。

減る証言者　急がれる調査

奇しくも記者会見の前日、数少ない従軍慰安婦の証言者だった沖縄在住のペク・ポンギさんが亡くなった。七十七歳だった。

時が経てば経つほど、証言者は減っていく。だからこそ、調査は急がれるのだ。

調査団は今回、現在のところ民間の力でできる最大数の名簿を収集したとしており、一般公開でさらに名簿に関する情報を得るとともに、証言者を募り連行の経緯などこれまでにも増して強制連行・強制労働の実態に迫っていく方針だ。

一般公開される名簿

一、強制連行・強制労働

「住友鴻之舞炭坑連行者名簿」、「住友歌志内炭坑連行者名簿」、「日曹天塩炭坑連行者名簿」、「万字炭坑連行者名簿」、「北海道炭坑汽船連行者名簿」、「朝鮮人土木者連行名簿」、「写真・手当支給等名簿」、「美唄炭坑死亡者名簿」、「赤平市合同殉職者名簿」、「朱鞠内ダム工事朝鮮人犠牲者名簿」、「名雨線鉄道工事犠牲者名簿」、「牧之内飛行場工事犠牲者名簿」（以上北海道）、「花岡鉱業所徴用者名簿」（秋田）、「日本製鉄の供託名簿」（岩手、大阪、福岡）、「常磐炭田殉職者名簿」、「沼倉水力発電所建設工事犠牲者」（以上福島）、「サクション瓦斯機関徴用者名簿」（東京）、「横須賀海軍建築工事犠牲者名簿」（神奈川）、「豊川海軍工廠工員給与調査表」、「中島飛行機半田製作所空襲犠牲者名簿」（以上愛知）、「神岡鉱山犠牲者名簿」（岐阜）、「都茂鉱山の連行者・労働者名簿」、「岩見鉱山年金、保険計算書名簿」（以上島根）、「川西航空機朝鮮人名簿」、「住友電工伊丹製作所徴用者名簿」（以上兵庫）、「三井玉野造船所逃亡者名簿」（岡山）、「呉海軍工廠の連行者名簿」（広島）、「集団渡航朝鮮人有付記録」（山口・宇部炭坑）、「三井三池炭坑の連行者名簿」、「三井染料、電気科学工業連行者名簿」、「日鉄二瀬鉱業所連行者名簿」、「明治炭坑連行者名簿」、「船尾鉱業保険者名簿」（以上福岡）、「川南工業の連行者寄島部隊名簿」（長崎）、「倭政時被徴用者名簿」（南朝鮮から）、「鮮（台）特別要視察人略式名簿」（各地）、「大日本産業報告会『殉職産業人名簿』」（各地）、「労働災害遭遇者名簿」（北海道、福岡）、「埋葬・火葬認許証及び過去帳」（北海道、群馬、福岡）、「火葬認許証及び変災報告書」（長崎）

二、軍人・軍属、その他

「日本海軍作成朝鮮人徴用者名簿」、「軍人・軍属死没者名簿」（呉、福岡復員部）、「朝鮮人軍属名簿」（タワラ島）、「ブラウン島玉砕者名簿」、「朝鮮人軍夫名簿」（沖縄・本部町）、「学徒兵名簿」、「浮島丸死亡者名簿」、「広島朝鮮人被爆者名簿」、「長崎朝鮮人被爆者名簿」、「沖縄捕虜収容所の朝鮮人名簿」、「朝鮮人帰国者初期名簿」、「ハワイ捕虜収容所名簿」（南朝鮮から）、以上五十二種類、十二万六千三百八十四人分。

共和国で発見された名簿

花岡・美唄坑

朝鮮民主主義人民共和国の朝鮮革命博物館で一般展示されていた「美唄炭坑死亡者名簿」（五百三十四人分）と「花岡鉱業所徴用者名簿」（七百六十六人分）は、今年八月に調査団の一員が訪朝した際に複写してきたもので、その他の名簿については時間の関係上発掘できなかった。

美唄（北海道）の名簿は、これまで発見された死亡者名簿の中で最大のもの。また、花岡（秋田）の名簿は、これまで中国人連行者の名簿しか発見されていなかった花岡鉱山にも朝鮮人が強制連行されていた事実を証明するものだ。

7百余人の徴用者

花岡鉱山は「花岡蜂起事件」（中国人強制連行者が過酷な労働に抗議して蜂起、多数の犠牲者を出した事件）で有名な鉱山である。

調査団は一九七五年の東北地方調査で、朝鮮人も約千五百人が従事させられていたことを証言で得ていた。また、四四年の落盤事故で生き埋めになった十一人の朝鮮人労働者の遺骨発掘を会社側に要求もしている。

今回、公開される名簿は、入所経路、姓名（ほとんどが日本語名）、生年月日、本籍地など詳しく書かれており、ページごとに「在日朝鮮人連盟秋田県花岡支部」と記されていることから、解放後まもなく在日朝鮮人の組織の手でまとめられ、共和国に送られたものと推測される。

最大規模の死亡者数

朝鮮革命博物館に一般展示されている「美唄炭坑死亡者名簿」（上）と「花岡鉱業所徴用者名簿」（8月　洪祥進氏写す）

美唄鉱山は北海道で夕張炭坑に次ぐ、大規模の炭坑である。

資料によると、美唄炭坑の四つの企業所（日東鉱業、三井鉱山、日東三井、三菱鉱業）に連行された朝鮮人は、一四五年六月現在で四千五百五十七人、強制労働者数は二百四十七人に及んでいる。

しかし、調査団では、当時の逃亡率が全国的に三六％であることから、推計して約七千五百人、それに今回の死亡者名簿三百六十人分を加えて約七千八百人の朝鮮人が働かされていたと見ている。

名簿には、名前、本籍地、現住所、死亡場所などが書かれている。

五百三十四人の死亡者数は全国的にも最大であり、いかに過酷な労働を強いられていたかを物語っている。

BC級戦犯の元朝鮮人軍属ら

日本政府を提訴へ

謝罪と補償1億3千万円

太平洋戦争中、日本軍に徴用されて連合軍捕虜の監視員などを務め、戦後BC級戦犯となった元朝鮮人軍属と遺族が「戦犯容疑は無実であり、日本の戦争責任を肩代わりさせられた」として、東京裁判判決の日の来月十二日、日本政府に謝罪と総額約一億三千万円の補償を求める訴えを東京地裁に起こす。

元戦犯の韓国・朝鮮人によるこうした訴訟は初めて。学者らの支援組織もつくられており、天皇制を中心にした日本の加害責任と連合軍による戦争裁判の不当性、日本政府の戦後責任を問う本格的な裁判になりそうだ。

提訴するのは、東京都田無市の「元韓国出身戦犯者同進会」会長、文泰福さん(六八)ら東京、神奈川在住の五人、韓国在住一人の計六人の元軍属と、刑死した元軍属の遺族(在韓)一人。

うち、文さんら二人は、映画「戦場にかける橋」で知られる泰緬(たいめん)鉄道(タイ―ビルマ=現ミャンマー)、他の五人はインドネシアで従軍。戦後、捕虜虐待などを理由に、BC級裁判で三人が死刑(二人はのち減刑)、四人が八―二十年の刑を受け、身柄を拘束された。

一方で、文さんらはサンフランシスコ講和条約で日本国籍を失い、恩給など対象外に。歴代内閣に補償を求め続けたが無視された。

文さんらは「徴用は二年契約だったが、期間を過ぎても帰されなかったのは日本政府の契約違反。また日本軍の末端で権限がないのに不当に戦犯にされた」と主張。刑死者に五千万円、他の六人に拘束期間に応じて千―二千万円の損失補償を求めている。

弁護団の今村嗣夫弁護士は「天皇の名の下に朝鮮民族を隷属化した歴史が問題の背景にある。政府は条理に基づいた補償をすべきだ」と話している。

関係問い直す機会に

文泰福さんの話　先の戦争も、連合国による裁判もすべて〝平和と正義〟の美名の下で行われた。PKO(国連平和維持活動)問題など、日本が軍事大国への道を進んでいる今、裁判を、日本とアジア近隣諸国との関係を問い直すきっかけにしたい。

山陽新聞 '91.10.30

平和の願い込め紙芝居

強制労働従事の在日韓国人の生涯

6年間の成果集大成 文化祭などで発表

倉敷中央高 社研部

教育

倉敷中央高校社研部（志宇知尚枝部長、十二人）は、本年度の部活動で、戦時中、亀島山地下工場（倉敷市水島）の強制労働に従事した一人の在日韓国人の生涯をまとめた紙芝居を作り、九月二十五、二十六日の同校文化祭、今月初めに岡山市で開かれた第二十七回岡山県高校生部落問題研究集会で発表した。紙芝居は、題して「二つの国に生きて—金原哲（きん・げんてつ）物語—」。物語には、同社研部が六年間にわたって取り組んできた亀島山地下工場の埋もれた歴史掘り起こしの成果、平和を願い、日韓、日朝の真の友好を願う気持ちが込められ、見る人の心を打った。

文化祭で「二つの国に生きて…」の紙芝居を発表する倉敷中央高校社研部の部員たち

同校社研部が、この金原哲物語を作ろうと思い立ったのは、昨年の全国集会が終わり、みんなで次の年の目標、取り組みを話し合ったとき。それまで社研部は、一九八六年度の「水島空襲を考える」取り組みの中で、亀島山地下工場の存在を知り、在日韓国、朝鮮人からの聞き取り調査、実際に労働に従事していた人の証言などを通じ、朝鮮半島から強制連行された人を含め、多くの朝鮮人の強制労働の実態を明らかにしてきた。また昨年は、岡山市在住の大隅実山師によって三十数年間、無縁仏として管理・供養されてきた朝鮮人の遺骨のうち、二体の遺骨の遺族を見つけ、部員二人と顧問の花房英利教諭が韓国を訪問し、遺骨返還を果たした。

金さんは、水島に住む在日韓国、朝鮮人のうち地下工場トンネル掘りの強制労働に従事した数少ない体験者の一人として一九八八年五月、聞き取り調査にこたえ、証言をしてくれた人。紙芝居製作は、この貴重な生き証人の生涯を振り返ることで、日本の戦争責任、平和を考え、日韓、日朝の友好親善の道を追求する取り組みの集大成とも言えた。

当時、金さんは肝臓がんで水島協同病院に入院中。約束を取り付けても、体調が悪く話を聞けないことが重なったが、昨年十二月二十五日、部員たちが見舞いのつもりで病院を訪れたところ、金さんの気分が良く、聞き取りができ、テープに収録。金さんは今年四月二日、八十歳で亡くなった。

物語は、金さんの死を導入部に、物語を作るまでの経過▽金さんの生い立ち▽北海道に渡り、上京、関東大震災▽大阪で空襲を受け▽亀島山地下工場で強制労働▽これからの私たちの課題—の六つの章に分け、三年生の部員六人で分担して文章化、夏休み中に書き上げた。途中、部員たちは、八月に倉敷朝鮮初・中学校で開かれた備南地区地域交流学習に参加。そこで同校の若い女性教師から「同情心で『民族の問題』に取り組むのならやめてほしい。戦争をしたのは過去の日本人だが、その深い傷跡をいやすことができるのは、若い君たちしかいない。これは君たち自身の問題なのだ」と重い課題を突き付けられ、言葉を失った。この体験も書き加え、美術部員の協力で五十一枚の絵に描いてもらい、紙芝居は文化祭の前日にやっと完成した。

発表会場では、部員たちの取り組みに感動が広がった。三年生部員は「金原哲物語」のリポートを「この物語には、平和を願うたくさんの人たちの気持ち、私たちの三年間の活動や成長…金さんのめい福を祈る気持ち、すべてが含まれている。この物語から少しずつでも平和について考えてもらえれば、大変うれしい」という言葉でしめくくっている。

この物語は、ビデオ化し、紙芝居とともに十一月二十二日から大津市で開かれる全国高校生部落問題研究集会で発表する。

顧問の花房教諭は「生徒たちは、他校との交流ができるといった程度の軽い気持ちで入部したが、こんなに熱心になるとは思ってもいなかった、と言っている。自主的な活動をする中での成長ぶりには目を見張る思い」と話している。

統一日報

IE TONG−IL ILBO）　1991年11月1日（金曜日）

在サハリン同胞　郵便貯金支払い浮上

ソ連に原簿調査要請中　日本政府

59万件、1億7000万円

大半が同胞関係？

法定利子つけ払戻し　郵政省

支払い方法これから検討　外務省

解放前、日本の植民地支配と戦争遂行政策で、樺太（当時）に動員連行されたサハリン残留韓国・朝鮮人が行っていた郵便貯金（外地郵便貯金）の支払い問題が表面化してきた。九〇年三月末現在高で五十九万件、一億七千二百万円。このほとんどは残留同胞関係と見られている。日本政府は今年二月の国会で支払いを約束、現在、ソ連政府に貯金原簿の調査を要請している。

物価スライド焦点　〝当時の価値で〟ー現地同胞

日本郵政省貯金局によると当時の逓信省豊原貯金支局（現ユジノサハリンスク）が扱った口座は一九四四年三月末で百万口以上。日本敗戦後、米ソ協定によって約二十九万人の日本人が引き揚げた。引き揚げ後の請求で四十万口座から五十万口座の日本人の貯金は払い戻され、それを差し引いて五十九万件ほどが未払いのまま残されている。

九〇年二月末の現在高は、払い戻しの残りに利子をかけて計算されたもので、その額一億七千二百万円。これは当時の定額貯金、積立貯金、通常貯金を、一九五五年（昭和三十年）以降は通常貯金の利率でそのつど計算した元利合計額。

現在高は、名目で当時のおよそ三倍と見られ、解放当時の未払い残高はざっと五千七百万円余りと見積もられる。これを物価にスライドさせると、いまの三千三百億円にも相当する。

日本政府は昨年四月、「サハリン朝鮮人離散家族会」（ユジノサハリンスク）代表が来日した際国会で、「確定債務なので支払わねばならない」と答え、今年二月の国会でもサハリン残留同胞の請求権問題で、貯金は利息を付して支払うと答弁した。

強制的になされた貯蓄で、地理的にも請求できない事情の下、解放後半世紀近く経っての払い戻し問題であるため、サハリン現地では当時の価値で支払われるよう検討している。今年五月に来日したサハリン韓人老人会代表らも「被強制連行者達に戦時中の強制積立貯金を利子を含め全額即時清算せよ」と求めた。

支払いの基準について日本郵政省貯金局では「郵便貯金法上の利息を付して支払う」と説明している。郵便貯金の利率は細かく変動しているが、四五年当時の貯金は名目価額で現在およそ三倍という。

物価スライドについて日本外務省北東アジア課では「希望のあることはよく分かるが、法律、制度上の問題があり、必ずしもそえない。最終的に決まったわけでないが難しいというのが現状。支払い方法はこれから検討したい」と話している。

日本政府のソ連への原簿調査要請は、ソ連籍、無国籍のサハリン残留同胞に関してこの夏頃、行われた。

貯金原簿は解放当時、ソ連側に接収されたと見られている。

統一日報 '91.11.6

同胞BC級戦犯の提訴控え
市民ら150人が支援集会

補償提訴を前に支援者たちに心境を訴える同進会会員たち原告５人（１日、東京・早稲田で）

死ぬ前に汚名晴らしたい

懲役10年刑の金完根さん「原告148人」代表し切々と

日本の俘虜政策の責任を一身に背負い、BC級戦犯として連合国の戦勝裁判にかけられた在日同胞元軍属と刑死者遺族七人の日本政府に対する補償請求裁判を前にして、日本人の支援団体が一日、東京・早稲田の日本キリスト教会館で集会を開いた。集会には市民百五十人が出席、韓国在住の二人を除く、原告五人の証言と訴えに耳を傾け、訴訟の意味を考えるとともに物心両面の支援を誓った。

原告らは一九四二年、日帝植民地下の韓国から連合軍のイギリス、オランダ、オーストラリア兵の俘虜を監視する二年契約の軍属（傭人）として南方戦線へと狩り出された。

日本の敗戦後は、連合軍俘虜に食糧や薬品をほとんど与えず強制労働に従事させたとして「個人責任」を追及され、死刑判決ないしは懲役刑を受けた。一九五〇、五一年に現地刑務所から東京の巣鴨プリズンへ移されてからも拘束を解かれることなく、釈放後は「同進会」を結成し日本政府に対して刑死者の遺骨送還、生活保護、国家補償を求めてきた。

席上、英国・シンガポール法廷で懲役十年の判決を受けた金完根さん(六九)は、徴用から戦犯に問われた経緯を振り返りながら、自分が死ぬまでに汚名を晴らしたいと切々とした心情を語り、「(戦犯に問われた同胞）百四十八人全員が原告」と訴えた。

提訴では、刑死者に五千万円、生存者については逮捕から釈放までの日数に応じて一日五千円の補償を刑事訴訟法に基づいて請求していくことにしている。訴状は十二日、東京地裁に提出する。

強制連行死した兄しのび

韓国から夕張入りした弟

46年ぶり涙の供養

遺骨はついに捜せず

【札幌】一九四三年に日本に強制連行され北炭新夕張炭鉱で働かされ、過酷な労働がたたり解放後も帰国できず、四五年十月無念の死を遂げた兄の遺骨捜しのため夕張入りした弟の金景錫さん(六七)は四日、四十六年ぶりに兄・景重さんを供養できた。

供養を営んだのは夕張立総合病院の駐車場で、ここはかつての炭鉱病院の霊安室跡。当時、通訳と監督を兼ねた崔栄太氏(七三)を伴ってのひっそりした供養だが、白布などでしつらえた仮祭壇にもち米や果物も供え、線香をたむけ惜しく逝った兄の霊にめい福を祈ることができ景錫さんの顔は涙でいっぱいだった。

景錫さんもやはり、川崎鋼管に強制連行された体験をもち、「戦争が終わって、みんな解放されたのに兄だけが炭鉱病院で死ぬなんてくやしくてたまらない。今は当時の事情を知る人の記録もない。北炭や日本政府の名簿提出、犠牲者に対する誠意がないことに対して怒りを禁じ得ない」と顔をゆがめていた。それでも、「兄の霊を葬い、祖国に帰すことができて嬉しい」と念願の供養に感極まっていた。

景重さんの冥福を祈る弟の景錫さん㊨と、通訳・監督を兼ねた崔栄太さん

江原道春川市に住む景錫氏は、東京での強制連行者名簿で兄の氏名を確認、必ずや遺骨とお寺の過去帳の記録があるものと期待していた。しかし、結局捜し出すことはできず、六日帰国したが、「来年また来て、骨をきっと捜し出し、墓を建てる」と固く誓った。

景錫氏によると、兄・景重氏が四二年十月に徴用されることになった際、働き手の長男がいなくなっては困るし、それに兄は結婚して間もなかったので自らが代わって徴用を受けた。しかし、翌年一月、再度兄は引っ張られて夕張炭鉱で働かされることになった。戦後の傷跡はなおうずいており、日本の戦後補償責任が改めて問われている。

朝鮮時報 '91.11.11

強制労働、予想の3倍

真相調査団 16ヵ所で千630人確認

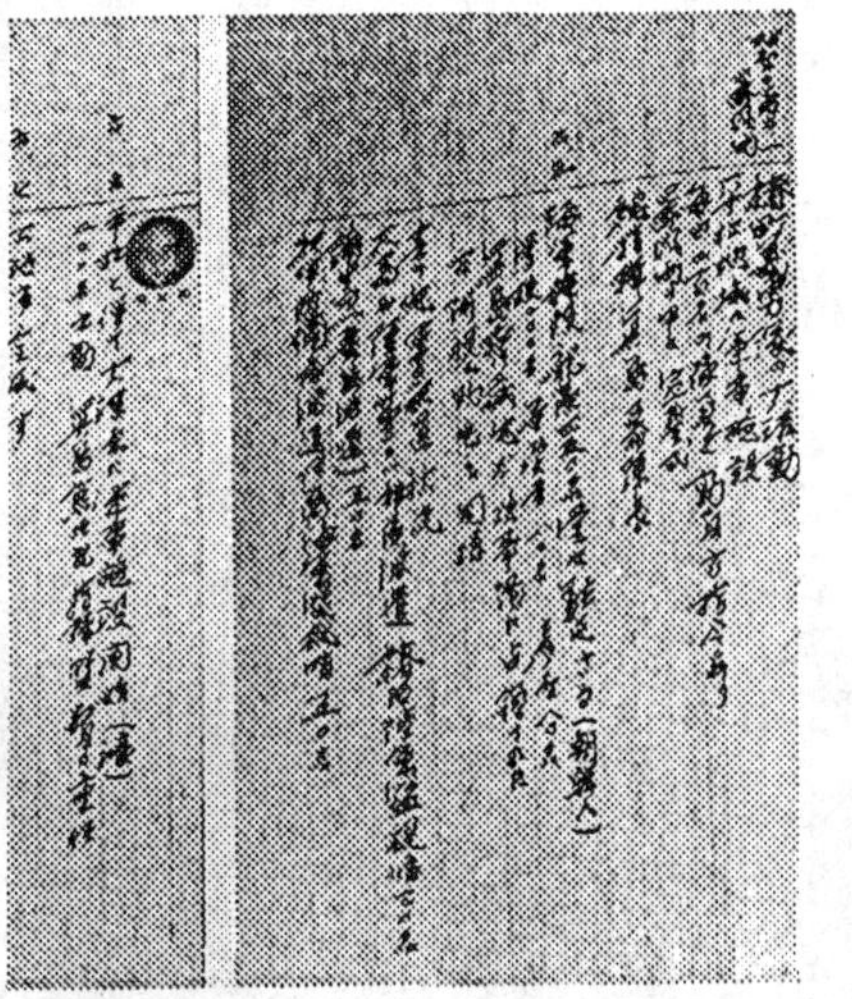

椿泊町国民義勇隊幕僚長の日記には連行朝鮮人の人数と配置場所が詳細に記されている

徳島県朝鮮人強制連行真相調査団（日本人側団長＝榊武夫・県会議員、朝鮮人側団長＝金太奎・朝鮮総聯県本部副委員長）は五日、県庁で記者会見し、昨年十一月十七日の調査団結成以後の調査報告し、第二次大戦中に旧海軍施設や鉱山など同県内十六ヵ所で、少なくとも千六百三十四人の朝鮮人が強制労働させられていたと発表した。

調査団によると、旧海軍飛行場関係では板野郡松茂町と小松島市和田島町の各航空基地、阿波郡市場町の徳島第二飛行場の三ヵ所に一九四二年から日本敗戦までに労働させられた朝鮮人労働者数は約六百人に上る。トンネルなどの軍事施設関係では、小松島市田野町の田野トンネル、阿南市椿泊町の秘密基地、同市小勝島の特攻モーターボート基地、鳴門市撫養町の木津トンネルの四ヵ所で、四二年以降に少なくとも四百四十人、軍事用道路は阿南市椿町と那賀郡木頭、木沢両村の三ヵ所で約百人、ダム、発電所関係では三好郡山城町の伊予川地下発電所と関連ダム建設工事で約二百三十人が確認された。

鉱山関係でも、那賀郡羽ノ浦町の旧海軍炭鉱と日本鉱業の高越、東山、三縄、三好の四鉱山の計五ヵ所で約二百六十四人が働かされていた。

このうち松茂基地の二百人と伊予川地下発電所関連の二百三十人が朝鮮半島から強制連行されてきた。

調査団では結成以来、計百二十六人の関係者と直接会って、資料や証言などを収集してきた。金団長は「予想の三倍に近い朝鮮人が強制労働させられていたことが分かった。さらに他の情報もあるので、引き続き調査を進めていく」と述べた。

また、四国他県の調査団とともに四県の調査結果を集計し、「朝鮮人強制連行と四国」（仮題）と題した本にまとめる予定だという。

朝鮮時報

（3） 1991年11月11日（月曜日）

朝鮮人強制連行真相調査団（団長＝金基喆・朝鮮総聯中央社会局長）が一、二の両日、東京・文京区白山の朝鮮出版会館で約十二万六千人分の強制連行者、死亡者名簿を一般公開したが、会場には遺族や在日朝鮮人、学者など約百五十人が訪れ、熱心に閲覧。会場横に設置した「強制連行ホットライン」には約三十件の情報が寄せられた。

強制連行名簿公開

〝こみ上げてくる怒り〟

2日間で貴重な情報殺到

徴用者名簿に自分の名前が

会場になった朝鮮出版会館内の「九月書房」の秦点出社長は、「倭政時徴用者名簿」に自分の名前を見つけ驚いた。

「一九四四年の九月か十月頃だと思う。平安南道から第一次として約七百人が長崎造船所に連行された。二三年九月生まればかりだったので、〝横断徴用〟と言っている。私はそれからすぐ、第二次で約五百人と一緒に常磐炭鉱に連行されてきた。

この時は二三年九月以降生まれが対象になったので、〝縦断徴用〟と言っている。

こんなところに自分の名前があったとは…。昔のことが思い出されて、怒りがこみ上げてくる」と話す。

常磐炭鉱には当時、約二百人が収容された朝鮮人飯場が四つあったが、「落盤がひどく、何人も犠牲になった」とも。

〝必ず探し出してみせる〟

会場には、わずかな手がかりで肉親や知人の名簿を探しにきたが、見つけられなかった人もいた。

「倭政時徴用者名簿」の中に自分の名前を見つけた秦点出氏

二日間、会場に通いつめた崔宣氏は、北海道・小樽から送られてきた便りを最後に消息を絶った父親の楽鎮さんの名前を探し求めた。

一枚だけ残った父の写真を握りしめて「いつか必ず、アボジ（父親）の消息を探し出すつもりだ。日本政府は遺族のためにすべての名簿を公開してほしい。その責任があるはずだ」と崔氏は言う。

本間一雄氏は、四四年九月から四五年九月まで北海道・室蘭の旧日鉄輪西工場で一緒に働かされていた朝鮮人を探す手がかりはないかと、公開初日の朝一番に松戸市から会場にやってきた。

「十八歳と二十歳で一人は体格がよく、もう一人は少し弱々しかった。ほんとうにひどい労働条件で、私自身、そのときにかかった肝臓病で現在も苦しんでいる。私の職場には二人しかいなかったが、社史には当時、約一万人の朝鮮人がいたと記されている。我慢強い人たちで、多分それがたたって、亡くなっていると思うが…」と話す本間氏。結局、何の手がりもつかめなかった。

「自分の国ながら、恥かしいことですね」と言い残して帰っていった。

衝撃的な真実、証言多数

「強制連行ホットライン」に寄せられた情報には、衝撃的な内容が多かった。

長野県のOさん（57）は、子どもの頃、同県のある発電所のダム工事で沢山の朝鮮人がコンクリート詰めにされたのを目撃した。今でも掘り返せば人骨が出てくるはずだ、と話した。

花岡鉱業所に三七年に連行されてきたというTさんは、落盤事故で二千人ぐらいが犠牲になった。そのほとんどが朝鮮人だったと証言を寄せた。また、宮城県の粕川さんは多賀城海軍工廠の調査過程で、朝鮮人を人柱にして殺したという証言を得たと知らせてきた。

たった二日間、しかも強制連行総数の二〇％にも満たない名簿の一般公開でさえ、朝鮮人強制連行の実態を解明する上で貴重な証言や情報が沢山収集された。日本政府が本気で謝罪し、調査をするつもりなら、もっと多くの情報が収集できることを証明した。

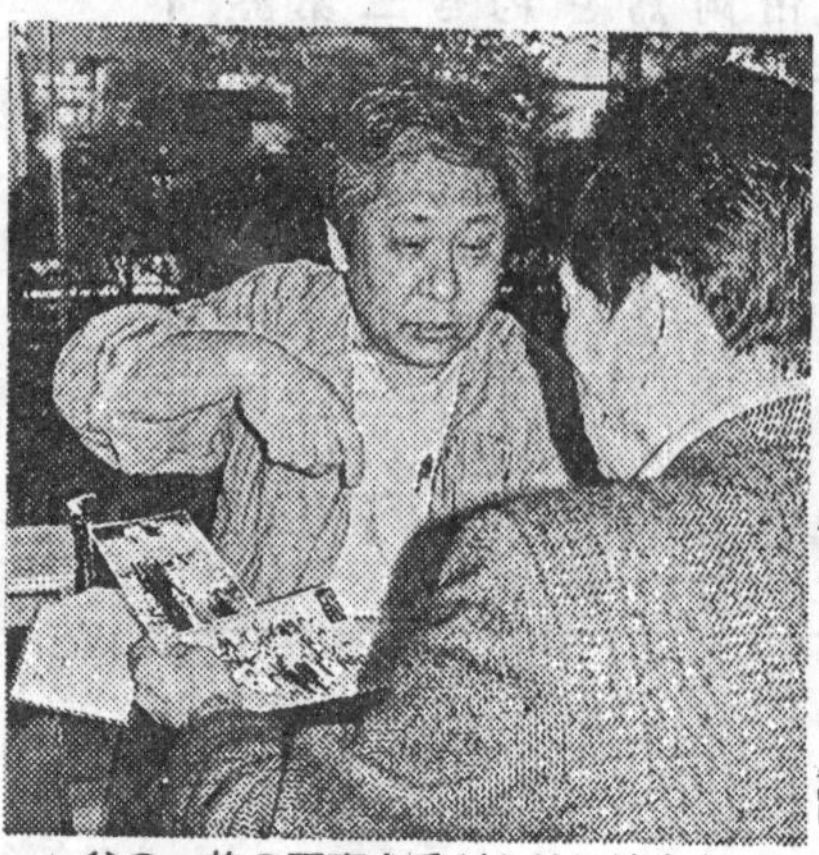

父の一枚の写真を手がかりに消息を探し求める崔宣氏

朝鮮時報 '91.11.11

共和国でも証言収集

18時間の強制労働 拳とムチの生地獄

八月下旬に在日朝鮮人・人権セミナー訪朝団が朝鮮民主主義人民共和国で強制連行者、被爆者の証言収集を行ったが、共和国でも独自に強制連行の真相を明らかにしようと体験者の証言収集が行われている。労働新聞に掲載された証言の一部をまとめてみた。

◇ ◇

キム・ラクチュン氏（平壌市在住）

私が連行されたのは、東京のある製鉄所だった。この会社は軍需品を作るところで職場は狭くて暗いトンネルのような所だった。

日本人の監督は後ろで命令ばかりして、本当に苦役を強いられた。

高熱で汗はかくし、油が飛んで服が汚れたが、それすら拭く余裕がなかった。少しでも休んだりしようものなら、監督の拳とムチが飛んできた。

当時、朝鮮人労働者は十六時間から十八時間、あるいはそれ以上、強制労働させられた。

会社は私たちを馬か牛のように働かせておきながら、最低生活費にもならない労賃しかくれなかった。それさえも、食費だとか言って奪い、結局手に残るものは何もなかった。

リ・サンジン氏（平壌市在

当時、咸鏡南道の朝鮮電業株式会社というところで働かされていた。

日本は発電所建設のために多くの朝鮮人を動員した。そのほとんどが日本が実施した「土地調査令」でわずかしかなかった田畑まで奪われた農民だった。

工事現場は一言で言って生地獄だった。

食事もろくに食べられず、一日十六時間以上も働かされた。

ある日のこと、年老いた母親の薬代を稼ごうと全羅道から来ていた青年が、足を滑らせてコンクリートの中に落ちてしまった。「助けてくれ」と叫んでいたが、日本人監督は「生きた人間を人柱にすれば、頑丈になる」といって上からコンクリートを流し込んでいった。

このように犠牲になった人は一人や二人ではない。

その後、私は「岐阜五一師団」飛行部隊の整備兵として日本に連行された。

そこでも食べるものも与えられず、訓練の毎日でいつ死んでもおかしくない生地獄だった。

ユ・ボクトン氏（平安北道・新義州市在住）

私は一九四一年七月から四六年二月まで「海軍作業団」というところで苦役を強いられた。南洋群島のある島に連れていかれた。

日本は月に百二十円を与えるとしたが、その内五十円は家に送金してやるし、五十円は横須賀郵便局に貯金してやるといって貰えず、結局手にしたのは十円ぐらいだった。それすらも食費や宿泊費だと言って奪われた。

解放後に横須賀に行ったが貯金なんてまったくなく、故郷に帰っても送金なんてまったくなかったという。

日本は敗戦間際になって、負傷者と慰安婦は先に帰らせるといって貨物船に乗せたが、太平洋の真ん中で魚雷を使って、沈没させてしまった。

「海軍作業団」には約二千人が連行されたと思うが、生きて帰ってきたのは五百人ぐらいだった。

1991年(平成3年)11月12日　火曜日

韓国・朝鮮人
元BC級戦犯

「天皇の責任 負わされた」

戦後も汚名に耐え苦労

日本政府に謝罪と戦後補償を求めて十二日、提訴した韓国・朝鮮人元BC級戦犯とその遺族。戦後、祖国では「日帝の協力者」「戦犯」の汚名をきせられ、「故郷の墓参りにすら行けなかった」「人を死なせるほど殴ったというのなら死刑もわかる。日本の軍隊ではあたりまえだったビンタを張ったこともないとは言わない。しかし……」。原告たちは耐え忍んできたそれぞれの戦後を、一気に語りだした。死刑になった卞鐘尹（ピョン・チョンユン）さんの一人息子、光洙（クァンス）さんも、韓国から駆けつけた。

韓国・清州市郊外の農家に生まれ、村の青年団長でもあった鐘尹さん（当時二二）は、郡守からの指示で徴用に応じ、一九四二年八月、ジャワの捕虜収容所に赴任した。光洙さんは当時一歳。父の顔は写真でしか知らない。

日本軍による食糧の補給などはなく、捕虜も監視員も同様の飢えに悩まされた。

戦後バタビア（現ジャカルタ）で開かれたオランダ軍事法廷では、判決言い渡しも含めわずか二回という簡単な裁判で、鐘尹さんは死刑を宣告される。自殺を図ったが失敗、四七年九月、銃殺刑になった。

光洙さんが父の死を知ったのは六歳ごろ。戦争も終わり、出征していた友人たちの父親は次々と帰郷してきた。

周囲からは「日帝の協力者、戦犯の子」として差別され、一家は村八分同然になった。就職も難しくなった。「けれど、母は父のことをよく話してくれた。正義感の強い立派な人だったと……」。母の言葉は、光洙さんが誇りをもって生きる支えになった。

「私の父が天皇の命令で戦場に行き、天皇の戦争責任を肩代わりさせられて処刑されたことはだれも否定できません」という。

五五年五月、巣鴨プリズンから仮釈放の通知を受けた原告の一人、尹東鉉（ユン・トンヒョン）さん(六九)は、「住居も就職口もない」として出所を拒否。翌年には出たが、当時の法相に生活保障を求めて交渉に行き、「カネなど出せない」と言われ、机をたたいて抗議したこともある。「私たちは今でも故郷の墓参りはできないのです」

朝日新聞 '91.11.12

韓国・朝鮮人BC級戦犯ら

謝罪と補償求め提訴

東京地裁

太平洋戦争後アジア各地で行われた戦争犯罪裁判で、連合軍捕虜を「虐待」したとして、死刑や懲役刑を受けた元日本軍軍属の韓国・朝鮮人BC級戦犯とその遺族ら七人が、「日本の戦争責任を肩代わりさせられた」と十二日午前、日本政府を相手取り、謝罪と総額約一億三千六百万円の国家補償を求める訴えを、東京地裁に起こした。「日本人」として朝鮮半島から徴用され、南方の捕虜収容所の監視員となりながら、戦後は日本国籍を失い、「日韓条約による解決」で補償の対象からも取り残されてきた人たちで、こうした元戦犯たちがまとまって、戦争責任そのものを問いなおす初の戦後補償請求訴訟になる。

（社会面に関係記事）

訴えたのは、英国によるシンガポール法廷で死刑判決を受け、後に懲役十年に減刑された東京都田無市の会社役員、文泰福（ムン・テボク）さん(六八)ら在日韓国・朝鮮人五人と、オランダによるバタビア（現ジャカルタ）法廷で銃殺刑になった卞鐘尹（ピョン・チョンユン）さんの長男で、韓国・忠清北道の高校教師、卞光洙（ピョン・クァンス）さん(五〇)ら韓国在住の二人。

訴えによると、文さんらは一九四二年、日本の植民地だった朝鮮から、二年契約の軍属として、タイ、マレー、ジャワなどに駆り出され、英国、オランダ、オーストラリアなどの連合軍捕虜の収容所監視員となった。が、二年の契約期間が過ぎても帰郷できず、泰緬鉄道（タイ―旧ビルマ間）や南洋の島々の飛行場、道路などの建設に従事する捕虜の監視を続けさせられた。

連合軍捕虜は、食糧も医薬品も十分にない過酷な状況下で労働を強いられ、例えば泰緬鉄道の建設では一万三千人が死んだとされている。

文さんらは「軍属として何の権限もなかった。上官の命令すなわち天皇の命令で、捕虜を工事現場まで引率したに過ぎなかった」としている。原告らは「日本のために犠牲を強いられてきたのに、日本人同様の補償を受けられないのは不当」としている。

死刑を免れ、南方の刑務所から東京の巣鴨プリズンに移送された文さんらは、五二年のサンフランシスコ平和条約の発効により日本国籍を喪失したが、日本政府によって残りの刑を執行された。

原告らは五五年、互助組織「同進会」を結成、日本政府に国家補償を求めてきたが、「法的根拠がない」などとして拒否され続けてきた。今回の訴訟で原告側は、三十五年にわたり必要な立法措置を行わなかったことへの違法確認と、原告らへの謝罪文の交付、刑死者については五千万円、その他については拘禁されていた期間に応じ、刑事補償に準じた補償額を請求している。

BC級戦犯　連合国諸政府の共同決定により、日本では極東国際軍事裁判（東京裁判）で裁かれた東条元首相以下が、侵略戦争の責任者であり、処罰されるべき重大犯罪人「A級戦犯」とされたのに対し、BC級はフィリピン、タイ、スマトラ、ジャワなど特定地域での日本の戦争犯罪が、各国の軍事裁判で裁かれた。ドイツ関係のニュルンベルク裁判では、B級とC級をその程度などによって分類していたが、日本関係ではB級とC級の区別はされなかった。

朝日新聞 '91.11.13

名簿の公開拒否される

朝鮮人連行調査団

朝鮮人強制連行者名簿の発掘を続けている「朝鮮人強制連行真相調査団」（金基喆団長）は十三日、労働省と厚生省を訪れ、倉庫などに保管されている強制連行者名簿と、昨年、労働省が中心になって全国から集めた名簿の合計十四万人分を公開するよう申し入れた。しかし、「公開は外交問題もあり、対応できない」と拒否された。

昨年、一九四六年に十六の都道府県が実施した朝鮮人労働者の調査結果をまとめた約六万七千人分の名簿が労働省の倉庫に保管されているのが見つかった。

労働省はこの名簿と、全国から集めた約二万三千人分の計九万人分を韓国側に提出したが、日本での公開には難色を示していた。

この日、労働省は真相調査団の公開要求に対して、新たに一万人分の名簿が見つかったことを明らかにし、今後も誠意を持って収集を続けることを約束したが、公開は拒否した。

また、真相調査団は、昨年夏に約五万人分の朝鮮人軍人・軍属名簿が倉庫に保管されていることが明らかになった厚生省も訪れたが、プライバシーの問題があるため、一般への公開はできない、と拒否された。

朝日新聞 '91.11.14

13万5000人分きょう公開

強制連行名簿　厚生省拒否の一部も

戦前、戦中に朝鮮半島から徴用された朝鮮人の強制連行・労働者など約十三万五千人分の名簿が、十四日から十六日まで大阪市淀川区西中島二丁目の大阪朝鮮教育文化会館で一般公開される。朝鮮総連などでつくる「朝鮮人強制連行真相調査団」の主催。厚生省に保管されている朝鮮人軍人・軍属の名簿について、同省は公開を拒否しているが、調査団はその一部も入手、初めて公開する。

初公開の軍人・軍属名簿は、戦後間もなく旧日本軍が作成した「被徴用死亡者名簿」で、陸軍、海軍の二種類あり、計五千六百三十四人。韓国・慶尚道出身者ばかりで、階級、死亡年月日、本籍地が書かれている。

また、調査団側は厚生省が公開を拒否している朝鮮人軍人・軍属名簿のうち、日本政府が戦後、韓国政府に渡した約二万人分の名簿を関係者から入手したという。

調査団は「強制連行は、日本政府の責任で解明され、償われなければならない問題だ。引き続き未公開の名簿の公開を日本政府に求めるとともに、独自の調査を続けていく」と話している。

公開はいずれも午前十時から午後四時まで。会場には「強制連行ホットライン」も設け、名簿などについての情報を受け付ける。電話は06－304－2294。

長崎新聞　1991年（平成3年）11月14日　木曜日

供託名簿の閲覧を

支援団体が県に要請

強制連行、徴用の実態解明へ

韓国人被爆者・金順吉さんの徴用中の未払い賃金などの問題

戦時中、長崎に強制連行され三菱重工長崎造船所で徴用工として働かされた韓国人被爆者の金順吉（キム・スンギル）さん(七七)＝釜山市在住＝が徴用中の未払い賃金などの支払いを求めている問題で、金さんを支援する全国一般長崎連帯支部長船労組と市民グループの県被爆二世教職員の会、ピース・バス長崎の代表はこのほど、県に対し供託名簿の閲覧を申し入れた。この種の申し入れは全国でも初めてで、名簿の存在が確認できればいまなお明らかにされていない強制連行、徴用の実態解明につながる、と県の対応に注目が集まっている。

金さんが徴用工として長崎に滞在したのは一九四五年（昭和二十年）一月九日から被爆直後の八月十二日まで。金さんの証言によると、四－八月分の給料、退職積立金、国民貯蓄、帰還手当などがいずれも支払われていないという。

当時こうした例が全国で相当あったといわれているが、実態はほとんど分かっていない。

金さんは同労組などを通じ未払い分の請求をしたが、同造船所は「昭和二十三年ごろ法務局に供託した」と回答、この問題については既に決着済みとの姿勢を示している。同造船所は八日「徴用工への未払い賃金などすべての債務は政府の指導で法務局に供託しており、弁済済み。謝罪や慰謝料を支払う理由はない」との内容の回答を改めて文書で金さんあてに送付した。

しかし、何人分が供託されたのかや、賃金外の未払い分も供託したのかなどは不明で、供託名簿も紛失して残っていない、と同造船所は労組との交渉で答えている。

そこで、同労組が入手したのが、昭和二十一年十月十二日に当時の厚生省労政局長名で地方長官（知事）あてに出された「朝鮮人労務者に対する未払金その他に関する件」通達。

通達には「事業主は供託を完了したときは供託書番号、供託年月日、供託所名、本籍地、雇用および解雇の時期、解雇の事由、未払金の内訳等を記載した報告書三部を地方長官に提出のこと」と明記している。

これを基に同労組代表などは「供託名簿が県に保管されているのは間違いない」として、今回の申し入れとなった。県は調査を約束したが、ピース・バス長崎の舟越耿一代表（長崎大学助教授）は「火事などで焼失したなら別だが、名簿は必ず残っているはずだ。名簿が確認されれば徴用の実態解明への大きな手がかりとなる」と話している。

金　順吉さん

毎日新聞 '91.11.13

三菱造船所・元朝鮮人徴用工 未払い賃金資料の閲覧を要求

―県に長船労組など―

三菱重工長崎造船所に戦時中の未払い賃金を払えと要求している元徴用工の在韓被爆者、金順吉さん(六九)＝釜山市在住＝を支援する同造船所の長船労組などの代表が十一日、県に元朝鮮人徴用工の未払い賃金についての資料の閲覧を求めた。

金さんは今年八月、徴用生活の様子をつづった日記をもとに同造船所に未払い賃金などを請求。その後も交渉を続けているが、会社側は「昭和二十三年に政府の方針に従って国に供託した。その名簿は紛失した」としている。

このため、同労組などは「当時の政府通達で県が供託についての報告書を保管しているはずだ」として県に供託名簿の閲覧を求めた。

応対した松藤寿和労働部長は「古いことで名簿があるかどうかわからないが、当時の関係者にあたって今月中に調べたい」と答えた。

朝日新聞 '91.11.19

玉砕の朝鮮人慰霊碑
建立へ遺族ら結団式

第二次世界大戦中、太平洋・タラワ環礁で日本兵とともに玉砕した朝鮮人徴用工の慰霊碑が建立されることになり、十八日、現地を訪れる遺族らの結団式が姫路市であった。

慰霊碑ができるのは、キリバス共和国ベシオ島の中央付近。一九四三年十一月の米軍上陸の際、最も激しい戦闘が展開された。日本人三千人、朝鮮人千五百人が玉砕したといわれるが、現地には日本人の慰霊碑しかなかった。数少ない生き残りの劉喜亘さん(七三)=大阪府門真市=が呼びかけ、大阪府枚方市の寺院が資金を負担。石碑には、ハングルと英語で哀悼の言葉が刻まれている。

一行は韓国からの参加者も加え十五人で、二十一日に日本を出発。二十五日に慰霊碑の除幕式をしたあと、遺骨収集のための調査をして帰国する予定。

統一日報 '91.11.16

同胞軍人・軍属の名簿20万人
来秋メドに 韓国に引渡し
日本厚生省

日本厚生省は第二次大戦中、軍人・軍属として召集、採用した朝鮮人名簿を韓国に引き渡すことになった。名簿は援護局が中心となって修復作業を急いでいるが、「傷みが激しい」ため、引き渡しのメドを来年秋としている。最終的には二十万人分を超すのは確実の見通し。

発端となったのは、昨年の盧泰愚大統領の訪日。労働省ではすでに九万人分の名簿をまとめて送付済みだが、厚生省では個人の記録ということで企業にまかせられず、内部でどういう資料があるかを調査するのに時間がかかったという。

朝鮮人軍人・軍属は陸軍関係約十四万二千人、海軍関係約十万人。海軍関係についてはほぼ全員について「履歴原表」、「軍人身上調査表」が残っており、現在マイクロフィルムに記録している。一方、陸軍関係は所属部隊ごとに分類した「留守名簿」百十冊と「入院患者記録」、「留守担当者名簿」をもとに整理、補充する計画だが、一人につき何枚もある例もあり、もれがないようにするためにも慎重を期している。北朝鮮からも同様の要請があれば、「同じように対応させてもらう」方針。

にゅうす・らうんじ

「在日」の現状に米で強い関心

韓国人3世李さん　各地で講演

「反不正義の立場が理解された」

在日韓国人三世の京都市左京区、通訳業李由美さん(三七)が渡米し、在日韓国・朝鮮人の現状や土地明け渡しを求められている宇治市伊勢田町ウトロの問題を各地の大学で講演、強い関心を呼んでいる。「世界で有数の経済力を持つようになった日本に、そんな問題があったのか、と驚く人が多い」と李さん。国際電話で活動の様子を聞いた。（宇治支局）

李　由美さん

去年、スタンフォード大学が京都で開いた在日韓国・朝鮮人問題の講座で、「人権問題を国際的にアピールしたい」と話したところ、エール大学やコロンビア大学から講演依頼の招きがあった。

コネティカット州のエール大学での最初の講演には、日系や韓国系などアジア系の学生を中心に約四十人が集まり、地元のテレビ局の取材を受けた。マサチューセッツ州のマサチューセッツ大学の参加者は他の大学からも含めて百人を超えた。

講演では、在日韓国・朝鮮人の参政権や指紋押なつの問題、就職差別の実態などを説明。ウトロの問題をスライドを使って話した。

「人権がいまや世界の課題であるのに、なぜ日本が差別を許し、世界がそれを知らないでいるのかと学生たちはみんな、あ然としています。私が決して『反日本』ではなく、『反不正義』であることを分かってもらっています」

会場からは、「一般の日本人は『在日』の置かれている状況をどう思っているのか」「人権保護団体と日本政府との交渉はあるのか」「在日の子供たちは学校でどんな扱いを受けるのか」「就職差別についてもっと聞かせてくれ」といった質問が飛び出した。

講演のほか、アジア人権擁護協会や在米韓国人協会、日米人種差別撤廃協会などの人権保護団体とも交流した。今後、ニューヨーク州のコロンビア大学やユージンラング大学で講演する予定。また、全米婦人協会とアムネスティ・インタナショナルがロングアイランド大学で開くフォーラムに参加することも決まった。滞在は今年いっぱいの予定だ。

李さんが人権問題に関心を持ったきっかけは、短大在学中の二十歳のとき、ロサンゼルスでホームステイをした体験だった。在米の外国人が本名を名乗り、祖国の文化を大切にしている姿を見て、日本でそれまでの抑圧された生活をおかしいと感じ始めたという。

「アメリカで生まれ育ったアジアの若者が、祖国とは、民族とは、文化とはという疑問を私に聞いてきます。彼らと私たちとの大きな違いは、彼らの場合は望めば抑圧を感じずに祖国の文化と触れ合うことができるし、実際に大学や地域にそういったプログラムがあるのです。私たちの場合は本名で生きることさえ、しんどさを感じる社会に置かれています」

「こちらに来て、黒人の公民権運動に白人の参加がどれだけ有効であったか学びました。今の在日の置かれている状況を許しているのはおかしいんじゃないかと感じる日本人が増えて、彼らが立ち上がっていかなければ日本の社会は変わらないと思います。ここへ来て共感してくれる人にたくさん出会い、エネルギーを与えてもらっている気がします。日本人と共存し共闘していくことに希望が見えてきました」と話している。

宇治市伊勢田町ウトロの土地問題　太平洋戦争中、飛行場建設に従事していた在日韓国・朝鮮人ら約八十世帯、三百八十人が住む。土地は戦後、日産車体の所有になり、四年前に買った不動産会社が住民に対し、立ち退きを求めて訴訟を起こしている。「地上げ反対！ウトロを守る会」はこれを日本の戦争責任問題ととらえ、国内や国外へアピールを続けている。

朝日新聞 '91.11.19

「加害者として補償を」

日朝交渉 北朝鮮側 日本側主張に反論

【北京19日＝西村陽一】北京で行われている日本と朝鮮民主主義人民共和国（北朝鮮）との第五回国交正常化交渉は二日目の十九日、会談場所を北朝鮮大使館に移し、午前十時（日本時間同十一時）過ぎから、植民地時代の賠償・請求権問題などの「経済的諸問題」について協議した。北朝鮮側は日本側に求めている「補償」について、「植民地統治の強要によって朝鮮人民に与えたばく大な人的、物的被害、不幸と苦痛」に対し、「加害者として償うべきだ」と説明。旧西独のナチス犯罪への補償の例などを引き、「国際法と国際慣行に従った真摯（しんし）な解決」を求めた。

（2面に北朝鮮代表の発言要旨）

日本側は前回交渉で「日朝は交戦状態にはなかったので、『賠償』ではなく、植民地支配した国と支配された国の間で生ずる『請求権』で処理すべきだ」と表明。①適法に行われた徴兵、徴用に伴う死亡などは補償の対象にはならない②北朝鮮が請求権に基づいて補償を要求する場合は、通帳などの「客観的な資料」が必要だ――などの考えを示した。北朝鮮側はこの日、これに全面的な反論を展開した。

まず、「日韓併合条約や植民地時代の条約や協定は合法的に締結された」との主張に対しては、「日本軍国主義の罪状を覆い隠すもの」と批判。カイロ宣言やポツダム宣言で「朝鮮人民の奴隷状態に留意」と記されていることや、極東軍事裁判所条例の「人道に対する犯罪」の規定などを挙げ、「朝鮮人民を集団的に強制連行して戦場と強制労働収容所で殺害、殴打したことは、『災定法』に基づく正当行為とは言えない」と述べた。

さらに、旧西独がナチス犯罪に補償の義務を認めたことや、米国やカナダが強制収容した日系市民への補償法を制定したことを挙げ、「日本の主張は国際慣行や道徳、倫理の見地からも国際常識から外れている」と批判した。

日本側が被害を裏付ける資料の提出を要求していることに対しても、「補償を回避しようとするもの」と反論。「日本こそが被害の内容についてすべて知っているはずだ」として、日本側に関係資料の提示を求めた。

さらに、日本が植民地時代に朝鮮の金などの鉱物資源、コメなどの農産資源などを「正当な代価を払わずに収奪した」ことを統計資料などを引用して主張。「適法に代価を支払って日本に搬出した」という日本側の発言には根拠がない」と指摘した。

京都新聞 '91.11.20

朝鮮人寄留簿

4786人分の写し 舞鶴市が公表へ

強制連行調査団に表明

実態解明の資料 家族構成、仕事も記述

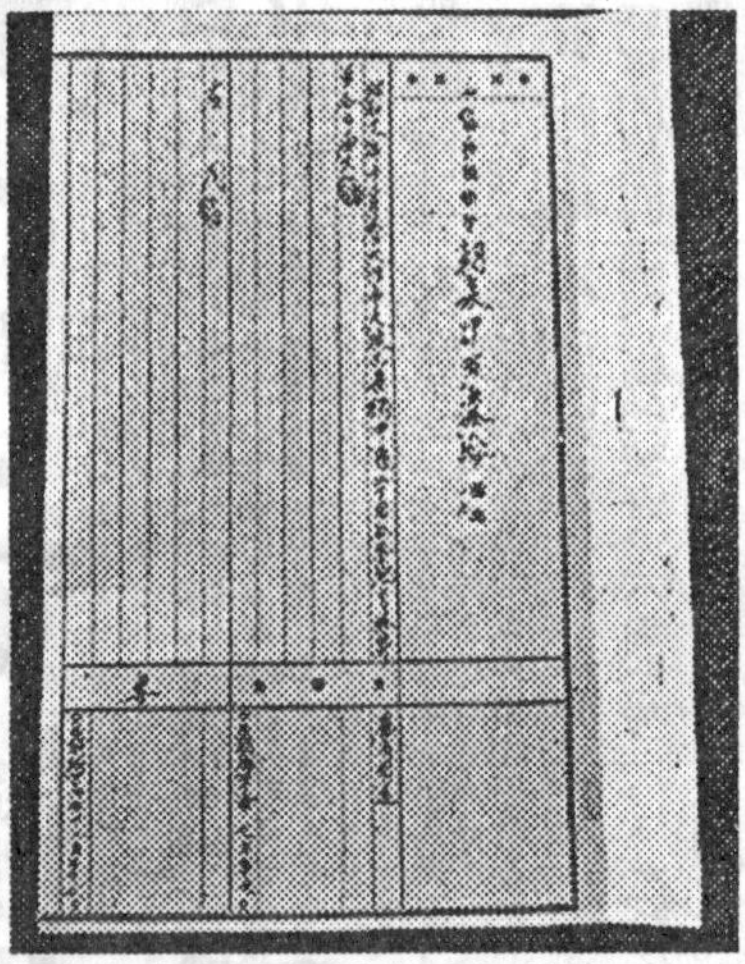

公表される朝鮮人寄留簿の写し

舞鶴市は十九日、京都府朝鮮人強制連行真相調査団（魯仁寿、山脇潤両代表）に対して四千七百八十六人分の朝鮮人寄留簿の写しを公表する考えを伝えた。府内の自治体で朝鮮人寄留簿が確認、公表されるのは初めてであり、全国的にこれだけの多人数分の資料公開は例がない。調査団は「朝鮮人強制連行の実態解明の参考になる貴重な資料」と位置づけている。

寄留簿は現在の住民登録に当たる。市は四冊の寄留簿を保存、それには世帯ごとに寄留先（市内の住所）などが記される。市が公表するのは、寄留先のほか、本籍地の一部、寄留届け日、家族構成（続柄）、生年月日。名前はプライバシー保護を理由に除かれる。市は今月末をメドに、原本をコピーして調査団に渡す。

舞鶴市は旧軍港。一九四五年（昭和二十年）六月の知事引継書によると、当時市内に「集団移入した朝鮮人が約四千百人いたとされ、さらに、近く移入見込み」とも記されている。市の説明では寄留簿には「○○組」など建設業に従事していたとみられる記述もあった。京大助教授（朝鮮近代史）の水野直樹調査団事務局長はすべての人が強制連行されたとは言えないとしながら、本籍などが明らかになることなどから「資料は人数も多く、舞鶴での強制連行の輪郭がつかめるのではないか。資料を統計的に分析する」と話している。

統一日報 '91.11.20

日本で最大の 韓国式寺院

岐阜・各務原で起工式

徴用犠牲者への謝罪に 日本人有志ら

【名古屋】敷地六万坪、建坪一万五千坪という、日本では最大の韓国伝統寺院を起工する地鎮祭が十七日、岐阜県各務原（かかみがはら）市の鵜沼伊木山でとり行われた。

この寺は曹渓宗中部本山「平和寺」で、地鎮祭には尹吉重議員（民自党）、権燦駐名古屋総領事、韓国最大の仏教曹渓宗代表や日本仏教界人士など三百人余りが参席した。

平和寺は、徴用や強制連行で戦争中の強制労働によって死亡した同胞に対する贖罪の祈りと、祖国の流儀で先祖を供養したいという在日同胞の願いをかなえたいと、日本人有志らによって計画が進められてきた。

総工費二百億円。地下地上三層の本堂には百済式仏像を再現した高さ十八㍍の金仏が韓国で製作され、安置されるほか、新羅、百済様式を取り入れた伽藍を再現、平和塔、宗教研修院などが建てられる。

平和寺建設は、名古屋市の司法書士、中西敬允さん(五三)が八年間、進めてきたもので、八三年に有志らと韓日親善友好平和の塔建立委員会を設立、韓国曹渓宗と接触、その意見を取り入れながら、岐阜県庁と粘り強く交渉の末、実現にこぎつけたもの。

中西さんは「第二次大戦当時、強制連行され、日本で死んだ一万五千人余りの韓国人の霊に対し謝罪するため、在日韓国・朝鮮人の文化的基盤づくりに役立ちたいという思いから寺刹建設を推進してきた」と話している。

工費は韓日両国企業に出捐を募ったもので、九四年には寺院が完成する予定。

統一日報 '91.11.29

炭鉱へ連行、解放後は卸商、そして死…

遺骨を肉親に返したい 北海道

30年供養の日本人女性(65)訴え

【札幌】強制連行で北海道に連れて来られ、解放後も故郷に帰ることなく、独りで死んでいった同胞の遺骨を預り供養してきた日本人女性・鎌田照代さん(六五)＝美唄市在住＝がこのほど、「遺族の居場所が分かれば、祖国の土に埋めてもらうため、直接お届けしたいのですが」と申し出てきた。

その同胞は金石萬さん（一九一六年九月十四日～一九五九年三月二十四日。本籍＝全羅南道咸平郡厳多面厳多里）という。民団北海道本部（金命祚団長）では、急ぎ遺族の消息を照会している。

鎌田さんは「おぼろげな記憶ですが」と断った上で、ことの顛末をこう語ってくれた。

金さんとは道北の美深町で果物の卸売商をしていた一九五九年頃知り合った。金さんは品物を仕入れに来て、夏は自転車、冬はソリで大変良く売りさばいてくれた。丸顔で体格がガッチリと大きく、頭も良かったし信用もあった。字も立派で私はしょっちゅう手紙の代筆をしてもらったほど。でも大酒がたたったのか四十四歳の若さで脳溢血で急逝した。

金さんは戦時中、百二十人位の集団で強制連行され、赤平炭鉱で働かされていたとのこと。

火葬は美深町役場で行ってくれたが、身寄りがなく遺骨の引き取り手がないので、商売上大変お世話になっていたし、またお寺の住職から預かってあげたら供養になると言われたことから、無縁仏にするのも忍びなく、当家で預かり供養してきた。

自分も歳をとったので、後に残る金さんの遺骨が気がかりになって……。

鎌田さんは、生前金さんが「故郷に子ども二人を残して来た」と語っていたのを思い出し「三十数年も遺骨を預かった責任の仕上げとして遺族に手渡したい」と決意したという。

民団北海道本部では「遺族の所在はほぼつかんだ。三機関役員の誰かが、鎌田さんを案内して、遺族に会わせることになるだろう」と話している。

夕刊　産経新聞　平成

玉砕の朝鮮人徴用工1500人しのぶ

南太平洋の島（タラワ）に慰霊碑

門真の劉さん呼びかけ

25日に除幕式

第二次大戦中、南太平洋のタラワ島（現キリバス共和国）に軍属として徴用され、旧日本軍とともに玉砕した多くの朝鮮人徴用工の慰霊碑の除幕式が二十五日、現地で行われる。玉砕の直前に帰還した元徴用工、劉喜亘さん(七三)=大阪・門真市石原町=が呼びかけ、四十八年を経てようやく実現した。朝鮮人犠牲者は一千五百人といわれるなか、除幕式に参加するのは遺族ら十五人。

タラワは、日本から約五千キロ離れた赤道近くの環礁。戦時中は旧日本軍の海軍基地があり、日本兵約三千人と朝鮮半島から強制連行された人を含め朝鮮人徴用工約一千五百人が駐在していたが、昭和十八年十一月二十五日、米軍の上陸作戦が始まり、わずか数日の激戦で日本軍は全滅した。

劉さんは、十四歳のとき勉学を志し来日。海軍第百十一設営隊の分隊長として、昭和十七年十二月タラワに渡り、通信施設などの建設にあたっていた。米軍の空襲で負傷したため十八年十月に日本に戻り、九死に一生を得た。

終戦後、「同胞を慰霊するのは、生き残った自分の役目」と犠牲者の名簿捜しを続け、二百四十四人の名前を確認。しかし、現在、所在がわかっているのは、生存していた三人を含め十三遺族しかいない。

タラワには、日本人の慰霊碑しかなく、朝鮮人徴用工については慰霊式も行われていなかったため劉さんが呼びかけ実現した。

建立される慰霊碑は、高さ約一メートル、幅約八十センチのみかげ石。ハングルと英語で哀悼の言葉が刻まれている。

現地を訪れるのは、夫をタラワで亡くした李金珠さん(七三)ら韓国から参加の二人を含めた十五人。二十一日に日本を出発。二十五日に除幕式をしたあと、遺骨収集の調査も行う。

「タラワ島で死んだ同胞たちの慰霊がしたかった」と話す劉さん

'91.11.21

熊本日日新聞　平成3年(1991年)11月21日　木曜日

日米開戦50年 ⑥

熊本からの視点

小松　裕

朝鮮人労働の足跡

7700人が農作業や工事に

JR肥薩線大畑（おこば）駅。線路から十㍍余離れた所に、間組が一九〇八年（明治四十一年）十月に建てた工事の殉難者の慰霊碑が、訪れる人もなくひっそりとたたずんでいる。碑に刻まれた十四人の犠牲者のうちの一人は、韓国京畿道出身の「崔吉南」とある。なぜ朝鮮人の名がここに刻まれているのだろうか。

○人手不足を外国人で

現在の肥薩線は、当時鹿児島線の一環として敷設され、全線開通したのは一九〇九年十一月二十一日のことであった。しかし、人吉—吉松間は、ループ線の採用、四十分の一の急勾（こう）配、それに最大の難所といわれた矢岳トンネルなど、当時の技術力をもってしても克服が容易でない難工事であった。そのために、鹿島組や間組などの請負業者は一様に人手不足に悩まされた。そこで目をつけられたのが朝鮮人なのである。『九州日日新聞』の報道によれば、人吉と矢岳トンネルの間だけで、なんと「五百人以上」の朝鮮人が使役されたという。

炭鉱や土木などの業界では、資本主義の確立期にあたる明治後期から、労働力不足を補うために外国人労働者を使用しようという傾向が顕著だった。何よりも低賃金労働が魅力であった。肥薩線工事でも、まず中国人二百五十九人が移入されたが、中国人労働者の移入は一八九九年に公布された勅令第三五二号によって事実上禁止されていたので、彼らのほとんどは上陸後一月余で送還されてしまった。そこで、この勅令による規制の対象外であった朝鮮人がクローズアップされたわけである。

このように、一九一〇年の「韓国併合」以前から熊本県内に数多く見られた朝鮮人労働は、一九三〇年前後から、炭鉱がその中心であった福岡や長崎などとは異なった熊本県独自の産業構造に規定されながら展開していった。その特徴を三点にまとめることができる。

第一に、農業県熊本ならではの特徴として、朝鮮人農業労働者の多さが指摘できる。たとえば、鹿本農会では、一九二八年に、朝鮮総督府の許可を得て約六百人の朝鮮人を三年契約で雇用する計画を立案、実施していた。

第二には、職工や坑夫が少なく土工が多いことである。たとえば、球磨郡の川辺川第一発電所（一九三四年着工、三七年七月発電開始）とその上流域にある五木川発電所（一九三五年着工、四〇年十月発電開始）の二つの工事には何百人という数の朝鮮人が使用された。五木川発電所の導水路工事では、大雪が降った一九四〇年一月二十四日にダイナマイトの爆発事故が発生し、十数人の朝鮮人が死傷するという悲惨な出来事もあった。

そして第三には、屑（くず）買いや靴みがきなどの雑業に従事する人が全体として最も大きな比率を占めていたことである。零細な生活基盤しか持たぬ朝鮮人がほとんどであった。

○地下工場建設にも

朝鮮人の強制連行は一九三九年から始まった。企画院で立案された「労務動員計画」に従って「募集」（事実上の連行）が許可された事業所のうち、熊本県関係では、五木川の発電所に四百人、菊池郡の花房飛行場整地作業に三百人、牛深天草炭鉱に四十人、河浦の旭炭鉱に六十人、宇土の日本合成化学工業熊本工場建設に五十人などが明らかである。

代表的なのは熊本市健軍の三菱航空機製作所関係の工事である。健軍飛行場の整地、健軍川の拡張工事、それに市電の延長工事（水前寺—健軍）などのすべてが、国内徴用された朝鮮人と連行された朝鮮人を中心に進められた。さらに、一九四五年三月の熊本空襲以後、戦局の悪化に伴う工場機能の分散化がはかられ、県内十カ所余に地下工場が建設されたが、この工事を担当したのも朝鮮人であった。

その他、阿蘇三井鉱山の褐鉄鉱露天掘にも多数の朝鮮人が動員されており、今年四月の朝鮮人強制連行真相調査団の発表によれば、最終的に強制連行された数は、熊本県のみで七千七百二十九人、日本全体では百五十四万人といわれている。

真宗寺（熊本市健軍）から発見された引き取り手のない朝鮮人の遺骨

○根強い差別意識

このように熊本県における朝鮮人労働の歴史をふりかえってみると、過酷な労働条件の下に置かれながらも熊本の開発に大きな足跡を残していることがわかる。それにもかかわらず、私たちは、朝鮮人労働の歴史を記憶にとどめようとする努力を怠ってきた。それればかりか、かつての植民地支配と強制連行などに対する謝罪や責任問題に頬（ほお）かむりしたままで、根強い差別意識を残存させてきたのが、私たちの「戦後」であった。

そして今また私たちは、新来の外国人労働者問題に直面しつつある。過去の歴史を正視することからしか、私たちの未来は始まらないのではなかろうか。

◇こまつ・ひろし　一九五四年山形県生まれ。熊本大学助教授（日本近代思想史専攻）。指紋押捺制度を考える熊本の会代表。

朝鮮時報 '91.11.21

"ナウルで友が殺された"

3日間、会場訪れ名前探す

大阪、京都、兵庫の朝鮮人強制連行真相調査団共同の大阪での名簿公開（十四～十六日、大阪・西淀川区の大阪朝鮮教育文化会館）には、初日から親族の生死や所在を知りたいと多くの体験者や遺族らがつめかけた。

会場には、歳月による風化を象徴するかのように、年老いた在日朝鮮人一世の姿が目立っていた。

三日間、欠かさず会場を訪れていた摂津市在住の宋龍碩さん（68）は、一九四二年に慶尚北道永川郡から、南方のナウル島に強制連行された。共に連行された三百人以上の同胞らの多くが島で殺されたと証言する。

強制連行 大阪で名簿公開

死を確認「遅すぎる！」と怒る遺族

在日朝鮮人一世の姿が目立った会場（14～16日大阪・西淀川区の大阪朝鮮教育文化会館）

「韓国籍」の宋さんは、島で親友の遺体を葬った当時のことを思い出しながら「補償問題が『日韓条約』で解決されたとは、納得できない。同胞と親友らがどこに送られ、死んだのかを遺族に知らせてやらなければ。日本が我々を強制連行したということを認め、明らかにしなければ死ぬに死ねない」と、連日、友人たちの名を探していた。

京都在住のある同胞は、「被徴用者死亡者名簿」の中から、ようやく叔父の名前を探し出した。

叔母は今日まで、強制連行された夫の生死も知らず、故郷で帰りを待っているという。「叔父は結婚後、一ヵ月もせず引っ張られたんです…」と、怒りに声を震わせながら一九四四年三月二十日に東部ニューギニアのハンサ（現在パプア・ニューギニア）で死亡したとの、遅すぎた知らせを書き写していた。

また、このほか親族の名前を探す、南朝鮮留学生などの姿も見られた。

「強制連行ホットライン」では、フィリピンで死亡した兄について調べるうちに、朝鮮人従軍慰安婦が十三人いたことを知り、名前を確認したいと問い合わせてきた人など、強制連行の体験者、関係者らから貴重な証言が寄せられた。

朝鮮人強制連行

47年ぶりに叔父の死確認

大阪でも名簿を公開

大阪、京都、兵庫の三府県朝鮮人強制連行真相調査団が共同で十四～十六日の三日間、大阪・西淀川区西中島の大阪朝鮮教育文化会館で、十三万五千三百九十五人分の強制連行者名簿を一般公開した。東京（一～二日）に続き二回目の名簿公開の今回は、一九七一年に日本厚生省が南朝鮮当局に引き渡した二万人の軍人軍属名簿の一部で、東京での一般公開以後、新たに収集された「被徴用死亡者名簿（陸軍、海軍）」（慶尚南・北道、五千六百三十四人分）が初めて公開された。

会場には、二百七十人に上る強制連行体験者や遺族をはじめ関係者らが訪れ、名簿を閲覧した。京都在住のある同胞は、強制連行された夫を待ち続けている叔母に代わって会場を訪れ、「被徴用者死亡者名簿」の中に叔父の名を確認した。また、慶尚北道から南方のナウル島に強制連行された宋龍碩さん（68）は、島に連行された三百人以上の同胞の多くが殺されたと証言し、連日、同郷の友の名を探し続けていた。

期間中に設けられた「強制連行ホットライン」には、フイリピンで朝鮮人従軍慰安婦の存在を確認したとの証言など、八十五件の問い合わせや新たな情報が相次いで寄せられた。（関連記事3面）

軍の命令で強制連行

3年間に6千人、慰安婦も

大阪シンポ、吉田氏の発言内容

大阪市浪速区の大阪歴史資料館多目的ホールで九日、文化フォーラム「いま、朝鮮人強制連行を問う！」が大阪歴史資料館の主催で行われた。同フォーラムにパネラーとして参加した、強制連行の実行責任者の一人で「私の戦争犯罪」の著者の吉田清治さん（千葉県在住）の講演内容を紹介する。（見出し、文責は編集部）

私が、強制連行の担当者であったことを「告白」してから二十年がたつ。当時、私の手記が新聞、テレビに紹介されるや旧軍人グループあるいは現在、日本の財界を編成している旧財閥大企業などの広報担当者が、"強制連行に対する事実の公表は国益のために控えてくれないか"と申し入れてきたことがあった。

しかし私は、あの戦争中の実態を知らない若い人達のために、彼らの申し入れを拒否し、今日までその事実について声を大にして言い続けて来た。

毎月、一定の割り当て

私は昭和十七年から二十年までの約三年間山口県労務報告会動員部長として、朝鮮人強制連行の実行指揮をした。昭和十七年と言えば、日本によるアジア侵略、占領が全域に及び、十八年の正月には北は満州・黒流江のソ満国境から、南はジャワ、スマトラ、タイ、インドシナ、フィリピンまで、日本軍の制圧下に置かれた。占領地域では行政も日本人の手で行われていたが、すべてのことをカバーするのは不可能だった。そうしたことから、とくに労働力を補うためにその唯一の供給地として朝鮮半島が、日本の当時の政府によって設定された。

労務報告会というのはそのために作られた組織であり、動員部長はその現場の指揮官であった。

私のような、労務動員業務の第一線指揮官には、毎月一定の労働力の補充が割り当てられた。その命令は軍からのものだった。

当時、日本ではすでに軍制が敷かれて地方行政は機能せず、日本を五つの軍管区に分け、山口県と九州は西部軍管区司令部管内で、西部軍司令官が大本営命令として直接、山口県知事、九州各県知事に労務動員命令を書類によって命じていた。

県知事は、労務報告会会長を兼務していたので、その軍命令による労務動員を、朝鮮半島に職員を出張させて、行っていた。一ヵ月に山口県だけで五百人、一千人単位で割り当てがきていた。私には労務報告会支部の動員部長四十人ほどが部下としていたが、会議で彼らに次々に、割り当てをして朝鮮半島に出張させ、強制連行を行わせた。

自由に随時、連行が可能

私の指揮の下で行われた約三年間で、部下たちは一万人を越える人を強制連行してきたと証言している。その部下たちの言葉の中で、確認された数字だけでも約六千人に達し、そのうち約千人は従軍慰安婦として徴用した。

この強制連行という言葉は当時はなくて、朝鮮人徴用と呼称していた。朝鮮人に徴用令を施行したのは大分後のことだが、そんな事はお構いなしに、昭和十七年から勝手に朝鮮人徴用という言葉を公文書に使い、県庁その他の団体の一部でも呼称し、この業務を行っていた。

その権限は、大本営命令、つまり当時の「大元帥陛下の統帥権」にもとずくものであって、陸海軍の労働力動員業務は、内閣その他各省、いわゆる行政の権限を超越していた。

私が受けた命令の中には、朝鮮総督府の各道の警察部長に協力を命ずることも含まれていた。だから朝鮮半島の労働力として役立つ朝鮮人は、一人残らず自由に随時、連行することが可能だった。そして日本をはじめアジア地域の占領地に連行し、労働をさせ、あるいは戦闘に荷担させるという権限が動員部長に与えられていた。

今日、この席を共にしている二人の強制連行の被害者を前に、四十六年前のことを謝罪したところで、その罪は消えるものではないが、自分の思いを打ち明けることで、加害者としての反省の言葉としたい。

'91.11.27

級認可〉

統一日報

木本事件

追悼碑、来年予算で

熊野市、市民グループと合意

【三重】一九二六年一月、同胞労働者二人が地元民に虐殺された「木本（きのもと＝現・熊野市）事件」で、熊野市と市民グループとの具体的検討作業についての話し合いが二十五日、同市で行われ、①追悼碑等の建設用地を同市新田地区の天神がある丘の一角とする②建設予算は来年度の通常予算会議で公園整備事業として計上する③予算をおろす関係上、市の受け皿となる民間団体を社会福祉協議会とする——などで合意があり、犠牲者追悼碑建立にむけて大きく前進した。

市民グループ「李基允氏・裵相度氏の追悼碑を熊野市に建立する会」が十月に結成されたことに対しても、市でもその後広報に掲載し、会の案内をするとともに、一般市民の理解を深める努力を行っているとの報告があった。

建設予定地は小高い丘となっており、将来、丘全体を公園化する計画。「木本事件」当時、飯場があった所から近く、また市内が展望でき、事件現場が見おろせる場所。前回の交渉で、同会が示した建設プラン内容をこの日、市としてもおおむね了承したが、追悼碑、碑文をかいた碑に加え、極楽寺にある犠牲同胞二人の墓石をこの地に移転することでも合意。

会のメンバーの一人、金静美さんは「市民の浄財も集めるため教育委員会が各組織に文書配布し、賛同をとりつける予定だし、市との交渉は順調にいっています」と語っている。

なおこの日、市民グループと市が初めて共同で建設予定地を視察し、今後、予定地地区の了解を得るため、市が対応を努力すると言明した。

朝日新聞（富山版） '91.11.29

朝鮮人労働者の情報など記載

県の「知事引継書」 戦中戦後分が不明

第二次世界大戦直後、朝鮮人労働者に関する情報などを盛り込んだ県の「知事引継書」がほとんどなくなっていることが、二十八日までに明らかになった。昭和初期や、三十年代以降のものは県公文書館に保存されており、この時期だけのものがないことから朝鮮人問題に取り組む市民らの間から「ないはずはない。県は当時の引継書の取り扱いをもっと調べるべきだ」との声も聞かれる。

県「故意ではない」

市民「もっと調べるべきだ」

引継書は、知事が交代した時に作られるが、県公文書館には、一九二七年（昭和二年）、一九三五年（同十年）、一九五六年（同三十一年）の分が確認されただけ。一九四八年（昭和二十三年）に知事が官選から、民選に移わった際、確実に作成されたとされる引継書もない。

引継書は、一九八七年に県の知事部局から公文書館に管理を移されたが、同館によるとその時点ですでになかったとしている。また、県総務課は「文書を公文書館に移す際、作成したリストにも出ておらず、また、県庁内の倉庫にも見当たらない。引継書を燃やしたという記録もないし、ないとしか言いようがない」と困惑している。

知事引継書は、各地で公表を求める動きも出ている。香川県では今年二月、戦前、戦後の引継書を市民グループの求めに応じて公表。県政にかかわる重要事項がまとめられており、特高課や警備課、厚生課などによる報告部分に、県内在住朝鮮人の記載があった。これをもとに市民グループが、強制連行で来県した朝鮮人の数を弾き出すなど、当時の実態解明に大きな役割を果たした。

県総務課は「昔のことで不明確な点が多いが、意図的なものでは絶対にない」としているが、県内でも戦前の朝鮮人に関する地域の資料が確認されたケースもあり、「戦争のどさくさで見つからないというのはおかしい」とする郷土史家らの声もある。

夜ごとアリランの歌

強制連行 朝鮮人動員し建設

横須賀の巨大地下壕

調査団が確認

神奈川県横須賀市内にある巨大地下壕（ごう）が、戦争末期に朝鮮半島から強制連行された朝鮮人によって掘られたものであることが一日までに、朝鮮人強制連行真相調査団（金基喆団長）によって初めて確認された。総延長一三・〇九㌔、長野市の「松代大本営」を上回る国内最大規模の地下壕。地元調査団も二日に発足予定で、今後、首都圏の巨大地下壕にまつわる戦中史を掘り下げる方針だ。

岩盤がむき出しの地下壕。一部には水がたまっているところもある

巨大地下壕のすぐそばに残るわらぶき屋根の飯場。当時、夜ごとアリランの歌声が聞こえてきたという

この地下壕は、同市浦郷町の市立夏島小学校の南側にある小高い丘の中に掘られていた。高さ約三㍍、幅約三―四㍍の通路が、何本も碁盤の目のように張り巡らされている。コンクリートは使っておらず、岩盤がむき出し。

一九七三年に神奈川県が国にあてた県内の防空壕の埋め戻し要望書の中にこの地下壕も含まれ、「製造主体、横須賀海軍工廠（しょう）。製造目的、地下工場。入り口二五箇。延長一三〇九〇㍍」と記している。だが、埋め戻しは実現せず、一般には知られないまま放置されていた。大本営の疎開先に予定されていた「松代大本営」は一九四五年に掘られ、全長一三・〇七㌔。それより二〇㍍長い。

同調査団の聞き取り調査で、戦争末期には近くに飯場が密集し、朝鮮人が住んでいたことが分かった。今も残るわらぶき屋根の飯場の前に住む元海軍電話交換手の主婦（六五）は「家の前の飯場だけでも十人ほどの朝鮮人がいた。毎朝、点呼の声がし、夜はアリランの歌が聞こえた」と証言。また「終戦直後、地下壕内で、旋盤機械が無数に放置されていたのを見た」とも語った。

戦後、日本各地の戦時生産体制などを調べた米国戦略爆撃調査団の報告書には、同市内で海軍第一航空技術廠が、ジェット発動機などを生産した約三万五千平方㍍の地下工場を持っていた、とある。場所は明記していないが、同調査団は「規模や所在地から、この地下壕に間違いない」と見ている。

調査団の洪祥進・事務局長は「こうした証言や記録から、地下壕は強制連行された朝鮮人が地下の軍事工場として掘ったことが裏付けられる。戦争の悲劇の爪跡を証明する歴史的な構造物として保存を求めたい」と話している。

実態解明に期待

朝鮮人強制連行問題に詳しい立教大学の山田昭次教授（日本近代史）の話　横須賀には地下壕が多いとは聞いていたが、そんな巨大なものの存在は初めて聞いた。本土決戦などといわれた戦争末期、東京を控える軍港だから、これだけのものが必要だったのだろう。日の目を見たことで、横須賀周辺の強制連行の実態解明が進むだろう。

毎日新聞

991年(平成3年)12月2日(月曜日) 毎日(朝刊) 13版 18

「戦争に反対した人たちがいた」

札幌郷土を掘る会が
関係者から直接聞き

弾圧に抗した貴重な証言・半生記

book

戦時下に道内で起きた数々の弾圧事件の関係者から直接聞き取りをしてまとめた「戦争に反対した人たちがいた―弾圧に抗した青春」が発刊された=写真。札幌郷土を掘る会(石田国夫代表)の札幌民衆史シリーズの五巻目。A5判二八〇㌻、定価千円。

弾圧に屈せず、自分の意志を貫こうとした人々の貴重な証言・半生記で、掘る会のメンバーが当時の新聞、文献、事実の掘り起こし運動を続ける中で生存者を発掘「人権」に視点を当てて編集した。

当時、社会運動を行い、生き抜いてきた朝鮮人自身による記録は非常に少ない。金興坤(キム・フンゴン)さん(八四)は一九二九(昭和四)年から旭川と釧路で労働運動中に特高に逮捕された。長い過酷な取り調べの事実がつづられ、金さんは「一番楽なときは気絶した時であった」と証言。

人民戦線事件の全国一斉検挙(一九三七年)の直後、釧路署に逮捕された桑原一さん(七七)も拷問体験を語る中で「たたかれた痛みは時とともに消えた。しかし、裸にされた恥辱は今も消えない」と言う。

日本ホーリネス教弾圧事件に連座して小樽の教会に通っていた内田ヒデさん(八四)も小樽署に逮捕された。留置場、札幌大通拘置支所での獄中生活。検事が「何を隠そう、僕の妻は実はクリスチャンなんだよ」と告白した一言に人間としての苦悩を見たひととき、獄中でスパイ容疑の北大講師、レーン夫人との巡り合いと戦後の再会を淡々とつづった。

一九三二年の「司法赤化事件」のあと逮捕された判事や書記らが次々と転向していく中で転向を拒否して拷問を受け、懲役八年の刑を科せられた西館仁さん(八〇)は「検事に、炭鉱の鉱員の小せがれのために、この光輝ある司法の歴史を汚したとののしられた」と言い、当時、札幌地裁判事だった滝内礼作さん(八〇)も検挙の体験を語っている。

「掘る会」の事務局長の小松豊さんは「当時の弾圧はとても一冊の本に収まるものではないが、人権の視点で生きた証言を集めた記録として中身の濃いものが出来たと思う。今後も語られぬ証言を地道に集めていきたい」と語っている。

〝事実を知り、知らせたい〟

朝鮮人強制労働 体験者の一生紙芝居に

「自分たちの問題」5年前から聞き取り

倉敷中央高社研部

「知らなかった」など感想が相ついだ

全国集会で発表された紙芝居

十一月二十二～二十四日、滋賀県大津市で開かれた「第二十七回全国高校生部落問題研究集会」で、岡山県立倉敷中央高校社会問題研究部（社研部）が朝鮮人強制労働をテーマにした紙芝居「二つの国に生きて―金原哲物語―」を発表した。

問いかけ

この紙芝居は今年四月三日、八十歳で亡くなった金原哲さんをモデルにしたもの。金さんは第二次大戦中、岡山県倉敷市水島の亀島山地下工場で強制労働を強いられた。

紙芝居は金さんの人生を振り返りながらこう最後に問いかける。「私たちは金さんと交流していくうちに日本人が朝鮮人にした加害の問題と日本の戦争責任について考えるようになりました。在日朝鮮人の人たちや朝鮮の人たちと私たち日本人が本当に対等な関係で仲良く暮らせるようになるためには、まだ々多くの課題があるようです。金さんの生涯を振り返ってそれが何なのか考えてみましょう」

発表後、「昔悪いことをした日本人の子孫である私たちが、これからその責任をどうしていくか考えるいい機会になった」「自分たちに何ができて何をやるべきなのか考える必要がある」などの感想が聞かれた。

一人でも多く

倉敷中央高校社研部は五年前、八六年度の「水島空襲を考える」の取り組みの過程で倉敷市水島にある亀島山地下工場の存在を知り、体験者からの聞き取りをもとに強制連行・労働の実態を調べてきた。八八年、その数少ない証言者の金さんと当時の部員が初めて出会い、聞き取りを始め、交流を続けてきた。九〇年度には、調査の過程で身元の確認された二体の遺骨を返還するため南朝鮮へ行った。

去年の集会で遺骨返還について発表した後、今年は、今までの五年間の総括として、金原哲さんから朝鮮で生まれて日本にくるまでの話を聞き、それを「勇気がなくても、いつでもどこでも繰り返しできるから多くの人に見てもらえる」（片山恵子さん）紙芝居にしようと決めた。

しかし入院中の金さんの病状は思わしくなく、聞き取りは思うように進まなかった。それでも調子が良い日に話を聞き、三学期の間、現在の二年生二人がテープを起こし、これをもとに新学期から三年生六人が分担して夏休みに台本ができ、美術部員の協力も得て秋に紙芝居が完成。

秋の同校文化祭、そして第二十七回岡山県高校生部落問題研究集会で発表。大きな反響を巻き起こした。

誰のために

部活で様々なことを学んできた部員たちだが、大きな転機になる出来事があった。

今年度の岡山県備南地区地域交流学習が八月八～十日、倉敷朝鮮初中級学校で行われ、倉敷中央はじめ十校の社研部生徒ら五十五人が参加した。在日朝鮮人問題の学習を通じ、地域での日本人と朝鮮人の「共生」を考えようというもので、倉敷初中の生徒らと一緒に亀島山地下工場のフィールドワーク、当時の朝鮮人労働者のバラックに現在も住む一世からの聞き取りなど様々な交流学習を行った。

最終日の感想発表会の時、倉敷初中の林一崗先生（20）がつぎのように語った。

「君たちは、誰のために、こういう事をし、誰のために、ここへきたのか。それは君たち自身のためではないのですか」

ぐさりと胸に尽き刺さる言葉だった。その時のことを梶谷清香さんは「林先生の言葉はショックだった。この言葉によって、〝実は自分たちの問題だ〟ってやっと気付いた」と。

振り返って

全国集会に参加した倉敷中央社研部の七人は三年生。これが最後の部活動である。

「最初は先輩たちがやってることが分からなかった。でも一年の終わりから二年にかけてだんだん理解でき、一生懸命になった。とくに三年になってからは、人間が成長したと思う」と村井由紀子さんは三年間を振り返る。

「みんな本当のことを知りたいという純粋な気持ちでここまでやってきた。この三年間の活動を財産に『一生こういう生き方をする』とは思えないが、きっと何かが残ったと思うし、何かが変わったはずだ」

こう話す顧問の花房英利先生は近々、社研部のこの活動を本にまとめて出す予定だ。

毎日新聞　（第3種郵便物認可）
新聞定価（消費税込み）1ヵ月3,190円・1部売り（朝刊）90円（夕刊）40円

平和とは　日米開戦50周年

岬町に朝鮮人収容所跡

強制連行　記録保存へ　住民ら調査

大阪

日本の植民地時代、朝鮮半島から強制連行された人たちの収容所跡が大阪府泉南郡岬町の梅林で見つかり、地元の町民や教師らが調査に乗り出した。次世代に伝えていくために文書に記録する。八日は太平洋戦争が始まってからちょうど半世紀。同町を含む大阪・泉州地域は関西国際空港の開港を控えて、国際化の声が高まっているが、関係者は「他国にどういうことをしてきたか、を知ることがその一歩」と話している。

強制収容所跡のレンガ造りの土台を調べる金さん＝大阪府泉南郡岬町で

強制収容所跡は、和歌山県との府県境に近い町西端部にある岬の梅林と畑の一画。敷地は約一、二〇〇平方㍍の広さ。レンガ造りの建物一棟分の土台が高さ五十㌢前後、南北二十㍍、東西十㍍の規模。中央部には、内廊下とみられるレンガ積みが南北に通り、南端にはコンクリート製のトイレの跡が三カ所あった。

この地区一帯は戦時中、トタン板や有刺鉄線で囲まれ、警戒が厳重で住民は近寄れず、地元では何らかの軍事施設とみていた。

終戦直後は、軍人はいなくなり、多数の朝鮮人が建物から出て来たが、数日でいなくなった、という。

昭和の初めごろ、父の仕事の関係で岬町に来て育った郷土史家、金在讃さん（六三）が今春建物跡を見つけ、戦時中、この建物周辺に出入りしていた町内の住民らを探し出し聞き取り調査を始めた。

その結果、数人から「数棟の建物があり、千人を超える人がいた」「大部分の人が朝鮮語を話していた」「たどたどしい日本語で『朝鮮から連れて来られた』と言われた」「数百人単位で入れ替わっていたようだ」などという証言を得た。

これらの証言などから、金さんは朝鮮半島から連行されてきた人の収容所跡に間違いないと判断。泉州地域の強制連行問題を調べている地元の小、中、高校の教諭グループと共同で詳しい調査を始めることにした。

金さんは「強制連行された人を集め、軍事施設をつくっていたのではないか」と推測。グループの教諭の一人は「調査によって、日本が他国にどういう人権侵害を行ってきたかを明らかにすることが、国際化に必要な人権感覚を養うことにつながる」と話している。

朝日新聞 '91.12.4

忘れられぬ苦渋の日々

朝鮮人強制連行語る丁さん
改名・タコ部屋・・・

色あせた写真を手に、滝川市の丁任鎮＝ティ・イムジン＝さん(七九)は「みんなの生死がわからない。どこでどうしているのか」と話す。終戦の数年前、美唄炭鉱で、強制連行された朝鮮人とともに働いた。写真の若者五人は、その時、同じ組にいた朝鮮人仲間だ。向かって一番右が丁さん。左隣の二人が、強制連行されてきたという。

丁任鎮さん

丁さんは十九歳の時、釜山から下関に渡った。慶尚南道昌寧郡で農業を営んでいたが、日本人に畑を奪われ、生計が立たなくなったという。先に北海道に渡っていた兄が頼りだった。

鹿追町、妹背牛町で農家に住み込み、畑仕事のかたわら、人夫として働いた。このころ、モトエ夫人(七三)と結婚した。一九四一年、親方に美唄炭鉱に連れて行かれ、「丁ではだめだ。今日から大山にしろ」と、日本の名字を与えられた。

人夫たちの待遇は、所属する組によって差があった。一番ひどいのは「タコ部屋」暮らし。強制連行の朝鮮人が多かった。幅約一尺の通路は土間。その左右が板張りで、その上にムシロをひいて、何十人もが並んで寝る。逃亡を防ぐため、窓には鉄格子、出入り口のとびらには常に錠がかけられていた。

ある日、通路の奥にある便所に飛び込み、逃げようとした朝鮮人がいた。結果は失敗。「半殺しですよ。たとえ死んでも、山に埋めておしまい。警察は見てみぬふりです」

「土方が人間か。イワシが魚か」。炭鉱ではそんな言葉がまかり通っていた。「土方」は朝鮮人を指した。「なまけるな!」と暴力を振るう日本人現場監督が、面と向かってそう吐き捨てた。けがをしても現場に駆り出された。頭数さえそろえば、組には会社から金が入ったからだ。

美唄炭鉱で撮ったたった1枚の写真。話はいつも「どうすれば無事に祖国に帰れるか」だった

写真の五人はその後、虻田町の軍事工場に移された。毎朝の点呼で「皇国臣民ノ誓詞」を暗唱させられ、皇居の方角に向かって、頭を下げさせられた。四四年秋、丁さん家族は守衛に頼み込んで脱走。以後、仲間たちに会っていない。「あの時は、自分と家族のことで精いっぱいだった」

丁さんは言う。「強制連行者名簿が公表され、私たちが体験した事実が明らかになるのはうれしい。ろくな給料も払わず、満足な食事も与えず、朝鮮人をこき使ってきた日本は、補償するのが当然だ。いつ殺されるかもわからずに過ごした日々を、忘れることはできない」

朝鮮人強制連行真相調査団などによると、終戦の年には美唄炭鉱の朝鮮人労働者は三千人近くに上った。四〇年から四四年にかけて、百三十九人の朝鮮人が事故で死んだという。

道内にも真相調査団

朝鮮総連道本部は三日、「朝鮮人強制連行真相調査団」を道内で結成することを明らかにした。道内各地で未発見の朝鮮人労働者名簿を探し、労働実態を継続的に調べていくという。

道本部によると、来年早々の段階で、道内の研究者や民衆史家らと総連のメンバーが「調査団」を結成する。現在のところ、十五人前後を見込んでいる。関係者の話をもとに、寺院や企業の倉庫、博物館などに眠る資料を発掘する計画だ。

旧軍地下壕の内部解明

広島の元宇品・海田　朝鮮人を使役か

市民団体調査

太平洋戦争末期に旧軍施設として掘られたとみられる広島市南区元宇品町と広島県安芸郡海田町の地下壕（ごう）の内部が、市民団体・広島の強制連行を調査する会（正木峯夫広島電大付高教諭ら世話人）の手で明らかになった。同会はこうした地下壕建設に強制連行された朝鮮人が使役されたとみて調査中。八日午後一時半から広島市平和記念館での集会で中間報告する。

海田町の地下壕を実測する「広島の強制連行を調査する会」の会員ら（同会提供）

調査は十月から始めた。元宇品町では山腹の三つの横穴から内部に入り、総延長百数十㍍のクモの巣状の壕二カ所と総延長三百数十㍍の格子状の壕一カ所を発見。壕の一部にはコンクリートを打った小部屋のような空間もあった。

また、海田町浜角でも山腹の二カ所の横穴の奥に総延長三百㍍と二百数十㍍の格子状の壕を発見。内部に機械を据え付けたらしいコンクリート土台や階段状の立坑があった。横穴の多くは竹やぶなどに埋もれていた。

戦争末期、宇品地区には陸軍船舶練習部（暁部隊）の司令部などがあり、三菱重工OBの回想録には宇品地区で陸軍地下司令部を視察した、との証言が残っている。海田町浜角には第一海軍航空廠（しょう）兵器部があった。

同会は内部の構造からも、元宇品は地下基地、海田は地下工場の一部ではないかと推測。地権者の協力を得て、建設当時のようすを本格的に調査する。

朝鮮人強制連行の名簿公開

つらい日々忘れられぬ

美唄炭鉱で働いたテイ・イムジンさん

色あせた写真を手に、滝川市の丁任鎮＝テイ・イムジン＝さん(七九)は「みんなの生死がわからない。どこでどうしているのか」と話す。終戦の数年前、美唄炭鉱で、強制連行された朝鮮人とともに働いた。写真の若者五人は、その時、同じ組にいた朝鮮人仲間だ。向かって一番右が丁さん。左隣の二人が、強制連行されてきたという。

（社会面参照）

改名・タコ部屋…脱走

丁さんは十九歳の時、釜山から下関に渡った。慶尚南道昌寧郡で農業を営んでいたが、日本人に畑を奪われ、生計が立たなくなったという。先に北海道に渡っていた兄が頼りだった。

鹿追町、妹背牛町で農家に住み込み、畑仕事のかたわら、人夫として働いた。このころ、モトエ夫人(七三)と結婚した。一九四一年、親方に美唄炭鉱に連れて行かれ、「丁ではだめだ。今日から大山にしろ」と、日本の名字を与えられた。

人夫たちの待遇は、所属する組によって差があった。一番ひどいのは「タコ部屋」暮らし。強制連行の朝鮮人が多かった。幅約一㍍の通路は土間。その左右が板張りで、その上にムシロをひいて、何十人もが並んで寝る。逃亡を防ぐため、窓には鉄格子、出入り口のとびらには常に錠がかけられていた。

ある日、通路の奥にある便所に飛び込み、逃げようとした朝鮮人がいた。結果は失敗。「半殺しですよ。たとえ死んでも、山に埋めておしまい。警察は見てみぬふりです」

写真の五人はその後、虻田町の軍事工場に移された。毎朝の点呼で「皇国臣民ノ誓詞」を暗唱させられ、皇居の方角に向かって、頭を下げさせられた。四四年秋、丁さん家族は守衛に頼み込んで脱走。以後、仲間たちに会っていない。

丁さんは言う。「私たちが体験した事実が明らかになるのはうれしい。朝鮮人をこき使ってきた日本は、補償するのが当然だ。いつ殺されるかもわからずに過ごした日々を、忘れることはできない」

朝鮮人強制連行真相調査団などによると、終戦の年には美唄炭鉱の朝鮮人労働者は三千人近くに上った。四〇年から四四年にかけて、百三十九人の朝鮮人が事故で死んだという。

美唄炭鉱で撮った、たった一枚の写真。話はいつも「どうすれば無事に祖国へ帰れるか」だった

稚内や旭川逃亡で転々／逮捕されてリンチ／軍隊より厳しい

二千七百二十七人の朝鮮人連行者名簿が残った住友鴻之舞鉱山。そこに記された名前、本籍や生年月日を頼りに、朝日新聞社では電話調査してみた。

何らかの手掛かりがつかめた人は計七十四人で、うち生存が確認できたのは十四人。残りは帰国後の消息が途中で途絶えたりして、最後まで確認できなかった。

いくつかの証言を紹介する。

大邱市に住むキムさん。一九一九年生まれで、募集に応じて鴻之舞へ渡った。六年間逃亡し、稚内や旭川を転々とした。

農村で暮らすパク（日本名・栗山）さんは、募集に応じたが「ほとんど強制的で応じない訳にはいかなかった」。日本に渡って十カ月後に逃亡し、逮捕されてリンチを受けた。

昨年亡くなった別のキムさんの場合は戦前、道内へ二度渡っている。息子さんの記憶によると、最初は本人の意思で働きに来たが、母親が病気になったため一度帰国。さらに四四年に強制連行された。生前、「北海道の炭鉱はよいところだと聞いていたが、軍隊より厳しかった」と話していた。

真相究明へ道内調査団

来年早々にも結成

朝鮮総連道本部は三日、「朝鮮人強制連行真相調査団」を道内で結成することを明らかにした。道内各地で未発見の朝鮮人労働者名簿を探し、労働実態を継続的に調べていくという。

道本部によると、来年早々の段階で、道内の研究者や民衆史家らと総連のメンバーが「調査団」を結成する。現在のところ、十五人前後を見込んでいる。関係者の話をもとに、寺院や企業の書庫、博物館などに眠る資料を発掘する計画だ。

朝鮮時報 '91.12.5

強制連行

神奈川に千600のトンネル

除籍簿・学籍簿、地下工場など発見

神奈川県朝鮮人強制連行真相調査団準備会（代表＝韓京益・朝鮮総聯県本部副委員長）は、今年七月から軍需工場の確定や、その工事にどれだけの朝鮮人が強制労働させられたのかを調べるため、県内の現地調査や証言者の発掘と聞き取り調査を行ってきた。

準備会が入手した資料によると、現在同県には約千六百のトンネルが残されており、そのうち約千が横須賀に現存する。横須賀市の旧海軍建築部と施設部の工事、第一空廠工事、横浜市の日本鋼管鶴見工場、東京製鉄横浜工場、川崎市の日本鋼管川崎工場、日本製鉄富士精錬所などに朝鮮人が従事させられていたという。

戦争末期に横須賀海軍工廠（現在、楠ヶ浦町の米軍基地）理財工場で強制労働させられていた李祥龍さん（60）は、「一九四四年四月頃から同工場周辺の地下軍需工場の疎開が始まり、その工事に多くの朝鮮人が従事させられていた。十七から十九歳の若い人たちばかりで、池上の日本少年職工たちの宿所に約四百人、春日町の『記念館』という所に約百五十人の朝鮮人強制連行者がいた」と証言している。

また、予備調査の過程で、楠ヶ浦の米軍基地近くにある寺に「横須賀海軍工廠建築部請負工事　殉職者弔魂碑」という碑が建てられており、朝鮮人三十一人の氏名、年齢、死亡日時が記されていることも明らかになった。準備会では、軍関係の碑に朝鮮人の名前が記されているのは、全国でも希なことで、貴重な資料だとしている。

また、横須賀市内の武山小学校など四校で、朝鮮人強制連行者の子女と思われる計二百三十九人の除籍簿と学籍簿が見つかっている。

国内最大規模の地下工場調査

準備会は十一月二十七日、横須賀市浦郷町の地下工場に対する予備調査を行った。

地下工場は、高さ約三メートル、幅約三～四メートルの通路が碁盤の目のように掘られてある。コンクリートは使われておらず、岩盤がむき出しになっており、難工事をしのばせる。

一九七三年に同県が国にあてた県内の防空壕埋め戻し要望書には、「製造主体、横須賀海軍工廠。製造目的、地下工場。入口二十五。延長一万三千九十メートル」と記されている。記録では長野県の「松代大本営」より二十メートルも長い。

準備会では、「米国戦略爆撃調査団」の報告書にあるジェット機発動機などを生産していた海軍第一航空技術廠に違いないと見ている。

この日の聞き取り調査では、同地下工場付近に飯場が密集し、多くの朝鮮人が住んでいたことが確認された。現在も残るわらぶき屋根の飯場の前に住む元海軍電話交換手の主婦（65）は「家の前の飯場だけでも十人の朝鮮人がいた。毎朝、点呼の声がし、夜はアリランの歌が聞こえた」と証言した。

準備会は、四日に調査団を正式結成した後、八日に同地下工場に対する本調査を行う予定。

31人の朝鮮人の名前が刻まれている殉職者弔魂碑

横須賀市浦郷町の地下工場跡の入口

北海道新聞（夕刊）　1991年（平成3年）12月5日

朝鮮人強制連行名簿を一般公開

苦難の証拠 見つめる目

札幌にも関係者次々 徴用令書も展示

いやしがたい苦難を伝える名簿や徴用令書などに見入る在日朝鮮人の高校生グループら

戦時中、朝鮮半島から日本に強制連行されるなどした朝鮮人約十三万五千人の名簿の札幌での一般公開が五日午前から、朝鮮総連道本部会館（札幌市中央区北一東八）で始まった。最近、同市内で発見されたばかりの徴用令書も展示され、訪れた北海道朝鮮初中高級学校（札幌市豊平区）の高校生グループなどは、祖父母らの世代が味わったいやしがたい苦難を生々しく伝える証拠の品を食い入るように見詰めていた。

一般公開された名簿は、同総連などで構成する朝鮮人強制連行真相調査団が独自に収集した五十七冊十三万五千三百九十五人分で、道内の炭鉱や鉄道工事現場に連れてこられたり、死亡した約一万二千人分も含まれている。

さらに会場には、今年三月、札幌市中央区内で死亡した全燾圭さん＝当時(67)＝が昭和十九年、故郷の朝鮮半島南部の全羅南道（現・韓国）にいたところを空知管内沼田町（当時沼田村）の浅野雨竜炭砿で働かされるため強制連行された際の徴用令書や給料精算袋、補助金支払証明書の三点も並べられた。全さんは同炭砿で受けた暴行によるケガ治療のため戦後そのまま小樽に残り、製材所で働くなどした後、昭和五十年ごろ札幌へ来て同総連札幌支部南分会事務所の管理人をするなどしていた。身寄りもない最期だったが、同総連札幌支部の人たちが遺品を整理していたところ、これらの品を発見した。本人が保管していた徴用令書が道内で見つかったのは初めてという。

道内への強制連行者は延べ五十万人とも言われ、九州と並んで多く、市民や関係者が朝から次々に会場を訪れ、関心の高さをうかがわせた。東京、大阪に次ぐ札幌公開はこの日だけだが、同総連道本部は情報ホットライン☎011・241・5371を常設、情報提供を求めている。

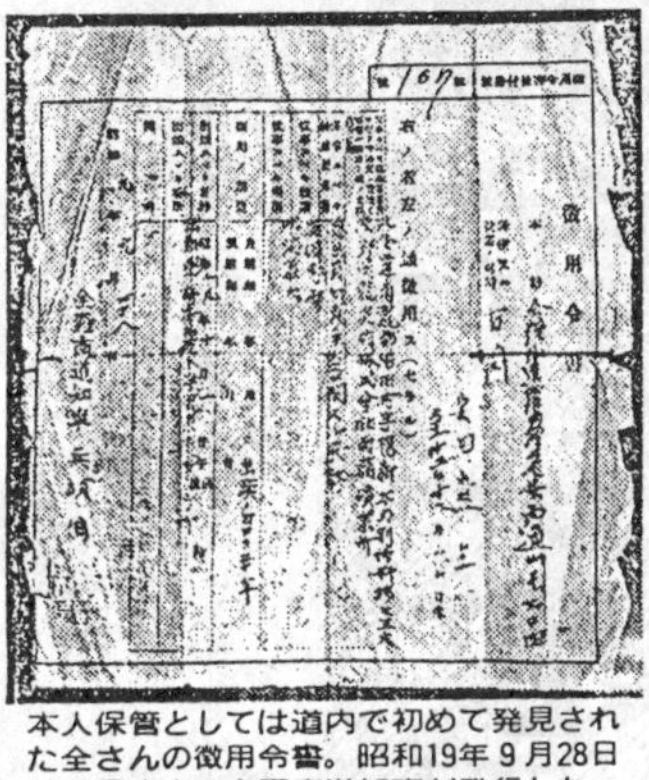

本人保管としては道内で初めて発見された全さんの徴用令書。昭和19年9月28日付で日本人の全羅南道知事が発行した

「仲間が生き埋めに」

生き証人南応浩さん 会場で悪夢を語る

今でも痛む左腕をさすりながら強制連行の実態を話す南応浩さん

朝鮮人強制連行者名簿の札幌公開の会場となった朝鮮総連道本部会館には五日午前、朝鮮半島から強制連行され樺太、千島で働かされた「生き証人」の札幌市豊平区平岡二ノ三、無職南応浩さん(72)も訪れ、栄養失調で虫の息だった仲間がコンクリート詰めにされた―などと悪夢の体験を証言した。

南さんは、現在の韓国・慶尚南道出身で、九人家族の農家だった。昭和十七年、突然訪ねてきた日本人役人に、同じ朝鮮人青年約四十人とともに樺太の炭鉱に強制連行されて働かされた。

「朝から晩まで石炭掘ったり運んだり。あんまりつらいので、三カ月ぐらいで仲間と船で北海道へ逃げたんだが、日本語がうまくしゃべれないものだから捕まって千島のホロムシル島に送られた」と話す。

島では山を切り崩しての道路工事をさせられた。「寒いし、食事は一日三回とはいえ、卵大にでんぷんかすや豆かすを固めたものだけ。殴るけるはしょっ中だった。栄養失調で同胞はバタバタ倒れ、朝起きると隣の人がいなくなってる。日本人の労務係が虫の息の仲間を橋脚などにコンクリート詰めにしたのを見た。いまでも夢の中に現れ、眠れなくなる」と証言する。

戦後、網走管内丸瀬布町で廃品回収業を長く営み、日本人の夫人(67)との間に三人の子供を育て、昭和五十年ごろ札幌に転居、今は孫九人がいる。昨年、五十三年ぶりに故郷の慶尚南道に里帰りしたが、当時連行された仲間の消息は全くつかめなかったという。

南さんは「今回公開された名簿は強制連行された人たちのほんの一部。私の名前もない。日本政府はきちんと調査して百五十万人を超すという仲間の名簿を作って公開し、罪を償ってほしい。故郷や肉親、青春を奪った責任があるはずだ」と、日本政府の責任を追及する。

統一日報

1991年12月7日（土曜日）

強制連行 朝鮮人120人 佐渡金山でも過酷労働

韓国の生存者2人が証言 落盤で骨折、妻は不明

【新潟】第二次大戦前・中に新潟県佐渡の金山に強制連行された朝鮮人の過酷な坑内労働の一端が、韓国国内の生存者の証言を通してこのほど明らかとなった。佐渡博物館が所蔵していた朝鮮人名簿から、百二十人程度が相川町の三菱鉱業佐渡鉱山で働いていたことは判明していたものの、具体的に裏付けられたのは今回が初めて。追跡調査にあたったコリア強制連行新潟県調査会（世話人・伊藤巌新潟大名誉教授）は、引き続き実態解明を急ぐことにしている。

同研究会は、新潟の民団、総連両本部から二人ずつの有志が参加、日本人有識者を加えて十人で発足した。県内のうずもれた韓国・朝鮮人の歴史を発掘しようと定期的に会合を重ねている。相川町史編さん委員の本間寅雄・佐渡博物館長が十年余り前に同町で収集し、未整理のまま町史編さん室に保管していた資料の中から朝鮮人労働者の名簿が発見されたことから、韓国で体験者を探し、生の証言を得たいと先月二十七日から調査団を送っていた。

調査団によれば、見つかった元鉱員は、鄭炳浩さん（七五）、金周衡さん（六五）、金東喆さんの三人。いずれも、現在は忠清南道に住む。鄭炳浩さんと金周衡さんが強制連行されたのは一九四三年で、鄭さん二十八歳、金さん十七歳のとき。里長から口頭で翌日の出発を突然通告されたという。

鄭さんは坑道の一番奥での掘削係、金さんは坑内で掘削機に空気を送るコンプレッサーの係だったと証言している。鄭さんは落盤による足の骨折が今も痛む状態。解放後帰国したが妻は行方不明、生後まもない娘も死んでいた。

同研究会では八日、新潟市内で訪韓報告を行う。来年には関係者を佐渡に招き、将来の補償に向けての世論化に努めていく方針。

朝日新聞

991年(平成3年)12月7日　土曜日　朝日新聞

全長15キロ最大級の導水隧道

強制連行の人々が造った

東電の群馬岩本発電所　死者多数、本格調査へ

群馬県沼田市にある東京電力岩本発電所の導水隧道(すいどう)が、太平洋戦争中に強制連行された朝鮮人や中国人捕虜を大量動員して建設されたものだったことを在日本朝鮮人総連合会(朝鮮総連)と社会党の両県本部などで組織する合同調査団が確認、七日から本格的な調査に入る。隧道は全長十五キロ以上に及び、長野県の松代大本営を上回る最大規模。全国で再発見が相次いでいる戦中の地下工場や軍施設が戦後は半ば忘れ去られてきた存在であるのに対し、岩本発電所は現在も稼働中だ。

岩本発電所は利根郡月夜野町の利根川上流から引いた水の落差を利用する水力発電所。東電沼田工務所によると、隧道部分は十五・七キロ、断面は高さ、幅ともに約四メートル。

工事を請け負った土木建設会社の社史などによると、一九四三年七月に工事が始まり、四五年二月に仮通水した。しかし、戦災などで工事は中断。戦後の四九年三月、復興を急ぐ首都圏に送電を始めた。

工事に従事したのは約一千人の朝鮮人と六百人の中国人とされる。社史は朝鮮人労働者を集めるため、当時の労務課員が数回にわたって直接朝鮮半島に出向いたことを明らかにしたうえで、現場の様子を「工事用の物資もほとんど欠乏」「一日に掘り進むのはせいぜい三十センチか五十センチ」と記録。「慢性的な飢餓状態と過酷な作業」で、死者や逃亡者が続出した。中国人労働者は四十三人が死亡したとしている。

生き残った労働者たちは工事中断後、さらに近くで行われていた中島飛行機の地下工場建設に動員された。

この強制労働については、隧道が走る桃野村(現・月夜野町)に本籍地が朝鮮半島だったり、死亡当時の住所が飯場だったりする多数の朝鮮人死亡者の「埋火葬認許原簿」があったことを調査団が確認、かなりの人数の朝鮮人や中国人が働いていた事実が当時の資料からも裏づけられた。

取水口近くにある隧道の入り口。発電所はここからはるかに下流　＝群馬県利根郡月夜野町で

朝日新聞 '91.12.7

補償獲得へ共闘組織

韓国3団体 首相訪韓で声明も

【ソウル6日＝小田川興】戦前、戦中の日本による植民地統治で、従軍慰安婦や軍人・軍属または労働者として強制連行されたり、原爆を受けた韓国の被害者三団体は六日までに、日本政府からの補償獲得など共同闘争をするため「対日補償請求被害者団体連合会」（仮称）を結成した。日本政府は日韓条約で植民地被害は「清算ずみ」との見解だが、韓国人被害者らの提訴が続き、韓国国会でも初めて実情調査に乗り出す。同連合会は一月中旬に予定される宮沢首相の訪韓に向けて共同声明を出すほか、国連人権委員会への直接行動も計画している。

共闘組織をつくったのは、ソウルに本部を置く「太平洋戦争犠牲者遺族会」（金鍾大会長、約一万五千人）、「韓国原爆被害者協会」（辛泳洙会長、約一万人）とサハリン残留韓国人の援護活動をしてきた「中ソ離散家族会」（大邱＝李斗興会長）。

産経新聞 '91.12.8

高槻の「タチソ」
新たにトンネル

新たに発見されたタチソの地下トンネル。右側の天井から鉄線がつるされていた

保存状態も良好

朝鮮人強制労働の工場跡

太平洋戦争末期に強制徴用した朝鮮人労働者を働かせた高槻市成合北の町の「タチソ」（旧陸軍高槻地下倉庫の暗号名）の第二工場跡から、新たにコンクリートで内壁を塗り固めた地下トンネルが、七日までに発見された。調査したタチソ戦跡保存の会によると、保存状態も良かった。これで約三十本あるといわれるトンネルのうち、十八本目の発見で、コンクリート壁は二例目という。

新たに見つかったトンネルは山の中腹にあり、幅約四㍍、高さ約四㍍、奥行きが約十㍍。だ円形で両壁の高さ約一・三㍍のところから天井にかけてコンクリートで固められていた。

さらに、入り口から向かって右側の天井からは、長さ約一・五㍍の鉄線がつるされ、その左には電線をかけていたと見られる釣り針状の金具が奥に向かって規則正しく並んでいた。

戦後、アメリカ軍が調査したところによると、現場から北約十五㍍に八号トンネルがあることから、今回見つかったのは七号と見られる。コンクリートのトンネルは八号に続いて二例目。

タチソは昭和十九年、航空機エンジンの部品工場などとして建設に着手。その工事を支えた朝鮮人労働者は三千五百人とも二万人ともいわれている。

トンネルは碁盤の目のように張りめぐらされていた。三つある工場のうちの第一工場は、終戦直前から機能しはじめたらしく、約四十個のエンジンを作っていたという。

土に埋まっていたため、これまで分からなかったが、雨による小さな地滑りでできた穴が発見につながった。同会の宇津木秀甫・代表世話人は「八号との距離が分かったため、ほかのトンネルを見つけるメドがついたのが大きい。保存状態もいいし、市に保存のための調査を訴えていきたい」と話している。

朝日新聞 '91.12.8

平和に不可欠 歴史直視

日米開戦50年

「戦後も日本に残ったのは、あいつに復讐するためです」。温海町の田川炭鉱に連れて来られた朝鮮人の元炭鉱員は、理不尽な労働を強いたある男への思いを語った。豊かな現代日本に笑みを振りまくフィリピンのダンサーは、軍歌に酔う年配者の無神経ぶりに、声を震わせた。八日は、日米が開戦して五十年。原爆や空襲に象徴される被害者意識が先に立ち、ともすれば日本人が侵略者、加害者であった事実から目をそらしがちだが、周囲の国々と人々の傷は深い。重く、苦い歴史を、改めて、振り返る。

過酷な労働と差別

強制連行の姜さん 心身の傷跡は今も

侵略の事実 忘れてはならぬ

四人部屋の病室に、力のこもった声が響いた。「国のために働いたのは日本人と同じなのに、なぜ人間扱いしてくれなかったのか」。短く刈った髪の間から、鉄棒で殴られた小指大の傷跡がのぞく。

姜義楨さん(七〇)＝竹原義雄。東京都福生市＝が立川市の病院のベッドで、体験を語ってくれた。農家の跡取り息子だった姜さんが、日本に送られたのは、一九四一年。はたちの春だった。温海町五十川の田川炭鉱での石炭掘り。二年契約だった。

ソウルから高速道路で南へ二時間ほどの農村が故郷だ。母親を早く亡くした姜さんは、父親と弟二人、妹の五人暮らし。米や麦を作っていた。

半生を語る姜さん。つらい体験に話が及ぶと厳しい顔つきになった＝東京都立川市で

日本は一九三九年、「国民徴用令」を施行。石炭増産のための労働力を、朝鮮半島に求めた。役人が集落を回り、若者を役場に呼び集めた。「強制でなかったが、断れる雰囲気ではなかった」。日本名の「竹原義雄」も、このとき、日本人がつけた。

田川炭鉱では、機械で石炭を掘り進む作業は日本人が受け持ち、姜さんら朝鮮人は、石炭や土をトロッコで運んだ。数カ月後、温海温泉近くの温海炭鉱に移された。

「休みは盆と正月だけだった」。「たとえ、逃げたくなっても、日本の山は竹やぶだから危険だぞ」。祖国を離れるときの父親の言葉が、逃亡を思いとどまらせた。捕まって「半殺し」の目にあった仲間もいた。

田川炭鉱では、飯場の親方が同じ朝鮮人だった。それが救いだったかもしれない。「食事に不自由はしなかった」。姜さんは配給の酒やたばこを日本人の炭鉱員に譲り、代わりに食事をごちそうになった。

しかし、二年間の「約束」は「故郷に延長を連絡しておいた」という一言で延びのびになった。そして終戦。「天皇陛下が、手を上げたぞ」という仲間の叫び声で、それを知った。

「心から、ほっとしました」。多くの仲間は朝鮮へ帰ったが、姜さんは残った。

「あいつをつかまえて、殺してやりたかった」。姜さんは、その日本人の名前を忘れない。冬、病気の同胞を、守衛が「怠け」となぐりつけた。姜さんら五、六人が助けに入った。すると、別の守衛がストーブの火かき棒で頭をなぐりつけ、血の噴き出る傷口に、やかんの熱湯を浴びせかけた。「あの悔しさを晴らさない限り、帰国できない」。そう思った、という。

それでも連行されてから二十六年後の六七年、一時帰国した。「親きょうだいに会わずには死ねない」。ようやく訪れた我が家だったが、父親は、他界していた。

ライブ山形

やみ米運び、福島の林道、東京の上下水道の工事、石灰鉱山でも働いた。三十三年前に結婚し、現在、2DKのアパートに妻の政子さん(五六)と住む。

石灰による「じん肺」と診断されて、ここ十五年ほどは入退院を繰り返す。「日本の都合で連れて来られた私たちまで、犯罪人のように指紋を押させる。いいたいことはたくさんある」

田川と温海の炭鉱で、強制的に貯金させられた当時の賃金の行方もはっきりしない。在日大韓民国居留民団が、この夏から始めた調査では姜さんは「賃金不払い」と記されている。

◇

温海町史によると、田川炭鉱は、一八九四年ごろから石炭採掘が始まった。戦時中は年産十五万トンの出炭があった。戦後は石油に押されて、温海炭鉱が五〇年、田川炭鉱が六〇年に、それぞれ閉山した。

鶴岡北高郷土研究部員で温海町に住む柳沢恵子さん(三年)と、斎藤由美さん(二年)が今年三月から半年かけて、元従業員ら六人を訪ね、話を聴いた。録音テープは計六巻にのぼる。

その中で、朝鮮人炭鉱員を連れてきた事実にぶつかった。「両親からは、繁栄ぶりしか聞いていなかった」と柳沢さん。連行された朝鮮人や殉職者の多さに胸が痛んだ。殉職者名簿には、少なくとも十人の朝鮮人の名があった。

柳沢さんらの取材を受けた炭鉱の元労務担当、今間勝太郎さん(七七)は一九四〇年ごろ、数回にわたり、朝鮮半島に渡った。田川炭鉱に割り当てられた朝鮮人労働者を百人単位で、船と列車を使って連れてきた。

「強制連行ではない。出稼ぎみたいなもの」と今間さん。「差別はなかった」。鶴岡市に住む元炭鉱員の秋元順吉さん(七三)と妻ときさん(六七)も、そう語る。

『山形近代史研究』第五号の「太平洋戦争下山形県における朝鮮人労働者の強制連行をめぐって」によると、朝鮮人を受け入れた県内の事業所は、田川炭鉱や永松鉱業所(大蔵村)など計九カ所。推定でも約二千八百人の朝鮮人が県内で働いていた、と記している。

朝鮮時報 '91.12.9

朝鮮人強制連行

歴史の風化に危惧
札幌で名簿一般公開

朝鮮人強制連行真相調査団（団長＝金基喆・朝鮮総聯中央社会局長）の強制連行名簿一般公開が五日、北海道・札幌市内の朝鮮総聯道本部会館で行われた。

公開された名簿は、東京での公開（十一月一、二日）以降、新たに入手した「宮田又鉱山賃金名簿」（秋田）、「被徴用死亡者名簿」（陸軍・海軍）、「太平洋戦争犠牲者名簿」、「学徒兵名簿」を合わせた五十七点、十三万五千三百九十五人分。

当日、会場には道内在住の朝鮮人、学者、市民ら約百五十人が訪れ、熱心に名簿を閲覧した。

また、名簿公開に先立って三日、記者会見が行われ、朝鮮総聯北海道本部の金文谷委員長が「名簿の一般公開を急ぐのは、歳月の流れとともに関係者が死亡などによって減少していることと、強制連行を行った日本の当事者が時間の経過とともに記憶を薄れさせ、実態が解明されないままに風化されて行くのを危惧するからだ」と訴えた。

北海道本部では来年三月頃に調査団を結成する予定。

（関連記事3面）

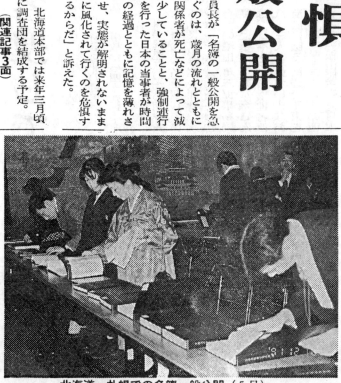

北海道・札幌での名簿一般公開（5日）

中国新聞 '91.12.10

（第三種郵便物認可）

――宇部・長生炭鉱水没事故から半世紀

海底に眠る父に花束

朝鮮人鉱員の長男 涙の再訪

遺族の本名捜しで判明

昭和十七年二月三日、宇部市西岐波区の長生炭鉱水没事故で亡くなった朝鮮人鉱員百三十三人の一人、李康臣（イー・カンシン）さん＝当時(四七)＝の長男で京都市に住む、李元宰（イー・ウォンジェ）さん(七四)が九日、事故から四十九年十カ月ぶりに現地を訪れ、涙を新たにした。

旧排水気塔が海面に突き出る事故現場に花束をささげる李さん

謝罪碑建立のため朝鮮人犠牲者の本名を捜していた「長生炭鉱の水非常（水没事故）を歴史に刻む会」の澄田亀三郎事務局長らに案内された李さんは、日本人を含む犠牲者百八十三人全員がいまなお海底に眠る浜辺で花束をささげて黙とう。近くの西光寺で「松山康臣」と日本名で書かれた位はいを拝んだ。

一家は韓国慶尚南道出身。康臣さんは家族と一緒に福岡県の炭鉱から長生炭鉱に移って五カ月目。当時二十四歳の李さんも宇部に移住したが「労働条件の悪い」長生炭鉱を嫌って肥料工場に勤めながら別居していた。「旧正月元旦でした。夜勤明けに事故を知って駆け付けたら、坑口が海になり、異様な人だかりが泣き叫び、断腸の思いでした」と李さん。その後六年間宇部に住んだ後、京都で土建業を開業したが、「警官隊に追い払われた」悔しさから、現場を訪れたのは半世紀ぶり。

李さんの再訪は、遺族の問い合わせはがきを受け取った郷里のいとこから連絡で「〝刻む会〟の心の広さに感激した」のがきっかけ。「父は日本軍国主義の犠牲者。民間がしている遺族捜しを厚生省が実施し、国家的な謝罪をしてくれてよいのではないか」と話していた。

「刻む会」は十月末、住所が分からない十四人を除く百十九人の遺族の五十年前の居住地に問い合わせるはがきを発送したが、九日現在、五十五通が「受取人不明」で返り、返事があったのは李さんら十通だけ。

私の兄・田中之人は―
韓国人ボクサーだった

南洋で戦死

約半世紀前の日本プロボクシング界、田中之人（ゆきんど）のリングネームで活躍した名ボクサーがいた。本名呉庚煥（オ・ギョンファン）、朝鮮半島の出身だった。太平洋戦争で海軍に徴用され、南洋で戦死。妹の呉壬順（オ・イムスン）さん（六九）は、韓国の戦争犠牲者遺族として、今月六日、東京地裁に補償請求訴訟を起こした原告団に加わった。「日本が補償をしてくれるならば、兄の名でささやかな基金をつくり、韓国の若いボクサーたちのため役立てたい」。それが壬順さんの願いだという。

「名ボクサーだった兄の名を残したい」と話す呉壬順さん＝川崎市の呉さんの娘さん方で

日本政府訴えた呉さん

補償金出れば基金設立
若い選手を育てたい

呉さんはフライ級、のちにバンタム級で戦った。「無敵の一拳（けん）男」と呼ばれたピストン堀口と一九三八年、四〇年の二度、対戦した記録が残っている。タイトルこそ取れなかったが、タフで器用な選手だったという。

三四年に日本に留学し、慶応大学に入った。学費を稼ぐためにと、ボクシングの世界に。「けがをするから」と反対する九歳年下の壬順さんに、呉さんは、自分の活躍ぶりが大きく載った拳闘雑誌を送ってきた。

昭和前半期の日本ボクシング界では、朝鮮半島出身の多くの青年たちが活躍した。日本初の世界ランク入りを果たした徐廷権、バンタム級全日本チャンピオン玄海男、サウスポー光山一郎（金思三）……。

ボクシング評論家の郡司信夫さん（八三）は「貧しく、差別された彼らにとって、ボクシングは、こぶしだけで名誉と大金を手にできる希望の道だった」と話す。

だが一部のスターを除いて、日本名を名乗った選手が多かった。呉さんも全盛期に二度、ソウルに遠征したが、「田中之人」が同胞と知る人は少なかった。

太平洋戦争が始まり、呉さんは四三年十月、海軍軍属として徴用された。ソウルの家族にはその直後、ボクシングで稼いだ二千円もの貯金通帳が送られて来た。

当時、ソウルでかわらぶきの家が一軒買える額だったという。

「呉軍港を出発する」との電報を最後に便りは絶えた。その後も海軍からは毎月、兄の給料が送られ続けたという。ところが、四四年九月に死亡通知が届いた。「四三年十二月ビスマルク諸島で戦死」とあった。

遅れて届いた白木の箱の中身は、髪の毛とつめ。どうやって死んだのかは、わからなかった。

戦後、朝鮮人ボクサーたちの多くは故国に帰った。四十六年後の今、韓国でのボクシング熱は、日本をはるかに上回るという。

呉さんの夢は、故郷に凱旋（がいせん）してジムを開くことだった。壬順さんは、日本人と対等に戦った兄を誇りに思い、それだけに夢が果たせなかったことを、無念に思うという。

ピストン堀口とも対戦

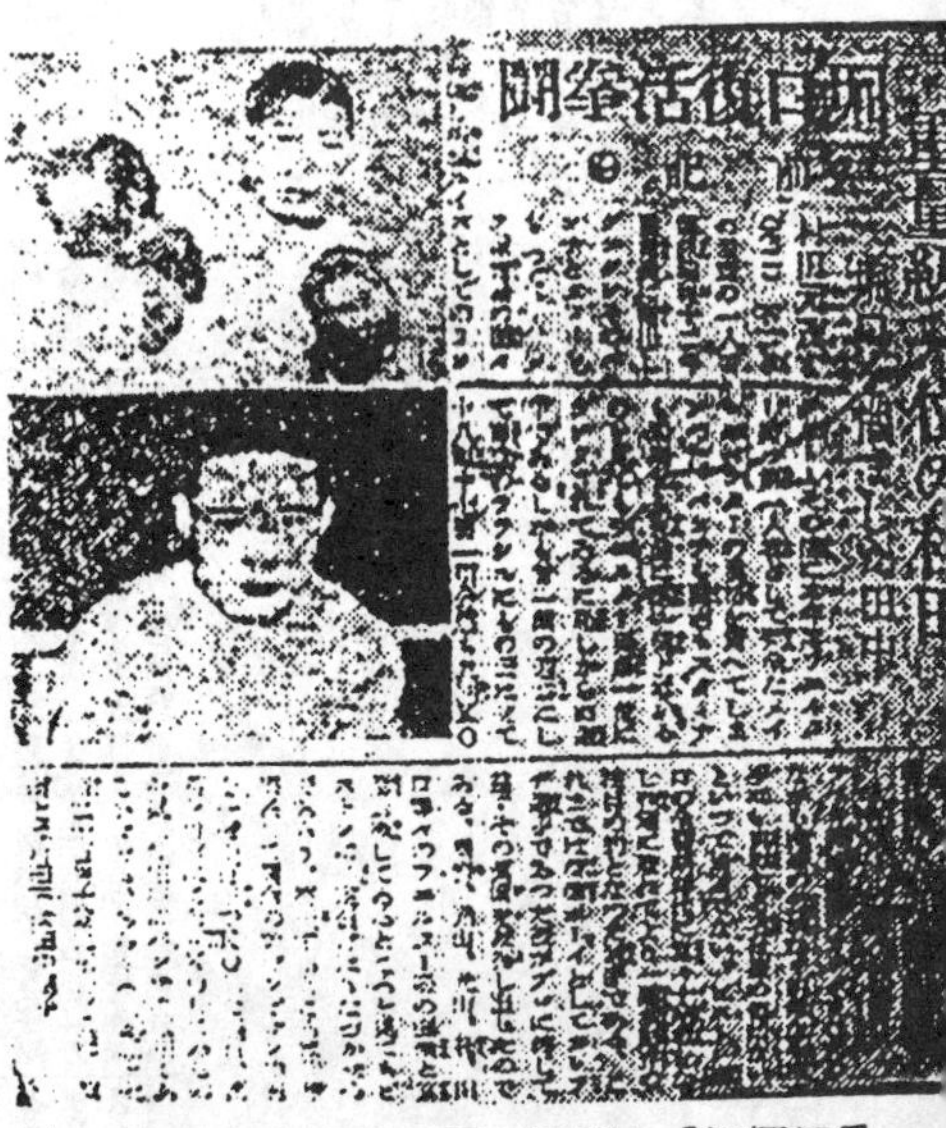

田中之人選手の紹介記事，「如何なる相手にも挑戦する者は彼の他にない」とある，写真下が田中，当時呉壬順さんに送られたもので，年月日不詳

肉親の遺影胸に　都心を涙の抗議デモ

韓国人戦争犠牲者遺族会ら150人

謝罪補償　生死確認、遺骨返還訴え

日本のアジア・太平洋戦争開戦から五十周年を迎えた八日、日本政府の謝罪と補償を求めて東京地裁に提訴した太平洋戦争犠牲者遺族会（金鍾大会長）の原告団が都心を練り歩き、いやされぬ〝恨〟の思いを晴らしてほしいと訴えた。抗議デモにはアジアの戦争犠牲者への支持、連帯を打ち出した日本の平和遺族会全国連絡会も加わり、約百五十人がプラカード、横断幕を手に強制連行者の生死確認、遺骨送還などのスローガンを叫んだ。

肉親の遺影を抱いて都内をデモ行進する韓国遺族会会員たち（8日、渋谷で）

スローガンは、太平洋戦争韓国人犠牲者への①直接、公式謝罪②犠牲者名簿の即時公開と生死確認③遺骨送還④国際慣行にのっとった賠償⑤未払い賃金の返還⑥PKO法案反対の六つ。

太極旗を取り囲み、白のチョゴリ姿で遺影を胸にかけた六人の女性を先頭に参戦犠牲者と遺族三十人余りで列を構成、その後を平和遺族会メンバーが続いた。「アリラン」を歌いながら東京・渋谷区内の宮下公園を出発したデモ隊は、渋谷区役所前、JR渋谷駅前へと進んだ。

元軍属の李永桓さん(七〇)は、台湾沖で米軍の攻撃を受け、右腕はひじから切断。ショックで声もかすれ、いまだに回復していない。シュプレヒコールには一人左手を突き上げ、思いように出ない声を振りしぼって戦後補償を受けられぬ無念の思いを全身で表現していた。「われわれのお父さんの遺骨を返して」とのスローガンを叫びながら涙ぐむチョゴリ姿の女性も見られた。

行進の行く先々で日本人支援グループが、遺族会の声明文をチラシにして沿道を急ぐ通行人に配った。渋谷駅周辺では「韓国ではまだお父さんの行方が分からず、泣いている人がいっぱいいる」との説明に神妙な面持ちでうなずく若い女性もいた。

このころは、抗議デモも終わりに近づき、ハンドマイクを片手にして先導役を務めた遺族会の梁順任常任理事の声もかすれがち。起点の宮下公園にたどり着いたデモ隊は、疲れも見せず、あらためて六項目のスローガンを斉唱して気勢を上げた。

この日の抗議デモは「日本はこれでいいのか市民連合」の呼びかけで実現した。平和遺族会では「アジアの戦争犠牲者に政府は謝罪・補償を」の垂れ幕を用意した。

戦争責任　個人に対する補償を

田辺社会党委員長演説　謝罪、国会決議も

日本社会党の田辺委員長は八日、太平洋戦争開戦五十周年にちなんで都内で開いた同党主催のフォーラム「日本の戦後補償と新しいアジア関係」で演説し、日本の植民地支配と侵略戦争による被害者に対して「誠意ある謝罪」と「道義に基づいた補償」を行っていく決意を表明した。

この中で田辺氏は「国家レベルの請求権問題は解決済みかもしれないが、しかし、そのことは個人の被害に対する補償請求にまで及ぶものではない」と発言。韓国・朝鮮人元BC級戦犯や軍慰安婦らの訴えに対して日本政府が「請求権問題は政府間で解決済み」としている立場を厳しく批判した。

また今年十月、沖縄で亡くなった元軍慰安婦、裵奉奇（ペ・ポンギ）さんにも言及。「私たち日本人はポンギさんの慟哭に耳を傾け、無念を鎮める義務がある」として「事実を事実として認めること、それなくして誠意ある謝罪の言葉も、犠牲に対する補償も、未来への決意も決して生まれてきません」と強調した。

そのうえで田辺氏は「国会において過去の侵略戦争に対する謝罪決議を採択すること」を提案するとともに地方自治体や企業、言論界が同様に意思表示することを呼びかけた。

この日のフォーラムでは陳石一氏が在日の戦後補償を訴える発言をした外、九二年をメドに「補償のための具体的施策」を作成するなどを内容とするアピールを採択した。

戦争被害補償獲得へ　在韓3団体が連合

【ソウル支社】日本の植民地支配下で徴用・徴兵され、強制連行されて被害を負った太平洋戦争犠牲者遺族会（金鍾大会長）など三つの団体は、日本政府に対して補償を求める共同闘争のため、「対日補償請求被害者団体連合会」をこのほど結成した。

三団体は元軍人・軍属・軍慰安婦や遺族らでつくる太平洋戦争犠牲者遺族会（約一万五千人）のほか、韓国原爆被害者協会（辛泳洙会長）、サハリン残留韓国人や在日朝鮮族の一時・永住帰国を支援している中ソ離散家族（李斗勲会長）。

同連合会は、日本政府から補償を獲得するため、一月に予定される宮沢日本首相の訪韓に向けて共同声明を出すなど共同行動を予定しており、また国連人権委員会に直接訴える計画。

「個人が受けた被害を補償するのは道義的責任」と世論喚起を訴えた集い

被害補償速やかに

太平洋遺族会会員迎え　500人が講演と演劇で訴え

【大阪】大阪・生野区でも八日、戦後補償をテーマにした集会が行われた。在日二、三世で組織する在日韓国青年連合が開いた「戦後補償問題を考える集い」には会場の生野区民ホールに約五百人が集まった。

戦後補償問題の概念などについて弁護士の金敬得氏が講演。「個人が受けた被害を直接、日本政府が補償するのは日本の道義。人間としての倫理をどう認めさせるかにかかる」と述べ、運動を通して世論の喚起を強調した。

チャンゴ演奏に続いて青年連合のメンバーらが構成劇「あの涙を忘れない」を披露。日本の対韓侵略史になぞって、強制連行や原爆被爆など一世たちの辛酸を表現した。劇のフィナーレでは「ハラボジ、ハルモニの流した涙を忘れないで歴史を正しく認識し、未来を築こう」とアピールした。

集会には韓国・太平洋戦争犠牲者遺族会の会員三十五人も参加。金鍾大会長(五四)は「PKOで再びアジアを侵略しようとする日本は絶対に許せない。戦後処理を速やかにすべきだ」と訴えた。

統一日報 '91.12.11

朝鮮人強制連行 静岡で記録する会
同胞と日本人有志で結成

【静岡】静岡県下各地でうずもれたままの朝鮮人強制連行の実態を掘り起こしていくため、地元の在日同胞二世三人と日本人高校教員が呼びかけとなって「静岡県『朝鮮人強制連行』を記録する会」をこのほど発足させた。

呼びかけ人となったのは、会社員の金勇さん、詩人の庾妙達さん、県立高校教員の枝村三郎さんの三人。会には民衆の側に立って県下近現代史の研究に取り組んでいる静岡県近現代史研究会からもメンバー十人余りが個人資格で参加している。

静岡市民文化会館で七日、発会式をもち、①県下の軍事工場、鉱山、土木事業などに動員された朝鮮人の強制連行・強制労働の実態調査、研究②資料収集と史跡保存、官庁・企業などの所蔵資料の公開要求③在日韓国・朝鮮人一世の生活体験の聞き取り－などの活動内容を確認した。

「記録する会」は、枝村さんが今年四月、静岡県近代史研究会で加害の事実、戦争責任という歴史認識に立った新たな研究会の必要性を説いたのがきっかけ。民団系の金さん、総連系の庾さんがそれぞれ趣旨に賛同して個人資格で加わり、準備を重ねていた。

地下壕労働の実態報告
広島の強制連行調査する会

【広島】再びアジアの侵略戦争を許さず！広島の強制連行を調査する会（正木峯夫氏ら世話人）主催による「強制連行と地下トンネル」に関する報告集会が八日、平和記念会館で開かれた。

開会では、同調査する会が発見した、広島市南区元宇品町・安芸郡海田町の両地下壕の実態をスライドをまじえ報告。総延長が百数十㍍に及ぶクモの巣状の壕や三百㍍を超える格子状の壕などの詳細を説明した。

調査報告に先立ちもたれた講演会では、鄭鴻永氏（兵庫朝鮮関係研究会）が強制連行と地下工場に関する実態について講演。軍需工場・軍用施設・地下壕の三種類に大別される日本各地の地下トンネルには約五十万人以上もの朝鮮人強制連行者が動員された事実が、各地の研究団体・市民グループにより明らかにされたと話し、今後とも現地調査、証言収集など幅広い運動の展開を強調した。

同調査会は「強制連行と地下トンネル」に関する日本全国的なネットワーク作りを進めるとともに、広島県・市民たちの同調査会への積極的な協力を呼びかけている。

朝鮮人強制連行

朝鮮人の犠牲者多数

群馬、神奈川で現地調査

群馬県朝鮮人強制連行真相調査団（日本人側団長＝境野貞夫・社会党県議、朝鮮人側団長＝梁光秀・朝鮮総聯県本部副委員長）が七日、利根郡月夜野町城山の旧中島航空機後閑地下工場、上川田の地下壕跡、沼田市の東京電力岩本発電所送水口などの現地調査を行った。岩本発電所建設工事を請け負った間組の社史によると、工事に従事したのは約千人の朝鮮人と約六百人の中国人で、「一日に掘り進むのはせいぜい三十㌢か五十㌢」「慢性的な飢餓状態と過酷な作業」と記されており、犠牲者が続出したとしている。また、生き残った労働者は、中島航空機地下工場建設に動員された。

朝鮮人犠牲者の「埋火葬認許証」が、月夜野町の如意寺に残されていたことは予備調査の過程で確認された。

この日、調査に同行した林華鳳さん（69）は、自ら掘った上川田の地下壕を前にして「数千人の朝鮮人が従事させられた」と証言した。また、朝鮮人飯場跡も確認された。

一方、四日に結成された神奈川県真相調査団（日本人側団長＝斉藤正・社会党県議、朝鮮人側団長＝韓京益・総聯県本部副委員長）が八日、横須賀海軍工廠跡の本調査を行った。この日、調査団は近辺で証言収集を行い、工廠建設で約千七百人が犠牲になった、朝鮮人犠牲者の遺骨が残されているなどの証言を得た。

横須賀・浦郷の海軍地下工廠跡を調査する神奈川県真相調査団（8日）

全容解明し補償を

強制連行大阪調査団 1周年集会で決議

大阪府朝鮮人強制連行真相調査団結成一周年記念集会が九日、大阪・淀屋橋の大阪弁護士会館で開かれ、団員、市民ら約五十人が参加した。

集会では、辛基一・朝鮮人側事務局長が挨拶し、十八人で結成された調査団も、一年間で、泉南、堺などで地元調査団が結成されるなど活動の幅が広がり、メンバーも現在五十四人になったと言及、引き続き真相解明のため全力を尽くそうと訴えた。

結成以来、一年間の調査活動を記録したビデオ「大阪と朝鮮人強制連行」が上映された後、真相調査団中央の洪祥進事務局長が記念講演した。

洪氏はその中で、日本の植民地政策の所産である強制連行、強制労働、そして虐殺の実体を日本政府が自らの手で明らかにし、朝鮮人民への謝罪と補償をすべきだ、と述べた。また、日本政府はアジア諸国から補償を求める声が高まっている今日、謝罪を千回繰り返すことよりも、自ら調査を行うなど具体的な行動を起こすべきだ、と強調した。

集会では最後に、日本政府と地方自治体に強制連行の全容を解明し、謝罪と補償を行うことなどを求める決議が採択された。

元従軍慰安婦のペ・ポンギさん 沖縄で追悼会

十月下旬、七十七歳で亡くなった元朝鮮人従軍慰安婦のペ・ポンギさん（仮名）を追悼する会が六日、沖縄県那覇市内でしめやかに行われた。

追悼会は、朝鮮総聯県本部（金洙燮委員長）と朝鮮を語る会（代表＝萬原久男・沖縄社会大衆党元委員長）が共催し、地元の人々をはじめ、東京、大阪などから駆けつけた市民や在日朝鮮人など約七十人が参加した。

金委員長が追悼の辞を述べ、日帝の朝鮮侵略の犠牲となったその生涯について言及し、ポンギさんが生前、「もし死んだら遺骨を統一した祖国に安置してほしい」と口癖のように言っていたと指摘。

大田昌秀沖縄県知事からの「あれほど願っていた祖国統一を見ることなく亡くなり、痛惜の念を禁じ得ない」というメッセージも紹介された。

追悼会では、最後に参加者一人一人がポンギさんの霊前に献花した。

朝日新聞 '91.12.12

県内にいた元朝鮮人労働者が証言

「軍需工場建設に参加」

「庄川で隧道工事」

調査と一致、有力資料に

太平洋戦争末期、庄川町に地下軍需工場の建設が進められたが、工事に実際に参加した元朝鮮人労働者がいまも県内にいることが、十一日までの朝日新聞社の調べでわかり、当時の朝鮮人の仕事ぶりなど、生々しい話も得られた。これまで、地元住民などから地下工場の存在は知られていたが、現場の労働者から当時の状況が、直接明らかにされたのは初めて。工場跡の保存や整備に取り組む市民グループなどは、朝鮮人労働者が県内にいた事実をいまだに認めていない県当局に対し、調査を求めていく上でも貴重な証言だといっている。

庄川地下軍需工場建設現場跡の入り口手前を調べる宋さん（左側）と沢田町議　＝庄川町庄で

この人は、富山市内で建設会社を経営する宋文澔さん(七七)。宋さんによると、庄川の地下工場の着工は、終戦直前の一九四五年四月ごろ。佐藤工業の指示で、雄神（現庄川町）で隧道（ずいどう＝トンネル）を掘るため、五十人ほどの朝鮮人がまとまって、庄川町三谷の民家に移り住んだという。

宋さんらが工事に当たったのは、東西に延びる約二十本のトンネルのうち、一番南側のトンネルの東側。

「岩盤はあまり固くなかったが、発破をかけた後、ノミで岩を掘るので時間がかかり、一日で二メートルも進まなかった。当時は何をつくっているのかは知らされなかったが、軍関係の施設であるとのうわさは聞いていた」という。

トンネル工事全体で朝鮮人は二百人ほどと記憶しており、ここでは高い賃金にひかれ多くの労働者が集まったという。

宋さんは、一九四〇年に日本に出稼ぎにきた父親とともに来日、県内で佐藤組（現佐藤工業）の下請け作業員の世話役をしながら働いていた。工事現場にあった佐藤工業の事務所で終戦を聞いたが、その夜、朝鮮人労働者たちが「朝鮮独立万歳」などと朝鮮語で言いながら、歩き回ったところ、二日後、日本刀を持った警察署の幹部が、佐藤工業の責任者らとやってきて、朝鮮人労働者を集め「今度騒いだら、切り捨てる」などと脅したという。

県内の朝鮮人強制労働の歴史を研究している庄川町の沢田純三・町議(六二)は、宋さんと地下工場の跡付近を調べたが、「宋さんの証言は、私やほかの人が、地元の人から聞いたり、米軍の資料などから調べた事実と、ぴったり一致して、裏付けが取れた。工場跡の保存、整備などのための調査を県に求めていく上で貴重な証言が得られた」と言っている。

また、佐藤工業の広報課では「当時そういった工事が行われたことは知っている。朝鮮人労働者については記録はないが、会社の先輩などから、多くの朝鮮人が働いていたという話を聞いている」と話している。

・地下工場の朝鮮人労働者について、県総務部は「県史編さんの際に集めた資料や県の保存資料など公的な記録では確認されていないので何とも言えない」としている。

清算されない過去

朝鮮人強制連行（上）

「見せません、ありません」

一貫する事実の隠ぺい

行政側の対応

●門前払い●

昨年十一月に結成された香川県朝鮮人強制連行真相調査団の浄土卓也・高松一高教諭は十六年前、第二次大戦中の高松空襲の被害を調べていくうちに、あまりにも多い朝鮮人犠牲者の数に驚き、そのことがきっかけで強制連行の事実を知り、一昨年まで一人で香川県での朝鮮人強制連行の真相調査を続けてきた。

浄土さんはその過程で、「知事引継ぎ書」に朝鮮人の移入状況などが詳細に記されていることを知った。

「知事引継ぎ書」とは、前知事の在任中の県政を年度ごとに全般にわたって記録したもので、新知事が県政を引き継ぐ際、もっとも重要とされる報告書である。これには県内への朝鮮人の移入状況、動向などが詳しく記されており、強制連行者数を割り出すうえで、貴重な資料となる。

一昨年、県庁を訪れ、一九四〇年代のすべての「知事引継ぎ書」の閲覧を求めた。浄土さんが県庁に足を運ぶこと二回、その度に回答は理由なく、「見せられない」の門前払いであった。

「知事引継ぎ書」が公開されたのは昨年、県議も参加する真相調査団が結成されてからだった。

●公開を拒否●

同市に在住する朝鮮人強制連行真相調査団事務局長の洪祥進さんは十数年前からこの問題に取り組んでおり、当然地元である同市に対しても資料の公開を求めてきた。

しかし洪さんに対する市側の回答はいつも「調査をしたが、それに該当する資料はない」だった。

この問題に関して言うならば、「強制連行」あるいは「徴用」と題する資料などあるはずがなく、専門家が見て初めて分かる資料が大半である。

洪さんは市に対して、「書庫で役人立ち会いのもとで調査をさせてほしい」と何度も要請した。しかし、「関連資料はない。書庫も、一般への公開はしていない」と素っ気ない返事ばかりだった。

しかし今年二月、兵庫県尼崎市を訪れた社会党強制連行問題特別委のメンバー（団長＝佐々木秀典衆院議員）らは、市史料館の書庫に入り、警察関係資料の中から四三年当時の市在住朝鮮人の動向を記した資料を発見した。

●プライバシー盾に●

社党特別委メンバーが書庫に入ったのは約十分。「関連資料」は見つかったのである。

朝鮮人強制連行真相調査団中央は十一月十三日、東京での約十二万人分の強制連行・強制労働者名簿の一般公開（その後、約十三万人分に増える）の反響を踏まえ、日本政府に政府が保管する名簿・資料の公開を要請した。

政府当局は、軍人・軍属名簿を約二十四万人分保管していることは認めたが、「プライバシーを守る立場から公開しない」と旧態依然の態度を示した。

たび重なる資料・名簿の公開と調査要求にもかかわらず、腰を上げようとせぬ日本当局（写真は11月13日、厚生省に対する要請）

こうした対応に代表されるように、政府から地方自治体に至る行政当局は、強制連行を認めず事実を隠蔽しようとする態度で一貫している。

朝鮮人が掘った第二海軍航空廠の巨大地下トンネルが発見された千葉県も当初は「わが県に朝鮮人強制連行の事実はない」と強弁していた。しかも、同トンネル一帯のレジャーランド建設計画すら進めていたのである。

兵庫県は、調査団の企業に対する調査要請に対し、対象企業を、調査団が作成した資料に掲載されている企業だけに絞った。すべてが調査団におんぶにだっこで、それ以上、独自に調査をする気はまったく見られない。

各地で調査団が結成され、その活動が脚光を浴びるようになって初めて、行政側は「ない」から「あるが、見せない」に変わった。

ろくな調査もせず、民間が調査し発見したものだけを「ある」としぶしぶ認めながらも、公開されていないものについては、見せようとしない。

兵庫調査団の康義平・朝鮮人側団長は言う。

「『人狩り』に等しい強制連行を行った日本政府に、『プライバシーを守る立場』をうんぬんする権利はない。政府はすべての資料を公開する義務と責任を果たすべきだ」

清算されない過去
朝鮮人強制連行 ㊦

日本人自身のための調査
"人権水準を計る尺度"

●●真の歴史教育を

一九八九年秋の世論調査で「日本人の五人に一人が、（朝鮮の）植民地支配を知らなかった」（一月八日付、朝日新聞）というショッキングなアンケート結果が明らかになった。

「五人に一人」が日本の暗い過去について知らなかったということは、"二度と侵略をすまい"と平和をスローガンに掲げて行われてきた日本の戦後教育に、大きな落とし穴があったことを物語っている。

各地で結成された朝鮮人強制連行真相調査団の日本人側団員の多くは、社会科の高校教諭である。千葉県調査団の山辺健夫・千葉経済高校教諭は「真の平和教育、歴史教育という観点から、必要だと痛切に感じたからだ」と言う。

市民の協力

週末を利用して千葉県富津市にある第二海軍航空工廠地下工場跡を、歴史研究部の生徒たちとともに、調査した栗原克榮・上総高校教諭は「かつての朝鮮に関する事実は、教科書だけでは決して教えられない。学校の近くに格好の教材があるのだから、一人でも多くの子どもたちに見せ、現在、未来に通じる歴史を伝えていかなければ」とその動機を話す。

調査に参加した生徒の一人は「日本人が昔、朝鮮の人々になんて酷いことをしたのか、知らなかったことが分かり驚いた」と感想を述べている。「日本人のために必要なこと」と栗原先生は強調する。

●●広がる草の根運動

現在、真相調査団は十四の都府県で結成され、各地の調査対象地近辺にも地元調査団が結成されている。

昨年十一月十九日に十八人のメンバーで結成された大阪調査団は、一年たった今、五十四人に膨れ上がった。辛基一・朝鮮人側事務局長は「朝・日の市民が、それぞれ主体性を持って一つの調査に打ち込んでいる。これこそ過去を踏まえた朝・日友好だ」と指摘する。

九月末に東京で開かれた朝鮮統一支持運動全国集会では、各地の代表らが強制連行真相調査の状況について討論した。全国を飛び回り、各地で強制連行調査の火をつけてまわった調査団中央の洪祥進事務局長は「資料を渡しただけで、地元の方々が呼応してくれた。まさに草の根的な市民運動として、その輪が広がっているようだ」と話す。

●●免れぬ歴史的責任

十月下旬、日本在住の唯一の元朝鮮人従軍慰安婦のペ・ポンギさんが七十七歳で亡くなった。

また、本紙が八五年から八九年にかけて連載した「体験者は語る―忘れてはならぬ事実」で紹介した二十人の証言者の内、昨年までに五人が他界した。

香川調査団日本人側団長の高野真澄・香川大教授は「体験者だけでなく、当時のことを知る日本人の証言者も、時が経つとともに少なくなっている。早く調査を進め、記録に残していかなければならない」と強調した。

十一月初め、真相調査団中央が、これまで収集した約十三万人分の強制連行・強制労働者名簿を一般公開した時、ある体験者は「日本政府は、われわれが死ぬのを待っているつもりなのだろうか」と訴えた。

日本政府は敗戦直後、「もう日本人ではないから」との理由で朝鮮人に対する補償を拒否し、現在は「日韓条約で解決済み」として噴出する真相調査、補償要求を拒否し続けている。

大阪調査団日本人側事務局長の空野佳弘弁護士は、このような日本政府の対応について「在日朝鮮人の処遇問題は、日本の人権水準を計る尺度だと言える。在日朝鮮人が存在する始まりとなった強制連行の問題を解決することは、日本の歴史的責任を果たすことになるだけでなく、日本人自身の人権水準を上げる第一歩になるのでは」と指摘する。

そして「政府は自ら進んで、すべての資料を明らかにし、過去の行為に対する謝罪と補償を行い、二度と不幸な歴史を繰り返さないために、記録に残し、それを後世に伝えていかなければならない」と強調するが、日本政府はこの言葉を胸に深く刻み込むべきだ。

子供たちのためにと調査を進める千葉の高校の教員たち

第3種郵便物認可

朝鮮人移住者 県内にもいた 太平洋戦争中

県が初めて認める 県議会予算特別委

「強制連行」は不明 知事 調査の意向を表明

太平洋戦争中の朝鮮人強制連行問題で、大永尚武・県総務部長は、十六日開かれた県議会予算特別委員会で、当時県内にも朝鮮人の移住者がいたことを初めて認めた。「強制連行」だったかどうかについては「経緯については、公的資料がないため確認できない」と、明言をさけたものの、中沖知事は「事実の有無が明らかになることが望ましい」とし、今後、確認できる公文書の存在を調査する意向を明らかにした。県当局へ事実確認と謝罪を求める関係者や市民団体の声などが強まる中で、県の今後の対応が注目される。

この日の委員会で、小川晃県議（社会）の質問に答えたもの。県は国会図書館にある「米国戦略爆撃調査団報告書」の県内記述分を取り寄せ、当時県内に朝鮮人労働者がいたとする記述を確認したという。しかし、強制連行によるものだったかどうかなどの経緯については「公文書がないため確認できない」と従来の発言を繰り返し、これまでの消極的な態度をくずさなかった。

小川県議は、県が予算を付けて朝鮮人強制連行の調査を始めた神奈川県の例を挙げて「富山でも、過去にどのようなことがあったのか、明らかにすべきだ」と追及した。中沖知事は「両国の国民感情には複雑なものが残っている。国のレベルで解決されるべき問題は多いが、県レベルでも真の隣人として交流を深めるために、問題解決を進めることは大事だ」と、調査の重要性について前向きに発言した。

県史など、現在残っている公式記録には、強制連行や女子挺身（ていしん）隊員の記述はない。また、知事が交代する際に作られる「知事引継書」も、戦中戦後の分だけが所在がわからない。

しかし、最近になって実際に軍需工場の建設に参加した元朝鮮人労働者が県内に在住していることが明らかになったほか、韓国に住む元女子挺身隊員が、県へ謝罪を求める態度を明らかにしている。市民団体などの調査でも、朝鮮人強制連行の事実が明らかになりつつあり、実態調査に消極姿勢を示す県に対する不満が高まっていた。

小川県議は「当時、富山に朝鮮人がいたことを認めたことで、少しは前進したかもしれない。しかし、問題解決には程遠く、今後も粘り強く取り組みたい」と話している。

朝日新聞（富山版） '91.12.17

真相調査 企業補償 住民も加わり取組みへ

佐渡鉱山強制労働 韓国生存者聞取り報告会

現地で50人参加 贖罪の声相次ぐ

【新潟】三菱鉱業佐渡鉱山での韓国人強制連行について実態を調査している新潟県の同胞・市民団体が二十二日、現地の大佐渡開発総合センターで韓国国内の生存者から聞き取りした結果を報告した。参加住民からは、加害者責任を自ら問う声が出ており、今後、事実調査や将来の企業補償に向けて運動が広がっていくことが期待されている。

韓国での追跡調査の結果を報告するコリアン問題等研究会＝22日、大佐渡開発総合センターで

「若い世代に事実伝える」

「佐渡鉱山・朝鮮人強制連行調査報告集会」と題して開かれたこの日の集会には、地元相川町住民ら五十人余りが参加した。

主催者側を代表、「コリアン強制連行等新潟県研究会」（仮称）の伊藤岩代表＝新潟大名誉教授＝が経過を報告。

続いて、忠清南道在住の鄭炳浩さん(七四)から聞き取り調査した結果を報告した金山教勇さん(五七)＝佐渡・佐和田町役場勤務＝は「いやすことのできない過去の傷がある」と述べながら、これからの若い世代に事実を伝えていきたいとの決意を明らかにした。

同じく、地元調査会の林道夫さん(四四)＝佐渡郡小木町、称光寺住職＝も元鉱員の金周衡さん(六四)＝忠清南道在住＝から得た強制連行の実態をもとに「相川の歴史で空白の部分があってはならない」と指摘、「自分の心の中でどういう問題だったのかを考えていただきたい」と呼びかけた。

これに対して、年配の参加住民は「日本人としてこの後どうしたら喜んでもらえるのか。国が補償するのは当然として、それだけで済むのか」と自ら問いかけるような発言をしていた。

佐渡での強制連行実態については、新潟県警察が一九四五年九月十三日に当時の内務省警保局保安課長にあてた「集団移入朝鮮人労務者計画輸送にかんする件」で一千人余りが確認されている。同鉱山は一九三七－三八年ごろ、金銀鉱石の増産体制にあり、日産三万㌧から五万㌧を生産していた。この増産体制のなかで日本人労働者に代わって多くの韓国人労働者が坑内で削岩夫、運搬夫、支柱夫などとして働いた。

コリアン問題等研究会では韓国国内で確認できた三人の生存者を来春にも佐渡に招き証言してもらう。

統一日報 '92.1.1

在日2世 北海道の韓国人 歴史掘起こしへ

「アリラン」を復刊

【札幌】札幌市在住の在日韓国人二世が、百余年にも及ぶ「『北海道』韓国人の歴史」を掘り起こすという「考古学的事業」に熱意を燃やしている。十五年ぶりに復刊した雑誌『アリラン』2号は、かつて政治亡命者として北海道に滞在した金玉均と、北海道初の韓国人留学生だった李殷徳にスポットを当てた。今後、十五万人とも二十万人ともいわれる「募集」「徴用」の実態、全道二百カ所をはるかに超える「現場」の確認へと入っていく予定。

この在日韓国人二世は下東運さん（ペン企画代表）。北海道で生まれ育ったこと、二世とはいえ年長世代で「北海道韓国人の『生き証人的』な人間の一人だということ」から、「私の立場で」「今でなければ」と、第一号発行後も「思いは絶ちがたく」資料収集にあたってきた。第二号では北海道居住韓国人・朝鮮人の人口動態も掲載している。

一部千円。011・531・1803（ペン企画）まで。

朝日新聞 '92.1.13

朝鮮人強制連行 実態調査進める 高校生を映画化

高知県西南部を流れる四万十川流域の朝鮮人強制連行の実態調査を進める「高知高校生ゼミナール」（十五校、約七十五人）の活動ぶりがドキュメンタリー映画になる。このグループはビキニ水爆実験で被ばくした船員らの追跡調査に取り組み、その姿を記録した映画「ビキニの海は忘れない」が一昨年、全国で公開されて反響を呼んだ。今回も監督をする森康行さん（四二）は「戦争・平和の問題を地域の歴史から掘り起こして考える高校生のひたむきさを描きたい」という。

同ゼミは一九八三年に発足。平和学習に励んでおり、宿毛湾の特攻基地の調査から朝鮮人が強制労働させられた事実を知った。

昨年春から同ゼミのメンバーでつくる中村高校部落問題研究部が強制連行の調査を本格的に始めた。幡多郡大正町ではダム建設の事故で多数の朝鮮人が亡くなったことを聞き出した。近くの小学校からは三十七人の朝鮮人児童の名前が載った学籍簿を確認した。

これを弾みに同ゼミで調査の輪を広げることにし、学籍簿をもとにした追跡調査、鉄道工事に従事させられた朝鮮人の実態調査などを進めていく。夏休みには全国の高校生に呼びかけての合同調査も計画。来年は韓国などを訪れて聞き取り調査をしたい、という。

このほど、森監督や生徒らが高知市内で初の打ち合わせをした。三月に製作・上映委員会を発足させ、来年十二月の公開を目指す。

報　(THE TONG-IL ILBO)　1992年1月7日（火曜日）

徴用時の給与明細見つかる

兵庫・相生の播磨造船

【神戸】第二次大戦末期、韓半島から強制徴用され、兵庫県相生市の株式会社播磨造船所（現石川島播磨重工相生工場）のドックで働いた韓国人労働者の給与明細が、このほど市内在住の在日韓国人によって発見された。この明細書は、強制連行や徴用で同造船所に来た約二千人といわれる韓国人労働者の実態を解明する貴重な手がかりとなりそうだ。民団、総連系同胞有志で昨年十二月に発足した合同調査団では、慰霊碑建立に向けて早速、市と会社側に働きかけていくことにしている。

アボジの遺品から2世発見

この在日韓国人は金清一さん。八四年、アボジの金台祚さんの遺留品を整理していたとき偶然に見つけた。

給与明細は一九四二年五月から四五年十月までのもの。毎月の控除金の項目を見ると「第一貯金」「退職積立金」「年金保険」などが差し引かれていた。合計すると二千八百八十二円と支払賃金の一七％ほどを占めている。金清一さんは、四五年八月に徴用慰労金三十円が支払われているが、年金などはもらっていないと話している。年金は二十年後に支払われるようになっていた。

相生市役所に保管されていた戦時中の韓国人住民基本台帳にあたる「寄留簿」によれば、相生市内には戦時中、市内の播磨造船所に強制連行や徴用で来た二千人の朝鮮人がおり、造船や埋め立てなどに従事していた。金清一さんはアボジが生前、「強制連行になり一年で二百人近く死んだ」「腹が減って昼から動けないほどだった」「重労働で何人かはかつがれて帰ってきた」と話していたのを記録している。

当時2千人が労働　実態解明に手がかり

播磨造船所は明治四十年の設立。太平洋戦争の開始とともに船舶需要が増し、ドックが増設された。作業を一手に引き受けていたのは、日本の土木会社に雇われていた韓国人であり、そのドックで造船作業に従事していたのも、また韓国人徴用工だった。いずれも突貫工事。危険な作業のため死亡者が出るのは毎日のこと。金台祚さんは清一さんに「朝鮮人の死体は野焼きだった」と語り残している。

民団 総連　合同調査団、碑建立へ

市内那波大浜町の善光寺。ここには現在、六十柱の無縁仏が安置されている。解放当時は三百柱を数えた。過去帳をたどると、遺書の引き取りは寺建立の一九二九年から始まり、四七・八年まで続いている。

昨年七月からは兵庫県朝鮮人強制連行真相調査団が埋もれてきた歴史の掘り起こしに入った。一方、十二月十二日には地元民団と総連からそれぞれ三人ずつが加わり、合同調査委員会を発足させた。共通の目標は慰霊碑建立。候補地を市内古池に造成中の墓園として、今月中には市との交渉を始める。

合同調査委員会では建立費用を三等分し、民団・総連側でも三分の一を負担する予定。残る三分の二を市と石川島播磨重工業側に求めている。

金清一さんは「慰霊碑を早く建てて弔ってやりたい。アボジと一緒に働いた人だから」と話している。今回見つかった給与明細は、石川島播磨側が当時の資料について「水害により消失した」としている現在、会社側の責任を追及する貴重な資料となるが、金さんは「市や会社側が誠意をもって対応してくれるときは、明細書をもとに支払い請求をするようなことはない」という。

アボジの遺品から当時の給与明細書を示す金清一さん

強制連行と地下工場

千葉・上総高校 郷土史研究部

"なぜ教えず謝らない"
「だから僕たちの手で」

過去を乗り越え未来へ
—日朝新時代めざして—

「過去を乗り越え未来へ」と今、日本の青年たちが自分自身の手で隣国、朝鮮との新しい関係を築いていこうと各地で動き出している。その姿を月一回紹介する。（東）

トンネルで見たもの

敗戦直前の一九四四年、米軍機の空襲に備え、現在の君津市街地に建設されていた旧日本海軍木更津航空隊の供給基地である第二海軍航空廠分工場の地下への疎開が計画された。そして三百人以上の朝鮮人強制連行者らを動員して、富津市佐貫町の山林約二㌔に奥行き約二〜三百㍍の放射線状の主要トンネル約三十本と各トンネルを連結させるトンネル百本以上が掘られた。それから四十七年間、昨年末強制連行真相調査団によって発見されるまで、その事実は未完成の地下工場とともに歴史の闇に葬り去られてきた。

すぐそばにこんな戦争の傷跡があったという驚きと興味から、「地域から見た太平洋戦争」を今年度の研究テーマに決めた千葉県立上総高の郷土史研究部は、昨年五月に朝・日合同で結成された現地の朝鮮人強制連行真相調査団と行動をともにし、調査に加わった。

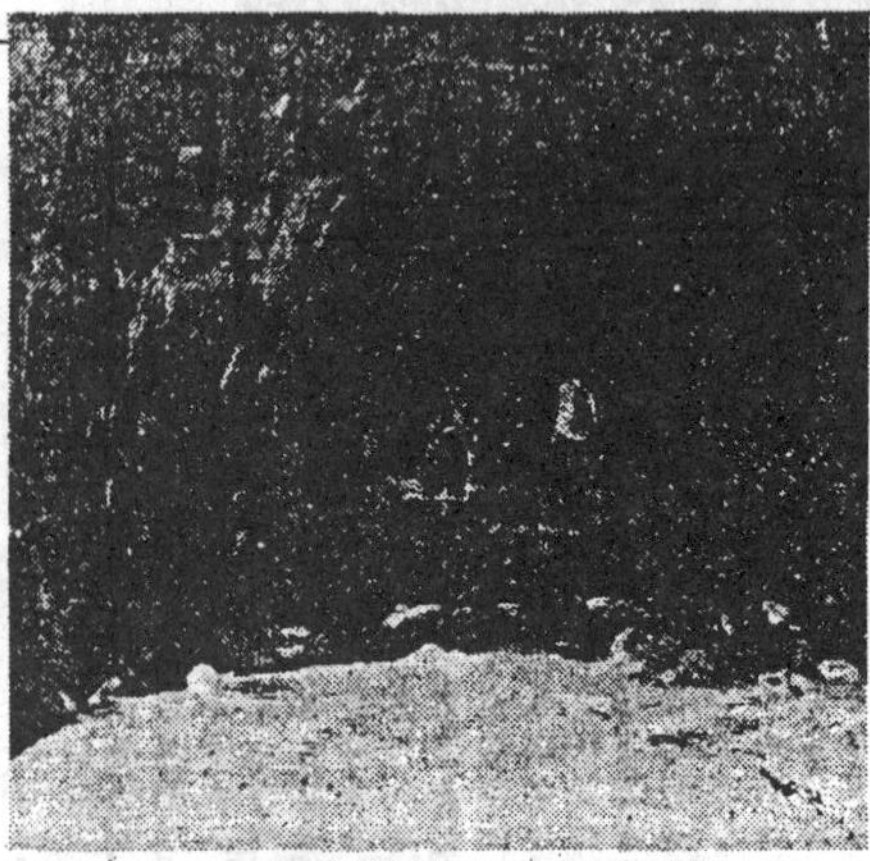
深く暗い地下トンネルの現地調査

闇に葬られた「過去」

「強制連行という言葉は知っていたけど、こんなに近くであったなんて…。強制連行とトンネルの存在を知ったときの驚きは大きかった」と郷土史研究部の岡本正己君（以下全員三年）。木更津市の南、君津市にある上総高校からこの地下工場跡までは自転車で行ける距離だ。

日曜日の朝から長靴を履いて真っ暗闇の中、新しいトンネルを探したり、測定やビデオ撮影も自分たちの手でやった。現地調査を終え外に出てくると、もう日も暮れているということもしばしば。聞き取り調査にも参加し、週三度の部活で資料の勉強もした。

鈴木一宏君は「現地調査で一番印象に残るのは、内壁がコンクリートで固められ、一番高いところで天井まで六㍍近くもあるトンネル。生々しくて、こんな大規模なものを作るには大変苦労したんだろうと思った。その後、資料を見ながら、日本の勝手な都合で朝鮮人を強制連行し、工事をやらせていたという過去のとんでもない事実を知って愕然とした」と言う。

教科書は教えない

昨年十一月の同校文化祭で、それまでの調査結果を各種展示やビデオ上映で発表した。県立中央博物館で毎年行われている千葉県学生歴史研究発表にも初参加し、その活動は高く評価された。

しかしこうした評価とは裏腹に生徒たちの反応は無く、まるで興味を示さなかった。部長の星田順一君は「僕も調査をするまでは、朝鮮人が日本に無理やり連れてこられて、こんなひどい事をさせられていたなんてほとんど何も知らなかった。だから理由も分かるが…」と語りながらも失望の色を隠せなかった。

現在上総高校で使用されている日本史の教科書で強制連行について触れているのはたった一行だけ。しかも文部省のいう"強制連行"は一九四四年の"徴用"からで、それ以前の民間や官斡旋によるものは含まれていない。

自分たちで作った地下工場の模型を前に

現地調査団員でもある同校の栗原克榮先生は「副教材で補いながら、近現代史の授業には時間をかけるよう努力している。他校でも教師の個人的な努力にかかっているのが現状で、現実にはほとんどの学校で日本の朝鮮植民地支配、強制連行について教えていないと思う」と話す。また同部顧問の館石亮先生は「授業も最後の方で近現代史の部分はおざなり」と指摘する。

僕たちにできる事

現在日本には、強制連行者の子孫とも言える七十万を越える在日朝鮮人が住む。

「朝鮮人に過去のことを言われたら話すことがなくなる。肩身が狭い」（馬場順一君）、「僕も。ひどい迷惑をかけておいてまだ謝ってすらいない」（鈴木君）と、ひけめを感じさせてしまう現状がすでにある。こうした現状を作ったのは彼らではない。しかし過去が過去のまま放置され、彼らが否応なしにその過去に直面していかざるを得ないのもまた、現実なのだ。

「過去の侵略と強制連行など、事実を『なぜ教えてくれないの?』という質問に、先生は"教えてしまってみんなが分かったら、国は間違っていたと認めて謝らざるを得なくなる。"そうしたくない人"がいるからだろう"と答えた。僕たちにできるのは小さなことかもしれない。でも、過去のことを知った僕たちが知らない人たちに教えていかなければ」と鈴木君は言う。

闇に葬り去られた過去を現在に引き戻し、朝鮮の人と隣人として付き合っていきたいという彼ら。その一歩がいま、記された。

強制連行朝鮮人名簿

三池鉱の1万2千人分も

重労働のあと残る

来月1、2日、福岡市でも公開

戦時中に朝鮮半島から強制連行されたり、日本国内で徴用された朝鮮人約十四万二千人分の名簿が二月一、二日の両日福岡市博多区下呉服町、朝鮮福岡信用組合本店六階で一般公開される。このなかには、大牟田市の三井三池炭鉱に連行され強制労働させられた一万二千人分の名簿など福岡県関係のものも数多く含まれており、多数の朝鮮の人々が県内の炭鉱で過酷な労働を強いられていたことがうかがえる。

名簿を公開するのは、社会党福岡県本部や朝鮮総連福岡県本部などから構成された日韓合同の「福岡県朝鮮人強制連行真相調査団」（渕上貞雄、朴明緒両代表）。「朝鮮人強制連行真相調査団」が七二年から収集を続けてきたもので、連行者名簿のほか、当時の企業などの死亡者名簿、賃金名簿、保険者名簿や埋火葬認許証、日本のお寺の過去帳などさまざまな資料から成っている。昨年十一月に東京で初公開され、大阪、札幌と続けられてきたが、その間にも十点、一万五千人分の資料が日韓両国内で確認され、今回公開される名簿は六十一点、八十冊で、二万ページにも及ぶ膨大なもの。このうち、福岡県関係は三井三池炭鉱連行者名簿のほか、三井染料電気科学工業連行者名簿、船尾鉱業保険者名簿など推定二万人分が公開される。

また、今回公開されるある名簿に記載されている女性約百五十人は、アメリカのスタンフォード大学に保存されていた資料と照合した結果、名簿時期や人数などから「ほぼ慰安婦だったと断定できる」＝福岡県真相調査団＝という。

福岡県真相調査団では「国や自治体、加害企業の責任で早く公開されるべきだったのに隠されていたところに問題がある。この問題について多くの人に関心を持ってもらいたい。独自に研究を進めている人にもぜひ出てきてほしい」と話している。

一、二両日の公開はともに午前十時から午後四時まで。未発見資料についての情報などを受け付けるホットライン三回線も開設される。ホットラインの電話番号は＝092（262）5591、（262）5592、（291）2005＝。

戦時中に強制連行された朝鮮人の数は六十―二百万人とさまざまな説があり、厚生省でも約二十四万人分の名簿を持っているが公開はしていない。

公開される14万人分の資料を前に説明する「福岡県朝鮮人強制連行真相調査団」の役員

統一日報
(THE TONG−IL ILBO)　1992年1月30日（木曜日）

在韓被爆者 〝治療と生活支援を〟

日本政府拠出金 40億円運用で陳情

対策委近く協議入り

【ソウル支社】在韓被爆者に対する日本政府の医療援助費四十億円の運用をめぐって、韓国原爆被害者協会が韓国政府側と協議に入ることになった。韓国政府側は①治療費②健康診断③福祉センター建立に限定したいとしており、被爆後遺症のために働くこともままならず、生活苦を訴える被爆者側とは微妙なズレを見せている。保社部の実施した面接調査でも各種手当を望む声が多く出ていることから、日本の被爆者健康手帳のような制度を取り入れることも予想される。

各種手当望む声強く

協議に加わっているのは、韓国原爆被害者協会メンバーのほか、韓赤、外務部、保社部、弁護士、医学界の各代表十五人。原爆被害者福祉増進対策委員会として昨年十二月二十七日に発足した実務執行機関で、保社部が管轄している。これから年二回程度、会合を持っていく予定。

被爆者の平均年齢は既に六十歳を超え、日々原爆症に苦しむなか「すぐに役立てられるように現金を」との声は多い。被害者協会の朴源鉊医療部長は「一人当たり（一時金として）二百万ウォンをくれるとか、毎月手当をくれることが助けになる」と望んでいる。同じく、辛泳洙会長も、日本の原爆特別措置法にならって毎月決まった額の生活対策費を支援してもらえないかと話す。被害者協会は陳情書をすでに保社部へ送ったという。

一方、保社部は、①治療費②健康診断③福祉センター建立といったガイドラインを示しており、現時点では被害者協会や被爆者個人に直接現金を支給する考えは無い。ただし、日本政府は「拠出金であり、用途は指定していない」としていることから、被害者協会の要望に沿った対策を立てることも可能と思われる。

在韓被爆者は全員なんらかの病気を抱えており、「日本国内の被爆者に比べて体の老化が十年以上も進んでいる」。老化や疾病率の高さの原因として、①経済的に満足な治療が受けられない②被爆者医療の水準の低さ③栄養の不足と偏り④過酷な労働環境——などが挙げられていた。

韓国政府は四十億円のうち先に拠出を受けた十七億円を指定病院での無料治療に充てている。この結果、被爆者は保険治療に必要な自己負担分（三分）は免除された。さらに進んで、韓国政府としては、生活困窮者への支援のため、民間基金を創設するなどして恒常的な対策を樹立していくことも必要となっている。

半数が困窮を訴え

保社部、2307人面接調査

韓国の国策研究機関である保健社会研究院の調査によれば、在韓被爆者の半数近くが生活困窮を訴えており、健康上の理由から職業に就けないでいる。これは、昨年初め、二カ月にわたって在韓被爆者二千三百七人を個別面接した結果、明らかとなった。

生活程度の設問では、中産層に属すると答えた人は十人中二人程度。生活程度「下」としたのが圧倒的に多く、日常生活での悩みは「生計困難」（六九%）、「治療問題」（二三%）の順だった。

これらの数字を裏付けるかのように、調査に応じたうち六三%は定職に就けず、生計は農業で労賃を得る（三五・八%）か、子供の収入（三七・七%）が頼り。被爆者たちは、経済的な理由で帰国後も二三%は医療機関をまともに利用できなかった。一年に平均して一カ月間は原爆後遺症に悩んでいるだけに、健康に対する不安感は消えない。このうちの六七%は他の病気にもかかりやすいと訴えている。

被爆者たちがいちばん望んでいるのは、障害手当や健康手当などの経済的援助で、全体の半数近かった。また、原爆医療専門機関の設立をという注文も高かった。

今回の調査の結果、被爆者の七五%が生計維持のために渡日しており、徴用・徴兵で強制的に連行されたのは一六%。被爆後、大半の七八%は解放直後の一九四五年に帰国したが、生活苦は依然として変わっていないことになる。

朝日新聞（夕刊） 第3種郵便物認可
1992年（平成4年）1月31日

悔恨

「1万人超す朝鮮人連行」

筑豊の元炭鉱労務係告白

強制連行について話す竹原三二さん＝福岡県遠賀郡の養護老人ホーム「遠賀静光園」で

太平洋戦争末期に日本に強制連行された朝鮮人・労働者十四万人の名簿を在日本朝鮮人総連合会が一、二日に福岡市で公開する。約一万人を、福岡県の炭鉱などに連行する仕事にたずさわったという同市の元市議、竹原三二さん（八五）が、「なぜあんなことをしたのか」と悔恨の日々の末、公開を前に重い口を開き、連行の状況を語った。当時は、戦場に駆り出された日本人に代わる労働力として朝鮮人を補充する国策に、罪悪感もないまま協力した、という。

毎月3回 関釜連絡船で

竹原さんは、一九二五年ごろ、朝鮮の慶尚北道に渡り、朝鮮人十人余りを使って雑貨店に品物を卸す仕事をしていたが、妻が死に、幼い子供三人の世話が出来なくなったため一九四二年ごろ、故郷の中間市に帰った。

歌人の柳原白蓮と結婚したことで知られ、筑豊屈指の大炭鉱の鉱主だった伊藤伝右衛門から炭鉱労働者集めを要請され、断り切れなくなった、という。

最初のころは、募集に応じた人を連れて来ていた。当時の朝鮮は貧しく仕事がないため、百人の募集に二百人が集まった。医者が選んだ健康な人だけを採用した。採用者には小遣い程度の支度金と作業着上下が与えられた。人気があった。

ところが、一九四四年に入ると、日本での厳しい労働実態が知られ、応募者はなくなった。そこで日本の統治機関、朝鮮総督府労働部が乗り出し、朝鮮の各役所に人数を割り当て、日本に派遣する朝鮮人を強制的に出させるようになった。

朝鮮の役所の労務係が村に行き、農作業中や帰省中の青年を捕まえる。日本に連行するのは竹原さんら会社の労務係約十人だった。列車から逃げた人も多く、関釜連絡船で日本に着くころには半分以下に減った、という。

労働力が必要な会社が、朝鮮総督府に申し出て集めていた。連行されてきた人たちの職場は全国各地の炭鉱、工場などだった。竹原さんは二年以上にわたり毎月三回ずつ朝鮮に行き、朝鮮人を連れてきた。総計は一万人以上に上る、という。

竹原さんは戦後、中間市議を六期務めた。当時の行為に対して「申し訳ない」という気持ちが強く、連行者名簿の公開などを機会に、連行の状況を話すことにしたという。八七年に市議を退いた。いま福岡県遠賀郡内の養護老人ホーム遠賀静光園にいる。

二十九日、朝日新聞記者のインタビューで竹原さんは「あの人たちは今どうしているのだろう。取り返しがつかないことをした。『お国のため』という言葉に酔わされていた」と、話した。

'92.2.1

（第3種郵便物認可）　毎日新聞

阪神☆ing

「仕事の効率落ちると殴られた」

現北朝鮮から強制連行

神戸などで軍需産業に従事　金さんら3人判明

神戸市内など県内で軍需産業に従事した強制連行者三人の存在が三十一日までに判明した。いずれも、終戦直後に大半が帰国したと言われていた現在の北朝鮮からの連行だった。阪神間を含め、県内で調査を進める県朝鮮人強制連行真相調査団は近く、神戸製鋼所、川崎重工業などに、当時の資料提出などを求め、実態解明を進めることにした。

強制連行当時の様子を語る金星浩さん（中央）

「日本の神戸製鋼所で働けば、徴兵に行かんですむ」。一九四三年十二月。中国との国境に近い、平安北道厚昌郡東興面古邑洞。村の警察署で、十八から二十二、三歳の青年十五人を前に、軍服姿の日本人が説明した。

この中に、神戸市中央区八雲通、土木業、金星浩（日本名＝守山秀雄）さん(六五)と、同区古湊通、金属回収業、曹渕煥（日本名＝山田将夫）さん(六四)がいた。

金さんら十五人は、途中で三カ月の軍事訓練を受け、船で下関へ。船は朝鮮半島各地からの連行者約千人で満杯だった。

警察署に集まった十五人は、神戸市の神戸製鋼所脇浜工場に。しかし、金さんと曹さんらを除く十二人は三カ月後、寮近くの神社に参拝にいく途中に脱走。もう一人も、工場のクレーンから落ちて負傷。二人だけが残った。

午前八時と午後五時からの二交代制。戦闘機のシリンダーなどを造った。「仕事の効率が落ちると平手で殴られた」。「とにかく、腹が減ってたまらなかった」。曹さんは、四五年四月、金さんの協力で寮を脱走。二人は終戦後、神戸市のやみ市場で出会う。

近く実態の解明へ　県真相調査団

加東郡社町社、工務店経営、朴球會（日本名＝大谷芳弘）さん(六八)は四四年八月、咸鏡南道咸州郡北面岐陽里から日本へ。神戸市東垂水の川崎造船（現川崎重工）の寮で生活しながら、工場で働かされた。寮の近くには、三菱造船の寮があり、平安道からの連行者約千五百人がいたという。

三人は日本で暮らすが、「私は祖国のため、何もできなかった」とため息をつく。そして、日本政府に「歴史を隠すようなことは、やめてほしい」と口をそろえた。

神戸製鋼所、川崎重工の社史や神戸市史には、当時の強制連行の事実が記載されている。調査団の申し入れに応じ、真相解明が進むことを期待したい。

1945年ごろ、強制連行され伊勢神宮で撮った記念写真

西日本新聞 1992年(平成4年)2月2日 日曜日

強制連行の台帳初公開

旧朝鮮総督府作成? 94人分の身上書

真相調査団

福岡県朝鮮人強制連行真相調査団は一日、当時の朝鮮総督府が徴用時に作成したとみられる「半島応徴士身上調査票」のコピー九十四人分を入手し、公表した。

強制連行の名簿コピーを公開する金光烈さん

「強制連行の大元の台帳」に当たる新資料で、これまで見つかった名簿は氏名や出身地などごく限られたデータしか記載してなかったが、同調査票は宗教、趣味から酒量まで詳しく記入されているのが特徴。調査団では「失われたといわれた資料が見つかったのだから、ほかにもあるはず」と、実態解明の弾みにする構えだ。

この調査票は東洋工業株式会社（現マツダ）が昭和二十年三月に入社させた「第七次」分の被連行者の名簿。福岡県宗像郡福間町手光、無職金光烈さん(六四)が昭和五十二年に関係者から譲り受けたあと秘蔵してきたが、朝鮮総連同県本部と社会党同県本部でつくる調査団が一日から、福岡市博多区下呉服町の朝銀福岡信用組合本店で始めた名簿一般公開の会場に持ち込んだ。

調査票には被連行者と家族の氏名、年齢、本籍地や職業に始まり、本人の資産、病歴、性質、宗教、酒量、喫煙量、宗教など二十数項目を綿密に記載。連行前の勤め先での給与明細を記した「被動員者前収入額申告書」も。

調査団の洪祥進事務局長は「書式からみて朝鮮総督府が作成したものとみている。間違いなく全国でも初めての発見」と驚き、「これまでわれわれが入手してきた名簿はこの書類を基に各企業などが作ったものといえ、（調査票は）強制連行された人々の特定にこの上ない資料だ」と話している。

1992年（平成4年）2月2日 毎日新聞

強制連行名簿 新たに94人分

福岡の元教員 公開会場に持ち寄る

朝鮮半島から強制連行されたり、強制労働させられた朝鮮人約十四万人分の名簿が一日から、福岡市で一般公開されたが、福岡県宗像郡福間町の元教員、金光烈さん(六四)が公開会場に新たに九十四人分の徴用者名簿を寄せた。

名簿は「第七次補欠 半島応徴士身上調査票」と表書きされており、一九四五年三月に広島県の東洋工業に徴用された人たちの名簿。名前や住所、生年月日のほか家族構成や以前の職業、資産・収入や宗教、性質、態度、言語などが詳細に書かれている。

金さんは四三年に慶尚北道から日本へ渡航。同胞が働いていた炭鉱が次々と閉鎖され記録がなくなっていくのをきっかけに、徴用者の足跡などをたどり始めたのが縁で、七六年に知人を通じてコピーを手に入れた。

朝日新聞 '92.2.3

ピーアの見える海に向かって花を投げ、犠牲者のめい福を祈る出席者 ＝宇部市西岐波で

旧長生炭鉱

"水非常"50周年で追悼集会

宇部市 遺族らがめい福祈る

朝鮮人労働者を中心に百八十余人もの犠牲者を出した一九四二年二月三日の旧長生炭鉱事故を忘れまいという"水非常"（水没事故）五十周年追悼集会が二日、旧炭鉱の「ピーア」（排気坑）が見える宇部市西岐波の海岸であった。

地元有志らでつくる「長生炭鉱の水非常を歴史に刻む会」（代表、山口武信・宇部女子高教諭）の主催。事故で父親を亡くした李元宰（イ・ウォンジェ）さん(七四)＝京都市在住＝、事故直前まで炭鉱で働いていた呉周烈（オ・ジュヨル）さん(七二)＝宇部市小松原一丁目＝をはじめ、在日朝鮮人や、市民約百人が出席した。

追悼歌を合唱したあと、歴史に刻む会のメンバーが「悲劇を生んだ日本の歴史を反省し、再び他民族を踏みつけるような権力の出現を許さない」との追悼文を読み上げた。

このあと出席者は、ピーアの見える海に花を投げて犠牲者のめい福を祈り、場所を近くの集会所に移し、李さんと呉さんから事故当時の炭鉱の状況などを聞いた。四二年の事故では、朝鮮人労働者約百三十五人が犠牲になったが、これまでに朝鮮名がわかっているのは六十三人だけという。

毎日新聞　1992年（平成4年）2月3日

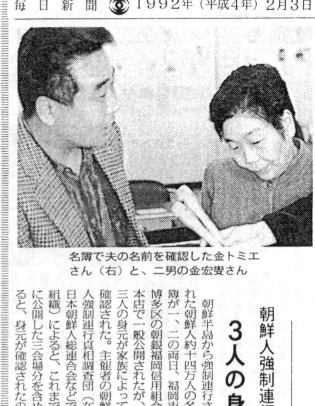

名簿で夫の名前を確認した金トミエさん（右）と、二男の金宏燮さん

朝鮮人強制連行名簿公開
3人の身元を確認
福岡

朝鮮半島から強制連行された朝鮮人約十四万人の名簿が一、二の両日、福岡市博多区の朝銀福岡信用組合本店で一般公開されたが、三人の身元が家族によって確認された。主催者の朝鮮人強制連行真相調査団（在日本朝鮮人総連合会などで組織）によると、これまでに公開した三会場分を含めると、身元が確認されたのは計九人。

福岡市博多区の金トミエさん(六五)は「船尾鉱業保険者名簿」の金井大植さんを夫と確認した。トミエさんによると、金井（日本名）さんは一九四三年ごろ、慶尚北道から連行され、福岡県田川市の炭鉱で働いていた。戦後、福岡に残り、八四年に六十三歳で病死した。

一緒に訪れた福岡市東区に住む二男、金宏燮さん(三六)は「父は食事もろくに与えられず、重労働をさせられた、と語っていました。改めてその苦労を名簿から推し量ることができます」と話していた。

同じ名簿に記載されていた金圭助さん（既に死去）も、同市西区の金瞋鋪さん(六二)が父と確認。北九州市戸畑区の朴泰元さん(四八)は韓国で見つかった「倭政時被徴用者名簿」の中から、朴徳麟さん(九二)を、韓国慶尚北道に住む伯父であると確認した。

西日本新聞　1992年(平成4年)2月3日

強制連行名簿一般公開
肉親ら名前を確認

公開された名簿に夫の名を見つけた金トミエさん(右)と二男の金宏燮さん

福岡市で行われていた福岡県朝鮮人強制連行真相調査団の朝鮮人強制連行名簿一般公開は二日、終わったが、公開中の二日間で、名簿の中の三十人分の名前が家族、友人らによって確認された。

名簿は、同調査団が八十冊（約二万㌻）、約十四万人分を独自に集め一般公開したもの。この中から、亡くなった夫の名前を見つけたのは福岡市博多区千代の主婦、金トミエさん(六五)。二男・金宏燮さん(三六)とともに会場を訪れ、「船尾鉱業保険者名簿」から夫・金大植さんの名前を確認した。

トミエさんは「生前主人は、体の具合が悪くても無理に作業させられ、栄養失調状態だった、と話していた。結局一度も故国に帰ることはなかった。供養のためにも、ほかに未公開資料があるなら見てみたい」と、しみじみと語っていた。

神戸新聞

平成4年(1992年)2月5日　水曜日　5版（2）

“軍国日本”の犠牲者に鎮魂…

タイ・泰緬鉄道開設50年

旧連合軍捕虜ら式典

苦難の地に「カプセル」

50年後開封

タイのヘルファイア峠で、泰緬鉄道の建設中に犠牲となった仲間に黙とうをささげるオーストラリアのダンロップ元大佐（右）ら（ロイター＝共同）

【ヘルファイア峠(タイ)4日ロイター、AP＝共同】旧日本軍がタイとビルマ間に建設した泰緬(たいめん)鉄道にちなんで名付けられたタイのヘルファイア峠で四日、日本軍の捕虜として過酷な鉄道建設に当たった連合軍の退役軍人ら十数人が五十年後に再会、当時から百年後に当たる二〇四二年に開封予定のタイムカプセルを埋め込んだ。

このカプセルには、ブッシュ米大統領が「国際政治の最近の激変が明るい未来をもたらすことを望んでいる。われわれは、戦争と労苦の暗黒の時代を生き抜いた人々から継承し、その成果である国際秩序の変化を体験した」と記した書簡が封入されているほか旧連合国の英国、オランダ、ニュージーランド、オーストラリア五カ国の首相らのメッセージも入っている。

カプセルの埋められた場所は、米映画「戦場にかける橋」で有名なクワイ川の橋から北東八十キロの地点。鉄道建設で連合軍の捕虜たちが強制労働に従事させられたため、地獄の苦しみという意味を表す英語をとってこの場所は「ヘルファイア峠」と名付けられた。

カプセルの埋め込みにはタイ駐在の米、英、オランダ大使らが出席。強制労働に従事したオーストラリアの退役軍人ホーンさん(七〇)は「私は二十歳から四回の誕生日をこの鉄道建設の現場で迎えた」と当時をしのんだ。

泰緬鉄道建設では、連合軍の捕虜と現地労働者ら十万人前後が病や栄養失調などで死んだといわれる。

朝鮮人労働者 実態解明へ

50年前の黒三建設

強制連行前で証言収集難航

富山の市民グループ

富山・黒部峡谷の黒部川第三発電所（黒三）の建設に強制連行以前の朝鮮人労働者はどのようにかかわっていたのか。富山県の市民グループが、今年七月の本の出版に向けて朝鮮人労働者の実態調査を続けている。

出力八万一千キロワットで当時最大の水力発電所黒三は、戦争遂行の電源開発のために難工事を押し四年の歳月をかけて昭和十五年に完成した。

一六〇度を超える暑さの中でのトンネル工事の過酷な労働の様子は、作家吉村昭さんの小説「高熱隧道」に詳しく書かれている。関係文書では、全体の三分の一が朝鮮人労働者だったとされているが、人数も含めて実態は明らかになっていない。

富山市の堀江節子さん(四三)ら三人は、国家的事業だったにもかかわらず、朝鮮人労働者についてのまとまった記録がないことに疑問を感じ、基礎資料の収集や、飯場の親方の遺族で韓国に住む男性との文通を続けてきた。

多数の朝鮮人労働者が建設に携わったと言われる富山県・黒部峡谷の黒部川第３発電所

他と比べて格段に賃金が高かった黒三へは、日中戦争による人手不足も加わって、数多くの朝鮮人が出稼ぎに来たという。

これまでの調査で、食事などの待遇で日本人との差はなかったことが分かってきた。工事中起きた雪崩事故での八十余人の死者、行方不明者のうち、少なくとも三十六人の朝鮮人労働者の遺族にも補償金が与えられたことが公文書で確認された。

しかし、完成から五十年以上たっていることもあり、当時現場で働いていた人の証言はまだ得られていない。三月に予定している韓国での聞き取り調査も工事関係者が見つからないという。

堀江さんは「黒三は朝鮮人の高い労働意欲なしには完成しなかったといわれている。出稼ぎに来たのに黒部の谷で死んだ人も多く、そういう人たちの無念を晴らしたい」と話している。

朝日新聞（兵庫）'92.2.8

「強制連行」で 要望書を出す

社党などの調査団

社会党県本部と朝鮮総連県本部でつくる県朝鮮人強制連行真相調査団（本岡昭次・日本人側団長、康義平・朝鮮人側団長）は七日、川崎重工業、神戸製鋼所、三菱重工業神戸造船所の三社に対し、太平洋戦争時に強制連行された朝鮮人の健康保険、厚生年金、殉職者名簿などの資料の調査と公開を求める要望書を出した。各社とも今月中に何らかの回答を約束した、という。

同調査団は去年七月に結成。同様の調査団は、全国十六都道府県で結成されており、二十二、二十三両日に大阪で交流集会を予定している。

神戸新聞 '92.2.6

北朝鮮でも 被爆者調査

戦争補償に影響か

これまで実態が明らかにされていなかった朝鮮民主主義人民共和国（北朝鮮）在住の広島、長崎での原爆被爆者（在朝被爆者）の実態調査が同国内で始められていることが五日、分かった。核戦争防止国際医師の会（IPPNW）の準備会議に出席する柳海永・朝鮮平和擁護全国民族委員会副委員長の話として、広島県朝鮮人被爆者協議会の李実根会長が明らかにした。

在朝被爆者について北朝鮮政府は近年まで「存在しない」との態度をとり、正確な数は不明だったが、同国の調査は日朝交渉の戦争犠牲者補償問題にも影響しそうだ。

朝日新聞 '92.2.10

サハリン残留 補償を要求へ

韓国方針と報道

【ソウル9日＝共同】聯合通信が九日、韓国政府当局者の話として報じたところによると、韓国政府は第二次大戦中の従軍慰安婦に対する補償要求とともに、サハリン（樺太）残留韓国・朝鮮人に対する被害補償についても正式に日本政府に提起する方針という。同当局者は「強制連行されたサハリンの同胞らは第二次大戦後も、日本側に誠意がなかったため韓国に送還されなかった」と指摘した。

東京新聞 '92.2.18

遺骨返還の 要求書を送付

強制連行朝鮮人の遺族会

太平洋戦争中などに日本に強制的に連行され、長崎県・高島町の旧三菱石炭鉱業端島炭鉱で労役中亡くなった朝鮮人の遺族がこのほど、韓国・全州市で「端島犠牲者遺族会」を結成、十八日までに日本政府と三菱側に対し行方が分からなくなっている遺骨の所在確認と返還などを求める要求書を送付した。

遺族会は、昨年肉親の死因究明のため高島町を訪れた韓国・全北産業大の李福烈教授が呼び掛け、韓国在住の五十人が参加して結成。最近、同教授から朝鮮人被爆者の調査をしている「長崎在日朝鮮人の人権を守る会」（事務局・長崎市）に、要求書が送られてきた。要求書では、遺骨返還のほか強制連行の実態調査や賠償を求めている。

端島炭鉱では、戦時中約五百人の朝鮮人が働いていたとみられ、当時の火葬許可証によりこのうち百二十二人の死亡が確認されている。しかし、死因などは遺族に伝えられないままで、遺骨も閉山（昭和四十九年）などで所在が分からなくなっている。

統一日報
(THE TONG−IL ILBO)　1992年2月13日（木曜日）

強制連行犠牲者慰霊 相生(兵庫)に実行委発足

民団・総連が共同で
市と企業に 碑建立参加を要望

【神戸】「相生市朝鮮人強制連行犠牲者慰霊碑建立実行委員会」が、民団と総連の双方が参加して十一日、正式に発足した。両同胞団体が共同で戦後処理問題に取り組むのは初めて。実行委員会では今年十月四日、慰霊碑建立と供養式を実行させたい意向で、明日十四日、相生市と徴用同胞が働いていた石川島・播磨造船所に対して要望書を提出する。

慰霊碑建立実行委発足で記者会見する曺判泰・民団側代表㊧と崔東基・総連側代表（11日）

見つかった当時の給与明細など

要望書では相生市在住の両団体代表が集まり、無縁仏の慰霊碑建立と供養を行うことで一致、協力を要請するとして①慰霊碑建立のための墓地及び石碑の購入、供養式に伴う費用等、諸経費に対する協力②慰霊碑建立にかかわるすべての問題を円滑に進めるため、有関者による協議体の設置③慰霊碑建立にかかわる平和的、教育的な主旨を広く市民に知らせる広報活動などを求めている。

昨年七月、相生市の善光寺で身元不明の同胞の遺骨六十体があることが確認され、翌月、当時同胞で土木作業などに当たっていた同胞千六百五十七人分の名前を掲載した「寄留者名簿」が「兵庫県朝鮮人強制連行真相調査団」によって明らかになったほか、昨年末には民団兵庫県本部執行委員の金濟一さんの家から、戦中、播磨造船所で働いていた韓国人労働者の給与明細書が残っていることも確認された。

「遺骨をそのままにできない」として、碑建立で地元両団体同胞が一致。昨年十二月十七日、第一回目の会合をもった。そこで市や会社に要望していくに際し両団体が一体となり取り組むほうがよいとの判断に立ち、両団体本部組織に打診、了解を得てこの日正式に委員会を発足させた。

実行委員会は双方より三人ずつの六人で構成、民団側代表に民団相生分団長曺判泰氏、総連側代表に在日朝鮮人兵庫県姫路商工会の崔東基氏がそれぞれ就いた。

この日の記者会見で曺代表は「今は相生だけだが、（こうした取り組みが）広がっていけば、いい例になる」と述べ、また崔代表は「統一をしなければということが底辺がある」としたうえで「共通の問題で、相生に住んでいるひとりひとりの問題だ」との認識を示した。

慰霊碑建立の日は本国で無縁仏を弔う日である旧暦の九月九日（十月四日）に設定、市及び会社側と交渉を進めていく。

統一日報 '92.2.13

帰還中、舞鶴で爆破の浮島丸
犠牲者名簿を公開
遺族ら

【光州聯合】解放直後日本が韓国徴用者五千余人を船に乗せたまま爆死させた、浮島丸事件の犠牲者中四百十人の名簿が公開され関心を集めている。

この事実は李金珠・太平洋戦争遺族会光州支部会長(七三)が、日本内在日同胞や知識人たちで構成された「陳謝賠償促進会」の招請で浮島丸事件の生存者と共に先月日本を訪問し、入手した名簿を八日公開して明らかになった。

日本の大湊海軍施設部が作成したこの「浮島丸死没者名簿」には、徴用工員三百六十二人と日本人労働者四十八人など、韓国人犠牲者四百十人の名前と職種及び本籍地などが記録されている。

遺族会光州支部はこれらの浮島丸号犠牲者を含め、確認された日帝当時徴用、徴兵、挺身隊犠牲者と遺族たちの被害補償のため、十七日東京地方裁判所に訴訟を起こすと明らかにした。

端島・三菱炭鉱徴用死
真相究明、補償求め遺族会結成

【全州聯合】日帝時代強制徴用され、日本の長崎県端島・三菱炭鉱で強制労働を強いられ息をひきとった、全北道内被害者遺族五十余人は八日、全州市内の茶房に集まり「日本端島犠牲者遺族会」を結成し声明書を発表、日本政府と三菱商事側に死亡真相究明と賠償などを要求した。

遺族らは声明書を通じ「去る一九四二年、全北・金堤から十九歳で徴用され、端島で強制労働の末亡くなった李ワンオクさんの甥李ボクヨルさん(四九)＝全北産業大教授＝が昨年八月渡日、端島炭鉱で五百余人の韓国人が強制労働につきこのうち百二十二人が死亡した事実を、火葬許可名簿を通して確認した」と主張、犠牲者の強制連行の経緯と死亡真相究明、犠牲者名簿公開、遺骨送還、犠牲者に対する賠償を要求した。

サハリン
残留経緯、生活語る
朴亨柱さん 4万3千人受難史遡り

朴亨柱さん

サハリン残留同胞に対する補償請求裁判の行方を見据えつつ、当事者から生の声を聞く会が十一日、東京・池袋の東京芸術劇場・大会議室で開かれた。ここ二、三年、ようやくサハリンから韓国への一時・永住帰国が可能になったが、サハリン在住朝鮮人が公開の場で残留経緯や現在の生活状況をつまびらかにするのは今回が初めて。

講演には、神奈川県内の同胞・市民有志の呼びかけで、サハリン州ユジノサハリンスク在住の朴亨柱さん(六二)が立った。主催者側の予想を上回る百五十人余りの聴衆を前に、朴さんは置き去りにされた四万三千人の受難史を解放当時にさかのぼってたどり、今に残された問題点を浮き彫りにした。

朴さんは、サハリン在住同胞が二世をも含めて帰国志向が強いのに反して韓国国内の受け入れ態勢は十分でないため、永住帰国者が頭打ちになっていると指摘した。これを受けて高木健一弁護士は、韓国国内での老人ホーム建設や基金創設の必要を訴えた。

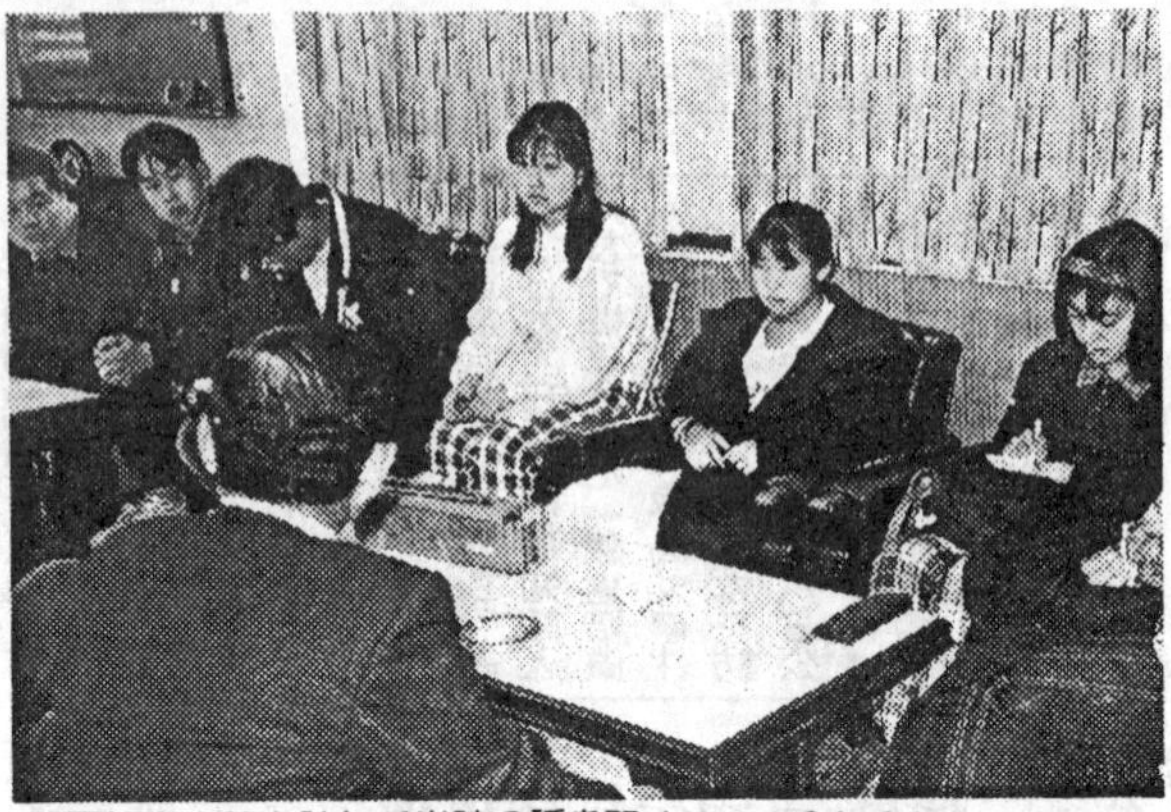

民団熊本本部を訪ねて当時の話を聞く飽田中２年３組の生徒たち

地下壕掘り 強制労働強いられた韓国人

実態調査に取組む

熊本の日本人中学生８人

「二度と誤ち繰り返さないため」

民団で意見聴取も

【熊本】韓国人従軍慰安婦問題を契機に日本の戦争責任が改めてクローズアップされているが、熊本で歴史の掘り起こし作業に取り組んでいる日本人中学生たちがいる。熊本市孫代町の熊本市立飽田（あきた）中学校の生徒たちで、熊本における地下壕と韓国人強制連行・労働の歴史を昨年から調べている。

この調査の一環として、同校二年三組の福富江美子さんら女生徒四人は十一日、担任の二見政輝教諭とともに民団熊本本部を訪れ話を聞いた。

福富さんらが、このようなうずもれた歴史調査に取り組んだ動機は、昨年の道徳と人権の授業時間で、長野県の「松代大本営と韓国人の強制連行」問題を学習し、熊本の藤崎宮大祭における「ボシタ」のかけ声が差別用語だったとして中止になった経緯や熊本での強制労働の事実などを知るうち、熊本と韓国の関係に関心を持ったのが始まり。

男子生徒三人を含む八人の生徒はさっそく昨年十一月の文化祭のテーマに強制労働を取り上げ、上熊本周辺の軍需工場に絞って現地調査を行い地下軍需工場で働いていた人々から証言の聞き取り調査もし文化祭で発表している。

発表された証言その㈠＝飛行機プロペラの部品などを製造する九州工具㈱の地下壕掘りに学徒動員された熊中三年の中原さんは「私はトロッコでドロを外に運び出す作業をしていた。最先端では韓国人がダイナマイトの発破作業をしていた。その中に片目の人がいたのでよく覚えている」。

証言その㈡＝九州工具の社員だった福島さんは「地下壕掘りは、ほとんどが韓国人だった。危険な作業は韓国人がしていた」。

一九四四年に上熊本に移転してきた三菱航空機製作所の地下工場も韓国人が掘っており、地下壕は敗戦直前まで掘られていたが、日本人の証言のみ。生徒たちは当事者の韓国人の証言を得るため今回民団を訪問したが地下壕掘りを知っている人がいなかったので強制連行の事実を含め日本の植民地政策について一世のハラボジから説明を受けた。

「暗く狭い場所で韓国人が穴を掘らされていたなんて、本当に戦争はいけない。日本人はこのような過ちを二度と繰り返してはならない。熊本の地で多くの韓国の人たちの強制労働があったことを忘れてはならないと思う」は、生徒たちが文化祭で発表した感想文の共通した内容だった。

毎日新聞 '92.2.17

日本に謝罪と賠償義務確認求め

韓国人1100人が提訴

「戦時強制」の元軍人や遺族ら

日本の植民地支配の下で戦争中、強制的に軍人や軍属・労働者として駆り出された韓国人とその遺族約千百人が十七日、日本政府を相手に、公式の謝罪と損害賠償義務の確認を求めて東京地裁へ提訴した。朝鮮半島の植民地支配による戦争・戦後責任を問う訴訟は、九〇年八月のサハリン残留韓国・朝鮮人やその家族ら二十一人による補償請求から相次ぎ、昨年十二月には元従軍慰安婦三人を含む元軍人・軍属三十五人が損害賠償請求を起こしているが、千人を超す大量提訴は初めて。

訴えたのは、韓国・全羅南道光州市の周辺に住む元軍人・軍属や遺族たちで、韓国の民間団体「太平洋戦争犠牲者遺族会」（本部・ソウル）の会員。「光州千人原告団」（李金珠・総代表）として三グループに分かれている。弁護士を立てずに、本人たちで提訴した。

訴状によると、日本は一九三九年以降、朝鮮半島から百万人近くの労働者を強制連行したうえ、軍人で約二十三万人を動員、軍属で約十五万人を強制徴用、従軍慰安婦としては十数万人を強制的に連れ出した。

原告の本人や父、夫らは日本本土やアジア各地に送り込まれ、戦闘や炭鉱などでの奴隷的な労働に従事させられ、精神や身体に著しい被害を受けた。ところが日本は戦後、恩給法など軍人・軍属への立法に国籍条項を設けて「韓国・朝鮮人の戦争犠牲者へのいっさいの補償を怠った」と主張している。

来日した原告団の代表八人は提訴後に会見。総代表の李金珠（イ・クムジュ）さん(七三)は「私の夫は海軍に徴用され、タラワ島で二十四歳で亡くなった。韓国には、『人を泣かせた者の目から血が出る』ということわざがある。亡くなった私の夫を返してほしい」と訴えた。

＜韓国・朝鮮人による日本の戦争・戦後責任を問う提訴＞

年月日	原告	請求内容	提訴先
90.8.29	サハリン残留21人	２億１千万円の補償	東京地裁
90.10.29	元軍人・軍属22人	謝罪と賠償義務確認	東京地裁
91.1.31	元軍属１人	補償確認と慰謝料１千万円	大阪地裁
91.9.30	日本鋼管の元労働者１人	謝罪と賠償99万円（日本鋼管が相手）	東京地裁
91.11.12	ＢＣ級戦犯の元軍人ら７人	謝罪と１億３千５百万円の補償	東京地裁
91.12.6	元従軍慰安婦や軍人・軍属35人	７億円の補償	東京地裁
91.12.12	元軍人・軍属14人	謝罪と日本人同様の厚生年金や労災保険の適用	東京地裁
92.2.17	元軍人・軍属ら約1100人	謝罪と賠償義務確認	東京地裁

朝日新聞 '92.2.15

韓国の戦争犠牲者ら約千百人

対日補償求め提訴へ

【ソウル14日＝共同】太平洋戦争中、日本軍の軍人・軍属として戦場に駆り出された韓国全羅南道光州市周辺の韓国人や遺族ら約千百人が日本政府の謝罪と補償を求め、今月十七日、東京地裁に提訴する。

日本の戦争・戦後責任を問う訴訟はいくつか起こされているが、最近では昨年十二月初め、三十五人が提訴したのに続くもので、千人を超える大量提訴は初めて。

訴えるのは「太平洋戦争犠牲者遺族会」（本部ソウル）の光州支部長、李金洙さん(七三)ら旧軍人・軍属約八百人と遺族約三百人。十四日、代表八人が釜山から日本へ向かった。

李支部長によると、今回の訴訟は日本人や在日韓国人で組織する「陳謝と賠償を求める裁判をすすめる会」（事務局大分市）の協力で準備を進めてきたもので、補償要求額は明示せず、日本政府に対し補償義務の確認を求める方針。

李支部長は「夫は新婚二年目に当時生後八カ月の長男を残したまま徴用され、その夫は帰らなかった。この五十年間の恨（ハン）を口で言い表すことはできない。太平洋戦争犠牲者の証言を通して日本政府に二度と過去の蛮行を繰り返さないとの陳謝を求めたい」と話している。

統一日報 '92.2.19

同胞無縁仏

納骨堂整備へ1445万円

清水市予算計上

民団・総連の陳情受け

【静岡】地元の民団、総連両支部連署の陳情を受けて、韓国・朝鮮人無縁仏を納めた納骨堂一帯を整備することを決めていた静岡県清水市は、このための予算千四百四十五万円を計上、三月の市議会に諮る。市議会での採択を待って、来年二月ごろには韓国式の屋根をいただく新しい納骨堂を完成させることにしている。

納骨堂は第二次大戦中、日本に強制連行・徴用され、県内各地で事故死したり、病死した同胞の遺骨九十二柱を総連系同胞有志が引き取り、六五年九月、市内北矢部に建てた。いずれも日本に身寄りがいないため無縁仏となり、近くの寺に預けられていた。

一帯は湿気が多いため、中にある骨つぼを載せる木製の棚が腐って、外れたり、傾いたり。見兼ねた鄭錫烈民団清水支部団長が旧知の総連清水支部委員長に呼びかけ、市に「納骨堂で眠る仏たちは、その多くが過去の朝韓日間の不幸な時代に果てた。（荒れた堂は）同じ血を引く私どもとしては忍びない」と昨年六月、連署で改修を陳情していた。

新しい納骨堂は、湿気を避けて小高い丘の上から下ろすことになっている。四月以降、設計に入り、十月には工事に取りかかる予定。併せて周辺環境も整備される。

市予算で改葬されることになった納骨堂
（写真は昨年７月の慰霊）

「道民総努力ノ状況報告」などの文書（コピー）

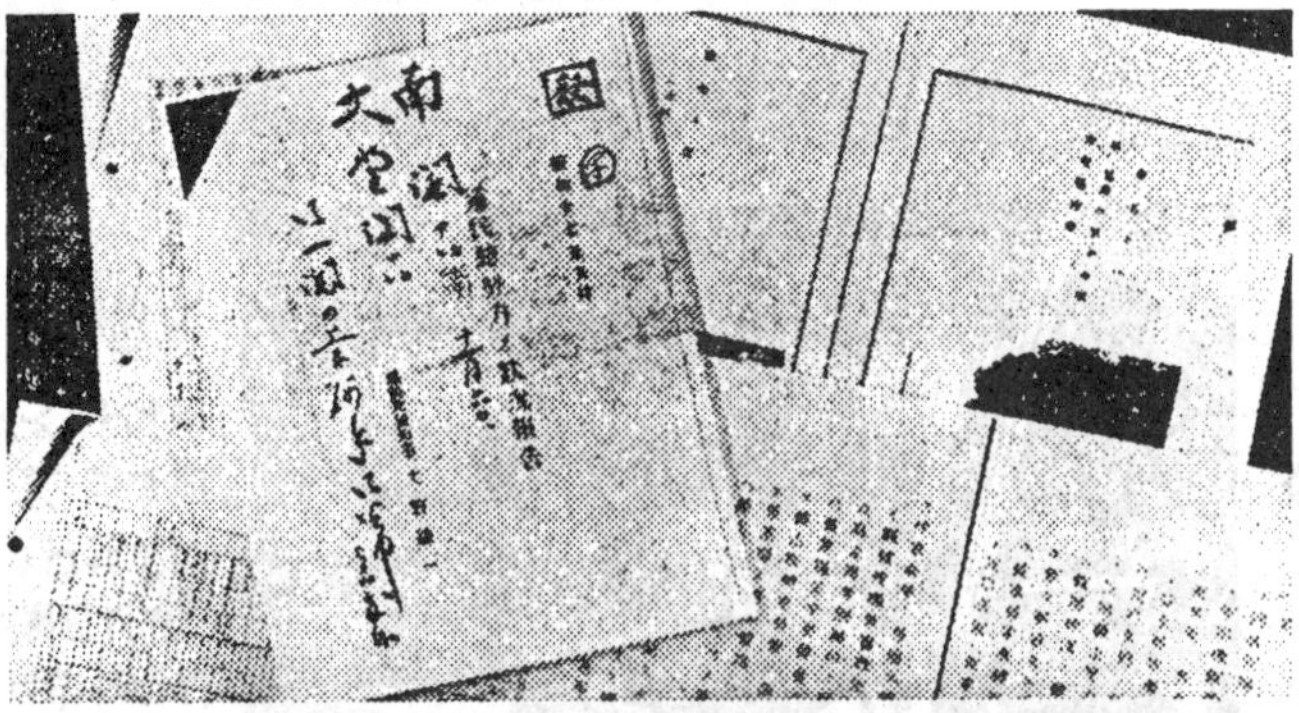

「皇国産業戦士たらしむべし」「モンペの普及を図るべきだ」

京大助教授 朝鮮人「動員」資料を発見

当時の知事が総督府に提出

日本が植民地支配していた朝鮮半島で、朝鮮人がどのように労務動員されたかを示す具体的な文書を、水野直樹・京都大学助教授（朝鮮近代史）が国立国会図書館の憲政資料室で見つけた。現在の朝鮮民主主義人民共和国（北朝鮮）にある咸鏡北道で、炭鉱労働やソ連（当時）との国境付近の警備に当たらせたほか、日本語の徹底、モンペの普及を図ったことなどが記されている。日本の朝鮮半島支配の実情を知る貴重な資料といえる。

この文書は、太平洋戦争が始まった翌年の一九四二年、当時の大野謙一・咸鏡北道知事が朝鮮総督府にあてて提出した「道民総努力ノ状況報告」と「労務動員実施状況」。二千六百点近くある大野緑一郎・元総督府政務総監の関係文書の中から見つかった。添付された写真は二十七点。

文書によると、戦時生産力の増強のため、咸鏡北道当局が道内すべての朝鮮人世帯を対象に「国民総力咸鏡北道連盟」を組織。重要産業部門での従業員の教育、優良従業員の表彰、勤労報国隊を編成し鉱山・土木建設への労力提供――などの活動を行った。

特に、咸鏡北道を「対ソ防諜の拠点」と位置づけ、「時局の緊迫に伴いソ連側の密使が数を増しており」、地域に住む青年層で組織した自衛団を国境警備に当たらせた。その結果、殉職三人、負傷者が十人出たが、「決死報国の決意で任務を果たしたのは特筆すべきだ」と評価している。

さらに「国体の本義に徹して皇国産業の本質と皇国産業人の真の使命を自覚させ、皇国産業戦士たらしむべく指導することが最も緊用のこと」とし、日本語の理解を深め、作業服としてモンペの普及を図るべきだと述べている。

また、この年の「道労務調整計画書」では、産業・事業別の動員計画数が表で記されている。

炭鉱でトロッコを押す朝鮮人女性たち。勤労報国隊とみられる＝「道民総努力ノ状況」から

地方組織 興味深い

矢沢康祐・専修大学教授（朝鮮史）の話　（今回の文書は）植民地時代の朝鮮半島の研究にとって大きな成果といえる珍しい資料だ。とりわけ、地方で「国民総力連盟」という独特の組織がつくられ、道当局の肩代わりをしていたという事実は興味深い。

玉野圏版

結んで開いて 広がる国際交流 ▽㉑△

「(みなさんが書いた)「高校生が結ぶ日韓交流の輪」を受け取りながら、本当に目頭の熱くなるのを感じました」

「日本の若い世代がかくも素直にそして真しに考えているのには驚くのみです。実情をふまえ理解し、逐次底辺を深めていけば、近くて遠い国が真実の近隣国になると思います」

玉野光南高校社会問題研究部へあてた手紙だ。韓国などから毎月届く。差出人は戦時中、朝鮮半島から玉野市へ強制連行された「協和隊」の元隊員たち。生徒たちにとってはお互いに訪問し合い、話し合える隣国の「友人」でもある。

部員らも便せんにつづる。

真実を求めて

強制連行実態探る

「私たち高校生は、韓国と日本がお互いに過去の歴史を知った上で、真の友好が持てればと思います」ー。

同校社研部が、市内で強制連行の実態を調べ始めたのは五年前。戦時中、三井造船玉野造船所(現事業所)に徴用され、当時三千五百人いたとされる協和隊の「生き証人」を追跡。同隊の副官だったソウル在住の禹奎鎬さん(ξ)や米国在住の金龍玉さん(ξ)らを捜し当てた。

初めは心を開いてもらえなかった。「今更思い出したくないことを…」

こんな元隊員たちのためらいに対し、生徒たちは訴えた。「日本がアジアの国々の人たちから本当に尊敬されるようになるためには、まず戦時中の「真実」を明らかにすることだと思うのです」

協和隊の調査が進んできた平成二年九月、交流の芽がふき始めた。禹さんが来日し、生徒と一緒に市内で協和隊のシンポジウムも開かれた。

今度は昨年夏、部員の渡部尚輝君(一七)ー一年ーらが韓国を訪問。元協和隊員や遺族に会い、当時の話を聞いた。

テーマは急速に広がり、交流もまた、深まっていく。戦争の加害者・被害者を認識する「痛み」を伴う交流である。だが、韓国から社研部に届く手紙の主は、一人、また一人と確実に増えていった。

現在も社研部員四人が協和隊の足跡を追う。この日韓交流を踏まえ、韓国の若者と付き合いたいという。

「国際交流というと、アメリカなどの国を思い浮かべるけど、アジアにはまだ「近くて遠い国」がある。政府でなく高校生ができることもあるーと思えるようになりました」

佐藤良子部長(一七)ー二年ーらは、そう確信している。

韓国から届く手紙に目を通す光南高社研部員ら

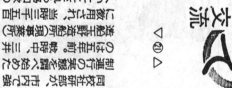

第3部 ふれあう街へ

毎日新聞 '92.2.23

朝鮮人強制連行 実態解明の糸口に——

旧陸・海軍の地下施設

新たに549カ所

防衛研究所に資料 「真相調査団」が発見

旧陸・海軍の地下施設が新たに五百四十九カ所あったことを示す資料が「朝鮮人強制連行真相調査団中央本部」（本部・東京、金基詰団長）の手によって二十二日までに、防衛庁防衛研究所で見つかった。軍事施設は一都一道二府四十県に及び、用途は基地や作戦室、弾薬庫など様々。建設は一九四四年から始まり、戦争末期に本土決戦を控え軍事施設が次々に地下化した状況を示している。すでに一部施設で被連行朝鮮人が働かされていたという証言もあり、強制連行の実態に迫る突破口にもなりそうだ。

資料は「日本兵器工業会資料 旧陸軍施設関係綴」。軍需工場の資料の中に「兵器製造施設分散、地下工場建設、大陸移駐計画調査表」（四五年十一月十五日付、陸軍兵器行政本部作成）、「旧日本海軍の地下施設について」（五一年五月十八日付、第二復員局作成）など計六種類が含まれていた。いずれも連合軍総指令部（GHQ）の要請で作成したらしい。

記載された地下施設は、秋田、新潟、沖縄の三県を除く全都道府県に散在している。「旧日本海軍の地下施設について」には、「四四年夏のサイパン失陥後に本土空襲必至を察知（略）地上施設の分散と地下移築を大々的に始めた」と記載してある。

地下施設は所属、所在地、「作戦室」「弾薬庫」など使用目的と、約三分の二の施設については規模も明示。同本部の試算では総面積約一二三万平方㍍に達するという。

一方、戦後、日本の戦時生産体制を調べた米戦略爆撃調査団の報告書は、地下航空機工場の建設について、四五年三月から八月までに百カ所（総面積約六七万平方㍍）あり、延べ七百五十万人が動員され、朝鮮人と中国人捕虜が主体、と報告している。新資料の内容は同報告書とは一カ所も重複しておらず、旧軍関係の地下施設は総計六百四十九カ所あったことになる。

資料にある高知県内の魚雷艇基地など二十カ所では、地元調査団の過去の調査で「朝鮮人が働かされていた」の証言を得ている。このため、同本部は「これまで断片的な情報をもとに行われていた実態解明が一気に進む」としている。

山田昭次・立教大学教授（日本近代史）の話 軍事関連施設が戦争末期に地下化していたことは知られていたが、全国的規模の資料はこれまでになく、新資料は戦争末期の状況を語る貴重なものだ。また、本土決戦を控え労働力不足の中、各地で地下基地が建設されたわけで、ほとんど連行された朝鮮人が動員されたことはまず間違いないと見ていい。

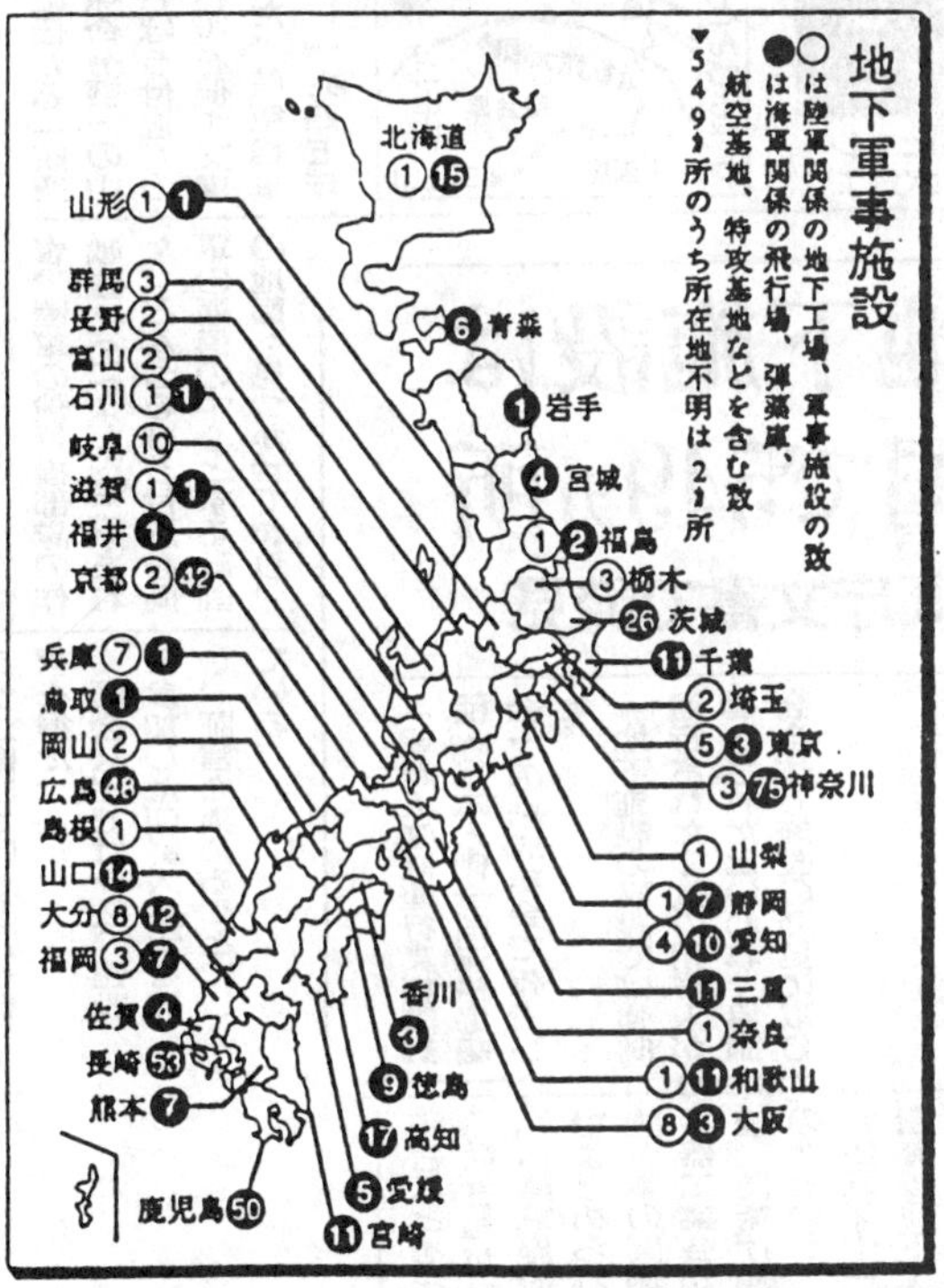

真相調査団の全国組織が発足

ホットライン開設へ

強制連行問題を日本人の側から調査している全国十七都道府県の調査団が集まり、「朝鮮人強制連行真相調査団全国連絡協議会」が発足、二十二日、大阪市東淀川区で結成総会を開いた。総会では、同本部の調査結果が公表されたほか、来月十五日に全国一斉に、強制連行の証言などを集めるホットラインを開設するほか、韓国などに調査団を派遣し、日本人の側から、従軍慰安婦を含めた強制連行の実態調査を進めることを決めた。

朝日新聞　1992年（平成4年）2月23日

奈良・香芝のどんづるぼう

大規模な地下要塞発見

建設に朝鮮人兵士らも

地下要塞として建設されていたトンネルの内部　＝奈良県香芝市穴虫で

　奈良県香芝市の二上山のふもと付近で、旧日本軍が敗戦直前、本土決戦に備え地下要塞（ようさい）として建設中だった大規模なトンネル群を発見したと二十二日、同市同和教育研究会（伊藤安紀会長）などが発表した。建設に従事した元兵士の証言や当時の資料から、朝鮮人兵士約百人が建設に従事していたこともわかった。

　トンネルは同市穴虫の「どんづるぼう（屯鶴峯）」地区の金剛・生駒国定公園内にあった。東側と西側の二カ所に分かれ、中は高さ三・四－三㍍、幅約三・五㍍。数本のトンネルが迷路状に走り総延長は約二㌔。発破を仕掛ける際に爆風を避けるための穴や、つるはしの先の跡が壁にくっきり残るなど、建設途中だった様子がうかがえる。

　同会などの調査によると、防衛庁に伝わる「航空総軍後方関係命令綴」の中に、どんづるぼう付近での地下施設の建設を促す文書が残っていた。航空総軍は、敗色濃い一九四五年、春、陸軍の飛行機部隊の作戦強化のために編成された。どんづるぼう付近を同軍の通信の中心とする計画の地図も見つかっており、航空総軍が本土決戦の戦闘指令所とするため掘ったとみられる。

　同会などは、当時、見習士官としてこのトンネル工事に携わった日本人男性（六八）から、約百人の朝鮮人兵士が働いていたという証言を得た。

　同会などでは今後、建設に参加した朝鮮人兵士を探し、証言を集めることにしている。

軍地下施設は全国で549カ所

防衛庁文書で発見

　太平洋戦争末期、旧日本軍が米軍の本土上陸に備えて造った地下軍事施設が、建設途中も含め全国で五百四十九カ所にのぼっていたと、兵庫県尼崎市の在日朝鮮人、洪祥進さん（四二）が防衛庁防衛研究所で見つけた文書をもとに、二十二日、大阪市内で開かれた「朝鮮人強制連行真相調査団・日本人側全国連絡協議会」の結成総会で報告した。

　地下施設の建設では強制連行された多数の朝鮮人が働かされたといわれ、協議会全体で施設の発見に取り組むことを決めた。

　洪さんが見つけたのは「旧陸軍施設関係綴」の名でまとめられていた旧日本陸海軍の関係文書で、日本兵器工業会が保存し、その後、防衛庁側が複製したものだという。陸軍関係は一九四五年十一月の「兵器製造施設地下工場建設計画調査表」や五一年の「旧陸軍関係主要地下軍事施設調査表」などの題が付けられ、陸軍造兵廠（しょう）の疎開工場など計七十五カ所の名前が含まれている。

　海軍関係は「旧日本海軍の地下施設について」との題で五一年、連合軍総司令部にあてて出されたもので、弾薬格納所や病院、工場、航空基地、特攻基地などの地下施設が計四百七十四カ所記されている。

　地下施設の建設は、戦後作られた「米国戦略爆撃調査団報告書」の中で触れられているが、今回の資料と重複しているのは十カ所だけ。残る五百三十九カ所のうち、真相調査団によって存在が明らかになっているのは三十カ所にとどまっているという。

朝鮮人への補償
――もう一つの視点

京大人文研助教授
水野　直樹

（朝鮮近代史・東アジア関係史）

みずの・なおき　一九五〇年京都市生まれ。京大文学部卒。九一年四月から現職。著書に『「アリランの歌」覚書』（岩波書店）など。

「法の下の平等」は無かった
法令を盾の不必要論 成立せず

朝鮮人従軍慰安婦についての報道が相次いでいる。強制連行についての調査も各地で市民の手によって進められている。日中戦争・太平洋戦争の時期に日本が朝鮮民族に与えた損害と苦痛は、大きく深い。日本がこれらに対する補償を怠ってきたことは否めない。

「実感」に頼る?政府の見解

一月中旬の宮沢首相の訪韓に際して、政府は従軍慰安婦の問題で謝罪をしたが、補償については全く曖昧（あいまい）な態度に終始している。韓国との間では、日韓基本条約（一九六五年）でこれらの問題に決着がついているというのが、政府の見解である。

一方、日朝交渉においては、補償・賠償を求める朝鮮民主主義人民共和国（北朝鮮）側に対して、日本側は次のような見解を示して、これを拒否している。

「①当時の法令は有効②有効な法令に基づく行為の結果の被害補償には応じられない③適法だったとは言えない行為の結果については『財産・請求権』の問題として補償するが、その被害の立証責任は請求側にある」（「朝日新聞」二月三日）

従軍慰安婦とされた人々の被害については、③の形での解決をにおわせているが、被害者に立証責任を負わせようとしているのは、「補償」ではなくあくまで「財産・請求権」の問題として処理したいと考えているからである。

では、徴用や徴兵による被害については、どうなるのだろうか。日本政府の見解は、これらは当時の有効な法令によるものであり、それによって生じた損害の補償には応じられない、というものである。日韓条約交渉の時にも、政府はこの立場に立っていた。

この政府の見解は、戦争の時代を体験した日本人の「実感」によって支えられているように思われる。日本人も徴用に取られたりして苦労した、朝鮮人も同じではないか、という「実感」である。

「国籍」「有効性」で強引な論理

しかし、それは正しいのか。政府の見解を成り立たせるには、いくつかの前提が必要である。

一つは、朝鮮人も日本国籍を持っていたから、日本人と同様に日本の法令に従うのは当然である、という前提である。朝鮮人が日本国籍を持ったのは、日本が武力を背景に強要した一九一〇年の韓国併合の結果、朝鮮（当時大韓帝国）が日本の植民地になったからである。無条件で朝鮮人が日本国籍を持っていたとするのは、強引な論理といわねばならない。

もう一つの前提は、当時の「法令」が日本人にも朝鮮人にも同じ意味を持っていたということである。しかし、それは、朝鮮人には法律を制定すべき議会に関与する権利（選挙権・被選挙権）が認められていなかったことを無視した議論ではないだろうか。

植民地期の朝鮮は、日本「内地」とは別個の「異法域」とされていた。朝鮮での法律制度は、大きくいうと、二つの柱からなっていた。一つは朝鮮総督の発する命令（「制令」と呼ばれた）であり、もう一つは日本の議会で制定された法律（徴用の法的根拠となった国家総動員法など）を天皇の勅令によって朝鮮にも適用したものである。いずれの場合も朝鮮人の意思は反映されなかった。

戦前日本の議会のうち貴族院は問題外としても、衆議院議員選挙法は、植民地である朝鮮や台湾には施行されていなかったため、朝鮮半島に住む者（日本人を含む）は、衆議院議員選挙に参加できなかった。逆に、日本「内地」に渡ってきた朝鮮人のうち、六カ月以上同一市町村内の住所に住んでいることが証明できる者には選挙権が認められていたが、それを証明し得る朝鮮人は多くなかった。

したがって、同じ「日本国籍」を持っているにもかかわらず、朝鮮人は参政権からほぼ排除されていたといってよい。

選挙法未施行が朝鮮人の政治的権利の制限を目的としていたことを示す資料はいくらでもあるが、一つだけ見ておこう。一九四一年六月、朝鮮総督府が作成した極秘文書「内鮮〈注〉一体ノ理念及其ノ実現方策要綱」（国会図書館憲政資料室所蔵）は、参政権問題について、「朝鮮人の皇国臣民化の進度既にこれ（参政権）を適当とするに到りたる時に於いては識見高邁（こうまい）国家観念熾烈（しれつ）なる代表者を貴衆両院に送」らせることも可能である、と述べている。逆にいえば、「皇国臣民化」が充分でない朝鮮人には参政権を与えるわけにはいかない、というのが日本側の本音だったのである。

なお、戦争末期の一九四五年三月、「帝国議会」は衆議院議員選挙法を改正して、朝鮮、台湾にも同法を施行することとしたが、その内容は、選挙権を直接国税十五円以上を納める者に限定した制限選挙で、議員数も朝鮮二十三、台湾五というものだった。「内地」の普通選挙（女性は除外されていたが）、議員数四百六十六と比較するなら、朝鮮人、台湾人に対する差別は明白であろう。しかも、その選挙も実施されないまま日本の敗戦を迎えたのである。

過去を正すなら立場改めよ

以上のような実情だったにもかかわらず、いまだに日本政府は「法令」を盾にとって、補償は不必要という姿勢を貫こうとするのであろうか。過去になされた不正義を正し、未来に向けての日本と韓国・北朝鮮との関係を築いていこうとするなら、日本政府の立場は改められるべきである。

〈注〉「内地と朝鮮」の略で、「鮮」は日本統治下につくられた差別表現。

北海道新聞 '92.2.25

強制連行の生き証人として国会で証言する吉田清治さん

慰安婦問題

92.2.25. 北海道

「軍の指示」証言へ

当時の日本人責任者 近く国会に初出席

戦時中に、陸軍の指示を受けて約千人もの若い女性を朝鮮半島から慰安婦として強制連行したという元労務報国会動員部長の吉田清治さん(七八)＝千葉県在住＝が近く、衆院予算委員会に参考人として出席し、自らの苦い過去について証言することが二十四日決まった。強制連行の実態を知る生き証人が国会の場で証言に立つのは初めて。

社会党の伊東秀子議員(本道一区)の依頼に吉田さんが応じたためで、三月三日から十日までのいずれか一日に約一時間、伊東議員の質問に答える形で証言する。

昭和十七年から敗戦までの三年間、山口県労務報国会動員部長を務めた吉田さんは、陸軍西部軍司令部などの指示に従い女性約千人を含む朝鮮人約六千人を強制連行した。

その中でも特にひどかったのが従軍慰安婦にされた女性たちの連行方法で、「四、五日から一週間で若い女性五十人を調達しなければならなかったので警察や軍を使って乳飲み子のいる若い母親にまで襲いかかり、奴隷狩りそのものだった」という。

朝鮮人強制連行 道に調査を要望

朝鮮総連道本部

朝鮮総連道本部常任委員会(金文谷＝キム・ムンゴク＝委員長)は二十四日、朝鮮人強制連行の真相調査を求める要望書を道に提出した。強制連行に関する道への要望書は今回が初めて。

それによると、①労働省が一昨年夏に発表した調査では「昭和二十一年度に都道府県が行った朝鮮人労働者に関する調査結果」として名簿を公表しているが、道では当時、どんな調査をしたのか②強制連行をした道内のすべての企業や市町村に再度、資料の問い合わせをしてほしい―など真相の解明と公表を求めている。

'92.2.26

日本海新聞

日韓問題熱心に

――倉吉で自主講座、高校生ら20人参加

朝鮮人被爆者について講演、討論

従軍慰安婦問題をきっかけにこれまで隠され続けてきた日朝問題を考えようという「朝鮮と日本の歴史と文化を学ぶ自主講座」がこのほど、倉吉市上井町一丁目の「自由広場」で開かれ、高校生や市民ら二十人余りが参加。第一回は広島の朝鮮人被爆者について講演や熱心な討論が行われた。

講座ではまず、呼びかけ人でミニ文庫「てぃんさぐぬ花」で平和や人権の問題に取り組んでいる池原正雄さん(四七)=同市湊町=が「最近、従軍慰安婦問題がクローズアップされているが、倉吉や関金、境港にも朝鮮人の強制連行の歴史があった。過去でも忘れてはならない事実を学んでいきたい」と趣旨を説明した。

▲広島の朝鮮人被爆者について語る吉野さん

続いて広島市で強制連行を調査している元中学教師、吉野誠さんや「ヒロシマの語りべ」として被爆体験を語り継いでいる沼田鈴子さん(六八)が、かつて軍都だった広島に強制連行され働かされていた朝鮮人のうち五―六万人が被爆していたことを証言。「私たち日本人は加害者であることを忘れてはいけない」と話し、参加者らは熱心に耳を傾けていた。

同講座は年内に五回程度開かれる予定。問い合わせは「てぃんさぐぬ花」(電0858―22―0575)。

人間魚雷「回天」

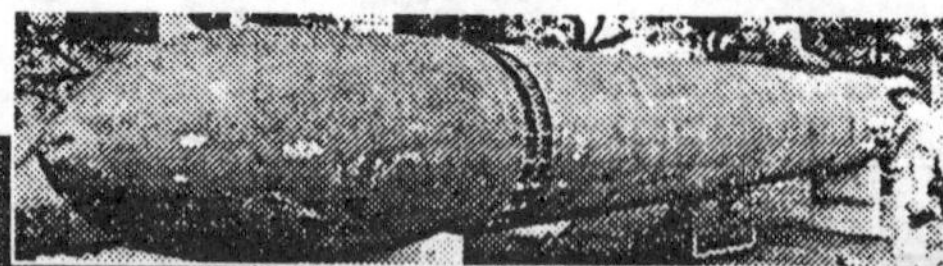

秘密工場あった

岬のがけ下にトンネル4本 呉

新燃料のⅡ型用か

高校教諭が確認

太平洋戦争末期の特攻兵器、人間魚雷「回天Ⅱ型」の秘密地下工場跡トンネルが、広島県呉市阿賀南の海岸沿いに残っていることを、四日までに内海隆雄・県立広島皆実高校教諭(五四)らが突き止めた。八日、現地で内部を調べる。

見つかった地下工場跡

内海教諭らは、市民団体「広島の強制連行を考える会」のメンバーで、県立文書館（広島市中区）で「旧海軍地下施設」などの資料を調査しているうち、本土決戦に備えた呉管内の地下軍事施設のリストや図面類を発見した。

地下工場は旧呉海軍工廠（しょう）の南東約三㌔。図面では、並行するトンネル四本と格子状の通路があり、実験場や「甲液」「乙液」という呼称で書かれた燃料貯蔵トンネルも併設。

防衛庁防衛研修所編の戦史叢(そう)書「潜水艦史」によると、回天は酸素で石油を燃焼させて動く「Ⅰ型」のほか、過酸化水素など二種類の液体の化学反応で、高い動力を得る「Ⅱ型」「Ⅳ型」が計画されたが、実験に失敗したとされる。内海教諭らは、二種類の燃料貯蔵トンネルがあることから、当時、秘密のうちに建設された「Ⅱ型」の工場とみている。

同教諭の現地調査では、

呉市で確認された回天秘密工場跡のトンネル入り口

工場は地図とほぼ同じ位置の音戸の瀬戸の北東約三㌔の岬「観音崎」のがけ下。深いトンネル四本の入り口が約五㍍おきに見え、入り口も確認した。工場で働いていた住民からも証言を得たという。

また、昭和十九年ごろまで、近くに宿舎が置かれ、朝鮮人五十―百人がトンネル掘りなどをしていたこともわかった。

回天は先頭部分に約千五百㌔の爆薬を搭載、肉弾攻撃をする長さ約十五㍍の特殊潜航艇。十九年二月、海軍省が呉工廠に試作を命じ、同八月から、終戦までに「Ⅰ型」四百二十基が南方戦線などに出撃した。

内海教諭の話「軍事基地だった広島の歴史を知る貴重な手がかり。詳しく調査したい」

防衛庁戦史資料室の永江太郎専門官の話「回天はⅠ型のほか、Ⅱ型とⅣ型が存在したという記録があるが、工場がどこにあったかは全く知られていない。工場跡なら大変貴重だ」

ほがらか天国

預金利子

―ずいぶん安くなったね

―でも一千万円を一年預かって無利子というのもあるよ

（徳島・四欲山人）

山陰新聞 '92.3.4

強制連行の北朝鮮出身者遺骨
大阪で初の発見

玉野の高校教諭

大阪・統国寺で見つかった強制連行の北朝鮮出身者の遺骨

第二次大戦中、玉野市の三井造船玉野造船所（現・玉野事業所）で働き、戦後死亡した現・朝鮮民主主義人民共和国（北朝鮮）出身者の遺骨が三日までに、同市内の高校教諭によって大阪市天王寺区、統国寺（徐泰植住職）で発見された。朝鮮人強制連行問題を調べている関係者の話では、北朝鮮出身者の遺骨が確認された報告は全国で初めて。

見つかった遺骨は、創氏改名で「金丸泰玉」という人のもので、昭和十九年、玉野市に連行され、「協和隊」の名で三千五百人の朝鮮人隊員とともに三井造船の地下軍需工場建設などに携わっていた。

発見したのは、協和隊について調べている玉野光南高校（玉野市東七区）の青木康嘉教諭(三七)。青木教諭は、韓国在住の元隊員の証言をもとに玉野市役所にある火葬許可証から見つけ、遺骨を探していた。

遺骨は統国寺納骨堂に安置され、外包の布に書かれた名前と、死亡年月日が火葬許可証の記載と一致。同許可証に本籍が「咸鏡南道咸州郡岐川堡」とあり、北朝鮮出身と分かった。

朝鮮人強制連行真相調査団の洪祥進（ホン・サンジン）中央本部事務局長は「強制連行の遺骨で北朝鮮出身者の身元が確認された報告例はこれまでない」という。

青木教諭が元隊員から聴取した話などによると、「金丸」さんは当時病気で三井病院に入院。終戦で隊員たちが引き揚げる際も連れて帰られる状態ではなく、昭和二十年十一月二日、二十三歳で死亡。遺骨は三井造船関係者に引き取られ、無縁仏として岡山市吉備津、真城寺を経て四十九年に統国寺へ預けられた。

現在の北朝鮮出身者の遺骨は、旧日本軍の軍人・軍属として徴用された四百三十二柱が東京都目黒区、祐天寺に預けられている。

朝日新聞 '92.3.9

過去の関係知り、新しい歴史を

朝鮮人強制連行を本に

証人減り執筆決意

20年の調査結果まとめ

いわきの郷土史家・大塚さん

県内の朝鮮人強制連行・労働の実態を明らかにした本が出版された。タイトルは「トラジ――福島県内の朝鮮人強制連行」。いわき市好間町、郷土史家大塚一二さん（五九）が約二十年間の調査結果をまとめた。大塚さんは「若い人が隣国との過去の関係を知った上で、二十一世紀の新しい歴史をつくってほしい。各自治体もこの問題を調査し、全国的な調査ネットワークを作らなければ」と話している。

「この本が教育現場で読まれればうれしい」と大塚一二さん＝いわき市好間町の自宅で

大塚さんのこれまでの調査によると、県内で、戦時中に朝鮮人が従事した炭砿、土木事業現場などは五十七カ所（中通り二十四、会津十七、浜通り十六カ所）で、計二万六千七百三十七人の朝鮮人が就労、四百三人の死亡が確認されているという。うち六カ所は国、県などが行った公営事業で、そこでは計百五十三人が働いていたという。資料や、朝鮮人四人を含む八十二人の証言、大塚さんの現地調査などをまとめている。宮城県柴田郡の軍施設近くに「朝鮮人女性のいた慰安所があった」との証言も収録している。研究者のために、現在では入手困難な警察関係の資料も掲載している。

題名の「トラジ」は、朝鮮語で「キキョウ」のこと。安達郡和木沢村（現白沢村）の白旗山で県営トンネル工事に就いていた朝鮮人労働者たちが、のどの渇きをいやすため日本人の持つ井戸を度々訪れた。井戸のまわりにはキキョウが咲いていた。「彼らは空腹のため井戸に来るたびに根を引き抜いていった。やがて群生していたキキョウは消えた」という日本人の証言から引用した。「日本人にとって美しいキキョウの花が、朝鮮人にとっては命を支えるものだった」

大塚さんが朝鮮人問題を本格的に調べ始めたのは、いわき市職員のかたわら、同市史の編さんをしていた一九七〇年ごろ。七八年、福島大発行の論文集に「常磐炭砿を中心とした戦中朝鮮人労働者について」と題する調査結果を発表した。

五十五歳の時、定年まで五年を残し、市役所を退職、調査に専念してきた。「強制連行された生き証人が次々と亡くなっていく。時間がない。だれかがやるのを待つのではだめだ。自分が動かなければと思った」と大塚さん。執筆は昨年十二月下旬から始め、長年蓄積してきた資料をまとめた。

初版千部。二千円。約二百三十ページ。当面は通信販売する。問い合わせは、鈴木久後援会（〇二四六―二五―一一九三）まで。

北海道新聞 '92.3.11

紋別の学習会に80人

朝鮮人強制連行考える

鴻之舞鉱山には3千人

林さん 歴史学ぶ必要訴える

【紋別】学習会「鴻之舞の朝鮮人強制連行を考える」が九日夜、市民会館で開かれ、市民ら約八十人が参加、身近にありながら知ることの少なかった強制連行の実情を学んだ。

住友金属鴻之舞鉱山は東洋一の金産出量を誇ったが、一九七三年に閉山。道開拓記念館や市郷土博物館の資料で戦中、三千人近い朝鮮人労働者が連行されていたことが明らかになっている。学習会は民主教育を進める市民連絡会議などの主催。

まず在日韓国青年同盟道本部の林炳澤（イム・ビョンテク）委員長が強制連行の概要について講演。日本政府や企業は戦時の労働力不足を補うため、さまざまな手段で強制連行、実数は全国で百五十万人に上る可能性も指摘。各地の鉱山では、日本人の半分の賃金で最も危険な坑内労働に一日十二時間以上従事、リンチも日常茶飯事だったなど劣悪な環境を説明した。また同鉱山の朝鮮人労務用の内部文書を紹介、「朝鮮人は独立心に欠け、不衛生」などとする差別的記述に参加者らは顔をしかめていた。

林さんは従軍慰安婦問題にも言及「公式な謝罪、被害者への補償、歴史教育への取り入れが必要」と日本政府の対応を批判、「人間が人間として認められる社会をつくるため歴史を学ばねば。日韓の民衆の和解を図ろう」と呼びかけた。

このあと道都大の守屋敬彦助教授が、同鉱山の朝鮮人の事故発生率は日本人の約四倍だったなどの調査結果を報告した。

このほか、多数の朝鮮人が飯場にいたなど、幼時の記憶を述べる参加者もいて、関心の高さを示していた。

熱心に耳を傾ける参加者の多かった学習会

元訓練工の消息教えて

強制連行の実態見抜けず

手紙

岡山市　脇本　寿
牧師　71歳

私は一九四四年（昭和十九年）七月、私たちの教団から呼び出しを受けて教団事務所へ出頭しました。「政府から日本基督教団へ『宗教教師勤労動員』の通達が来ているので、それにこたえてウイークデーは川崎の工場で働いてほしい」というものでした。

当時、東京在住の若い牧師七人が集まっていました。その足で川崎市の昭和電工へ行き、五人は一般寮、白水万里牧師と私は、朝鮮半島から連れて来られる「訓練工」の寮勤務と決まりました。

後で分かったのですが、勤労動員は四十五歳までの宗教教師が一応の対象で、東京教区からは四十六人が動員にこたえ、全国では二百三人に達したということです。

受け入れ準備をして待っていると、訓練工五十人が到着しました。訓練工は十五歳から三十歳くらいの幅広い年齢層で特技はなく、労働力として徴用され送り込まれて来たのです。本人の希望や家庭の事情は全く無視され、遠い見ず知らずの重工業地帯へ強制的に連れて来られたのです。彼らの不満や不安は計り知れないものがあったと思います。

私たちは彼らを理解し愛し庇（かば）ってきたつもりでしたが、その時点では強制連行の全体像を見抜くことができなかったのです。「日本中が大戦遂行のため総力を結集しているのであるから、内地と朝鮮の一体が進んでいる今日、若者が戦場に出て手薄になった軍需産業を埋めるために、朝鮮青年が力をかしてくれてもよい」と考えていたのです。

日時の経過する中で、逃亡者（当時の用語）が増えました。戦局がますます酷（ひど）さを増し、空爆の危険性が高まり、望郷の思いと空腹の生活は逃亡を促しました。私たちはその度、特高へ届け書を出しましたが、終わりごろには余り問題にしなくなりました。

第一次五十人、十二月に第二次百人の訓練工を受け入れましたが、敗戦の時には約五十人に減っていました。昨年十月、昭和電工を訪ねて寮生の消息を確かめようとしましたが名簿はなく、関係資料も全くないとの返事で、この件に関しては黙秘しようとしています。

遅きに失しましたが、帰国した人々、逃亡してどこかに住みついた在日の人々の消息を知りたいと思います。左記にご連絡下されば幸いです。

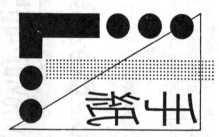

〒703　岡山市山崎三一二の五八　脇本寿（旧姓横屋）（電話）〇八六二―七六―四六四八（職業）日本基督教団牧師

朝日新聞 '92.3.6

軍人恩給などの国籍条項見直し

外相が検討表明

衆院予算委

五日の衆院予算委員会で、筒井信隆氏（社会）が旧日本軍人だった韓国人らに日本の年金や恩給が支給されていない問題を取りあげ、「国籍条項による差別は国連人権規約に反するのではないか」と、政府の戦後処理の姿勢を追及した。これに対して渡辺美智雄副総理・外相らは「国連社会の中で恥ずかしくないようにしたい」などとして、今後検討していく考えを示した。

筒井氏は、フランス政府がセネガルの旧仏軍人に対する年金をフランス人より低額にしたことが、国連で人権規約違反とされた、と指摘。日本の戦傷病者戦没者遺族援護法や恩給法が、日本国籍がないことを理由に支給していないのは「国連人権規約違反ではないか」などと追及した。

さらに筒井氏は、同援護法が一九六二年の厚生省通達で「（国籍条項は）国家間の条約などで一方的に国籍を変更された（在日韓国人のような）場合は適用されない」としながら、戸籍がないことを年金支給排除の理由にしていると指摘。一方、恩給法では国籍がないことだけを理由に排除しており、「国籍条項の解釈が法律によって異なっているのはおかしい」とただした。

渡辺外相は「人道的立場から片方（日本人）は恩恵があり、片方（韓国人ら）には何もないというのはおかしい、というのはもっともだと思わないこともない」「事実関係を総ざらいして改めて検討したい」と述べた。山下徳夫厚相も「戦後、半世紀たって（戦後処理の）はざまに置かれた人があるなら遺憾なことだ。今後、勉強して返事をしたい」と述べた。

日本の戦後処理問題は、朝鮮人従軍慰安婦問題などを契機に政治問題化している。渡辺外相らの発言は明言を避けながらも、政府としてこうした問題に取り組む姿勢を示したものだ。

統一日報 '92.3.12

「未払い賃金返せ」

対日補償で訴訟へ

遺族会全北支部

【全州十一日聯合】太平洋戦争遺族会全北支部（金鍾大会長）は十一日、全羅北道内で日帝時代に強制徴用された四百四十三人の名簿を公開し、彼らに対する未払い賃金を取り戻すため、対日補償請求訴訟を起こすことを明らかにした。

金会長がこの日公開した「朝鮮出身労務者未給与金・預貯金明細書」によると、強制徴用された全北出身労働者たちは、すべて日本製鉄株式会社八幡製鉄所で働いており、日本式の名前と本籍・雇用及び解雇年月日・退職手当などが一連番号で表記され、解雇理由については、労働者をすべて整理解雇したものと記録してある。

労働者たちを市・郡別にみると、全州七十三、完州五十二、金堤五十七、群山五十、扶安十七、任実二、南原七、沃溝三十一、井邑八十六、益山四十五、高敞二十三人などだ。

金会長は「労働者の大部分が賃金の八〇％以上を強制貯蓄させられた」とし、「今月中に日本・東京裁判所に未払い賃金などに対する補償請求訴訟を出す」と話した。

朝日新聞 '92.3.13

47年ぶりトンネルに

強制連行の曹渕煥さん 壁の字なぞり涙

太平洋戦争で強制連行され、西宮市の甲山ろくに点在する旧海軍の地下トンネル掘削工事に従事した朝鮮人労働者として、このほど初めて身元が判明した神戸市中央区の曹渕煥（チョ・ヨンファン）さん(六七)が十二日、四十七年ぶりに現地を訪れ、厳しい軍の監視下で働かされた当時の状況を語った。

つえで壁面の落書きをなぞる曹さん
＝西宮市甲陽園山王町で

曹さんは一九四四年に強制連行され、神戸市内の神戸製鋼で働いたが、乱暴を受けたり食事も十分に与えられなかったことから、間もなく逃亡。その後、神戸市須磨区の工事現場から西宮のトンネルに移され、終戦まで約一年間、掘削機のコンプレッサーを動かす仕事をしていた、という。

数年前から体調を崩している曹さんはこの日、県朝鮮人強制連行真相調査団のメンバーが押す車いすでトンネル内へ。「朝鮮國獨立」など、終戦後に労働者が書いた落書きが残る壁面の前では、手にしたつえで文字をなぞりながら「終戦の時はみんな泣いた。日本の軍人は負けたといって泣き、朝鮮人はこれで国に帰れるといって泣いた」。

曹さんが働いていたトンネルには当時、米や砂糖など食料や、ガソリンが入ったドラム缶が出入り口まで並べられ、本土決戦に向けた備蓄用施設とみられる。食事は十分に与えられたが、何か失敗をすると手錠をかけられ、トンネル内の監獄に閉じ込められる仲間もいた。彼らがどうなったかはわからないという。

かこう岩がむき出しになった天井を見上げながら曹さんは「あの時、ここで働いていた人間は死んで腐ってしまうが、ここはいつまでも腐らない。戦争さえなければ、こんなところに来ることはなかった」と、目に涙をにじませていた。

朝日新聞 '92.3.11

「強制連行」でホットライン

15日に真相調査団

社会党県本部などでつくる県朝鮮人強制連行真相調査団は、十五日午前九時から、「強制連行ホットライン」を設置して、情報提供を呼びかける。調査団が組織されている十六都道府県で一斉に実施するもので、県内の電話は〇七八—三五一—〇〇〇七。

戦前、戦中の朝鮮人強制連行、軍人・軍属、女子挺身（ていしん）隊、従軍慰安婦などについての情報や、調査団などの調査で明らかになった川崎重工業や神戸製鋼所など県内企業とのかかわり、旧軍事施設での労働の実態などに関する情報を求めている。

朝日新聞 '92.3.16

逃亡図り暴行／若者100人徴用

強制連行ホットラインに証言

日本が支配していた当時の朝鮮半島からの強制連行や従軍慰安婦問題について情報を得ようという「強制連行ホットライン」が十五日、全国二十一都道府県で行われ、百本を超える電話がかかった。朝鮮人強制連行真相調査団・日本人側全国連絡協議会が在日本朝鮮人総連合会と協力して実施した。各地の軍事工場で朝鮮人が働かされた実態や脱走に失敗した時に受けた虐待など、生々しい証言が寄せられた。

大阪での電話は二十三本。慶尚北道出身の男性は「一九四五年四月、郡庁に集められ、行き先も知らされずに岡山県の鉱山に運ばれた。逃げようとしたところを見つかり、監視人に殴られ、防空壕（ごう）に放り込まれた。朝礼で裸にされ、逃げたらこうなるぞ、と見せしめにされた」と話した。また「約三百五十人で福岡の炭鉱に連れて行かれる途中、逃亡を防ぐためか食物をもらえなかった」（慶尚南道出身の男性）などの証言があった。

日本人からは「学徒動員で行った名古屋の飛行機エンジン製作工場で朝鮮人の若者が少なくとも百人は徴用されていた」などの声が寄せられた。

電話を受けた空野佳弘弁護士は「これまで具体的な証言がなかった大阪市や尼崎市の工場での強制連行体験者からも電話があり、大きな収穫だった」と話している。

'92.3.14

物(가)級認可)　統　一　日　報

解放後初めて太平洋戦争犠牲同胞の合同慰霊法要に臨んだ在日南北仏教徒代表ら（13日、東京・目黒の祐天寺で）

祐天寺で合同慰霊祭

韓国系と総連系仏教徒

「和合運動を共同推進」

在日同胞南北仏教徒が十三日、一堂に会して第二次世界大戦犠牲同胞の合同慰霊法会を東京・中目黒の祐天寺で厳粛に行い共同宣言文を発表した。

祖国の平和統一祈願を仏教徒の立場から捉えていこうと二月中旬から準備をしてきた両団体は、総連の傘下団体である在日本朝鮮仏教徒協会（洪鳳壽会長）と昨年八月発足した在日本韓民族仏教徒総連合会（金慧輪会長）で、双方合わせて五十余人の関係者、信徒らが出席した。

現在、祐天寺には千四百十基の同胞戦争犠牲者の遺骨が厚生省の管理下で納められており、その内四十一基は北朝鮮に本籍地を持っているという。浮島丸事件の犠牲者もこの寺に納められている。両団体が合同法要を行うのはこれが初めてで、そのきっかけは昨年十月アメリカで開かれた南北仏教指導者連席会議で双方の代表者が顔を合わせてから始まった。

初の合同法要を終えた後、南北の僧侶は歓談会を持ち、歴史的な行事を厳粛に行えたことが感慨無量である、宗教人として両団体の二つの名前が早く一つになることを願うなどの感想が出た。今後の方針としては定期的に会う機会を作ること、常設機構設置案などを、両会長に一任する形でまとまった。また、追悼式で時間の関係上発表できなかった両団体連名の日本政府要請書に関する件も、双方で文章を煮つめて提出することになった。

◇

共同宣言（要旨）

在日南北仏教徒が十三日、発表した共同宣言文（要旨）は次の通り。

一、両団体は、海外仏教徒の和合団結をめざす組織運動を共同で積極的に推進する。

二、両団体は、相互尊重し、仏教的見解の差を縮め、伝統仏教文化開発および研究のため互いに努力する。

三、両団体は、日本国内に散在する第二次世界大戦犠牲同胞遺骨の発掘、収集、奉安、慰霊法要等のため、処理事業を共同で努力する。

在日本朝鮮仏教徒協会会長　洪鳳壽

在日本韓民族仏教徒総連合会会長　金慧輪

統一日報
（THE TONG－IL ILBO）　1992年3月19日（木曜日）

戦後補償求め 570キロ キャラバン

「求める会」7月20日から3週間

18都市で集会、ビラ

在日同胞傷痍軍属に援護法の適用を

【横浜】在日同胞と日本人の個人、団体で構成する「在日の戦後補償を求める会」（代表世話人・田中宏愛知県立大教授）は、旧植民地出身者への戦傷病者戦没者遺族等援護法の適用を訴え、六月から全国キャンペーンを計画している。求める会が発足して一年目を迎える八月十日の国会請願行動に向けて、大阪—東京間を結ぶ徒歩行進を展開しながら主要都市では集会、署名活動、ビラ配布などを実施していく方針。

大阪—東京間の徒歩行進はキャンペーンの目玉行事。七月二十日から八月九日までの二十一日間、在日同胞青年が援護法の国籍・戸籍要件の撤廃を求め、炎天下にもかかわらず五百七十キロ余りを歩き通すというもの。

京都、名古屋、静岡、横浜など通過する主要都市では街頭でのビラ巻き、署名依頼で一般市民に問題の所在を訴え、集会も開いていく。期間中、九州、広島、岡山、兵庫などでも連鎖集会を予定している。行進参加者はこれから募る予定だが、二、三世の若手が中心。名古屋を分岐点としてリレー方式になりそうだ。

スローガンは「在日一世に戦後補償を!」「在日に援護法の適用を!」の二点を検討中。鄭商根さん（七〇）＝東大阪市荒川区＝石成基さん（七〇）＝川崎市幸区＝、陳石一さん（七三）＝埼玉県東松山市＝ら旧日本人軍属として戦争に駆り出された旧植民地出身者への障害年金支給に向けて世論化を図っていく。

キャンペーン入り前日の五月三十一日に東京で予定している集会が実質的なスタートとなる。大阪では徒歩行進を前にした七月十九日に「鄭商根さんの戦後補償裁判を支える会」が中心となって集会をもつ。求める会事務局では四月十八、十九日の両日大阪で最終的な打ち合わせを済ませキャンペーンの詳細を詰めることにしている。

援護法をめぐっては現在、鄭さんが大阪地裁で係争中。石さん、陳さんについては川崎市役所、東松山市役所を通じてそれぞれ日本厚生省に障害年金請求書を提出したが却下され、継続して異議を申し立てている。厚生省からの裁定通知は六月までには出る見込み。結果次第では石さん、陳さんとも鄭さんに続いて裁判闘争に入るのは確実なため、求める会の一連のキャンペーンは幅広い世論を獲得していくうえで援護射撃の役目を果たしそうだ。

援護法が公布・施行されたのは一九五二年四月三十日。適用は遡って四月一日から。韓国・朝鮮人、台湾人は四月二十八日をもって日本国籍を失ったとされるため、「（日本の）戸籍法の適用を受けない者については当分の間、この法律を適用しない」とする附則二項で対象外とされている。

生あるうち適用を

石成基さんの話　考えてみたら悔しくてね。話にならないですよ。援護法を成文化した役人は人間の風上にも置けない。なぜならば「当分の間、この法律を適用しない」というのは、われわれが死ぬまで補償しないということですよ。社会的に責めを受けるからそのうちに補償するだろうというニュアンスを与えているんですよ。インチキだ。裁判しても絶対勝ちますよ。

陳石一さんの話　私らまるきり国の違う者を誰が使い、誰が身体障害にしたのか。考えると三日三晩眠れないときもある。何でこんな苦労をしなくちゃいけないんでしょうかね。本来なら身内よりよそ（旧植民地出身）の人を良くさせるべきことだ。これが戦後一貫した私らの主張なんです。自動的に自分たちは（援護法適用の対象に）推薦してもらうべきことなんです。

朝日新聞 '92.3.19

「朝鮮人虐待なかった」「寝た子起こすな」

「強制連行」の調査費否決

可否同数で議長裁決

逗子市議会

戦前や戦争中の朝鮮人の強制連行や従軍慰安婦が問題となる中で、神奈川県逗子市議会は十八日夜の本会議で、市側が提案していた旧池子弾薬庫（現在、米軍住宅建設計画地）造営当時の「朝鮮人強制連行労働調査事業」（二百四十五万円）を否決した。

池子弾薬庫の地下壕（ごう）は一九三九年から四三年ごろにかけ、旧海軍によって十基造営され、大きなものは入り口の幅十一㍍、高さ八㍍、長さ六十七㍍ある。強制連行された朝鮮人が工事に携わったものとみられ、その児童が逗子市に転入したことなどがわかっている。

富野市長が一昨年、ドイツを視察した際、市民とともに自治体もナチスの歴史を掘り起こしていることを知り、同市はこれまで、池子における朝鮮人労働の資料集めをしてきた。

調査費の賛否は無記名投票で行われたが、保守系の二会派や自民、公明党などが反対討論をした。その中で、「朝鮮人が虐待されたようなことはない」（保守系会派）「市民の税金は、市民生活に直結することに使うべきだ」（同）、「実態が不明だ」（公明）などの発言もあった。本会議の投票では可否同数となり、議長（自民）裁決で否決された。

本会議に先立つ総務委員会では、「〝寝た子〟を起こすことはない」（保守系会派）との意見もあった。議会後、ある議員は「万世一系の天皇のもと、朝鮮人は日本国民と同じに扱われた」などと反対の理由を語っている。

調査費が否決されたことについて、富野市長は「国際的な信頼関係を築かなければならないときに残念だ。『日本人は歴史を隠そうとしている』と受け止められることが心配だ」といっている。

統一日報 '92.3.27

「虐待ない」発言に抗議

調査団など 逗子市議に

【横浜】神奈川県朝鮮人強制連行真相調査団（斉藤正団長）と神奈川人権センター（日高六郎代表）は二十五日、平井義男逗子市会議長に対し、十八日の同市会本会議で朝鮮人強制連行労働調査事業費を審議する際、一部保守系議員が「朝鮮人が虐待された事実はない」など事実無根の意見をしたとして、発言の取り消しなどを求める抗議文を提出した。

両団体のメンバー九人は同市会事務局を訪れ、それぞれ①臨時議会を開催しての発言の取り消し②早急な議事録公開、市議会と議長の在日韓国朝鮮人への謝罪――を求める抗議文を読み上げた。

抗議を受けた平井議長は二十六日に各派団長会長会議を招集して、抗議や要請について検討したいとしている。

'92年（平成4年）3月23日　月曜日　朝日

強制連行

「すまない」の心が大切

兵庫県氷上郡
常岡　真美
中学二年生　14歳

F2J 若者たちの開放区

私は、たくさんの教科の中でも、歴史が好きです。

現在、中学二年生のみなさん。第二次世界大戦について学習されましたか？　大戦中の一コマとして、黒板に何でもないようにかかれた（朝鮮人）「強制連行」という四つの文字。たくさんの人が何とも思わずノートに写されたことでしょう。

今、いろんなことが問題となっていますが、強制連行された方が賠償金を要求されているときききました。これは女性の方が要求されたそうですが、もし日本政府がこの方たちにお金を支はらうとしたら、強制連行された七十万人にも及ぶ男性の方たちにも、ぼう大なお金をはらわなければならなくなる、と考えているから、その要求にYESと言えないのだといいます。

強制連行された方たちのことを考えてみて下さい。もう何十年もたったのだから、といってその傷がいえてはいないはずです。その方たちも、お金がほしいわけではないと思うのです。自分たちの若かりし時代と、日本のすまなかったという心が本当はほしいのだと思います。ただ、それがお金というかたちになったのだと思います。

私はまだまだ子供だし、えらそうなこと言えるほど世界を知っているわけでもありません。しかし、どこかでワイロとして使われるお金があるならば、その方たちにお金をはらうことができるはずです。

みなさんはどうお考えですか？　強制連行された方への賠償金。そして、この強制連行について知っておられる方、日本中の人たちへ。もっと教えてもらえないでしょうか。

長崎新聞 '92.3.12

来月下旬 長崎入り

韓国の遺族会　端島、高島で追悼式

戦前と戦時中、西彼高島町の端島（軍艦島）に強制連行され、三菱石炭鉱業端島炭鉱で死亡した朝鮮人の遺族で結成する「端島韓国人犠牲者遺族会」が、端島と高島で追悼式を行うため四月下旬、長崎入りする。

遺族の一人、韓国・全北産業大学の李福烈教授から、端島の強制連行の実態調査を続けている「長崎在日朝鮮人の人権を守る会」（岡正治代表）に連絡があった。

それによると、遺族会のメンバーらは四月二十二日長崎入りし、守る会の調査で朝鮮人百二十二人の死亡が確認されている端島と、遺骨が埋葬されているとみられる高島でそれぞれ追悼式を行う。また同炭鉱資産を引き継いでいる三菱マテリアル九州支店を訪れ、遺骨の所在確認、遺族への遺骨返還、損害賠償などを求める予定。

遺族会は二月初旬、韓国在住の遺族約五十人が集まり結成した。

家族連れでにぎわうサンタ・マリア号の一般公開（アプラ港で、日本時間４日午後１時＝小出夏来撮影）

元朝鮮人軍属らの遺族 日本政府を提訴へ

マキン・タラワ玉砕

第二次大戦中、南太平洋のタラワ、マキン両島（現キリバス共和国）に強制徴用され、玉砕に巻き込まれた元朝鮮人軍属の遺族らが、日本政府を相手に損害賠償を求めて訴訟を起こすことを四日、決めた。遺族会には在日韓国・朝鮮人のほか韓国在住の人も加わっており、南北の国境を超えて原告団が結成される初めての訴訟になる。

提訴を決めたのは、「タラワ・マキン島ウリ同胞犠牲者遺族会」（劉喜頁会長、二十九家族）。この日午後、兵庫県姫路市で開いた臨時総会で▽タラワ、マキン島の強制連行関連資料の公開▽遺骨収集の実施と慰霊碑建立▽公式謝罪と補償――などを求めた日本政府などへの要望書を満場一致で採択、近く提出することを決めた。さらに、事務局側が提訴を提案、了承された。

遺族会のメンバー以外にもすでに韓国から提訴に同意するとの返事が届いており、原告団は三十人を超える見込み。今後、弁護団を結成し、五月中をめどに準備を進め、慰謝料を求めて大阪地裁に訴える方針。

強制連行、徴用をめぐる裁判は、元従軍慰安婦ら三十五人が国に総額七億円の補償を求めた訴訟（昨年十二月提訴、東京地裁）などがあるが、韓国籍、朝鮮民主主義人民共和国（北朝鮮）籍の人たちが一緒になって取り組んだ例はない。

タラワ島では、昭和十八年十一月二十五日、約四千五百人の軍人、軍属が玉砕、うち千五百人近くが朝鮮人徴用工だったといわれる。負傷して玉砕前に帰還していた劉会長が中心となって昨年十月、半世紀ぶりに遺族会を結成、現地に慰霊碑を建てた。

'92.4.9
神戸新聞

学籍簿

歴史的に価値 廃棄より保存を

文部省はプライバシー保護を理由に、四月から小学校児童の成績などを記載した「指導要録」の保存期間短縮と廃棄を指導しているが、歴史的価値のある戦前の「学籍簿」などを数多く抱える岐阜県の小学校では「廃棄か、保存か」の悩みを訴えるところが続出している。教育史学会でも保存を期待する声が強く出ており、指導要録廃棄問題は各地の小学校に波紋を広げそうだ。

下米田小学校に保管されている指導要録や学籍簿＝岐阜県美濃加茂市

朝鮮人強制連行の実態裏付け

歴史学者・津田左右吉の記録も

例えば岐阜県可児市の市立東明小学校にある朝鮮人児童五百人分の学籍簿。戦争中に近くの炭鉱で働いていた朝鮮人労働者の子供たちのもので、記録された転入、転出先をたどることによって「日本国内での朝鮮人強制連行の歴史が分かる」と、専門家が注目する一級資料だ。

この学籍簿を〝発見〟した同小の前教頭、間宮瑞夫さん(六一)は「貴重なので市に保存を掛け合ったのだが、定年で果たせなかった」と廃棄を心配する。

隣の美濃加茂市の市立下米田小学校は、明治五年の学制発足の翌年に創立された伝統校。それ以来の学籍簿がすべて残っている。日本古代史の研究で知られる歴史学者の津田左右吉（明治六年—昭和三十六年）の学籍簿も。同校には戦前の卒業名簿がないため唯一の在籍証明だ。

悩みながらも廃棄の検討に入ったのは、ことし創立百二十年を迎える高山市立東小。同校は昔の備品などの保存に熱心で、明治時代の学籍簿を校内の史料館に収め、母校を訪れた卒業生に本人分を見せることもあったという。

「文部省の通達に従えば廃棄すべきかもしれないが、簡単に捨てられるものでもない」と現場の先生たちは戸惑っている。校内で保存の是非を検討したが、結論は出ずじまいだった。

指導要録の廃棄指導のきっかけはプライバシーの保護。総務庁の調査で、卒業生の就職先からの照会を受け学校側の裁量で指導要録の内容が漏れてしまったケースがあったためだ。

同庁の改善要請に対し文部省は、成績記録を氏名などの記録と分けた上で保存期間を従来の二十年間から五年に短縮、その後は廃棄するよう改めた。小学校課は「対象は四月からの新指導要録だが、これまでも要録などは各校で廃棄されているはず。廃棄の指導にクレームはない」と問題のないことを強調している。

しかし教育史の専門家からの懸念も強まっている。

花井信・静岡大教授は「指導要録や学籍簿は教育現場の実践記録として歴史的に貴重な資料。固有名詞などを伏せプライバシーに配慮した公開も可能ではないか」と主張。昨年秋の教育史学会でも保存を訴えた。

間宮さんは「自治体が資料館などを造る別の保存方法を考えなければ」と話している。

統一日報 '92.4.9

遺骨収集や調査を

日本政府に要求へ　韓国人軍属の遺族ら

南洋タラワで千数百人全滅

第二次大戦中、日本によって強制連行され、南太平洋のタラワとマッキン島（現キリバス共和国）で日本軍と共に殺された韓国人軍属の遺族らがこのほど、日本政府に対し謝罪と賠償を求める訴訟を大阪地方裁判所に起こすと明らかにした。

「タラワ、マッキン島わが同胞犠牲者遺族会」（会長ユ・フィソン）は今月中旬に、日本政府に対して、①二つの島の強制連行に関する資料の公開②韓国人の遺骨収集と遺家族への返還③公式に謝罪し補償することの三項目の要請書を提出し、満足出来る回答がない場合、来月、大阪地裁に提訴すると明らかにした。

遺族会は昨年秋、大阪、兵庫、島根に住む遺族三十人余りで結成された。その間、タラワ島などを訪問し、犠牲者の慰霊碑を建立し、現地調査などを行ってきた。

第二次大戦末期に韓国人数千人（タラワ島だけで千数百人余りと知られている）が南太平洋のタラワとマッキン島などの日本軍飛行場建設に投入され、強制労働で虐げられ、連合軍の攻撃で日本軍と共に無残に全滅したと知られているが、日本政府は犠牲者の遺骨返還はもちろん実態把握も行っていない。

統一日報 '92.5.22

都下大行寺安置徴用同胞遺骨

104柱が無言の帰国

九州各地の炭鉱に徴用され、帰国の夢を果せず死亡した韓国人の遺骨百四柱が二十日、半世紀ぶりに故国に仮安置された。二十八日には遺家族の見守るなか釜山市内の財団法人釜山霊園（鄭琪永理事長）に埋葬される。

これらの遺骨は、七五年に「太平洋戦争犠牲者遺族会」が九州各地の寺に引き取り手のないまま預けられていたものを集めた二百十九柱の残り。崔宗守・遺族会会長（当時）が東京都目黒区の祐天寺に安置していたところ七六年十月、民団中央部は百十五柱について「望郷の丘」に埋葬し、残りを東京都秋川市の大行寺に移していた。

韓国からは移葬のために保健社会部などの関係機関と折衝を重ねて同意書を取りつけてきた鄭琪永さんが訪日、十五日には民団側の了解も取り付け十七日、百四柱の遺骨を大行寺から韓国へ運んだ。

統一日報 '92.4.16

旧日本海軍連合艦隊司令部のあった日吉台地下壕の内部

韓国人700人従事させられた 日吉台地下壕保存を

市民団体が県・市に要請

【横浜】横浜市港北区日吉台の丘の下に眠る「旧日本海軍連合艦隊司令部日吉台地下壕」を戦争と平和を語る原点として保存しようと、地元の同胞・市民団体などで作る「日吉台地下壕問題調査団」の一行は十四日、現地調査を行うとともに長洲一二・神奈川県知事、高秀秀信・横浜市長宛てに調査・保存を求める要請書を提出した。

「日吉台地下壕」は第二次大戦末期、旧日本海軍によって設営され、連合艦隊司令部の地下作戦室として、ここから数多くの重要作戦指令が出されたほか、大本営軍令部の情報部として、世界の軍事情報が集められていた。

当時は海軍の重要な施設が集中し、地下施設と呼ばれていた。

地下壕の掘削には海軍の設営隊のほか、民間会社の三百人の日本人社員、七百人の同胞労働者が従事した。同胞労働者たちは、「ボロボロでつぎはぎだらけの服を着て、二十四時間ぶっ通しで三交代制で」一番危険な場所の掘削に従事させられたという。

日吉地区にある地下壕は現在、分かっているだけで四カ所。延べにして四㌔に達する。このうち、慶応大学日吉キャンパス内に三カ所、長さ約二・六㌔の地下壕がある。

壕内はどれも幅二~三㍍、高さは約三㍍、周囲は厚さ四〇㌢のコンクリートで固められている。

この日、調査したのは慶応キャンパス内地下施設の中で最大の地下壕。キャンパス南側の丘の下にあり、非常に複雑で一見迷路のようになっている。

調査団の代表は調査後、神奈川県庁、横浜市庁を訪れ、地下壕の保存と整備を求める要請書を提出した。

伊丹市議が民団に陳謝

慰安婦"亡霊"発言で

【神戸】伊丹の自民党市議が「慰安婦は五十年前の亡霊。残酷な取り扱いを受けたというのは大きな誤り」などと発言し、問題となっていたが、十四日、発言をした鈴木邦重議員が民団兵庫本部を訪れ、集まった本部・支部の三機関長らに「責任の重大さを感じ、心よりお詫びする」と直接、陳謝の意の言葉を述べた。

これは、先月二十四日、伊丹市議会で元従軍慰安婦に対する国家賠償を国に求めた意見書の採決にあたり、鈴木議員が反対討論で述べたもの。

これに対し、地元民団伊丹支部を中心に同胞らの抗議が殺到したことから、二十七日、鈴木議員は自民党議員団との連名で謝罪文を出し、伊丹市議会は発言を全面削除した。

しかし、民団は「本人が姿を現し、謝罪する行動が伴わない限り問題は解決しない」としていた。

出席していた支部団長や婦人会役員からは「心の底より詫びる気持ちを持ってほしい」「事実認識が足りない」「自分の娘がこんなことになったら、どう思うか」などの発言が出され、同議員は神妙な面持ちで聞き入った。朴勝庸兵庫本部団長は「我々が現在、戦後補償問題に取り組んでいるのは、二度とこのような歴史を繰り返さないためだ」と述べた。

'92.4.17
ト) 級認可〉　統一日報

「対日補償」を支援

国内の弁護士115人　20日に法律救助会結成

【ソウル支社】全国弁護士百十五人は十五日、日帝時、軍人・軍属・挺身隊・労働者などで狩り出され、被害を受けた同胞たちに対する法律的な支援活動を広げるため、きたる二十日に「対日民間法律救助会」創立総会を開くことにした。

発起人代表・池益杓弁護士（サハリン同胞法律救助会長＝六七＝）は「六五年に締結された韓日基本協定にも拘らず法律的問題が未解決で、日帝時代、軍人・軍属・挺身隊などで狩り出され被害を受けた多くの国内外同胞らが、これに対する補償をきちんと受けられないでいる点に勘案、法律救助団体を結成し彼らの権益を取り戻してあげることにした」と話した。

「対日民間法律救助会」は創立と同時に挺身隊賠償請求、遺骨送還請求、郵便貯金、保険金、未収賃金などに関する請求と、軍人・軍属・労働者の賠償請求、日本や旧ソ連など外国居住同胞らの権利救済問題、現在国連人権委員会に回付されている請願業務などを引き受けて支援する予定だ。

法律救助会はこれに関連、傘下に挺身隊賠償請求班、軍人・軍属に対する賠償請求班、遺骨送還請求班など実務支援班七カ所を設置し、訴訟のため調査作業と相談活動を展開することにした。

市民グループ

「強制連行語る」講座

日本鋼管を提訴の金景錫さん支援し

神奈川県川崎市川崎区の日本鋼管（現・NKK）を相手どって本人訴訟を起こした金景錫さんを支える市民運動の輪を広げようと、支援グループが今月から毎月一回、東京で連続講座を開く。

共通テーマは「強制連行を語る」。十八日、午後二時から渋谷・大向区民館で開く「強制連行のあらまし」（山田昭次・立教大教授）を皮切りに「強制連行と企業の責任」（古庄正・駒沢大教授、五月十六日午後二時・渋谷勤労福祉会館）、「ドイツにおける企業の戦後補償」（佐藤健夫・拓殖大教員、六月二十日午後二時・会場未定）の順。

金さんは第二次大戦中、日本鋼管川崎製鋼所に強制連行され、労務担当者の民族差別に端を発するストライキ事件で警察などから暴行を受け、その謝罪と補償を求めている。

統一日報 '92.4.21

松代大本営徴用労働 生き残り同胞が証言

犠牲者3人氏名判明 1人は身元も

発破で背骨、脳を破砕し即死

【長野】第二次大戦末期、長野市松代町の大本営地下壕建設工事で犠牲となった韓国・朝鮮人のうち三人の名とうち一人の身元が岐阜市在住の在日同胞、姜永漢さん(七五)の証言をもとに初めて明らかになった。

現在、気象観測所になっている松代大本営地下壕入口

姜永漢さん

松代大本営地下壕の建設工事には七、八千人の韓国・朝鮮人が従事し、落盤や発破作業中の事故などで少なくとも千人が犠牲となった。しかし、犠牲者の身元究明については工事が極秘に進められ、敗戦と同時にほとんどの資料が焼却されたことなどから、これまで困難をきわめてきた。

今回、犠牲者三人の氏名とうち一人の身元が明らかになったことで、松代大本営跡地に慰霊碑建立を進めている地元グループは募金活動や県や市への要請活動に弾みをつけたいとしている。

舞鶴山地区で従事 岐阜市在住の姜永漢さん(75)

姜さんは十八日、長野市・県労働会館で開かれた「証言—松代大本営の強制労働と事故を語る集い」(主催・松代大本営朝鮮人犠牲者慰霊碑建立実行委員会)に出席。松代での労働と飯場の生活、三人が犠牲となった発破作業中の事故の状況などを二時間近くにわたって証言した。

姜さんは慶尚北道永川郡華山面出身。四四年七月から松代の舞鶴山地区の建設工事に従事した。姜さんのいた飯場には最終的に二十人余りがいたという。「飯場からの出入りは警戒がきびしく、飯場どうしの横のつながりは全くできなかった。だから、よく大量に虐殺されたという噂が出ているが、仮に直ぐ隣で虐殺されたとしても分からない」

警戒きびしく 飯場同士繋りなし

姜さんは三人が犠牲となった発破事故について、「仲間の話から、作業は急ぐため、一遍に十以上のダイナマイトの導火線に火をつける。その際、消えたカンテラに火をつけようとするうち、一番始めにつけた発破が爆発し、三人はそれをもろにかぶった」と証言した。

今回、判明した犠牲者名は次の通り——。①日本名・杉本徳夫(本名・趙〈以下不明〉) 釜山市出身、飯場頭をしていた。四五年七月初旬、発破事故で背骨破砕即死。遺骨は一緒にいた弟、奥さん、子供が持って帰国。②朴道三 慶尚南道昌寧郡出身、同事故で脳破砕即死。当時三十三歳。奥さんと子供が故国にいると話していた。③金快述 同じく慶尚南道昌寧郡出身。同事故で全身に岩石破片を受ける重傷、一週間後死亡。

このうち、身元が判明したのは朴道三氏。これは今年三月に民団長野県本部が慶尚南道昌寧郡守に調査を依頼したところ、今月同郡役所から「故朴道三氏の子息存命中」との連絡があり判明した。それによると子息の氏名は朴ジョンサム氏。年齢は一九三九年生まれの五十三歳、当時六歳だった。(なお、面名、番地、親族等については目下調査、問い合わせ中)。

証言者の姜さんは当時、松代の工事に従事し、犠牲者と同じ飯場で生活。怪我で入院中、犠牲者が病院に運び込まれる様子を目撃していた。「朴さんは頭をやられ、杉本さんは背骨が砕けた。金さんは(岩石の破片を浴びて)頭やら手、胸、腹をちょうど蜂の巣のようにやられた」という。姜さんは息を引き取る様子や葬儀にも立ち会った。「彼らが亡くなった無残な光景は死ぬまで忘れません」と時おり声をつまらせた。

'92.4.30
神戸新聞(夕刊)

京都・ウトロの韓国・朝鮮人

立ち退き反対、世界に訴え

韓、米で意見広告へ

住民の立ち退きが迫られている京都府宇治市伊勢田町のウトロ地区

戦時中、軍用飛行場建設の労働者として京都府宇治市伊勢田町のウトロ地区の民有地に住みついた在日韓国・朝鮮人らがつくる「ウトロ町内会」(金教一会長)と、支援する日本人らが三十日までに「土地の所有権移転で住み慣れた土地から立ち退きを迫られている」と、助けを求める意見広告を韓国、米国の新聞に出す運動を始めた。

掲載する新聞や具体的な広告内容は今後詰めるが、同町内会は「広告掲載は夏ごろが目標。戦後帰国できなかった朝鮮人に対する戦後補償として、一つの土地で住み続けられるよう世界にアピールしたい」と、近く資金集めに乗り出す。

同町内会などによると、ウトロ地区は宇治市南西部の陸上自衛隊大久保駐屯地に隣接した約二万平方㍍の区域。昭和十五年からの飛行場建設当時に朝鮮人労働者の宿舎があった。現在も約三百八十人の住民のほとんどが韓国・朝鮮人だ。

土地を所有していた日産車体(本社神奈川県)は五年前にこの土地を売却。新たに所有者になった不動産業者が、住民を相手に土地明け渡し訴訟を京都地裁に起こし、係争中。

町内会などは、住民に黙って土地を売った日産車体に道義的責任があると、話し合いを求めているが、「同社に応じる姿勢が見られない」(厳本明夫副会長)としてウトロの現状を訴える意見広告運動を考えた。

この問題について日産車体は「現在は所有権がないので一切コメントする立場にない」としている。

厳本さんらは「意見広告を出すまでの過程で、支援運動の広がりも期待したい」と話している。連絡先は厳本さん☎0774・41・7854。

朝日新聞 '92.5.3

掛川の地下軍需工場跡

「保存し戦争遺跡に」

近く市に要望書

資料の収集や実測調査

朝鮮人強制連行
記録する会

太平洋戦争末期、強制連行された朝鮮人らによって建設されたとされる掛川市遊家、本郷両地区の軍需用地下工場について、高校教諭や在日韓国・朝鮮人らでつくる「静岡県の朝鮮人強制連行を記録する会」（代表、海野福寿・明大教授）は、「県内でも貴重な戦争遺跡」として、掛川市に実測調査や保存整備を要請する。二十日に要望書を提出する予定。朝鮮人の強制連行、強制労働の実態は、今なお未解明の部分が多く、同会では「平和活動の一環として、行政が積極的に取り組むべきだ」と主張している。

強制連行の生きた資料として保存の声が強まる地下工場跡　＝掛川市遊家で

同会の調べだと、一九四五年当時、県内に在留した朝鮮人は約二万五千人。その過半数は三九年以降の強制連行によるもので、主に軍需工場の疎開に伴う地下工場の建設工事などに従事させられたという。

戦後、米軍が作成した「米国戦略爆撃調査団報告書」によると、掛川市の地下工場は、軍用機部品を造っていた中島飛行機浜松工場の疎開先として計画され、四五年六月ごろ着工した。しかし、間もなく敗戦になり、工作機械などは据え付けられなかったとされる。

地元には、多いときで三千人の朝鮮人のほか、一部住民も工事に従事していた、との証言がある。全国各地に残る地下工場を調査している兵庫朝鮮関係研究会も一昨年五月、現地を訪れ、計七本の地下壕（ごう）の存在を確認した。

県内には、確認されただけでも十数カ所の地下工場跡があるが、掛川市のように一部が良好な形で残されている例はまれ。今回の要請では、地下壕の実測調査や関係者からの聞き取り調査、文献資料の収集を市に求めるとともに、保存整備の必要性を訴えることにしている。

同会では「ドイツの強制収容所など、数少ない加害者側の戦争遺跡を保存、展示する意味は大きい」と話している。

毎日新聞 '92.4.5

苦い歴史、改めて胸に

県の朝鮮人強制連行　記録する会が初会合

静岡

県内の韓国・朝鮮人強制連行の歴史を掘り起こそうと、昨年暮れに発足した「静岡県の朝鮮人強制連行を記録する会」の初めての例会が四日、静岡市駿府町の県総合社会福祉会館で開かれ、大韓民国居留民団清水支部長の鄭錫烈さん(六八)＝清水市緑ケ丘＝らの生活体験を聞いた。

鄭さんは、子供のころ、朝鮮人であることを隠そうと、日本人の友達といると韓国人の大人と会ってもあいさつせず父親に怒られたことや、徴兵で北海道の皇室所有の山から木を切り出すためのトロッコの線路を敷く作業をさせられた時、食事は小豆ばかりで粗末な小屋に寝かされ、朝起きると布団に雪が積もっていたことなどを話した。

また、県朝鮮総連元委員長の朴聖沢さん(八〇)＝静岡市馬淵＝は、「日本と朝鮮の不幸な歴史を忘れ、アジアの恒久平和を築くためにも、強制連行の歴史を明らかにしてほしい」と訴えた。

同会は地域史を研究している市民グループ「県近代史研究会」のメンバーを中心に昨年十二月に発足した。今後も在日韓国・朝鮮人から話を聞く会や強制連行された人たちが働かされていた所の見学などを行っていく。問い合わせは同会事務局（054・638・2871）枝村三郎さん。

統一日報 '92.5.7

端島炭鉱韓国人徴用犠牲者
遺骨返還、提訴へ
遺族ら

【全州 日聯合】日本の大企業、三菱社を相手に、強制徴用犠牲者の遺骨返還訴訟を準備している端島韓国人犠牲者遺族会＝代表、李福烈・全北産業大教授(五〇)＝は、これまで三菱側に犠牲者の名簿公開、遺骨送還、補償を要求してきたが、三菱側は犠牲者の死亡経緯とは関係のない答弁をくり返し、前進が見られないため遺骨返還請求訴訟を提起することにした。

端島は、長崎県にある周囲一・二キロの小さな島で、一九二五年から四五年の間に日本によって強制徴用された韓国人労務者百二十人余りが三菱石炭鉱業株式会社端島鉱業所で作業中死亡した。

李教授が端島の犠牲者に関心を持ったのは、この島で死亡した叔父の遺骨探しが契機になった。

叔父は一九四二年に強制徴用され、端島で解放を一年前にして疑問死した。

昨年十月、日本に渡り遺骨探しに立った。李教授は、長崎現地の「朝鮮人の人権を守る会」代表の康正治牧師の助けで、叔父の「火葬認可下付申請書」「除籍謄本」「戸籍受付状」などから、叔父が三菱所有の炭鉱である端島で作業中犠牲になったことを確認。また「人権を守る会」を通じて、叔父以外に百二十人余りの同胞が端島で死に、三菱側が近くにある中島で火葬した後端島に安置したが、火災で再び高島に移葬したことも確認。その名簿も入手した。

しかし遺骨を安置した最終場所が見つからず、高島にある金松寺の住職から「遺骨は近くの共同墓地に暗葬されており、火葬の壺に死亡者の写真と人的事項が納められているから、これを発掘してみれば分かる」との証言を得て帰国した。

李教授は帰国後直ちに犠牲者の遺族八十人とともに二月八日、遺族会を結成し、三菱側と交渉を重ねてきた。

統一日報 '92.5.9

大瀬戸炭鉱（福岡）連行の崔さん(74)

50年ぶり家族再会 10日故国へ

地元民団、ボランティアら奔走

老人ホーム、町役場の協力実る 宮崎

【宮崎】半世紀前に強制連行され、戦後四十数年間各地を転々と流浪の果て、宮崎県西臼杵郡高千穂町河内の町営養護老人ホーム「ときわ園」に収容されている身寄りのない同胞ハラボジが、周囲の人々のあたたかい配慮で、五十年ぶりの母国訪問がかなうことになった。十日出発する。

崔述龍さん

このハラボジは戦時中の一九四二年八月に徴用で連行され、福岡県の大瀬戸炭鉱で日本の敗戦の日まで強制労働に従事していた韓国・慶尚南道出身の崔述龍さん(七四)。

このほど、崔ハラボジの兄嫁が慶尚北道星州郡伽泉面倉泉里五四八番地に健在であることが、テレビ宮崎のスタッフと、二月末まで百済の里の南郷村役場で国際交流員として勤務していた朴眞姫さん(二四)の努力で判明した。

しかし、崔さんは六年前から養護老人ホームに収容されている身で貯えはない。日本の戦後処理の不手際から祖国解放の喜びも束の間、帰国のチャンスを逃した後は、各地の建設現場を転々としているうちに年老い、帰国はあきらめていた。「帰れるものなら帰って見たい」という崔ハラボジの意中を確かめた稲葉茂生町長は、自ら崔さんの保護者として保健婦と共に同行するほか、テレビ宮崎の崔さんの往復旅費を負担する。

また、老人ホームの仲間男女四十三人と同ホーム職員十五人、高千穂町役場職員らが誠金を出し合ってみやげ代を用意してくれた。

民団宮崎本部も、崔さんの旅券申請の際は手数料免除で協力。先月二十九日に開かれた地方委員会では崔老人に小遣銭十万円の贈呈を決め、七日手渡した。

'92.5.10

逗子で何が起きたのか　神奈川

―上―

神奈川県逗子市の市議会が、朝鮮人強制連行の調査を巡り、揺れている。二百四十五万円の調査事業案が否決されるまでの審議で、一部の議員から差別発言が飛び出したのがきっかけ。発言した四人のうち二人は抗議を受け取り消したが、他は「謝罪が不十分」と再謝罪を求められている。議案は六月定例市議会で再提出される見通しだ。発言は、日本が戦後、朝鮮人慰安婦問題とともに事実と責任をあいまいにしてきた結果とも言える。（大和田　香織）

▶強制連行された朝鮮人が働いていたという池子弾薬庫跡地。米軍住宅建設計画をめぐる争点になってきた場所でもある

検証

"差別発言"が尾を引く市議会

朝鮮人強制連行の調査問題

6月再提案、調査団も動く

「朝鮮人強制連行調査事業」は、一九九〇年秋の富野暉一郎市長の旧東ベルリン訪問がきっかけ。ナチスドイツのゲシュタポ本部跡が市民の手で歴史博物館に再現され、他の街でもナチスの検証が住民の手で行われていた。

「強制連行は国のやったことだと言う日本人も多いが、戦前、日本軍の施設だった池子の調査は自分の街の歴史の一つ。当時を知る人も高齢化した今、行政が手をつけなくては」との趣旨だったという。

問題の発言は、三月二十八日の本会議の反対討論で出た。

「朝鮮人は日本人と同様の扱いを受けていた」（新政会・小嶋三郎議員）「国の次元で行われたもので（略）市民の税金は市民の生活要望に充てるのが先決」（新風会・鈴木安之議員）「強制連行の方法で働いていたことが見えない限り、計上するに至る予算とは思いません」（公明党・山口庫男議員）――

他の保守系議員一人から「朝鮮朝鮮とパーカにするな」など差別的なヤジも。無記名投票で賛否同数となった調査事業案は、議長採決で否決された。

池子の旧軍施設の中心は弾薬庫だ。一九三八年から四三年にかけて作られた。戦後、樹木に覆われた池子地区は米軍が管理、その後、米軍家族住宅建設予定地としたことから、ここ十年間にわたり市を二分し、市長選、市議選、リコール運動の争点になってきた場所でもある。しかも今年十一月には、市長選も予定されている。

調査事業に反対した保守系議員は言う。

「また池子か、という嫌悪感が先に立った。市長にはめられた気がする」

「何でも国に反発してきたのだから、池子の調査も国に要望すればいい」

対立のしこりが底流にある。

だが、露骨な差別発言という事態に神奈川人権センター、県朝鮮人強制連行真相調査団、在日本朝鮮人総連合会（朝鮮総連）県本部、市内在住の朝鮮人らが抗議。四議員と議事運営に問題があったとして、議長の計五人が四月十七日の臨時議会で謝罪に立ったが、抗議した側は、「二議員については受け入れられない」と言う。

惜しいチャンス逃した声

フィンランド出身で日本に帰化、三月に同県湯河原町議選に当選した弦念丸呈さん(五二)は二年前の夏、韓国へ家族旅行したのをきっかけに日本人と韓国・朝鮮人の関係に興味を持った。それだけに「逗子市議会は大きなチャンスを逃した。国が、などと言わず必要なら自分たちでやるべきでしょう」と残念がる。

「たった二百四十五万円で日本人が事実を知り、韓国・朝鮮人が日本人を見る目も変わっていたはずなのに……」という理由からだ。

四月三十日、任期満了で市議会議長が代わった。吉田勝義新議長に、富野市長は「調査事業を引き続き提案したい」と申し入れた。一方、労働組合が中心に組織する県朝鮮人強制連行真相調査団は、今月末にも独自に市内の現地調査を始めることを決めた。問題は、また、表舞台に戻りつつある。

'92.5.11

きいき豊かに

毎日新聞　(第3種郵便物認可)

逗子で何が起きたのか　神奈川

—中—

検証

朝鮮人強制労働の調査事業をめぐり、神奈川県逗子市議会では「市民の税金は市民の生活要望にあてるのが先決」という反対意見も出された。同市では今年度から一般事務・技術職員の国籍条項が撤廃され、横浜市の在日韓国人男性が採用されたばかり。市内に住む在日韓国・朝鮮人からは「私だって市民だ」「調査は外国人のためでなく日本人のためになること」という声が上がっている。

昨年十二月、労働組合を中心に発足した神奈川県朝鮮人強制連行真相調査団に「強制連行された朝鮮人に会った」と証言したAさん(七六)は昭和二年に家族と来日。十九年春、軍の下請けだった民間企業の臨時雇いで同市にやってきた。火薬の扱いに通じていたことから市内二カ所の工事現場でトンネル掘りの指示に当たったという。

調査事業案を否決した臨時議会終了後、抗議した市民や団体が意見交換のため集まった。「一部の議員は謝罪になっていない」との非難も

外国人も同じ市民だ

納税義務を果たしている

強制連行調査、日本人のためになる

在日韓国・朝鮮人住民

旧海軍横須賀基地、厚木基地のあった神奈川県内には防衛研究所に保存されていた資料でも陸軍の三カ所を含め七十八カ所の地下施設が確認されている。本土決戦を控え太平洋戦争末期に作られたもので、逗子市に隣接する横須賀市でも在日本朝鮮人総連合会の朝鮮人強制連行調査団(金基詰団長)による調べで四つの巨大地下壕が確認されている。逗子も巨大な要さい化の中に取り込まれていた。

戦時下で、Aさんは受け持ち以外の施設に行くことは禁じられていたため、終戦直後初めて市内の別の工事現場で解放されてきた朝鮮人の若者十五人に出会った。「強制連行されてきて一年半働いたと話していた。皆ひどくやせほそっていた」。Aさんは仲間と金を集めて船に乗せる手配をしてやったという。

その後ずっと、五十年近く市内に住んでいる。が、この話を公にしたのは、今年一月、調査団に求められてから。「自分から率先して話したように思われたくない」と匿名を条件に。「戦前から良い日本人にもたくさん会ったし、恨みはないからね」と語るAさんだが、調査に反対した市議の発言には怒りを隠さない。「事実誤認と謝罪したそうだが、知らないことがどれだけ恥ずかしいことか。市民の税金は市民の生活に、などと言っているが、調査は日本人のためになることでしょ。日本人を尊敬し弁護する外国人もふえる」

シン・ヒーグンさん(六三)は問題発言の謝罪を求めて当時の平井義男議長あてに抗議した。「逗子市民シン・ヒーグン」と書かれた抗議文には「私共朝鮮人は市民として納税義務を果たし、夫婦共老齢厚生年金の受給資格を保持する」と付け加えた。

戦後、都内で貿易会社を経営し、法人税も固定資産税もわずかな額だがきちんと納めてきた。「でも子供の予防接種の通知が来なかったり、印鑑証明の登録に保証人を探したり、我慢の連続。行政や法律のシステムが差別を生んでいるのに我々にはそれを変える手立てもない。強制連行で来たわけではないが、二百四十五万円を否決する発想の根底にはやはり差別意識を感じる。Aさんが匿名でしか過去を語らないのも同じ理由です」

福井市で四月、「定住外国人に地方参政権を求める全国集会」が開かれた。そのまとめ役になった同市内の医師、島田千恵子さんは言う。「日本は外見も言葉も同じ在日韓国・朝鮮人すら、義務だけ要求して人権を切り捨てる状態が続いてきた。今は南米や中東からの労働者も急速に増え、一緒に暮らす世の中。このままの状態が続いたら日本は真の先進国として通用しなくなるでしょう」

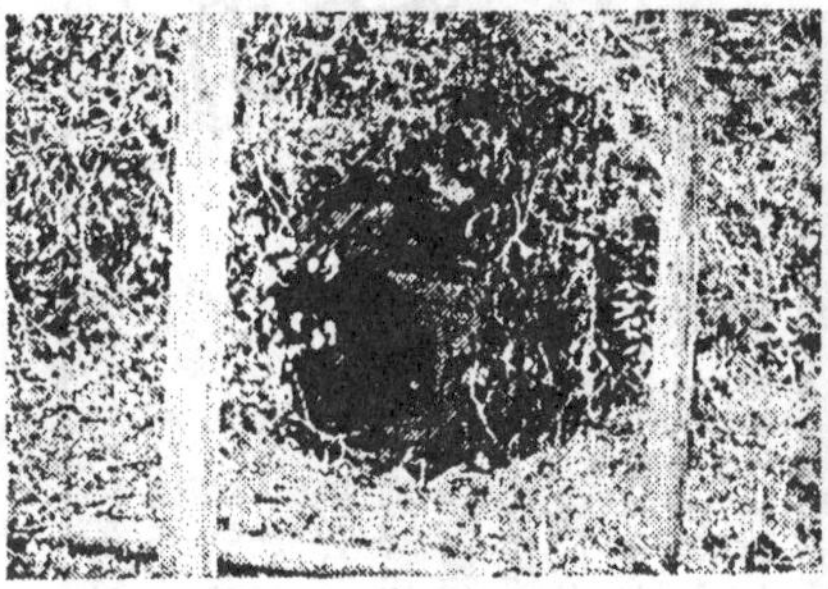

終戦までAさんが働いていたトンネル。強制連行された後、逃げてきたという人もいた(市内で)

'92.5.12

豊かに

毎日新聞　（第3種郵便物認可）

神奈川　逗子で何が起きたのか　―㊦―

韓国・朝鮮人の強制労働
証言に嫌がらせ電話
「歴史をきちんと教えないから」の声

検証

強制連行調査事業をめぐる議論を逗子市民はどう見ているのだろうか。

「調査は悪いことじゃないけれど。駅前の商店もさびれてきてるし、他にやってほしいこともある」（四十代の菓子店の女性）。「生活に直結した政策は確かに不十分。例えば逗子は総合病院が足りない。でも強制労働の歴史がある地域の住民の務めとして調査は必要だと思う」（五十代の男性会社員）

市内で機械工場を経営する秋山忠夫さん（六七）は四月二十七日から三日間、東京と千葉で開かれた「日本の植民地支配と補償問題を考える交流集会」（朝鮮人強制連行真相調査団主催）で強制労働があったことを証言した。

池子弾薬庫で工事が行われていた昭和十八年三月から四カ月間、民間企業のエンジン整備工として仕事した。現在工事の行われている米軍住宅建設予定地入り口付近で土砂を運ぶトラックの修理をしていたが、少し離れた土木作業現場で二十―三十代の朝鮮人の青年二百人ほどが働いていた。

昼食時、秋山さんらの働く車庫付近へ来ることもあったが言葉はほとんどわからず、朝鮮半島から強制連行されてきたらしい、と仲間から聞いたのを覚えている。

「トンネル掘りで落盤や落石が頻発していたらしく頭にけがをしている人をよく見かけた。医師にみせることもなかったようで頭に血のにじんだ手ぬぐいを巻いただけ。作業服も泥と汗にまみれて……」と最後には涙を浮かべて語った。

「今まで人前で話すこともなかったが、市議会の差別発言に我慢できなくて。強制連行された人には思い出すのもいやな体験だから名乗り出る人は少ないと思う。だから今私が話さなくては」と秋山さんは言う。

証言後、自宅には「それでもきさま、日本人か」と嫌がらせの電話がかかってきたという。市議会に抗議した在日韓国人、シン・ヒーグンさんの自宅にも「金が欲しいのか」「従軍慰安婦を買って何が悪い」などと電話やはがきが届く。

集会のシンポジウムで京都大学人文科学研究所の水野直樹助教授は同市議会を例に挙げ日本人の意識を指摘した。「あのときは日本人も苦労した、とか、自分個人は差別意識などない、と感じている人は多い。でも当時の国家体制の中で厳然と差別があった事実を知ろうとしないのはやはり知らぬふりです。歴史的認識の裏付けなく今は平等だ、と言ってもナンセンス。それぞれが生活する街の歴史を見直すことは全体で大きな力になる」。集会では逗子市議会へ謝罪と事業費復活を求める特別決議を採択し、届けた。

参加した在日朝鮮人総連合会神奈川県本部の韓京益副委員長は「差別発言は国が歴史を正しく教えていないからだ。市民の手で解決できると信じたい」と期待する。

在日韓国人三世で福岡市の会社経営、金眞紀さん（三〇）は強制連行について「日本の学校で教わった。でも、どういう手段で、どれだけの人が連れてこられたのか、もっと事実を知りたい」と、日本人と韓国・朝鮮人双方のために解明が進むことを望んだ。

「日本の植民地支配と補償問題を考える交流集会」のシンポジウム。逗子市議会への特別抗議文も採択された（東京都品川区）

被爆者が初の訪朝へ

名簿持参し調査依頼

日本原水禁

原水爆禁止日本国民会議（日本原水禁）は二十六日から、広島と長崎の被爆者代表七人を朝鮮民主主義人民共和国（北朝鮮）に派遣する。被爆者が北朝鮮を訪れるのは初めて。二千人以上と言われる北朝鮮在住被爆者との交流を通じ、実態を把握するのが目的。また、長崎で被爆後に帰国したと見られる朝鮮人労働者の名簿を持参し、朝鮮平和擁護全国民族委員会などに追跡調査を依頼する。

訪朝するのは、広島から被爆一世が三人、二世が一人。長崎から一世二人、二世が一人。一週間滞在して現地の被爆者との交流を深めるほか、日本原水禁として、日本での治療を含めた被爆者援護への協力を北朝鮮政府に申し出る。

また、訪朝団に広島県朝鮮人被爆者協議会の李実根会長が同行。李さんは、長崎市内でこのほど見つかった朝鮮人労働者の名簿を持参する。

朝日新聞 '92.5.12

文順河さん（右）と金梅子さん＝大阪市中央区北浜東三丁目の府立労働センターで

51年ぶり大阪に

親類らの消息求め サハリンから訪日

文さん夫妻

戦前、日本からサハリン（樺太）に渡り、戦後そのまま置き去りにされた朝鮮人の文順河（ムン・スンハ）さん(六二)が五十一年ぶりに、妻の金梅子（キム・メージャ）さん(五六)とともに十一日、大阪を訪れた。十日前後滞在して、親類や知人の手がかりを捜す。

文さんは、韓国・済州島で生まれた直後、両親と堺市に。耳原町尋常小に二年生まで在籍。両親が大阪市西成区に焼き肉屋を開いたため、今宮尋常小に四年生まで通ったといろ。両親に連れられてサハリンに渡ったのは開戦直前の一九四一年秋。戦後、船舶修理工場で働き、今はユジノサハリンスクで年金生活をしている。

戦争直後、サハリンにいた日本人は引き揚げたが、朝鮮人はそのまま置き去りになり、今も約三万六千人が住む。ソ連と韓国の国交がなかったため、夫妻は無国籍に。その後ソ連国籍を取得したが、海外にはなかなか出られなかった。

「死ぬまでに大阪へ」といろ思いが募るなか、昨年サハリンを訪問した民間団体ピースボートの通訳を担当。文さんの思いを知ったメンバーの招きで、九日に船で長崎に到着した。

文さんは「日本人には引き揚げ船があったが、朝鮮人の自分にはなかった。でも今は恨みより、日本に帰って来られた喜びで胸がいっぱい。ぜひ、両親の親類や小学校の恩師、友人に再会したい」と話している。

夫妻の滞在費用はカンパでまかなわれており、ピースボートでは、親類の消息とともにカンパを募っている。問い合わせは03・3232・8561のピースボートへ。

山梨日日新聞創刊120周年記念企画

山梨百二十年　ふるさとを歩く　㊲

人労働者

駿河湾に面した日本軽金属蒲原製造所（静岡県庵原郡蒲原町）は現在国内で唯一、アルミの新地金を製造している。一九九〇年の生産量は三万九千七百㌧。数字はそのまま国内生産量になる。

アルミは精錬時に大量の電気を消費することから「電気の塊」と呼ばれる。その精錬に必要な電力はすべて、富士川水系の六つの自家用水力発電所で賄っている。つまり、国内で新たに生産されるアルミ地金はすべて、富士川の電気が「塊」になって出来上がっているといえる。

国内アルミ生産　支え続ける

富士川の豊かな水は身延町まで流れてきたところで、大半が発電用導水トンネルに飲み込まれ、渇水期の下流は大河には似つかわしくない姿となる。国内のアルミ生産は富士川が支えているにもかかわらず、富士川発電の歴史を知る人は少ない。

発電所建設に動員された多くの朝鮮人労働者の存在も埋もれた歴史の一つである。甲府市の予備校教師金浩さん(四〇)は三年前、発電所建設に動員された朝鮮人労働者の研究を、論文「日本軽金属による富士川水電工事と朝鮮人労働者動員」（在日朝鮮人史研究）として発表した。

強制連行　建設工事に従事

「当時のアルミ生産は航空機製造に直結した。強制連行で工事に従事した人もおり、富士川の発電所建設は早い時期から朝鮮人が戦争に直接組み込まれていったケースだ」と金さんは指摘する。

朝鮮人労働者の存在は、地元では多くの人が記憶している。「朝鮮人労働者が増え始めたのは昭和十三、四年ごろ。当時の児童数は約三百人。小学校には工事に来た人の子が半数はいたと思う。朝鮮の子どもも大勢いて、一緒に勉強した。だた東北、北陸から来ていた子もいたので、その比率はよく覚えていない」。身延町教委カウンセラーの石川茂男さん(六三)の回想だ。

「波木井には家族を連れて来た人が多く、空いている蚕室を借りて生活していた。近所にも大勢いて、キムチを分けてもらったり、作り方を教わった記憶がある。国道52号沿いには沢筋ごとに飯場が立ち、たいてい二年ぐらいで引っ越していった」という。

塩之沢

出勞九十六萬人

東洋一　發電所近く送電

工事場に防犯委員會

皮切りに富士川水電

飯場を巡回して　膝突き合せ懇談

富士川水力発電工事の模様を伝える当時の新聞記事（1939年）

掘削は難航　多くの犠牲者も

金さんの研究によると、波木井の工事は、全体からみれば初期に当たり、家族も伴った労働者が当たっていた。一方、下流の富士川第一、波木井の両発電所を結ぶ導水路ト

場に入った」などの地元からの聞き書きがある。

「戦時下の突貫工事、資材不足と、フォッサマグナに沿う富士川のもろい地質。特に導水路トンネルの掘削では事故が多発した」と金さんはいう。犠牲者のほとんどは朝鮮人労働者だった。日本人社員の回想集には「少なくとも三十人が死亡した」とする言及がある。しかし金さんは「犠牲者はもっと多かったのでは」とみている。

富士川での一連の発電所工事にかかわった朝鮮人労働者と家族の数は、山梨・静岡合わせて約一万五千人だったと、金さんは推測する。当時、有数の大規模土木工事だけに、投入された労働者の数もぼう大だった。

アルミ精錬

アルミ1㌧の精錬には約1万6,000㌔㍗時の電力を使う。原料のボーキサイトに含まれる酸化アルミニウムから、酸素を分離する電気分解（精錬）に大量の電力を必要とするからだ。

県内の一般家庭が1カ月間に消費する電力量の平均（1990年度）は約250㌔㍗時。1㌧のアルミは一般家庭が使う約5年4カ月分の電気を詰め込んでようやく出来上がる勘定になる。

敗戦時の国内でのアルミ生産量は約12万㌧。蒲原製造所は戦時中、最高で年間約3万5,000㌧を生産していた。最近は輸入地金、再生地金の増加や電力コスト増で新地金の製造量は急減している。

富士川第一発電所へ送る水を取り込む塩之沢えん堤と波木井発電所　＝南巨摩郡身延町

電気の塊（富士川発電）

忘れられた朝鮮

富士川の発電所

日軽金発電所群のうち、主力となる波木井（南巨摩郡身延町波木井）、富士川第一（同郡南部町井出）、富士川第二（蒲原製造所内）の３発電所は、1937年（昭和12年）から1942年にかけて相次いで建設された。日中戦争に伴う戦時増産体制が背景にあり、同社の設立（1939年）も戦時増産と電力国家管理の動きの中での出来事だった。

３つの発電所は延長47㌔の導水路・トンネルで結ばれている。大井川水系の田代川から身延山地をくぐり、まず富士川右岸の波木井発電所に送られる。ここで河床をくぐって左岸に渡り、塩之沢取水口から富士川の水も取り込んで富士川第一、第二発電所へ至る。この区間は軟弱地盤に資材不足で事故が頻発したとされる。

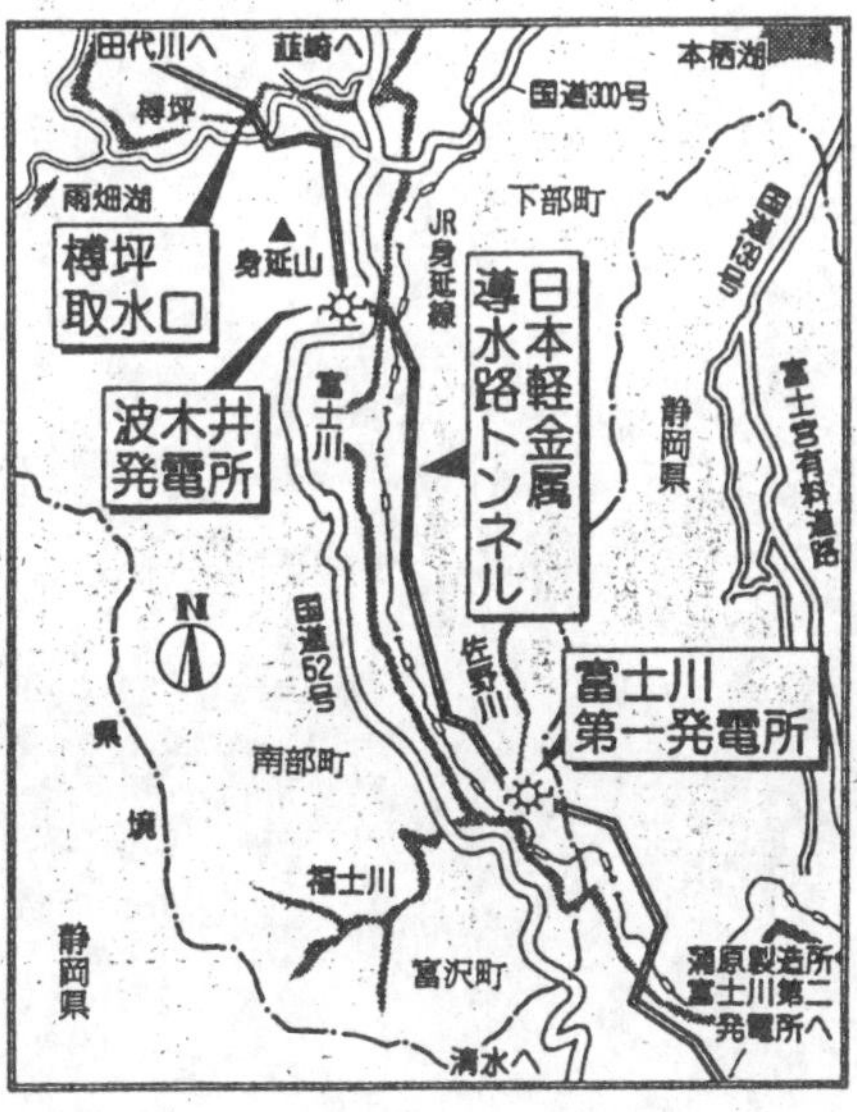

ンネルの工事には強制連行の労働者が多く動員されたという。

静岡県地理教育研究会が一九七六年にまとめた「富士川の変貌と住民」には、南部町で「昭和十四年ころ、十八―二十三歳ぐらいの朝鮮人約二百人が『てい身隊』として飯

朝鮮人労働者の存在は地元では半ばタブー視され、新聞や統計にも断片的に残るだけ。しかし、「公式の資料には一切残っていない」（金さん）。なぜ欠けたのか。後世に伝えなくていいのか。富士川発電には重い課題が残されている。〈望月　得生記者〉

ナゾの爆沈「浮島丸事件」

韓国人遺族ら賠償提訴

8月に 日本政府を相手取り

終戦直後に京都府・舞鶴湾内で原因不明の爆発を起こして沈没、日本に強制連行され、帰国する朝鮮人労働者ら五百六十五人が死亡した「浮島丸事件」で、韓国に住む生存者や遺族らが、日本政府を相手取り、謝罪と賠償を求めて、八月二十五日に京都地裁に提訴する方針を十九日までに決めた。爆発・沈没事故から四十七年目、戦後史のナゾが初めて法廷に持ち込まれる。

京都市に事務局を置く「朝鮮と朝鮮人に対し公式に陳謝し賠償することを求める裁判をすすめる会」（宋斗会代表）が、三年前から準備。韓国在住の生存者や地元新聞記者の協力で原告になる遺族、生存者らを捜していた。今月になって、韓国・光州に住む二十一人の原告のリストがまとまった。忠清北道在住者も原告団に合流する予定。

京都、東京の弁護士を中心に弁護団もほぼ決まり、今月末には渡韓して、原告団と請求額など打ち合わせ、具体的な訴状づくりに取りかかる。

代表が八月二十四日、舞鶴市での慰霊祭に参列。翌日、提訴する。

浮島丸（四、七三〇㌧）は日本海軍の特設輸送船として、青森県・下北半島の軍需施設や道路建設現場で働かされていた朝鮮人とその家族三千七百三十五人を帰国させるため、昭和二十年八月二十二日、同県・大湊港を出発。途中、舞鶴湾内に立ち寄り、二十四日午後五時二十分ごろ、下佐波賀沖で爆沈した。犠牲者は朝鮮人五百四十人、日本人乗組員二十五人（厚生省調べ）で、他に駆け込み乗船した者も多かったといい、数千人にのぼるといわれている。

爆発原因について、戦時中に米軍が投下した機雷に触れたとする「触雷説」が国の公式見解だが、日本人乗組員が釜山港入港後捕虜になることを恐れて仕組んだとする「自爆説」、強制連行の実態が明るみに出ることを恐れた旧軍部による「証拠隠滅説」なども有力。

▽触雷なら一回の爆発なのに、二、三回爆発音を聞いた乗員がいる▽船底の鉄板が、内部から爆発したように、外向きに曲がっていた……など注目すべき証言もあり、真相はいまだナゾに包まれている。

朝鮮近代史に詳しい姜在彦・花園大教授の話「日本の戦中、戦後処理の責任が問われるケース。外部から突き上げられて初めて小出しにする、対応の仕方も問題になるだろう。日本政府の姿勢が問われている」

朝日新聞 '92.5.21

地下工場の保存求め
掛川市に要望書提出
現地調査、壕の壁に名前

朝鮮人強制連行を記録する会

太平洋戦争末期、強制連行された朝鮮人らによって建設された掛川市遊家、本郷両地区の軍需用地下工場跡を調査している「静岡県の朝鮮人強制連行を記録する会」（代表、海野福寿・明大教授）は二十日、地下工場を戦争遺跡として保存することなどを求めた要望書を掛川市に提出した。

同会の調査によると、同工場は一九四五年四月の浜松空襲後、軍用機部品を造っていた中島飛行機浜松工場の疎開先として建設されたが、工作機械が据え付けされる前に敗戦を迎えたという。建設には強制連行されたとみられる朝鮮人が従事しており、多い時には三千人が従事していたとの証言もある。しかし、工場の構造や強制連行の実態はまだ明らかになっていない。

このため、同会では、「植民地支配、侵略戦争の反省の上に立つ、平和活動の一環」として、地下工場を戦争遺跡として保存することを同市に要請。さらに、①地下工場壕（ごう）の実測調査②建設工事に従事した関係者からの聞き取り③文献資料の収集などの実態調査を同市に求めた。

これに対し、榛村純一同市長は「歴史が風化しないためにも調査は大切だ。自分で踏査した上で、必要ならば調査する方向で努力したい」と前向きの回答を示した。

また、この日午前には、同会の会員が現地を調査。初めて現地を訪れた静岡市の金勇（キム・ヨン）さん(四)は「防空壕の壁に（朝鮮人が書いたと思われる）名前が刻まれているのを見て、胸に詰まるものがあった。市としても、調査・保存に協力してほしい」と話した。

「昭和二十年六月二十五日」「岩本」「林」と刻んである。改名させられた朝鮮人が刻んだと思われる＝掛川市本郷の防空壕跡で

読売新聞

（第三種郵便物認可）　１９９２年（平成４年）５月２２日（金曜日

被爆韓国人徴用工の遺族招く

長崎で「父の記録探し」

人権を守る会　トンネル工場で労働

’92 核・平和

長崎在日朝鮮人の人権を守る会（岡正治代表）は、長崎市北部に残る旧三菱兵器製作所のトンネル工場で被爆した韓国人徴用工の遺族を同市に招くことにし、招待状を郵送した。原爆後遺症の不安を訴え、「父親が長崎にいた記録を探したい」との手紙が岡代表に届いていた。同トンネルでは七、八百人の朝鮮半島出身の徴用工が働いていたとみられ、守る会ではこれを契機に、被爆・戦争遺構としてトンネルを永久保存する運動を強める。

トンネル工場を指さす岡代表

徴用工は劉永根さん（一九七二年死亡）。京畿道富川市に住む三男の金錫さんからの手紙によると、劉さんは敗戦三年前、二十三歳の時に徴用されトンネル工場で労働、妻も飯場の食堂のまかないをしていた。

原爆当時、夫はトンネルの中にいて命拾い。妻は倒壊した家から逃れ、鉄道下の川で乳児（金錫さんの兄）を抱いてオムツに水をふくませ口にあてていた。

帰国したのは九月二十三日。劉さんの死は原爆後遺症だったといい、金錫さんは「私たちにいつ原爆の被害が現れないともわかりません。心の備えのために父親の記録を探して欲しい」と記している。

住吉トンネルは爆心地から約二・三㌔。赤迫町と住吉町にまたがる。岡代表によると、三菱が空襲被害を避けるため、敗戦前年から朝鮮半島出身者を使って掘削した。長さ約三百十㍍の六本があり、魚雷部品をつくっていた。一本はそれぞれ高さ約四㍍、幅約五㍍。

トンネルは戦後、本工場跡地（現在の長崎大文教キャンパス）とともに国へ売却された。しかし、長崎大にはトンネル譲渡を示す記録はなく、所有権が不明確なままブロック製造会社の倉庫や民家の駐車場などに使われている。

岡代表は「強制連行された人たちが酷使され、原爆で非業の最期を遂げた。平和公園の刑務支所と同様、日本人の戦争責任を明確に語る遺構だ」と保存の重要性を強調している。

長崎に招くのは、原爆にあったソウル市に住む妻と長男。今夏にも来日、トンネルと当時住んでいた飯場跡などを訪ねる予定。

北海道新聞 '92.5.22

飛行場建設で強制連行の韓国人

24日に遺骨発掘

別海

【釧路】第二次大戦中、現在の根室管内中標津、標津、別海の三町で行われた陸海軍航空基地建設工事で、多くの韓国人労働者が強制的に働かされ、亡くなった史実を調べている釧路の市民グループ「強制連行韓国人遺族の来日を実現する会」(丹葉節郎会長)は、犠牲者の遺体が埋められているとみられる別海町本別で二十四日に本格的な遺骨発掘作業を行う。

昭和十七年から終戦時にかけて、三町で行われた軍事基地の建設工事には、数千人の韓国人が「土工夫(タコ労働者)」として強制的に働かされ、悪条件の下での過酷な労働のため、大勢の犠牲者が出たという。

このうち中標津、別海両町にまたがる旧計根別飛行場については、中標津町の正光寺の過去帳や埋火葬認許証から二十七人の死亡が確認され、実際にはこれをはるかに上回る犠牲者が近くに埋められたとみられる。

「実現する会」は今回、計根別飛行場跡周辺の農家の人たちの証言をもとに、発掘場所を別海町本別の当幌川沿い作業員宿泊所跡近くの二カ所に特定した。二十四日の作業には当初からこの問題を追っていた釧路市の郷土史家松本成美さん(六四)=道教大釧路分校元講師=や韓国居留民団釧路支部メンバー、地元小学校の教師、中学生ら五十人が参加する。遺骨を発見した場合は、現地で慰霊祭も行う。

北海道新聞 '92.5.25

遺骨は見つからず

強制労働犠牲者の調査

別海

【釧路】第二次大戦中、現在の根室管内中標津、別海両町にまたがって造られた旧陸軍計根別飛行場の建設工事現場などで、多数の韓国人労働者が強制的に働かされ、亡くなった史実を調べている「強制連行韓国人遺族の来日を実現する会」(丹葉節郎会長)は二十四日、犠牲者の遺体を捜す発掘作業を別海町本別の山林で行ったが、遺骨は見つからなかった。

発掘作業に当たる「実現する会」のメンバーら

この日は小雨が降るなか、同会のメンバーら約六十人が昼までに周辺農家の人たちの証言をもとにあらかじめ決めてあった当幌川沿いの山林五カ所を掘った。しかし、スコップの破片、地下たび、戦時中発行の硬貨などが出土したが、人骨は発見できなかった。

同会では対象の場所を調べ直し、来月中にも再び発掘作業を行う。

統一日報 '92.5.30

日本による徴用、連行被害

対日補償裁判を準備

韓国法律救助会 500人以上の申請受け

【ソウル二十八日聯合】日帝時に、軍人・軍属・挺身隊・労働者として強制徴用され、被害を被った同胞たちの法律救助のため、四月二十日発足した「対日民間法律救助会」は、発足以来、合計五百余人から訴訟救助申請を受け、日本政府を相手に訴訟を起こす作業に着手したことを二十八日明らかにした。

救助会はこのため第一次として二十九日、韓国女性弁護士会所属会員十余人を全州地域に派遣し、日帝当時、従軍慰安婦、勤労挺身隊員、徴兵で連行された軍人など申請者七十余人の被害内容を調査する予定だ。

救助会は現地調査を終えた時点で救助申請した五百余人を被害事例別に分類し、傘下組織の挺身隊賠償請求支援団、軍人・軍属・労働者に対する賠償請求支援団、多くの虐殺事件と遺骨送還に関する請求支援団、郵便貯金・未払い賃金に関する請求支援団など七団体別に訴訟支援作業を展開することにした。

統一日報 '92.6.4

同胞元軍人軍属

91人の生死確認要請

遺族会代表が厚生省に

日本政府に父母の生死確認を要請する韓国太平洋戦争遺族会会員ら㊧(3日、日本厚生省で)

太平洋戦争犠牲者遺族会金鍾大会長と常任理事梁順任さんら四人が三日、日本厚生省を訪れ、元軍人・軍属九十一人の生死確認申請を行った。

同書類は戦後半世紀がたった現在もなお、太平洋戦争の犠牲となって生死の分からない元軍人・軍属とその遺家族らから委任状をもらって同遺族会が持参したもので、応対に出た厚生省援護局・業務第一調査資料室の山本洋次室長補佐らは、最初「依頼に基づき早急に調査する」と答えたが、具体的に話し合った結果「二、三カ月以内に調査して送る」と約束した。

この日の申請を契機に今後集団申請を受けることも決まり、同会としては一歩前進した成果と受けとめている。だが昨年十二月に二十四万二千人の留守名簿を六月中に韓国政府に公開するとの約束が遅れていることに対しては、厚生省側の怠慢ではないかと焦燥感を隠せず、一日も早く明らかにするよう再三要求。

一日に開かれた補償請求裁判の原告の一人、金恵淑さん(六七)は夫の消息が分からず、二回とも該当者なしの回答をもらい再度申請したが、「会員皆が強く望んでいるので」と涙ながらに訴えた。

四月の平壌から（7）

強制連行者

帰国して本当に良かった

植民地時代、日本に強制連行された経験を持ちながら、現在共和国に住んでいる人も少なくない。強制連行された日本から、共和国に帰国したという金甲述さん（66）に平壌で会い、話を聞いた。

地獄の一丁目

金さんは慶尚南道蔚山郡の出身。一九四二年の六月、区長から「日本に徴用に行け」と言われた。

その時、金さんは十六歳。「親の許しを受けないと」と抵抗したが、区長の命令は絶対だった。結局、漁に出ていた父親には挨拶もできず、母はただ泣くばかりだった。無理やり連れていかれ、釜山から関釜連絡船に乗せられた。

下関から汽車で青森まで行き、青函連絡船で函館に。そこで函館駅を建て直す土木工事に動員される。

一カ月後のある日、若い者だけが十五人くらい選ばれ、小樽市に連れていかれた。とにかくなされるがまま、どこに行くのかさっぱり分からない。そこから、八千トンの高島丸に乗せられたのだった。

「七月二十五日、この日を絶対忘れません。死ぬほどの苦労をする始まりでしたからね。地獄の一丁目でした」

沈められた三人

四昼夜かかって着いた所は千島列島のある島。半径二キロほどの小さな島だったが、軍事秘密だといって名前は教えてもらえなかった。硫黄のたくさん出る島だった。菅原組のタコ部屋に入れられた。

軍需物資を運ぶ船が停泊できるようにする護岸工事である。山を崩し、その土を埋め立てていく。現場監督は少しでも早くと急き立てる。トロッコを早く押すと、ひっくり返る。すると大きな棒が容赦なく打ち下ろされるのだ。

「小指を怪我したが、そのまま働いたもんだから膿んで腕がパンパンに腫れてしまった。服が脱げないくらい。クオンという人の助けで、仕事を抜け出し、病院に行ったから助かったものの、私も危なかった。使えなくなった者はコンクリートに埋めて、海に沈めてしまうんですから。私がこの目で見ただけでも三人は沈められましたよ」

監督の中で殴ることを仕事にしていた者は三人いた。

「奴らは殴れば殴るほど菅原から褒められる。朝から酒飲んで、その勢いで殴る。殴られすぎて、頭がおかしくなった者も十人くらいいた」

百50人を爆殺？

十月頃、江原道から十六〜十八歳の青年が百五十人くらい連れてこられた。その朝鮮人の責任者は「死んでも菅原組には行かない」と言っていたらしい。それを槍玉に上げて、監督は匕首（あいくち）で彼の首を切りつけた。

「息をするたびに血が吹き出て。確認してませんが、死んだでしょうね。犬を殺すよりも簡単に殺すんですよ。まさに地獄でしたね」

しかし、何故か江原道の百五十人が殺されるという噂が立った。

「まさかと思ったが、数日後、一人も見えなくなった。噂によると百五十人をトンネルの中に入れて、爆殺したらしい。小さい島で、船も来ていないとなると、その噂は本当としか思えなかった」

地獄の体験を語りながら今は幸せだと言う金甲述さん

冬は仕事ができない。それもあって、半年後の十二月十五日、金さんらはいったん小樽に戻るが、菅原組の人間は一人も同行しなかった。金さんらは仕返しを恐れたのだ。自分たちを菅原組に戻すならみんな海に飛び込んで死ぬと談判し、仕方なく組は諦めたと言う。幸運だった。

金さんは地獄からよく生きて帰った、夢のようだ、と今でも思う。

自分の国が一番

金さんはその後も各地の炭鉱などを転々としながら、解放を迎える。その後、朝鮮人連盟の活動家として活躍。朝鮮戦争の頃には、非合法の活動もした。四日市の連盟会館が警官に急襲された時には、硫酸などを投げて抵抗した。全国に氏名手配され、新潟で逮捕されて懲役二年。

「この手は手錠をよくかけられましたよ」と苦笑する。

そして五九年に帰国。帰ってからは電気配線工として働き、六人の子供をもうけ、現在は年金で生活している。

「この前、日本人の記者のインタビューを受けた時、帰国して後悔していませんかと言われた。侮辱されたような気がしました。祖国に帰ってきて本当に良かったと思っています。現場監督に殴られることも、警察に追われることもない。自分の国が一番ですよ。私は今、とても幸せですからね」

その言葉は、地獄を見てきた人の言葉だけに、胸にずんと来るものがあった。（哲）

＝おわり

神戸新聞 '92.6.9

地下壕利用計画に反対

愛知の市民団体 強制連行の史実抹殺

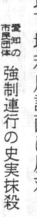

太平洋戦争中、強制連行された中国人、朝鮮人労働者が掘った地下壕（ごう）に学習施設を建設しようという岐阜県瑞浪市（安藤三郎市長）の計画に対し、市民団体が「不当な行為のあかしが消される」と反対している。

問題の地下壕は総延長約七㌔で約五十年前、兵器工場として同市明世町に掘られた。瑞浪市はこの地下壕の一部二百五十㍍を利用。「地球回廊」と名付けてハイビジョンやパネルで、地球の生い立ちなどを学ぶ施設を建設中で、来年五月のオープンを目指している。

これに対し、中国人、朝鮮人労働者の強制連行問題を調べている愛知県の市民グループ「明世の地下壕利用計画を考える会」（余語潮代表）はこれまでの独自調査などから、当時約三百三十人の中国人、約千人の朝鮮人が地下壕掘削工事に従事。中国人三十九人が死亡、朝鮮人とみられる多数の白骨が地下壕内から見つかっていると指摘している。

施設建設で反対運動が起こっている地下壕＝瑞浪市明世町

統一日報
報　(THE TONG-IL ILBO)　1992年6月13日（土曜日）

戦後補償　韓日野党の提携具体化

合同調査機関作りなど

共催で「証言聞く会」

ソウル　8月に再度聞取り調査

韓国民主党と日本社会党

日本の侵略戦争で多大な犠牲を被った韓国の軍人・軍属とその遺家族、元従軍慰安婦から謝罪、償いを求める声が高まっているなか、韓日両国間で政党レベルの提携を模索する動きが具体化してきた。韓国の世主党から合同調査団を結成したいとの提案を受けて、日本社会党も検討を急いでおり、実現すれば、慰安婦問題をめぐって韓日両国政府が補償のあり方を話し合う際にも影響を及ぼしそうだ。

政府間交渉にも影響

両野党間で合同調査団を結成しようとの呼びかけは、韓国挺身隊問題対策協議会と太平洋戦争犠牲者遺族会が共催して二日、ソウル市内のホテルで開いた「太平洋戦争犠牲者の証言を聞く会」席上、民主党の蔡暎錫議員が岡崎トミ子衆院議員（社会党中央執行委員）に提案した。

社会党は政策審議会の中に「社会党戦後補償対策特別委員会」（委員長・土井たか子衆院議員）を設置して、九二年末をメドに市民との協力関係のもとで社会党としての「戦後補償政策」を作るための作業を進めている。国会の場でも「対外戦後補償特別委員会」を衆参両院に設置するよう要求しているだけに、岡崎議員はその場で検討すると表明した。民主党の提案を受けて、社会党は党中央執行委員会で協議している。

今回の「証言を聞く会」は二部構成。まず、盧清子さんら三人の元従軍慰安婦をはじめ、元軍人・軍属と強制連行遺家族らからの聞き取り調査を済ませ、夜は補償実現のためのシンポジウムを実施した。韓国側は民主党から朴相千議員ら四人、国民党から李建栄議員ら二人と弁護士ら。日本からは高木健一弁護士ら九人が招待を受けた。

席上、元慰安婦だったユン・ドリさん（六四）は釜山にも旧日本軍の慰安所があったと証言して注目を集めた。ユンさんによれば、慰安婦として連行されたのは草梁にある手袋工場からの帰り。釜山鎮駅前の警察署の前を通ろうとしたところを巡査に呼び止められ、軍人のジープに乗せられた。影島には四十五人の朝鮮人慰安婦がおり、ユンさんは一九四五年まで日に平均三十人から四十人の相手をさせられたと述べた。

続いてのシンポジウムでは高木弁護士らの基調報告を受けて、日本の戦後補償のあり方をめぐる論議に入った。民主党の朴相千議員が基金制度の必要性を述べたのに対して、李愚貞議員は真相把握が最優先との主張を展開、小手先の金銭解決で問題が処理されることに強い危機感を表明した。

一方、高木弁護士は、被害者が高齢化しているだけに早期の人権救済は必要としながらも、日本社会で償いとしての補償を実現しようとの市民レベルの認識を育てていかなければならないとして、結論に重点を置いた論議の行方に疑問を投げかけた。

「証言を聞く会」は八月十五日を前にしてさらに規模を広げ韓国で開催される。同じく、李愚貞議員も韓国挺身隊問題対策協として台湾、フィリピンなどから女性代表を招いて従軍慰安婦セミナーを計画しているだけに、社会党の計画しているアジア各国との合同調査機関設置の動きにも拍車を駆けそうだ。

統一日報 '92.6.13

靖国神社安葬
韓国人犠牲者

2万人、遺族ら照会

名簿整理、戦死通報手付かず

朝鮮人強制連行に対し終戦後今まで実態を明らかにしていない日本が、太平洋戦争韓国人犠牲者らを、遺族らに何らの通報もなく、軍国主義の象徴である靖国神社に霊魂を安葬し、犠牲者合祀を行ってきたことが九日明らかになった。

これらの事実は国内の遺族らが太平洋戦争に動員された家族らの生死確認を靖国神社側に依頼する過程で確認された。特に靖国神社に保管されている合祀者名簿には死亡当時の軍別階級、所属部隊、死亡場所、死亡日時、死亡原因などはむろん、遺族の名前、韓国内連絡所などが詳しく記録されており、遺族らに戦死通報連絡などが可能であるがこれらを無視してきた。

韓国内太平洋戦争犠牲者遺族らは、日本政府の朝鮮人動員名簿と犠牲者名簿の公開忌避で、解放後今まで徴用、徴兵などで連れ去られた家族らの生死確認すら行えず、大部分が死亡申告及び戸籍整理も出来ない状態だ。

現在靖国神社の韓国人合祀者数に対し神社側は、「合祀者名簿が日本人と韓国人など国籍別に整理されていない状態で韓国人を調査することは不可能だ」としているが、日本の国会図書館が去る七六年発刊した靖国神社問題資料集には「朝鮮人出身合祀者二万六百三十六人、台湾人出身二万七千六百五十六人（七五年十月現在）」との厚生省の調査結果が引用、提示されている。

一方、日本大蔵省資料には太平洋戦争当時、軍人、軍属の身分で動員された朝鮮人は三十六万五千人余りと記録されている。

また靖国神社側は、「合祀対象には軍人、軍属戦没戦死者以外に国家総動員法に基づく徴用者、報国隊員、従軍看護婦、女子挺身隊なども含まれており、この中で女性合祀者数は五万七千人余り」と明らかにした。

しかし厚生省関係者は、こうした靖国神社側の説明と異なり、「靖国神社は宗教法人として運営されているため政府が合祀問題に介入する場合、政・教分離を原則とする憲法に違反すること」と話し、具体的な言及を避けた。

日帝強制連行研究家朴慶植さんは、「靖国神社に朝鮮人の霊魂が合祀されているのは歴史のアイロニー」だとし、「朝鮮人合祀者名簿引き受けと遺族への通報問題などに対する韓・日政府間の論議があるべき」と指摘した。（九日聯合）

統一日報 '92.6.17

韓日両遺族初会合

ニューギニア戦線投入の

日本政府に「韓国人遺族らの補償要請したい」

【ソウル支社】このほど、ソウル市内のホテルで太平洋戦争当時の四二年、ニューギニア戦線に投入された日本軍人らの遺族「ニューギニア戦争遺族会」会員四十六人と、当時韓国人参戦生存者三人と遺族十六人が、許しと和解の時間を交わす歴史的な出会いが達成された。

さる十一日の出会いをあっ旋したニューギニア戦争遺族会長田所ヨシノブ（音訳）さん(六三)＝横浜市神奈川区在住＝は、「その間生活に忙しくて、今になって韓国人生存者と遺族らに許しを求めるようになりました。日本の軍国主義により罪のない犠牲を被った韓国人遺族たちに許しを求めます」とあいさつした。

田所さんは一九三〇年ソウルで生まれ、父親がニューギニア戦闘に将校で参戦して戦死した縁故で八五年から千人余りの会員がいる同遺族会会長を務めながら毎年六月と十二月、戦死者らの合同慰霊祭を行ってきた。また田所さんはニューギニア戦線に投入された韓国人参戦者と遺族らに、民間次元だけでも謝罪の道を探したいと、父親が持っていた当時の日本軍二六連隊二大隊所属員名簿からニューギニア参戦韓国人の名前と本籍地を探して七人の生存者と十八人の遺族を探し、この日の出会いが行われた。

また田所さんは「日本は戦後、ニューギニア戦争で戦死した軍人らの遺族に当時二十万円ずつ支払ったが、韓国人遺族らには六五年の韓日条約を根拠に補償していない。これから毎年韓日の遺族と生存者の集いを開催し、遺族会次元から日本政府に韓国人に対する賠償などを要請する計画です」と話した。

この日参席した韓国側代表林ムンオクさん(七三)＝全羅南道潭陽郡＝は、「民間次元であるが、過去の許しを求める日本の良心を確認した場」と話した。

朝日新聞 '92.6.17

在北朝鮮被爆者　日本へ救済訴え

毎週白血病を検査

広島、長崎の原爆で約五十九万人が被爆したが、そのうちの約七万人が強制連行などで朝鮮から来ていた人たちだった。約四万人が死亡し、生き残ったうちの約二万三千人が朝鮮半島に帰国したとされている。このうち、韓国に帰った約二万人については、渡日治療の対象となっているが、朝鮮民主主義人民共和国（北朝鮮）に帰国した被爆者については同国が調査中で、実態は明らかではない。このほど、北朝鮮被爆者との交流と実情把握のために訪朝した原水爆禁止日本国民会議（原水禁国民会議＝社会党系）の代表団に同行し、先方が人選した被爆者たちに会った。

（通信部・矢野裕一）

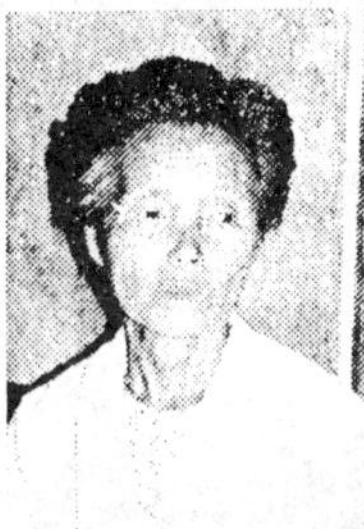

朴春玉さん（上）と辛炯塾さん＝いずれも平壌市内のホテルで

長崎で被爆した崔三順さん(六九)＝平壌市在住＝は、同市内のホテルで開かれた代表団との座談会に、夫の朴順龍さん(七六)長女の朴文淑さん(四八)とともにあらわれた。

妊娠中だった崔さんは、爆心から約二キロ離れた長崎市御船蔵町の自宅で被爆。当時五歳の長男の朴政男さん(五二)、二歳の文淑さんといっしょだった。順龍さんも自宅へ帰る途中、被爆。お腹の子は死産した。産後の経過が悪く、開腹手術を七回受けた。六〇年五月、一家で帰国した。

一週間に一度ほど、白血病などの検査のため、通院。「治療費などはすべて国が面倒をみてくれ、病院に行くと心が休まる」という。

帰国後初めて使ったという日本語で、ふりしぼるように話した。「日本では、貧しさと差別、原爆の恐怖におびえ続けた。日本がアメリカに戦争をふっかけなければ、祖国を侵略しなければこんな苦労はしなかった。私らの一生を返してほしい。知らん顔しても日本の罪は世界中が忘れない」

六七年に家族とともに帰国した朴春玉さん(六三)＝平安南道順川在住＝は「後遺症のことは知っている。毎日が不安でたまらない」と声をふるわせた。

広島市の横川駅の案内係としてプラットホームにいて被爆した。爆風に飛ばされて意識を失った。約三十キロ離れた自宅にたどりついたのは三日後だった。

自分にもめまいや関節の痛みがあるが、心配なのは長男、宋民男さん(四二)のことだ。頭にできものができて、時々、全身のだるさを訴える。「どんな薬をもらっても効果がない。早く国交を回復してほしい。そしたら息子にいい治療が受けさせてやれるかもしれない」と話した。

広島から七二年に帰国した辛炯塾さん(六八)＝咸鏡北道金策市＝は去年から、北朝鮮に住む被爆者の連絡組織づくりを進めている。

「私の近所に少なくとも十人の被爆者がいる。しかし、被爆がわかると、子どもの結婚などに悪影響がでるのでは、と心配して名乗り出ない人もいる。一人でも多くの被爆者の実情を明らかにし、日本政府の責任を追及したい」。代表団に同行した在日本朝鮮人被爆者連絡協議会の李実根会長(六三)＝広島＝と会い、お互いに連絡しながら実態調査を進める約束をした。

◇　◇

北朝鮮で会った被爆者たちはまず、自国の医療の充実ぶりを話した。日本の植民地支配への怒りや後遺症への不安、補償を強く訴えはしたが、渡日治療についてはっきり「行きたい」と口にする人は少なかった。

「自分のことより、日朝国交正常化や南北統一の早期実現を」との声が印象的だ。しかし、在韓被爆者への支援金支出や渡日治療などの情報は知っており、広島や長崎の原爆病院の専門治療などには少なからぬ関心をみせていた。

孫とともに申蓮玉さん＝平壌市内の自宅で

病気がちな長男が心配

申蓮玉さん(六七)は、爆心から約四キロ離れた広島市東区尾長町の父親宅で被爆し、父親は死んだ。大阪の自宅が空襲で焼かれ、夫と親元に疎開していた。

六九年には頭痛とめまいに苦しみ続けた夫ががんで死んだ。「貧困から逃れ、大学進学を希望する長男と三男に満足な勉強させたい」との思いから、七一年、結婚していた長女、次女、次男を置き帰国した。

いま、平壌市内のアパートに三男夫婦と孫に囲まれて暮らす。「毎日、にぎやかで幸せだ」とにこやかだが、健康状態の話になったとたん、顔をこわばらせた。「手足がしびれ、痛む。突然、めまいにおそわれることも多い」という。

週に三回、医者が往診に訪れ、三カ月に一度は精密検査を受ける。心配は、被爆二年後に生まれ、小さいころから病気がちな長男のことだ。

「具合が悪いといって来るたびに私の被爆のせいかも知れないと思い、夜も眠れない。共和国政府は面倒をみてくれているが、本来は日本政府がすべきこと。あまりに無責任です」。淡々としていた口調が日本の戦争責任に及ぶと声が大きくなった。

第三部　文献リスト（単行本・パンフレット・論文）

凡　例

1、原則として、文献 No.３の朴慶植『朝鮮人強制連行の記録』（1965年）の文献目録以降のものについて発行年月順に集録した。
2、「花岡事件」については、文献 No.102、田中宏他『資料・中国人強制連行』および、No.187 田中宏他『資料・中国人強制連行の記録』を参照のこと。
3、「従軍慰安婦」問題については、別に『朝鮮人従軍慰安婦・女子挺身隊資料集』（金英達編）を出版したので、本資料集の『91年版』以降に付け加えていない。そちらの資料集を参照していただきたい。

単行本・パンフレット リスト

No.1

	書名	著者名	発行	発行年月	版型	頁
1	草の墓標―中国人強制連行事件の記録―	中国人強制連行事件資料編纂委員会編	新日本出版社	1964-03	B6	319
2	女の兵器・ある朝鮮人慰安婦の手記	近代戦史研究会	浪速書房	1965		
3	朝鮮人強制連行の記録	朴 慶 植	未来社	1965-05	46	341
4	偏見と差別 ヒロシマそして被爆朝鮮人	平岡 敬	未来社	1972		
5	第二次大戦時沖縄朝鮮人強制連行虐殺真相調査団報告書	同会	同会	1972-10	A5	60
6	ホッカイドーッ！ホッカイドーッ！生きて再び帰れぬ地・朝鮮人強制連行	北海道在日朝鮮人の人権を守る会	同会	1972-11	A5	78
7	朝鮮・ヒロシマ・半日本人―わたくしの旅の記録―	朴 壽 南	三省堂	1973		
8	北海道朝鮮人強制連行と虐待の実態	北海道朝鮮人強制連行真相調査団		1973		
9	太平洋戦争下における三井鉱山と中国・朝鮮人労働者 ―その強制連行と奴隷労働―	新藤 東洋男	人権民族問題研究会	1973-06	A6	72
10	日本帝国主義の朝鮮支配 上・下	朴 慶 植	青木書店	1973-06	46	689
11	中国人強制連行の記録 花岡暴動を中心に	石飛 仁	太平出版	1973-07		
12	従軍慰安婦―"声なき女"８万人の告発―	千田 夏光	双葉社	1973-10	B6	220
13	筑豊石炭砿業史年表	編集委員会	(財)西日本文化協会	1973-11		
14	九州朝鮮人強制連行の実態	九州地方朝鮮人強制連行真相調査団		1974		
15	樺太抑留朝鮮人問題資料集	「樺太」委員会編	同会	1974-02	A5	90
16	北海道空知における中国人強制連行問題（謄写刷）	鈴木 学		1974-03		
17	オモニあいたいよ―九州朝鮮人強制連行真相調査を終えて	朝鮮画報社編	在日本朝鮮人総連合会	1974-09	A5	40
18	鎮魂の海峡・消えた被爆朝鮮人徴用工246名	深川 宗俊	現代史出版会	1974-09	46	246
19	朝鮮人強制連行強制労働の記録・北海道千島樺太篇	朝鮮人強制連行真相調査団	現代史出版会	1974-10	46	683
20	樺太裁判資料（Ⅰ）	樺太裁判実行委員会編	同会	1975	A5	77
21	矢田チョソン友の会「強制連行」の地へゆく	大阪市立矢田南中学校チョソン友の会編	日本の学校に在籍する朝鮮人児童生徒の教育を考える会	1975	B5	
22	証言・朝鮮人強制連行	金 賛 汀	新人物往来社	1975-03	B6	257
23	樺太（ｻﾊﾘﾝ）の身世打令	樺太抑留帰還韓国人に協力する妻の会・編	同会	1975-05	A5	24
24	昭和特高弾圧史（６）朝鮮人にたいする弾圧(上)	明石博隆・松浦総三編	太平出版社	1975-06	46	342

単行本・パンフレット リスト

No. 2

	書　名	著者名	発　行	発行年月	版型	頁
25	被爆韓国人	朴秀馥・郭貴勲	朝日新聞社	1975-07	46	324
26	昭和特高弾圧史（７）朝鮮人にたいする弾圧(中)	明石博隆・松浦総三編	太平出版社	1975-08	46	334
27	東北朝鮮人強制連行の実態―新聞報道資料―	東北地方朝鮮人強制連行真相調査団	同会	1975-10	B5	88
28	証言記録　従軍慰安婦・看護婦―戦場に生きた女の慟哭―	広田　和子	新人物往来社	1975-11	46	246
29	石枕―韓民族への遺書（上巻／下巻）	張　俊　河	サイマル出版会	1976	46	489
30	昭和特高弾圧史（８）朝鮮人にたいする弾圧(下)	明石博隆・松浦総三編	太平出版社	1976-02	46	334
31	呉海軍設営隊顕彰慰霊碑に関する資料	呉海軍設営隊戦友会編	同会	1976-03	B5	172
32	在日朝鮮人関係資料集成　第４巻	朴慶植編	三一書房	1976-06	B5	1037
33	天皇制国家と在日朝鮮人	朴　慶　植	社会評論社	1976-07	B6	320
34	増補・中国人強制連行事件―東川事業場の記録―	金巻　鎮雄	みやま書房	1976-08	B6	189
35	在日朝鮮人関係資料集成　第５巻	朴慶植編	三一書房	1976-12	B5	836
36	朝鮮人慰安婦と日本人	吉田　清治	新人物往来社	1977-03	46	227
37	わが夕張―知られざる炭鉱の歴史―	夕張働くものの歴史を記録する会編	煉瓦社	1977-07		
38	さわだちやまぬ海峡の怨―訪韓レポート	深川　宗俊		1977-12	B5	32
39	軍隊慰安婦―戦争と人間の記録―	金一勉編著	現代史出版会	1977-12	46	249
40	相模湖ダムの歴史―中間報告―（第２刷）	相模湖ダムの歴史を記録する会	同会	1977-12	B5	108
41	北海道における炭鉱の発展と労働者		北海道開拓記念館	1978		
42	従軍慰安婦＜正篇＞	千田　夏光	三一書房	1978-09	SIN	224
43	従軍慰安婦＜続篇＞	千田　夏光	三一書房	1978-09	SIN	175
44	近代民衆の記録⑩在日朝鮮人	小沢有作編	新人物往来社	1978-12	A5	673
45	沖縄のハルモニ	山谷　哲夫	晩聲社	1979		
46	白いチョゴリの被爆者	広島県朝鮮人被爆者協議会	労働旬報社	1979-07	B6	272
47	雨の慟哭・在日朝鮮人土工の記録	金　賛　汀	田畑書店	1979-02	46	246
48	一視同仁の果て―台湾人元軍属の境遇―	加藤　邦彦	勁草書房	1979-05	46	262
49	アイゴームルダルラ 広島・長崎被爆朝鮮人の35年	吉留　路樹	二月社	1980		
50	火の慟哭・在日朝鮮人坑夫の記録	金　賛　汀	田畑書店	1980-01	46	212
51	赤道下の朝鮮人叛乱	内海愛子・村井吉敬	勁草書房	1980-07	B6	278

単行本・パンフレット リスト

No.3

	書名	著者名	発行	発行年月	版型	頁
52	宮田又鉱山誌	遠藤　孝一	秋田県仙北郡協和町公民館	1980-10		
53	棄てられた四万三千人 樺太朝鮮人の長く苦しい帰還の道	三田　英彬	三一書房	1981-04		
54	九州朝鮮人強制連行の実態	山田　昭次	筑豊と共闘する会	1981-05	B5	50
55	朝鮮問題資料叢書　第２巻　戦時強制連行・労務管理政策（II）	朴慶植編	アジア問題研究所	1981-11	B5	601
56	強制連行強制労働・筑豊朝鮮人坑夫の記録	林　えいだい	現代史出版会	1981-12	46	274
57	もうひとつのヒロシマ 朝鮮人・韓国人被爆者の証言	朴　壽　南	舎廊房出版	1982	B6	398
58	被爆朝鮮人・韓国人の証言	鎌田　定夫	朝日新聞社	1982		
59	朝鮮問題資料叢書　第４巻　在日朝鮮人統制組織「協和会」機関誌	朴慶植編	アジア問題研究所	1982-04	B5	665
60	近代北海道史研究序説（第４章北海道開拓と朝鮮人労働者 138P）	桑原　真人	北海道大学図書刊行会	1982-05	A5	496
61	広野海軍設営隊をしのぶ	小林清周編		1982-05	B5	23
62	第二次世界大戦下の在日朝鮮人—一つの事例調査をとおして—	戸塚　秀夫	「朝鮮問題」懇話会	1982-05	A5	58
63	朝鮮人ＢＣ級戦犯の記録	内海　愛子	勁草書房	1982-06	B6	295
64	はるかなる海峡・祭晩鎮物語	森岡　武雄	民衆史道連出版部	1982-07	B6	264
65	戦争の傷跡　地下軍事工場の記録（資料集２）	戦争の記録を残す高槻市民の会	同会	1982-07	B5	72
66	朝鮮問題資料叢書　第１巻　戦時強制連行・労務管理政策（Ｉ）	朴慶植編	アジア問題研究所	1982-09	B5	606
67	サハリンへの旅	李　恢　成	講談社	1983		
68	在韓被爆者実態調査共同報告書	韓国教会女性連合会	韓国の原爆被害者を救援する市民の会	1983		
69	在韓被爆者問題入門	韓国教会女性連合会	韓国の原爆被害者を救援する市民の会	1983		
70	進駐軍が写したフクオカ戦後写真集	木村秀明編	西図協出版	1983-04	A4	128
71	私の戦争犯罪・朝鮮人強制連行	吉田　清治	三一書房	1983-07	46	182
72	キムの十字架—松代大本営地下壕のかげに—	和田　　登	ほるぷ出版	1983-08	?	119
73	写真記録 日本の侵略 中国／朝鮮	黒羽清隆・梶村秀樹	ほるぷ出版	1983-08		
74	無援の海峡—ヒロシマの声、被爆朝鮮人の声	平岡　　敬	影書房	1983-12	?	308
75	サハリンの朝鮮人の一時帰国を実現するために	サハリンの朝鮮人一時帰国実現の会編	同会	1984-05	A5	43

単行本・パンフレット リスト

No.4

	書　名	著者名	発　行	発行年月	版型	頁
76	浮島丸釜山港へ向かわず	金　賛　汀	講談社	1984-05	46	309
77	わが街たかつきの戦争の記録（資料集３）	戦争の記録を残す高槻市民の会	同会	1984-07	B5	100
78	比企―比企地方の地下軍事施設―（部報第３号）	埼玉県立滑川高校郷土部	同会	1984-08	B5	91
79	怨と恨と故国と―わが子に綴る在日朝鮮人の記録―	鄭　清　正	日本ｴﾃﾞｨﾀｰｽｸｰﾙ出版部	1984-10	46	232
80	近代日本炭礦労働史研究	田中　直樹	草風館	1984-10	A5	658
81	戦争―闇からの叫び―（中島飛行機㈱大宮製作所の設立経緯と実態）	大宮北高校朝文研編	同会	1985-02		
82	故郷はるかに―常磐炭礦の朝鮮人労働者との出会い―	石田　真弓	アジア問題研究所	1985-04	A5	292
83	国鉄松前線敷設工事に伴う朝鮮人・中国人らの強制労働	浅利　政俊	国鉄松前線敷設工事殉難者慰霊碑建立発起人会	1985-05	A5	33
84	霧の中の祖国	森岡　武雄	空知民衆史講座	1985-06	B6	360
85	朝鮮民衆と「皇民化」政策（II III章）	宮田　節子	未来社	1985-07	46	194
86	奈良・在日朝鮮人史　1910－1945	川瀬　俊治	奈良・在日朝鮮人の教育を考える会	1985-08	B6	344
87	兵庫と朝鮮人	兵庫朝鮮関係研究会	ツツジ印刷	1985-08	A5	225
88	イルボンサラム 日本へ 40年目の韓国被爆者	広島長崎証言の会	汐文社	1986		
89	洪思翊中将の処刑	山本　七平	文芸春秋	1986-01	46	545
90	朝鮮人被爆者とは―かくされた真実―	岡正治・高実康稔	長崎在日朝鮮人の人権を守る会	1986-03	SIN	96
91	解説と資料　松代大本営（学習資料１）	松代大本営資料研究会	同会	1986-06	B5	92
92	協和会―戦時下朝鮮人統制組織の研究―	樋口　雄一	社会評論社	1986-07	B6	258
93	写真万葉録・筑豊９　アリラン峠	上野英信・趙根在監修	葦書房	1986-08	B6	174
94	友好無窮―豊川海軍工廠韓国人犠牲者の慰霊と墓参団招請にあったって―	豊川海軍工廠韓国人犠牲者慰霊実行委員会編	同会	1986-08	B5	47
95	遥かなる旅・戦後史の谷間から	山根　昌子	銀河書房	1986-08	46	308
96	笹の墓標―朱鞠内・ダム工事堀りおこし（第２刷）	「笹の墓標」編集委員会	空知民衆史講座	1986-09	B6	130
97	天皇制国家と在日朝鮮人（増補改訂版）	朴　慶　植	社会評論社	1986-10	B6	348
98	特別海軍志願兵	金　太　華	ひまわり書房	1986-10	B6	165
99	歴史教育長野年報７（特集　朝鮮人強制労働）	長野県歴史教育者協議会編	同会	1987-01		

単行本・パンフレット リスト

No.5

	書名	著者名	発行	発行年月	版型	頁
100	赤瓦の家一朝鮮から来た従軍慰安婦一	川田 文子	筑摩書房	1987-02	46	266
101	アボジがこえた海	李 興 燮	葦書房	1987-04	A5	192
102	資料・中国人強制連行	田中宏・内海愛子・石飛仁	明石書店	1987-06	B5	782
103	松代大本営ガイドブック マツシロへの旅	松代大本営の保存をすすめる会	同会	1987-06	A6	26
104	恨一朝鮮人軍夫の沖縄戦一	海野福寿・権丙卓	河出書房新社	1987-07	B6	235
105	図録・松代大本営一幻の大本営の秘密を探る	和田登編著	郷土出版社	1987-07	B5	174
106	待ちわびるハルモニたち一サハリンに残された韓国人留守家族一	高木健一編著	梨の木舎	1987-07	A5	223
107	ヒロシマ・ナガサキの被爆者たち	山本 将文	東方出版	1987-08	A5	136
108	吉見百穴地下軍事工場資料プリント	大宮北高校朝文研編	同会	1987-08		
109	鉱山と朝鮮人強制連行	金慶海他	明石書店	1987-08	B6	169
110	比企一本土決戦と幻の地下指令部一（部報第５号）	埼玉県立滑川高校郷土部	同会	1987-08	B5	118
111	もうひとつの現代史序説一朝鮮人労働者と「大日本帝国」一	川瀬 俊治	ブレーンセンター	1987-10	A5	358
112	写真記録 原爆棄民 韓国・朝鮮人被爆者の証言	伊藤 孝司	ほるぷ出版	1987-10	B5	236
113	呉海軍第111設営隊朝鮮人戦没者名簿一タラワ島に於て戦務に従事中玉砕	劉 喜 亘	劉喜亘	1987-11	A4	6
114	強制連行を考える会・あゆみの記録（徳香碑）	同会	同会	1988	B5	98
115	在韓被爆者問題を考える	在韓被爆者問題市民会議	凱風社	1988		
116	アボジ聞かせてあの日のことを一“我々の歴史を取り戻す運動”報告書一	在日本大韓民国居留民団青年会編	同会中央本部	1988-02	B5	324
117	戦時下常磐炭田の朝鮮人鉱夫殉職者名簿 1930.10～1946.1	長澤 秀	長澤秀（個人出版）	1988-02	B6	58
118	続・掘る一地下伏流を顕流に	民衆史道連、続掘る編集委員会編	民衆史道連出版部	1988-02	B6	388
119	朝鮮海峡・深くて暗い歴史	林 えいだい	明石書店	1988-03	46	340
120	関釜連絡船一海峡を渡った朝鮮人一	金 賛 汀	朝日新聞社	1988-05	B6	209
121	アジアの声 第2集 侵略戦争の証言	戦争犠牲者を心に刻む会	東方出版	1988-07	A5	230
122	在韓被爆者問題調査報告	外務省アジア局	外務省アジア局	1988-08	B5	236
123	葬られた日本史一朝鮮人強制連行を語る	「吉田清治さん証言会」実行委員会	同会	1988-08	B5	38
124	特攻に散った朝鮮人一結城陸軍大尉「遺書の謎」一	桐原 久	講談社	1988-08	B6	246
125	僕らの街にも戦争があった一長野県の戦争遺跡一	長野県歴史教育者協議会編	銀河書房	1988-08	A5	179
126	祖国へ！一サハリンに残された人たち一	北海道新聞社編	北海道新聞社	1988-09	B6	277

単行本・パンフレット リスト

No.6

	書　名	著者名	発　行	発行年月	版型	頁
127	今も聞える藻岩の叫び	札幌郷土を掘る会	同会	1988-11	B6	149
128	悲しみを繰り返さぬようここに真実を刻む	東南海地震・旧三菱名航道徳工場犠牲者調査追悼実行委員会編	同会	1988-12	B5	
129	国家総動員の時代	北河　賢三	岩波書店(ブックレット)	1989-04	A5	63
130	旧中島飛行機半田製作所朝鮮人徴用工空襲犠牲者名簿(1945年7月24日爆死者			1989-07	B5	4
131	戦時下広島県高暮ダムにおける朝鮮人強制労働の記録	県北の現代史を調べる会編	三次地方史研究会	1989-07	B6	102
132	サハリン残留韓国人・朝鮮人問題－日本の戦後責任－	高木　健一	大阪人権歴史資料館	1989-08	A5	80
133	海峡の波高く・札幌の朝鮮人強制連行と労働	札幌郷土を掘る会	同会	1989-08	B6	135
134	資料・韓国人原爆犠牲者慰霊碑	全朝教広島・ピカ研編	碑の会	1989-08	A5	139
135	消された朝鮮人強制連行の記録・関釜連絡船と火床の坑夫たち	林　えいだい	明石書店	1989-08	A5	733
136	東京裁判ハンドブック	東京裁判ハンドブック編集委員会編	青木書店	1989-08	A5	293
137	生きぬいた証に一ハンセン病療養所多摩全生園朝鮮人・韓国人の記録	立教大学史学科山田ゼミナール	緑陰書房	1989-09		
138	日本海地域の在日朝鮮人一在日朝鮮人の地域研究一	内藤　正中	多賀出版	1989-09	A5	312
139	中国人強制連行と花岡蜂起	中国人強制連行を考える会	同会	1989-11	A5	104
140	今こそ、朝鮮植民地支配謝罪の国会決議を	朝鮮植民地支配の謝罪・清算と新しい日朝・日韓関係を求める国民署名運動	同会	1989-12	B5	19
141	朝鮮人被爆者一ナガサキからの証言一	長崎在日朝鮮人の人権を守る会	社会評論社	1989-12	B6	309
142	解放の日まで（写真資料集）	辛　基　秀	青丘文化ホール	198?	A4	29
143	在韓被爆者が問いかけるもの	韓国被爆者慰霊訪日団を迎える全国連絡会	韓国の原爆被害者を救援する市民の会	1990		
144	写真報告 サハリンの韓国・朝鮮人	山本　将文	東方出版	1990		
145	戦犯に囚われた植民地兵の叫び	林　水　木	林水木	1990		
146	ピッタム・地下軍需工場建設と朝鮮人強制連行の記録	資料集「ピッタム」を出版する会	同会	1990-01	B5	124
147	戦争 体験者の貴重な証言1	朝日新聞テーマ談話室編	朝日新聞社(朝日文庫)	1990-01	A6	544
148	炭鉱誌一長崎県石炭史年表	前川　雅夫	葦書房	1990-01	A5	798
149	朝鮮人元日本兵 シベリヤ捕虜記(1945.8～1949.5)	李　圭　哲	陳謝と賠償裁判をすすめる会	1990-01	B6	69

単行本・パンフレット リスト

No.7

	書名	著者名	発行	発行年月	版型	頁
150	サハリンと日本の戦争責任	高木　健一	凱風社	1990-02	B6	258
151	亀島山地下工場－掘りおこされる戦争の傷あと	亀島山地下工場を語りつぐ会	同会	1990-02	A5	41
152	戦争 体験者の貴重な証言2	朝日新聞テーマ談話室編	朝日新聞社(朝日文庫)	1990-02	A6	412
153	瞳を開けたとき、トンネルは語り出す	高槻「タチソ」戦跡保存の会	同会	1990-02	B5	10
154	戦争 体験者の貴重な証言3	朝日新聞テーマ談話室編	朝日新聞社(朝日文庫)	1990-03	A6	588
155	朝鮮問題資料叢書　第13巻　敗戦前後の在日朝鮮人の状況	朴慶植編	アジア問題研究所	1990-03	B5	563
156	花岡鉱泥の底から－中国人強制連行と”花岡事件”の今	中国人強制連行を考える会	同会	1990-05	B5	26
157	丹波マンガン記念館－１年を迎える記念資料集	丹波マンガン記念館	同会	1990-05	B5	16
158	第５回アジア・太平洋地域の戦争犠牲者に思いを馳せ、心に刻む集会	実行委員会事務局	同会	1990-06	A5	16
159	聞き書き 花岡事件	野添　憲治	御茶の水書房	1990-06	46	256
160	スンバコッチュル（かくれんぼ）	天理市同和教育研究会編	同会	1990-07	B5	102
161	生徒たちのマツシロ大本営	篠ノ井旭高校郷土班・土屋光男編	郷土出版社	1990-07	B6	184
162	地下工場と朝鮮人強制連行	兵庫朝鮮関係研究会編	明石書店	1990-07	A5	256
163	日韓条約の成立と植民地支配の責任 一請求権の解釈と日本の植民地支配の認定をめぐる問題を中心に一	山田　昭次	「朝鮮問題」懇話会	1990-07	A5	58
164	日本医学アカデミズムと七三一部隊	常石　敬一	軍医学校跡地で発見された人骨問題を究明する会	1990-07	A5	55
165	百済古念佛寺の謎を解く（第四章朝鮮人殉職者問題ほか）	崔　晃　林	崔晃林（個人出版）	1990-07	A5	202
166	1990朝鮮人中国人強制連行強制労働資料集	金英達・飛田雄一	神戸学生青年センター出版部	1990-08	B5	80
167	《韓日合邦》８０年，祖国解放４５年　強制連行，蔑視と虐待の現場 （『南朝鮮情勢資料』８号別冊）		朝鮮問題研究所	1990-08	B6	76
168	強制連行された朝鮮人の証言	朝鮮人強制連行真相調査団編	明石書店	1990-08	A5	267
169	日韓併合条約から８０年－今、謝罪から清算へ	朝鮮植民地支配の謝罪・清算と新しい日朝・日韓関係を求める国民署名運動	同会	1990-08	B5	37
170	日韓併合条約から８０年－今、謝罪から清算へ８・２９集会	朝鮮植民地支配の謝罪・・・(同上)	同会	1990-08	B5	24
171	トンネルは語る－高槻「タチソ」戦跡保存のために	高槻市職員労働組合	同会	1990-09	B5	7
172	史実になれなかった真実－協和隊４５年目の証言	岡山県立玉野光南高等学校社会問題研究部	同会	1990-09	B5	106

単行本・パンフレット リスト

No.8

	書名	著者名	発行	発行年月	版型	頁
173	清算されない昭和－朝鮮人強制連行の記録	林　えいだい	岩波書店	1990-09	B5	174
174	朝鮮人無縁仏の霊に捧げる	田沢湖町よい心の会	同会	1990-09	B5	20
175	飯田・下伊那の戦争遺跡	長野県歴史教育者協議会伊那支部	同会	1990-09	B5	46
176	マツシロから平和を	篠ノ井旭高校郷土班編	同会	1990-10	B5	40
177	協和事業年鑑（復刻版）	小沢有作・序／樋口雄一・解題	社会評論社	1990-11	A5	559
178	松代大本営ツアーに参加して－訪問記と崔本小岩氏のお話		松代大本営を考える会	1990-11	B5	34
179	草民譜１－強制連行の足跡をたどる in 富山－	同会	同会	1990-11	B5	27
180	朝鮮人徴用工の手記	鄭忠海（井下春子訳）	河合出版	1990-11	B6	245
181	ぽんそんふぁ・創刊準備号		同編集部	1990-12	B5	31
182	サハリンからのレポート－棄てられた朝鮮人の歴史と証言－	朴　亨　柱	御茶の水書房	1990-12	?	200
183	シンポジウム「日本の戦後補償を考える」	田中宏他	同ｼﾝﾎﾟｼﾞｳﾑを進める会	1990-12	B5	32
184	各地での朝鮮人強制連行真相調査団の活動① －1990年12月16日までの主な新聞記事－	朝鮮人強制連行真相調査団編	同会	1990-12	B5	47
185	強制連行（強制労働）の調査にあなたも参加して下さい－広島の強制連行を調査するためのしおり－	広島の強制連行を調査する会	同会	1990-12	B5	27
186	強制連行の足跡を若者とたどる旅　1990年	同事務局	同会	1990-12	B5	110
187	資料　中国人強制連行の記録	田中宏・内海愛子・新美隆	明石書店	1990-12	B5	668
188	戦後補償問題資料集　第１集（朝鮮人に対する戦時動員計画）	戦後補償問題研究会編	同会	1990-12	B5	160
189	第一回朝鮮人・中国人強制連行・強制労働を考える全国交流集会報告集	全国交流集会実行委員会	同会	1990-12	B5	61
190	地下秘密工場－中島飛行機浅川工場	斉藤　　勉	のんぶる舎	1990-12	A5	210
191	朝鮮軍司令部 1904-1945	古野　直也	図書刊行会	1990-12	46	280
192	兵庫からの意見と報告	韓晳曦、金英達	神戸学生青年ｾﾝﾀｰ他	1990-12	B5	15
193	戦時外国人強制連行関係史料集II　朝鮮人１　上巻・下巻	林　えいだい	明石書店	1991-01	B5	1833
194	六十三年後からの出発	三重県で虐殺された朝鮮人労働者（李基允・裵相度）の追悼碑を建立する会	同会	1991-01	B5	122
195	シンポジウム<在日朝鮮人史研究の現段階>資料集	在日朝鮮人運動史研究会関東部会編	神戸学生青年ｾﾝﾀｰ出版部	1991-02	B5	50
196	常紋トンネル	小池　喜孝	朝日新聞社(朝日文庫)	1991-02	A6	322

単行本・パンフレット リスト

No.9

	書名	著者名	発行	発行年月	版型	頁
197	私たちは忘れない！朝鮮人従軍慰安婦 —在日同胞女性から見た従軍慰安婦問題—	従軍慰安婦問題を考える在日同胞女性の会	同会	1991-03	B5	60
198	語られなかったアジアの戦後	内海愛子・田辺寿夫編著	梨の木舎	1991-04	A5	356
199	大阪と朝鮮人強制連行—中間報告の集い報告集	大阪府朝鮮人強制連行真相調査団編	同会	1991-04	B5	27
200	各地での朝鮮人強制連行真相調査団の活動② —1991年５月20日までの主な報道記事—	朝鮮人強制連行真相調査団	同会	1991-05	B5	51
201	傷跡は消えない—朝鮮侵略と強制連行史—	李 又 鳳	李又鳳	1991-05	B6	126
202	戦後補償問題資料集　第２集（朝鮮人戦時労務動員に関する統計数字）	戦後補償問題研究会編	同会	1991-05	B5	206
203	朝鮮人強制連行真相調査団全国交流集会資料集(1991.5.31〜6.1)	同実行委員会編	同実行委員会	1991-05	B4	13
204	日立航空機地下工場関係調査中間報告（大網白里町）	朝鮮人強制連行を調査する千葉県朝・日合同調査団	同会	1991-05	B4	29
205	皇軍兵士にされた朝鮮人—１５年戦争下の総動員体制の研究—	樋口　雄一	社会評論社	1991-06	46	294
206	松代大本営跡を考える	山根昌子編	新幹社	1991-06	B5	72
207	戦後補償の論理—プレフォーラム記録集	アジア太平洋地域戦後補償国際フォーラム実行委員会編	同会	1991-06	A5	55
208	泉南における朝鮮人強制連行と強制労働 —多奈川・川崎重工業と佐野飛行場の場合	大阪府朝鮮人強制連行真相調査団岬町地元まとめの会編	同会	1991-06	B5	75
209	朝鮮人強制連行に関する調査	朝鮮大学歴史地理学部朝鮮人強制連行研究会		1991-06		
210	1991朝鮮人・中国人強制連行・強制労働資料集	金英達、飛田雄一編	神戸学生青年センター出版部	1991-07	B5	209
211	「在日」ミニコミ・ブックリスト—特集・朝鮮人強制連行・強制労働	模索舎編	模索舎	1991-07	A5	15
212	或る韓国人の沖縄生存手記	金　元　栄	「アリランのうた」制作委員会	1991-07	46	92
213	強制連行（強制労働）の調査にあなたも参加して下さい —広島の強制連行を調査するためのしおり—	広島の強制連行を調査する会	同会	1991-07	B5	43
214	資料 中国人強制連行・暗闘の記録	花岡問題全国連絡会(準)編	同会	1991-07	B5	132
215	松代大本営	和田　　登	岩波書店(ブックレット)	1991-07	A5	62
216	戦後補償問題資料集　第３集（軍事動員）	戦後補償問題研究会編	同会	1991-07	B5	251
217	泰緬鉄道—ある朝鮮人捕虜監視員の手記	洪　鐘　黙	ぼんそんふぁ編集部	1991-07	A5	140

単行本・パンフレット リスト

No.10

	書　名	著者名	発　行	発行年月	版型	頁
218	第2回 朝鮮人・中国人 強制連行・強制労働を考える全国交流集会〈資料集〉	同実行委員会編	同実行委員会	1991-07	B5	100
219	第二海軍航空廠八重原工場・地下工場と航空廠に関わる朝鮮人強制連行の本格調査	朝鮮人強制連行の真相を調査する千葉県朝・日合同調査団編	同会	1991-07	B5	41
220	8・11茂原市朝鮮人強制連行の真相調査会	朝鮮人の強制連行の真相を調査する茂原市朝日合同調査団	同会	1991-08	B4	16
221	アジアの声 第5集 証言・清算されていない朝鮮支配	戦争犠牲者を心に刻む会編	東方出版	1991-08	A5	189
222	アリランのうた―オキナワからの証言―	朴　壽　南	青木書店	1991-08	46	
223	原爆と朝鮮人―長崎県朝鮮人強制連行強制労働実態調査報告書 第５集	長崎在日朝鮮人の人権を守る会	同会	1991-08	A5	416
224	写真集 証言する風景―名古屋発／朝鮮人・中国人強制連行の記録	刊行委員会編	風媒社	1991-08	A5	176
225	夫を、父を、同胞をかえせ!!―満州第731部隊の消されたひとびと	軍医学校跡地で発見された人骨問題を究明する会編	同会	1991-08	A5	87
226	証言・樺太朝鮮人虐殺事件	林　えいだい	風媒社	1991-09	46	302
227	「史実」になれなかった「真実」－高校生が結ぶ日韓交流の輪	岡山県立玉野光南高等学校社会問題研究部編	同会	1991-10	B5	45
228	在日韓国・朝鮮人の戦後補償	戦後補償問題研究会	明石書店	1991-10	B6	231
229	戦後補償問題資料集　第４集（兵力動員実施）	戦後補償問題研究会編	同会	1991-10	B5	179
230	戦後補償問題資料集　第５集（新聞スクラップ）	戦後補償問題研究会編	同会	1991-10	B5	287
231	第二海軍航空廠調査報告書 No.1/2（資料集 第二海軍航空廠と朝鮮人労働者）	朝鮮人強制連行の真相を調査する千葉県朝・日合同調査団編	同会	1991-10		
232	朝鮮侵略と強制連行―日本は朝鮮で何をしたか？	大阪人権資料館編	同館	1991-10	B5	187
233	北の特高警察	荻野富士夫	新日本出版社	1991-10	46	259
234	なぜ在日韓国・朝鮮人は戦後補償を受けられないのか？	在日の戦後補償を求める会	同会	1991-11	B5	86
235	韓国・朝鮮人ＢＣ級戦犯者の国家補償等請求事件訴状	韓国・朝鮮人ＢＣ級戦犯を支える会編	同会	1991-11	A5	231
236	松代大本営と崔小岩―松代大本営を語り続けて逝った朝鮮人の証言	松代大本営の保存をすすめる会編	平和文化	1991-11	A5	190
237	松代大本営跡を考える II	山根昌子編	新幹社	1991-11	B5	96
238	戦争に反対した人たちがいた―弾圧に抗した青春	「札幌民衆史シリーズ5」編集委員会編	札幌郷土を掘る会	1991-11	A5	282
239	朝鮮人「皇軍」兵士たちの戦争	内海　愛子	岩波書店(ブックレット)	1991-11	A5	62

単行本・パンフレット リスト

No.11

	書名	著者名	発行	発行年月	版型	頁
240	朝鮮人強制連行と天理柳本飛行場	川瀬 俊治	奈良県での朝鮮人強制連行等に関わる資料を発掘する会	1991-11	B5	57
241	虐げられた青春—日本軍に徴集された韓国人学徒兵手記	鄭 琪 永	ソウル青丘文化社	1991-12	A5	361
242	京都府の朝鮮人強制連行	京都府朝鮮人強制連行真相調査団編	同会	1991-12	A5	14
243	長征—朝鮮人学徒兵の記録	金 俊 燁	光文社	1991-12	46	392
244	資料集① 朝鮮人強制連行真相調査団全国交流集会資料集(1991.5.31〜6.1)	朝鮮人強制連行真相調査団編	同実行委員会	1992-01	B5	70
245	トラジー福島県の朝鮮人強制連行	大塚 一二	鈴木久後援会	1992-02	A5	227
246	私の出会った人々	鄭 承 博	島津威雄	1992-02	B5	96
247	アリラン峠をこえて	辛 基 秀	解放出版社	1992-03	46	245
248	資料集② 各地の朝鮮人強制連行真相調査団の活動—1990.11.16〜1992.3.3	朝鮮人強制連行真相調査団	同会	1992-04	B5	362
249	資料集③ 朝鮮人強制連行真相調査団全国連絡協議会中央本部の活動—1990.7〜1992.3	朝鮮人強制連行真相調査団	同会	1992-04	B5	138
250	夢が現実となった—韓国から崔小岩さんのご親族をお迎えして	篠ノ井旭高校郷土班編	同会	1992-04	B5	44
251	強制連行の足跡を若者とたどる旅 1991年	同事務局	同会	1992-05	B5	132
252	佐渡相川三菱鉱山に強制連行された「朝鮮人」の調査についての報告	林道夫・張明秀		1992-05	B5	5
253	死刑台から見えた二つの国—韓国・朝鮮人ＢＣ級戦犯の証言	内海愛子・韓国・朝鮮人BC級戦犯を支える会編	梨の木舎	1992-05	46	113
254	資料集④ 朝鮮人強制連行真相調査団 1970年代の活動—北海道・九州・東北の新聞記事報道復刻版	朝鮮人強制連行真相調査団	同会	1992-05	B5	263
255	朝鮮人強制連行調査の記録 四国編	朝鮮人強制連行真相調査団編著	柏書房	1992-05	A5	211
256	日本の戦後責任を考える兵庫の集い 12・15報告集	実行委員会編	同会	1992-06	B5	25
257	アジアの声 第6集 戦後補償を考える	「アジア太平洋地域戦後補償を考える国際フォーラム」実行委員会	東方出版	1992-07	A5	220
258	第２回 朝鮮人・中国人強制連行・強制労働を考える全国交流集会〈報告集〉	同実行委員会	同実行委員会	1992-07	B5	126

論文目録

NO.1

	文献表題	著者名	雑誌名、単行本名	巻	号	通巻	発行所名	発行年月	頁
1	在日朝鮮人の歴史について一朝鮮人の強制連行を中心に一	朴 慶 植	朝鮮研究月報			12	日本朝鮮研究所	1962-12	8
2	朝鮮人学徒兵の最後	辛島 驍	文芸春秋				文芸春秋社	1964-10	7
3	太平洋戦争時における朝鮮人強制連行	朴 慶 植	歴史学研究			297	青木書店	1965-02	15
4	日本帝国主義下の朝鮮労働事情一1930年代を中心として一	権 寧 旭	歴史学研究			303	青木書店	1965-08	13
5	日本人のなかの朝鮮人一朝鮮人強制連行の意味一	野村 次郎	国民文化			72	国民文化会議	1965-11	2
6	「忘れられた皇軍」の人たち	大島 渚	『魔と残酷の発想』				芳賀書店	1966-12	4
7	日本帝国主義下における植民地労働者 一在日朝鮮人・中国人労働者を中心にして	松村 高夫	経済学年報			10	慶応義塾大学	1967-03	85
8	太平洋戦争前夜における炭鉱労働者について一石炭連合会資料を中心にして	田中 直樹	三田経済学研究			2	慶応義塾大学	1968-03	17
9	「闘争日記」一朝鮮人坑夫争議の一断面	田中 直樹	三田経済学研究			2	慶応義塾大学	1968-03	10
10	第二次大戦前夜の炭鉱における朝鮮人労働者一石炭連合会資料を中心にして	田中 直樹	朝鮮研究			72	日本朝鮮研究所	1968-04	15
11	戦前における在日朝鮮人の人口統計	森田 芳夫	朝鮮学報			48	朝鮮学会	1968-07	15
12	太平洋戦争下における中国人強制連行と抵抗	貫井 美都子	歴史評論			217	歴史科学協議会	1968-09	19
13	戦時下における炭鉱労働者について一労働力構成を中心にして一	田中 直樹	社会科学研究紀要			9	慶応義塾大学	1969	
14	花岡事件	野添 憲治	『ドキュメント日本人 第8巻 アンチヒューマン』				学芸書林	1969-03	39
15	被爆朝鮮人の怒りと悲しみ	平岡 敬	『ドキュメント・・・(同上)				学芸書林	1969-03	37
16	朝鮮人強制連行一体験者のききがきから一	朴 寿 南	『ドキュメント・・・(同上)				学芸書林	1969-03	35
17	日本帝国主義下における「満州」への朝鮮人移動について	松村 高夫	三田学会雑誌	63	6		慶応義塾大学	1970-06	27
18	第二次大戦下、朝鮮人強制連行と労務対策	依田 憙家	社会科学討究	17	3	49	早稲田大学	1972-03	36
19	戦争の爪痕	設楽 政治	『高尾山夜話』				ふだん記全国グループ	1973	
20	朝鮮における徴兵制	田中 義男	軍事史学	8	4	32	軍事史学会	1973-03	8
21	朝鮮人・中国人の強制連行と労働	小池 喜孝	『鎖塚一自由民権と囚人労働の記録一』				現代史資料センター出版会	1973-08	
22	戦時中の空知における朝鮮人・中国人の強制労働の実態	供野 周夫	歴史地理教育			214	歴史教育者協議会	1973-08	10
23	私と1945年8月15日一日本の陸軍少年飛行兵として一	金 基 鳳	季刊現代史			3	現代史の会	1973-11	13

論文目録

NO.2

	文献表題	著者名	雑誌名、単行本名	巻	号	通巻	発行所名	発行年月	頁
24	日本の植民地支配下における国籍関係の経緯―台湾・朝鮮に関する参政権と兵役義務をめぐって	田中　宏	愛知県立大学外国語学部紀要			9	愛知県立大学	1974	36
25	知られざる朝鮮人強制連行	朴　慶　植	全電通文化			92	全電通労組中央本部	1974-01	
26	朝鮮総督府の労働政策について	小林　英夫	経済と経済学			34	東京都立大学	1974-02	25
27	北海道―強制連行の生証人―	藤島　宇内	現代の眼	15	2		現代評論社	1974-02	
28	女子挺身隊	林　鍾　国	アジア公論				アジア公論社	1974-03	
29	台湾人と高砂族の日本兵	向山　寛夫	軍事史学	9	4	36	軍事史学会	1974-03	4
30	「皇軍」になった朝鮮人		季刊現代史			4	現代史の会	1974-08	31
31	日本帝国主義の朝鮮同胞強制連行と虐待の実態について（上）	琴　秉　洞	月刊朝鮮資料			159	朝鮮問題研究所	1974-08	16
32	日本軍国主義の朝鮮同胞強制連行と虐待の実態について（下）	琴　秉　洞	月刊朝鮮資料			160	朝鮮問題研究所	1974-09	30
33	太平洋戦争下の朝鮮人強制連行と日韓問題―九州地方の調査から―	山田　昭次	法学セミナー			232	日本評論社	1974-12	11
34	私の在日五十年―ある朝鮮人の歩み―	平林　久枝	季刊三千里			2	三千里社	1975-05	10
35	従軍慰安婦という女たち	千田　夏光	『ドキュメント太平洋戦争5 外地に骨を埋めて』				汐文社	1975-08	64
36	朝鮮の志願兵制度はじまる―１９３７～３８年		季刊現代史			6	現代史の会	1975-08	9
37	東北地方における朝鮮人強制連行・強制労働―宮城・岩手両県を中心に―	中塚　明	統一評論			128	統一評論社	1975-11	8
38	東北地方における朝鮮同胞強制労働と虐待の実態について（上）	琴　秉　洞	月刊朝鮮資料			179	朝鮮問題研究所	1976-04	16
39	東北地方における朝鮮同胞強制労働と虐待の実態について（中その１）	琴　秉　洞	月刊朝鮮資料			183	朝鮮問題研究所	1976-08	18
40	東北地方における朝鮮同胞強制労働と虐待の実態について（中その２）	琴　秉　洞	月刊朝鮮資料			184	朝鮮問題研究所	1976-09	11
41	炭鉱における非常―昭和17年長生炭鉱災害の関するノート	山口　武信	宇部地方史研究			5	宇部地方史研究会	1976-12	8
42	筑豊のアリラン峠―朝鮮人強制連行問題調査の中心的課題―	山田　昭次	分権・独立運動情報			2		1977	
43	「朝鮮人狩り」と千島強制労働	金　鍾　化	『語り出した民衆の記録―オホーツク民衆史―』					1977-01	
44	常磐炭田における朝鮮人労働者について	長澤　秀	駿台史学			40	明治大学	1977-03	
45	記録・朝鮮人労働者の闘い―第二次大戦下の樺太の炭鉱での体験から	畑中　康雄	社会評論			9	活動家集団思想運動	1977-05	
46	協和会と朝鮮人の世界―戦時下在日朝鮮人の抵抗について―	樋口　雄一	海峡			6	朝鮮問題研究会	1977-07	11
47	日本帝国主義の崩壊と“移入朝鮮人労働者”―石炭産業における一事例研究	戸塚　秀夫	『日本労使関係史論』				東京大学出版会	1977-09	71

論文目録

NO.3

	文献表題	著者名	雑誌名、単行本名	巻	号	通巻	発行所名	発行年月	頁
48	朝鮮人強制連行の一断面一広島県比婆郡高暮ダムを訪ねて一	裵 泳 哲	統一評論			149	統一評論社	1977-10	6
49	硫黄島で九死に一生を得て一連行された崔福萬さんの体験談から一	宋 暢 暁	統一評論			150	統一評論社	1977-11	9
50	戦後日本労働運動史記述における在日朝鮮人労働運動像 一敗戦時「蜂起」記述について一	松永 洋一	在日朝鮮人史研究			1	在日朝鮮人運動史研究会	1977-12	6
51	第二次大戦中の植民地鉱業労働者について一日本鉱業株式会社資料を中心に	長澤 秀	在日朝鮮人史研究			1	在日朝鮮人運動史研究会	1977-12	10
52	わが炭礦労務管理を語る	木山 茂彦	東北経済			64	福島大学	1978-03	
53	常磐炭礦を中心とした戦中朝鮮人労働者について	大塚 一二	東北経済			64	福島大学	1978-03	
54	日本軍と朝鮮人	藤原 彰	季刊三千里			14	三千里社	1978-05	7
55	常磐炭田における朝鮮人労働者の闘争一1945年10月一	長澤 秀	在日朝鮮人史研究			2	在日朝鮮人運動史研究会	1978-06	12
56	在日朝鮮人と援護行政	川瀬 俊治	『在日朝鮮人と社会保障』				社会評論社	1978-08	46
57	鉱山での１９４５年	西野 辰吉	季刊三千里			15	三千里社	1978-08	6
58	日帝の朝鮮人炭鉱労働者支配について一常磐炭鉱株式会社を中心に一	長澤 秀	在日朝鮮人史研究			3	在日朝鮮人運動史研究会	1978-12	25
59	戦時下常磐炭田の朝鮮人労働者について	山田 昭次	『近代民衆の記録⑩一在日朝鮮人』				新人物往来社	1978-12	10
60	北海道における在日朝鮮人史	桑原 真人	『近代・・・(同上)				新人物往来社	1978-12	31
61	戦時期における朝鮮人鉱夫の雇傭状態一筑豊炭山の事例を中心にして一	田中 直樹	『近代・・・(同上)				新人物往来社	1978-12	37
62	中国人・朝鮮人強制連行研究史試論	山田 昭次	『朝鮮歴史論集下巻』				龍溪書舎	1979-03	24
63	大館市花岡の鉱山歴史資料館設立運動	山田 昭次	朝鮮研究			188	日本朝鮮研究所	1979-04	7
64	ある朝鮮人炭鉱労働者の回想	長澤 秀	在日朝鮮人史研究			4	在日朝鮮人運動史研究会	1979-06	30
65	アジア民衆から見たＢＣ級戦犯裁判――蘭印法廷の朝鮮人戦犯	内海 愛子	記録			5	記録社	1979-08	8
66	朝鮮人・中国人の強制連行と花岡鉱山	大館市史編纂編委員会	大館市史編纂調査資料			17	大館市史編纂委員会	1979-08	
67	生きのびた韓国人戦犯の悲劇	茶本 繁正	宝石				光文社	1979-08	
68	戦時下日本帝国主義の朝鮮農村労働力収奪政策	康 成 銀	歴史評論			355	歴史科学協議会	1979-11	19
69	いまも忘れぬタコ部屋での労働と生活一北海道帯広飛行場建設工事一	平林 久枝	在日朝鮮人史研究			5	在日朝鮮人運動史研究会	1979-12	13
70	日帝の朝鮮人炭鉱労働者支配について（続）一常磐炭鉱株式会社を中心に一	長澤 秀	在日朝鮮人史研究			5	在日朝鮮人運動史研究会	1979-12	11

論文目録

NO. 4

	文献表題	著者名	雑誌名、単行本名	巻	号	通巻	発行所名	発行年月	頁
71	朝鮮人強制連行調査の旅から	山田　昭次	季刊三千里			21	三千里社	1980-02	6
72	朝鮮人労働者募集の一裏面	桑原　真人	歴史公論	6	8	57	雄山閣	1980-08	2
73	朝鮮人強制連行	朴　慶　植	歴史公論	6	8	57	雄山閣	1980-08	7
74	戦時下在日朝鮮人の反日運動－三井神岡鉱山の強制連行者の闘争を中心に	金　賛　汀	歴史公論	6	8	57	雄山閣	1980-08	9
75	筑豊の在日朝鮮人戦後史	林　えいだい	季刊三千里			24	三千里社	1980-11	8
76	私の在日朝鮮人史研究	桑原　真人	季刊三千里			24	三千里社	1980-11	4
77	三菱精練所と朝鮮人強制連行	浄土　卓也	『讃岐の中の朝鮮史を訪ねて 第１集』				日本と朝鮮をつなぐ会	1980-11	2
78	林飛行場の建設と朝鮮人の動員	浄土　卓也	『讃岐・・・(同上)				日本と朝鮮をつなぐ会	1980-11	2
79	日立鉱山朝鮮人強制連行の記録―解説と証言―	山田　昭次	在日朝鮮人史研究			7	在日朝鮮人運動史研究会	1980-12	16
80	福島県西部地方朝鮮人強制連行の記録 ―高玉鉱山・与内鉱山・大宮鉱山の朝鮮人強制連行とその後―	山田　昭次	在日朝鮮人史研究			9	在日朝鮮人運動史研究会	1981-12	28
81	奥天竜における朝鮮人強制連行	沢田猛・永井大介	季刊三千里			29	三千里社	1982-02	14
82	海がほけた！―山口県長生炭坑遭難の記録―	梶村　秀樹	在日朝鮮人史研究			10	在日朝鮮人運動史研究会	1982-07	16
83	敗戦前，山梨県白根町に徴用で連行された朝鮮人	平林　久枝	在日朝鮮人史研究			10	在日朝鮮人運動史研究会	1982-07	6
84	朝鮮人強制連行の研究―その回顧と展望―	山田　昭次	季刊三千里			31	三千里社	1982-08	10
85	強制連行された少年の話―韓致得さんの話―	山田　昭次	水牛通信	4	8			1982-08	
86	新潟県における朝鮮人ノート	佐藤　泰治	新潟近代史研究			3		1982-10	
87	新潟港湾労働における朝鮮人強制連行・強制労働―証言をもとに―	曺　喜　春	新潟近代史研究			3		1982-10	
88	痛恨の「朝鮮人狩り」	藪　　景三	統一評論			210	統一評論社	1982-11	
89	在日朝鮮人の生活史	梶村　秀樹	『神奈川県史各論編１政治・行政』				神奈川県	1983-03	35
90	あばきたい「タチソ作戦」	宇津木　秀甫	季刊三千里			35	三千里社	1983-08	4
91	太平洋戦争下山形県における朝鮮人労働者の強制連行をめぐって	佐久間　昇	山形近代史研究			5	山形近代史研究会	1983-08	21
92	戦時中の田奈部隊弾薬庫つくりの朝鮮人労働者―「こどもの国」から―	三田　登美子	在日朝鮮人史研究			12	在日朝鮮人運動史研究会	1983-09	11
93	身近にある強制連行の足跡	朴　慶　植	『多摩川と在日朝鮮人				ムルレの会	1984-02	11

NO.5

	文献表題	著者名	雑誌名、単行本名	巻	号	通巻	発行所名	発行年月	頁
94	消えた鉱山	岡崎　元哉	季刊三千里			39	三千里社	1984-08	5
95	松代大本営工事回顧	吉田　栄一	軍事史学	20	2	78	軍事史学会	1984-09	14
96	静岡県における戦前・戦中の在日朝鮮人の労働争議等（付・年表）	枝村　三郎	静岡県近代史研究			11	静岡県近代史研究会	1985-09	35
97	在日朝鮮人労働者の賠償要求と政府および資本家団体の対応	古庄　正	社会科学討究	31	2		早稲田大学	1986-01	26
98	半生を鉱業の中に置いて一思いだすは朝鮮に渡った日のこと	渡辺　誠	あかびらふるさと文庫			5	北海道赤平市市民相談室	1986-02	
99	赤間の坑内の思い出と戦後感じたこと一いつも朝鮮にいると思って働いた	津本　武三郎	あかびらふるさと文庫			5	北海道赤平市市民相談室	1986-02	
100	豊里砿から半世紀をふり返って一数回の渡鮮で体験した戦争のむごさ	中口　忠雄	あかびらふるさと文庫			5	北海道赤平市市民相談室	1986-02	
101	私の戦争体験と茂尻砿の出来事一皆が戦った、そしてドラマが生まれた	二本　勝	あかびらふるさと文庫			5	北海道赤平市市民相談室	1986-02	
102	日本海地域における在日朝鮮人の形成過程（Ⅰ）	内藤　正中	経済科学論集			11	島根大学	1986-03	31
103	時効のないあしあと-朝鮮人強制連行この地方の現場(その４豊川海軍工廠)		日本と朝鮮(愛知版)			80	日朝協会愛知県連合会	1986-06	2
104	時効のないあしあと 一朝鮮人強制連行この地方の現場(その５豊川海軍工廠<続>)		日本と朝鮮(愛知版)			81	日朝協会愛知県連合会	1986-07	4
105	８・１５直後の朝鮮人鉱夫の闘い	長澤　秀	いわき地方史研究			23	いわき地方史研究会	1986-08	10
106	松代「大本営」と強制連行一信州からのレポート一	和田　登	季刊三千里			47	三千里社	1986-08	6
107	時効のないあしあと　一朝鮮人強制連行この地方の現場 一（その６豊川海軍工廠＜続＞）		日本と朝鮮(愛知版)			82	日朝協会愛知県連合会	1986-08	6
108	朝鮮人強制連行と七ツ館事件	庄司　時二	『大館市史』第３巻下				大館市史編纂委員会	1986-09	
109	日本海地域における在日朝鮮人の形成過程（Ⅱ）	内藤　正中	経済科学論集			12	島根大学	1986-10	29
110	戦時下南樺太の被強制連行朝鮮人炭鉱夫について	長澤　秀	在日朝鮮人史研究			16	在日朝鮮人運動史研究会	1986-10	38
111	江陵・興南・大夕張一ある在日朝鮮人の記憶一	三田　登美子	在日朝鮮人史研究			16	在日朝鮮人運動史研究会	1986-10	15
112	朝鮮人部落のルーツを訪ねて	鄭　鴻　永	同胞と社会科学			1	社協西日本本部	1986-10	12
113	久須部鉱山・竹野鉱山と朝鮮人	徐　根　植	同胞と社会科学			1	在日本朝鮮社会科学者協会西日本本部(以下、社協西日本本部)	1986-10	6
114	神美鉱山（兵庫県豊岡市）を訪ねて	洪　祥　進	同胞と社会科学			1	社協西日本本部	1986-10	6
115	高暮ダムに思う	山代　邑	季刊三千里			48	三千里社	1986-11	4
116	地図にないアリラン峠一朝鮮人強制連行の実態一	林　えいだい	季刊三千里			49	三千里社	1987-02	18

論文目録

NO.6

	文献表題	著者名	雑誌名、単行本名	巻	号	通巻	発行所名	発行年月	頁
117	新潟県における朝鮮人労働者の処遇	佐藤　泰治	魚沼文化			27	魚沼文化の会	1987-02	17
118	戦時体制下における山陰地方の在日朝鮮人	内藤　正中	山陰地方研究(農山村)			3	島根大学山陰地域研究総合センター	1987-03	15
119	徴用・動員・強制連行—戦時山口県下の工場労働者—	戸島　昭	山口県文書館研究紀要			14	山口県文書館	1987-03	31
120	朝鮮人強制連行と日本人	山田　昭次	『朝鮮の近代化と日本				大和書房	1987-05	15
121	まっくら—朝鮮人強制労働の実態—	林　えいだい	季刊三千里			50	三千里社	1987-05	21
122	西谷村に眠る朝鮮人たち—神戸水道建設工事のかげに—	鄭　鴻　永	同胞と社会科学			2	社協西日本本部	1987-05	13
123	戦時下の朝鮮人労働者連行政策の展開と労資関係	遠藤　公嗣	歴史学研究			567	青木書店	1987-05	33
124	戦前・戦時下の下伊那における朝鮮人労働者の掘り起こし	原　英章	伊那			709	伊那史学会	1987-06	10
125	戦時下常磐炭田における朝鮮人鉱夫の労働と闘い	長澤　秀	史苑	47	1		立教大学	1987-06	
126	強制連行に関する遠藤論文を批判する	長澤　秀	アジア問題研究所報			2	アジア問題研究所	1987-08	12
127	朝鮮人強制労働の歴史的前提—筑豊炭田を主な事例として—	山田　昭次	在日朝鮮人史研究			17	在日朝鮮人運動史研究会	1987-09	38
128	<資料>在日朝鮮人に対する同化政策の「協和事業」第84回帝国議会参考資料 厚生省健民局作成(1943年)第2編 国民生活の保護指導<抜粋>第10章協和事業	長澤　秀	在日朝鮮人史研究			17	在日朝鮮人運動史研究会	1987-09	32
129	札幌と朝鮮人強制労働		『内なる“国際化”を求めて—札幌市政と韓国・朝鮮人』(自治研さっぽろ号外)				札幌市役所職員組合	1987-12	7
130	北海道と韓国・朝鮮人		『内なる・・・(同上)				札幌市役所職員組合	1987-12	18
131	「皇民化」政策と伊丹の「協和会」の活動について	鄭　鴻　永	同胞と社会科学			3	社協西日本本部	1988-01	14
132	朝鮮人強制連行とその労働・生活—岩手県・六黒見鉱山のばあい—	相沢　一正	『近代日本社会発達史論』				ぺりかん社	1988-03	
133	朝鮮人軍夫の沖縄戦	海野　福寿	駿台史学			73	明治大学	1988-03	
134	京都府協和会と宇治の在日朝鮮人	千本　秀樹	歴史人類			16	筑波大学	1988-03	31
135	朝鮮からの対日移民	松本　俊郎	『旧日本植民地経済統計—推計と分析—』				東洋経済新報社	1988-07	7
136	松代大本営問題	大日方　悦夫	歴史評論			460	歴史科学協議会	1988-08	6

論文目録

NO.7

	文献表題	著者名	雑誌名、単行本名	巻	号	通巻	発行所名	発行年月	頁
137	日本における労働力移入の歴史と現実	田中　宏	季刊労働法			149	総合労働研究所	1988-10	9
138	筑豊における朝鮮人坑夫と被差別部落	林　えいだい	部落解放史・ふくおか			51/2	福岡部落史研究会	1988-12	15
139	小富士海軍航空隊飛行場建設物語－朝鮮人労働者の姿を中心に	金山　登郎	部落解放史・ふくおか			51/2	福岡部落史研究会	1988-12	17
140	「強制連行を考える会」のあゆみ	強制連行を考える会	部落解放史・ふくおか			51/2	福岡部落史研究会	1988-12	21
141	証言・強制連行	安　龍　漢	部落解放史・ふくおか			51/2	福岡部落史研究会	1988-12	8
142	地底の慟哭	金　光　烈	部落解放史・ふくおか			51/2	福岡部落史研究会	1988-12	9
143	ハルモニの話	宋　甲　憲	部落解放史・ふくおか			51/2	福岡部落史研究会	1988-12	12
144	緊急食糧増産対策事業下福田溜め池構築の状況	加端　忠和						1989-01	9
145	戦前期日本海地域の朝鮮人労働者	内藤　正中	経済科学論集			15	島根大学	1989-02	42
146	消された強制連行の記録	小林　慶二	アエラ			30	朝日新聞社	1989-07-18	5
147	解放前・山梨在留朝鮮人社会の形成と運動 —その実像と地方史誌に於ける記述	金　浩	『アジアとの出会いを求めて、今、「天皇制と日本人」を考える パートII』				山梨平和を語る会	1989-08	25
148	新潟県と朝鮮人強制連行	長澤　秀	在日朝鮮人史研究			19	在日朝鮮人運動史研究会	1989-10	24
149	日本軽金属(株)による富士川水電工事と朝鮮人	金　浩	在日朝鮮人史研究			19	在日朝鮮人運動史研究会	1989-10	39
150	沖縄戦で死んだ朝鮮人	海野　福寿	季刊青丘			2	青丘文化社	1989-11	6
151	雪に埋れた朝鮮人強制連行—北海道・朱鞠内ダムの遺骨掘り起こし運動—	高　賛　侑	ミレ			10	パン・パブリシティー	1989-12	4
152	戦時労働力統制の形成過程に関するノート—「労務動員計画」をめぐって—	廣江　彰	札幌学院商経論集	6	1		札幌学院大学	1989-12	15
153	「松代大本営」の建設に関する研究	青木　孝寿	長野県短期大学紀要			44	長野県短期大学	1989-12	11
154	金属鉱山と韓国・朝鮮人強制連行—住友鴻之舞鉱山—	守屋　敬彦	道都大学紀要(教養部)			9	道都大学	1990	31
155	藤枝の戦争遺跡と強制連行の朝鮮人	増田　猛	静岡県近代史研究会会報			139	同会	1990-04	1
156	天皇制と朝鮮人労働者	金　賛　汀	寄せ場			3	日本寄せ場学会	1990-05	18
157	山陰の強制連行朝鮮人	内藤　正中	自治研島根			258	島根地方自治研究センター	1990-06	8

論文目録

No.8

	文献表題	著者名	雑誌名、単行本名	巻	号	通巻	発行所名	発行年月	頁
158	「朝鮮人強制連行」の概念について	金 英 達	むくげ通信			121	むくげの会	1990-07	2
159	サハリンの韓国人はなぜ帰れなかったのか	新井 佐和子	現代コリア			303	現代コリア研究所	1990-07	16
160	朝鮮人強制連行についての質問に答える	編集部	アジア問題研究所			5	アジア問題研究所	1990-08	2
161	まぼろしの松代大本営の全貌	原 剛	丸 別冊			15	潮書房	1990-08	12
162	日韓に補償問題は存在しない	佐藤 勝巳	現代コリア			304	現代コリア研究所	1990-08	2
163	<インタビュー>空白の戦後－問い直される責任の所在	内海 愛子	世界			544	岩波書店	1990-08	25
164	浮島丸事件－朝鮮同胞犠牲者への追悼	柳 球 采	同胞と社会科学			6	社協西日本本部	1990-08	5
165	過去の“”反省”とはどういうことか━朝鮮人強制連行者名簿問題を中心に	吉岡 吉典	文化評論			354	新日本出版社	1990-08	15
166	日本各地に点在する強制連行の傷跡━奈良天理市・柳本飛行場跡━	丁	コリア就職情報			15	コリアファミリーサークル	1990-09	3
167	４５年目の真実━朝鮮人徴用工３人の死・天理柳本飛行場━	川瀬 俊治	ミレ			14	パン・パブリシティー	1990-09	3
168	特集・終戦４５年 「花岡事件」－遅すぎた「戦争責任」		月刊アサヒ	2	9	16	朝日新聞社	1990-09	7
169	韓国・５７年度の調査の強制連行名簿が現存――韓日の学者が共同研究		統一評論			303	統一評論新社	1990-09	3
170	いまだ癒されぬ同胞の「恨」――遅すぎる強制連行名簿調査	全 哲 夫	統一評論			303	統一評論新社	1990-09	9
171	民族差別に苦しむ同胞被爆者	朱 碩	統一評論			303	統一評論新社	1990-09	8
172	悪夢の時代と朝鮮人強制連行－住友金属鴻之舞鉱業所	辛 基 秀	ヒューマンライツ			31	部落解放研究所	1990-10	10
173	戦時中の「朝鮮人徴用の手引書」一挙公開		今日の韓国(KOREA TODAY)	15	10	172	アジアニュースセンター	1990-10	18
174	朝鮮人少女の日本への強制連行について	樋口 雄一	在日朝鮮人史研究			20	在日朝鮮人運動史研究会	1990-10	20
175	第二次世界大戦期の朝鮮人強制連行・強制労働	松村 高夫	三田学会雑誌	83	3		慶応義塾大学	1990-10	19
176	従軍慰安婦に軍と国家は関与しなかったのか	鈴木 裕子	未来			289	未来社	1990-10	5
177	対談・日本の戦争責任を問う	旗田巍・林えいだい	季刊青丘			6	青丘文化社	1990-11	10
178	強制連行と現在	磯貝 治良	季刊青丘			6	青丘文化社	1990-11	8
179	朝鮮人軍人・軍属たちの戦後	内海 愛子	季刊青丘			6	青丘文化社	1990-11	8
180	「花岡事件」の意味するもの	増子 義久	季刊青丘			6	青丘文化社	1990-11	8
181	「被爆語り部」と在韓被爆者	西野 秀	季刊青丘			6	青丘文化社	1990-11	6

NO.9

	文献表題	著者名	雑誌名、単行本名	巻	号	通巻	発行所名	発行年月	頁
182	(労働省)兵庫県労働部への要望 －朝鮮人戦時労務動員関係資料の調査に関して－	金　英　達	兵朝研			44	兵庫朝鮮関係研究会	1990-11	3
183	韓国旧軍人·軍属·徴用者·遺族 22人の肉声全証言	臼杵　敬子	週刊ポスト					1990-11-16	5
184	朝鮮人強制連行を考える－名簿さがし・遺骨収集・戦争責任	ヒューマンレポート編集部	ヒューマンレポート			11	ヒューマンレポート社	1990-12	15
185	在韓被爆者問題及びサハリン残留韓国・朝鮮人問題の経緯と現状	和田　任弘	レファレンス			479	国立国会図書館	1990-12	38
186	＜資料＞第86回議会説明資料朝鮮総督府鉱工局関係	長澤　　秀	海峡			15	朝鮮問題研究会	1990-12	12
187	少年の眼に映じた強制連行	権　載　玉	新しい世代	31	12	358	朝鮮青年社	1990-12	7
188	今、歴史の真実を静かに語る－強制連行した人とされた人	李興燮ほか	青丘文化			50	青丘文化ホール	1990-12	6
189	藤永田造船所と朝鮮人強制連行者・走り書き報告	藤本　正彦	青丘文化			50	青丘文化ホール	1990-12	2
190	三田に残る地下トンネル（２）	鄭　鴻　永	兵朝研			46	兵庫朝鮮関係研究会	1990-12	6
191	三田に残る地下トンネル（１）	鄭　鴻　永	兵朝研			45	兵庫朝鮮関係研究会	1990-12	2
192	熊本における朝鮮人の歴史の掘り起こし（中間報告）	崔正剛・小松裕・牧洋・脇元公明	「在日」との共生をめざして			3	指紋押捺制度を考える熊本の会	1990-12	51
193	三菱航空機製作所地下工場と朝鮮人	脇元　公明他	「在日」と・・・(同上)			3	指紋・・・(同上)	1990-12	14
194	戦前期熊本の在日朝鮮人について	小松　　裕	「在日」と・・・(同上)			3	指紋・・・(同上)	1990-12	21
195	「朝鮮人戦時動員」調査研究の最近の動向について	金　英　達	むくげ通信			124	むくげの会	1991-01	2
196	静岡県下の強制連行・強制労働について(２)—文献紹介—	竹内　康人	静岡県近代史研究会会報			148	静岡県近代史研究会	1991-01	
197	在日同胞二世、日本人青年にとっての強制連行	金　静　媛	統一評論			307	統一評論新社	1991-01	
198	「支払依頼書綴」よりみたる住友鴻之舞鉱山朝鮮人強制連行	守屋　敬彦	道都大学紀要(教養部)			10	道都大学	1991-01	31
199	朝鮮人強制連行に関する統計数字の検証 —『朝鮮経済統計要覧』からの引用の誤りを例にして—	金　英　達	兵朝研			47	兵庫朝鮮関係研究会	1991-01	5
200	日本製鉄株式会社の「供託書及び供託名簿」について	洪　祥　進	兵朝研			47	兵庫朝鮮関係研究会	1991-01	7
201	従軍慰安婦・天皇・朝鮮	鈴木　裕子	未来			292	未来社	1991-01	6

論文目録

No.10

	文献表題	著者名	雑誌名、単行本名	巻	号	通巻	発行所名	発行年月	頁
202	埋もれた歴史を掘りおこすために一大阪府朝鮮人強制連行真相調査団発足一	高　賛　侑	ミレ			17	パン・パブリシティ	1991-02	4
203	目撃した韓国人（強制連行者）の悲劇	西山　武彦	韓国文化	13	2	136	自由社	1991-02	8
204	強制連行名簿問題のゆくえ	海野　福寿	季刊青丘			7	青丘文化社	1991-02	7
205	強制連行記録の旅――足尾銅山へ	林　えいだい	季刊青丘			7	青丘文化社	1991-02	8
206	朝鮮人強制連行の実態明るみに　一徳島・香川での真相調査一	金　相　基	朝鮮画報	30	2	354		1991-02	2
207	朝鮮人強制連行の真相究明を	金　慶　海	歴史と神戸			164	神戸史学会	1991-02	
208	「第2回朝鮮人·中国人強制連行·強制労働を考える全国交流集会」の準備進む	飛田　雄一	むくげ通信			125	むくげの会	1991-03	2
209	謎につつまれた１４７ｍトンネル・泉南郡岬町 一大阪府朝鮮人強制連行真相調査団レポート　パートII一	高　賛　侑	ミレ			18	パン・パブリシティー	1991-03	4
210	長生炭鉱の「集団渡航鮮人有付記録」を読む	布引　　宏	宇部地方史研究			19	宇部地方史研究会	1991-03	15
211	1942年長生炭鉱”水非常”ノート（II）	山口　武信	宇部地方史研究			19	宇部地方史研究会	1991-03	24
212	長生炭鉱犠牲者名簿の総合	布引　　宏	宇部地方史研究			19	宇部地方史研究会	1991-03	8
213	花岡事件・対鹿島建設交渉の素描	石飛　　仁	状況と主体				矢沢書房	1991-03	13
214	黙殺の地下壕一松代大本営をめぐる戦後責任一	日垣　　隆	世界			551	岩波書店	1991-03	26
215	従軍慰安婦問題を考えるさまざまな取り組み		民権協ニュース			3	在日韓国人民主人権協議会	1991-03	4
216	強制連行の実態究明へ全国連絡協議会結成		民権協ニュース			3	在日韓国人民主人権協議会	1991-03	4
217	徳香追慕碑供養で学ぶ強制連行の歴史	大野　節子	ミレ			19	パン・パブリシティ	1991-04	4
218	地下工場と強制連行――戦争は終わっていない	池谷　紀夫	社会評論			82	発動家集団思想運動	1991-04	3
219	「従軍慰安婦」の足跡を追って（上）	尹　貞　玉	統一評論			310	統一評論新社	1991-04	10
220	朝鮮から来た「従軍慰安婦」	川田　文子	統一評論			310	統一評論新社	1991-04	7
221	蜂起一花岡事件の夏	石飛　　仁	小説すばる				集英社	1991-05	
222	資料・戦後賠償問題		朝鮮資料	31	5	360	朝鮮問題研究所	1991-05	5
223	「従軍慰安婦」の足跡を追って（下）	尹　貞　玉	統一評論			311	統一評論新社	1991-05	10
224	強制連行の実態調査と補償の現状		統一評論			311	統一評論新社	1991-05	8
225	日本人元従軍慰安婦の証言		統一評論			311	統一評論新社	1991-05	3
226	挺身隊（朝鮮人従軍慰安婦）取材記（『ハンギョレ新聞』1990年１月掲載）	尹貞玉、山下英愛・訳	未来			296	未来社	1991-05	5

論文目録

NO.11

	文献表題	著者名	雑誌名、単行本名	巻	号	通巻	発行所名	発行年月	頁
227	強制連行の意味を今考える	朴 慶 植	脈動			9	埼玉県部落解放研究会	1991-05	
228	サハリン残留韓国・朝鮮人問題	高木 健一	『ﾆｯﾎﾟﾝ・ｺﾘｱ読本』				教育開発研究所	1991-06	2
229	強制連行と在日韓国・朝鮮人	君島 和彦	『ﾆｯﾎﾟﾝ・・・(同上)				教育開発研究所	1991-06	3
230	強制連行	遠藤 公嗣	『ﾆｯﾎﾟﾝ・・・(同上)				教育開発研究所	1991-06	14
231	原爆投下と在日朝鮮人被爆者	遠藤 公嗣	『ﾆｯﾎﾟﾝ・・・(同上)				教育開発研究所	1991-06	2
232	在韓被爆者問題	高木 健一	『ﾆｯﾎﾟﾝ・・・(同上)				教育開発研究所	1991-06	2
233	朝鮮人強制連行	山田 昭次	『近現代史のなかの日本と朝鮮』				東京書籍	1991-06	7
234	<資料>連行朝鮮人未払い金供託報告書	古庄 正	経済学論集	23	1		駒沢大学経済学会	1991-06	168
235	「朝鮮人強制連行」概念の再構成と統計引用におけるﾌｨｷﾞｭｱﾛﾝﾀﾞﾘﾝｸﾞについて	金 英 達	むくげ通信			127	むくげの会	1991-07	9
236	神戸大学農場に朝鮮人強制連行跡を訪ねて一兵庫県加西市・鶉野飛行場跡	飛田 雄一	むくげ通信			127	むくげの会	1991-07	2
237	「太平洋戦争犠牲者遺族会」と出会って	臼杵 敬子	ハッキリ通信			1	日本の戦後責任をハッキリさせる会	1991-07	8
238	タチソ一高槻地下倉庫一大阪府朝鮮人強制連行真相調査団レポートパート４	高 賛 侑	ミレ			22	パン・パブリシティー	1991-07	2
239	日本軽金属㈱による朝鮮人強制連行と「労働者名簿」一批評と検証	金 浩	山梨の歴史教育			3	山梨県歴史教育協議会	1991-07	9
240	「従軍慰安婦」にされた盧寿福ハルモニの半生		統一評論			313	統一評論新社	1991-07	6
241	朝鮮人強制連行ついての調査研究	朴 慶 植	アジア問題研究所報			6	アジア問題研究所	1991-08	7
242	はまなすの花咲きそめて一朝鮮人・浮島丸殉難者追悼歌	柳 球 采	ミレ			23	パン・パブリシティー	1991-08	4
243	強制連行記録の旅(３)一麻生朝鮮人争議	林 えいだい	季刊青丘			9	青丘文化社	1991-08	8
244	軍需工場に動員された朝鮮少女たち	伊藤 幸司	世界			558	岩波書店	1991-08	
245	朝鮮人特攻隊は誰がために戦かったか	臼杵 敬子	宝石	19	8		光文社	1991-08	8
246	強制連行問題連絡会議の発足一市民運動と国会議員をつなぐ	田中 宏	歴史評論			496	校倉書房	1991-08	4
247	埼玉県比企地域の地下軍事施設と朝鮮人労働者	一條 三子	在日朝鮮人史研究			21	在日朝鮮人運動史研究会	1991-09	24
248	千葉県における8・15解放前後の朝鮮人の状態とその運動	長澤 秀	在日朝鮮人史研究			21	在日朝鮮人運動史研究会	1991-09	14
249	<資料>山口県長生炭鉱㈱の朝鮮人労務管理ついて		在日朝鮮人史研究			21	在日朝鮮人運動史研究会	1991-09	29
250	証言 花岡事件	林 伯 耀	世界			558	岩波書店	1991-09	9

論文目録

No.12

	文献表題	著者名	雑誌名、単行本名	巻	号	通巻	発行所名	発行年月	頁
251	朝鮮人強制連行名簿調査はなぜ進まないか	古庄　正	世界			558	岩波書店	1991-09	6
252	〈インタビュー〉空白の戦後(その2)ー泰緬鉄道の朝鮮人たち	内海　愛子	世界			558	岩波書店	1991-09	22
253	隠された史実を明かすー朝鮮人強制連行真相調査団	金　相　基	統一評論			315	統一評論新社	1991-09	6
254	日本が朝鮮人強制連行を問う意味	岡村　達雄	統一評論			315	統一評論新社	1991-09	6
255	小豆島の特攻基地建設と朝鮮人	鄭　鴻　永	同胞と社会科学			7	社協西日本本部	1991-09	11
256	軍人恩給１兆６千億円、もらえる人もらえぬ人	福好昌治・佐藤達也	宝石	19	9		光文社	1991-09	8
257	知床半島の露と消えた八歳の土木工	平野　恵嗣	ミレ			25	パン・パブリシティー	1991-10	3
258	加西市に残る強制連行の証ー海軍航空隊基地跡調査報告	鍋島　浩一	ミレ			25	パン・パブリシティー	1991-10	3
259	朝鮮人強制連行の記録と文書館	樋口　雄一	記録と史料			2	全国歴史資料保存利用機関連絡協議会	1991-10	3
260	中国人強制連行資料「暗闇の記録」は語る	新美　隆	世界			559	岩波書店	1991-10	2
261	「官斡旋」と土木労働者ー「道外斡旋」と中心に	広瀬　卓三	朝鮮史研究会論文集			29	朝鮮史研究会	1991-10	23
262	台湾の元日本兵	野中　章弘	東南アジア通信			14	東南アジア通信SEAC	1991-10	5
263	強制連行記録の旅(４)ー地図にないアリラン峠	林　えいだい	季刊青丘			10	青丘文化社	1991-11	8
264	＜特集＞太平洋戦争と朝鮮（姜在彦、古庄正等論文　６編）		季刊青丘			10	青丘文化社	1991-11	48
265	＜特集＞侵略者日本　50年後の現実		月刊ちいきとうそう			251	ロシナンテ社	1991-11	52
266	軍事基地で酷使された朝鮮人強制連行者	辛　基　秀	青丘文化			1	青丘文化ホール	1991-11	20
267	大和航空基地と強制連行	藪　景三	青丘文化			1	青丘文化ホール	1991-11	14
268	今なお地下に眠る膨大な連行者名簿ー住友金属鴻之舞鉱業所(北海道紋別市)	辛　基　秀	青丘文化			1	青丘文化ホール	1991-11	11
269	日本の謝罪と補償・賠償・請求権	金　民　泰	統一評論			317	統一評論新社	1991-11	12
270	朝鮮人・中国人「強制連行」調査活動はいま	飛田　雄一	ほん・コミニケート			54	ほんコミニケート社	1991-12	2
271	松代大本営発韓国取材記	篠田　道秀	ミレ			27	パン・パブリシティー	1991-12	4
272	民族の真の和解への道をー北海道・朱鞠内に建てられた「願いの像」	殿平　善彦	ミレ			27	パン・パブリシティー	1991-12	4
273	強制連行と戦後の責任	池田　正枝	解放教育				明治図書	1991-12	4
274	「奈良・発掘する会」活動について	川瀬　俊治	月刊ちいきとうそう			252	ロシナンテ社	1991-12	4
275	恥ずべき姿勢を続ける政府・企業ー中国戦争被害者	田中　宏	月刊社会党			435	日本社会党	1991-12	6

NO.13

	文献表題	著者名	雑誌名、単行本名	巻	号	通巻	発行所名	発行年月	頁
276	「朝鮮民族」隷属化の歴史を裁く	今村　嗣夫	月刊社会党			435	日本社会党	1991-12	5
277	大阪における鄭商根氏の闘い一在日韓国傷痍軍人	在間　秀和	月刊社会党			435	日本社会党	1991-12	5
278	国籍の壁をこわす内外の連帯を一在韓被曝者	在間　秀和	月刊社会党			435	日本社会党	1991-12	5
279	問われる日本の戦後「第二の罪」一韓国戦争犠牲者	臼杵　敬子	月刊社会党			435	日本社会党	1991-12	5
280	なお奪われ続けた故郷と家族一サハリン残留韓国・朝鮮人	高木　健一	月刊社会党			435	日本社会党	1991-12	5
281	ハルモニの恨にどう応えるのか	五十嵐　広三	月刊社会党			435	日本社会党	1991-12	2
282	あまりに遅い、わずかな代償一台湾人元日本兵	羽柴　駿	月刊社会党			435	日本社会党	1991-12	4
283	世界は目をつぶってくれない一強制連行と従軍慰安婦	竹村　泰子	月刊社会党			435	日本社会党	1991-12	5
284	朝鮮人強制連行とキリスト教	飛田　雄一	労伝ニュース			79	関西労働者伝道委員会	1991-12	1
285	歴史に埋もれた犠牲者たち一12万6千の朝鮮人強制連行者名簿	編集部	統一評論			319	統一評論新社	1992-01	2
286	”上官”の命令を裁く一元朝鮮人軍属「ＢＣ級戦犯者」の訴え	今村　嗣夫	ミレ			29	パン・パブリシティー	1992-02	5
287	忘れられた兵士たち一ヒロシマ・朝鮮人救援部隊	大森　淳郎	季刊青丘			11	青丘文化社	1992-02	8
288	強制連行記録の旅(７)一松代大本営工事	林　えいだい	季刊青丘			11	青丘文化社	1992-02	8
289	住友鴻之舞鉱山への朝鮮人強制連行の労働災害	守屋　敬彦	史朋			27	史朋同人	1992-02	17
290	劉連仁・穴の中の「戦後」①	野添　憲治	思想の科学			149	アジア問題研究所	1992-02	9
291	地域・朝鮮人強制連行問題・文書館	樋口　雄一	地方史研究	42	1	235	地方史研究協議会	1992-02	2
292	タラワに建立された朝鮮人慰霊碑		ミレ			30	パン・パブリシティ	1992-03	5
293	少年土工夫の遺産一郷土史家・謝罪の旅へ	平野　恵嗣	ミレ			30	パン・パブリシティ	1992-03	4
294	劉連仁・穴の中の「戦後」②	野添　憲治	思想の科学			150	アジア問題研究所	1992-03	6
295	忘れられていた強制連行の歴史一第二海軍航空廠と朝鮮人強制連行	栗原　克榮	朝鮮史研究会会報			107	朝鮮史研究会	1992-03	4
296	<解説>学徒兵と従軍慰安婦	金　英　達	『母・従軍慰安婦』				神戸学生青年ｾﾝﾀｰ出版部	1992-04	13
297	劉連仁・穴の中の「戦後」③	野添　憲治	思想の科学			151	アジア問題研究所	1992-04	8
298	静岡県の朝鮮人強制連行・強制労働についての文献	竹内　康人	静岡県の朝鮮人強制連行を記録する会ﾆｭｰｽ			4	同会	1992-04	2
299	相生市・善光寺に眠る強制連行朝鮮人の遺骨	金　静　媛	統一評論			322	統一評論新社	1992-04	7
300	訪問記 北海道開拓記念館・防衛研究所図書館	飛田　雄一	むくげ通信			132	むくげの会	1992-05	3
301	強制連行の傷跡を追う一「８歳の少年の死」を追って	菅原　史剛	季刊青丘			12	青丘文化社	1992-05	8

論文目録

NO.14

	文献表題	著者名	雑誌名、単行本名	巻	号	通巻	発行所名	発行年月	頁
302	強制連行記録の旅(6)—極寒のサハリン	林　えいだい	季刊青丘			12	青丘文化社	1992-05	8
303	「強制連行」と朝鮮人戦時動員—概念規定についての一考察	金 英 達	統一評論			323	統一評論新社	1992-05	6
304	もう一つの東京大空襲—異国に散った朝鮮人強制連行者	文 公 憲	統一評論			323	統一評論新社	1992-05	2
305	過去を正確に記録し清算すべし	林　えいだい	ミレ			33	パン・パブリシティ	1992-06	6
306	どんずる峯に掘られた二つの地下豪—大阪府朝鮮人強制連行真相調査団レポート パート6	高 賛 侑	ミレ			31	パン・パブリシティ	1992-06	4
307	「皇軍」の中の朝鮮人軍属	伊藤　孝司	世界			569	岩波書店	1992-06	4
308	長崎の朝鮮人被爆者	岡　　正治	統一評論			324	統一評論新社	1992-06	9

「90/91年版」記事索引

No.6

年月日	新聞名	見出し	集録	頁
91-04-04	朝日新聞	「戦犯」11年…補償はゼロ／植民地出身に痛恨限	91	165
91-04-05	統一日報	名簿2000人明らかに／日本に徴用された同胞捕虜	91	166
91-04-06	朝日新聞	裁判記録を入手／サハリン連行朝鮮人虐殺	91	167
	朝日新聞	捕虜虐待裁判の豪人検事来日／45年ぶり関係者ら	91	167
91-04-12	神戸新聞	1800億ドルの賠償を／旧日本軍の中国民間被害	91	168
91-04-13	朝日新聞	朝鮮人女性を取り囲み非難／悲しみを刻印…11才	91	169
91-04-15	朝日新聞	残留朝鮮人思いは複雑「苦役、我々も同じ」	91	152
91-04-23	秋田さきがけ	李又鳳さん／日朝の不幸な歴史つづる／花岡鉱山	91	170
91-04-25	朝鮮新報	1500名の強制連行者たち／明らかになった犠牲者	91	171
	統一日報	追悼碑建立許可へ／65年前の悲劇三重・木本事件	91	172
91-05-04	朝日新聞	弱者を救えぬ恩給制度／捕虜監視員	91	173
91-05-09	長崎新聞	「原爆と朝鮮人」第５集／今度は北松炭田などに	91	174
91-05-10	朝日新聞	くじで徴用された／朱家のひとびと／イウサラム	91	175
91-05-11	統一日報	韓国人排除は不当／シベリア抑留手当の支給	91	176
91-05-15	朝鮮新報	洪祥進さん／わが身の回りから明らかにしなけれ	91	177
91-05-22	朝日新聞	木剣ふるい無理やり動員／強制連行の悲劇上映	91	179
91-05-23	毎日新聞	朝鮮人強制連行政府文書を発見／少なくとも14万	91	178
91-05-24	北海タイムス	中国人強制連行犠牲者の遺骨／2200柱が天津に	91	180
91-05-25	統一日報	私たちは忘れない／「考える会」発足へ／従軍慰	91	181
91-05-31	朝日新聞	慰安婦・軍夫見つめる沖縄／「恨」掘り起こそう	91	182
91-06-01	毎日新聞	“住民台帳”初めて発見／100人の動向把握	91	183
91-06-03	読売新聞	元朝鮮人軍属の遺族どこに／タラワ島で玉砕	91	184
91-06-06	朝日(北海道)	道開拓の受難者39,000人／「タコ部屋労働」悲惨	91	185
	朝日新聞	性の蹂躙許さない／「挺身隊問題を考える会」	91	186
91-06-10	朝日新聞	45年間供託のまま／朝鮮人労働者への未払い賃金	91	187
91-06-11	社会新報	旧陸海軍「極秘」資料を公開／連行者は138.000	91	189
91-06-12	朝鮮新報	連帯を強め調査の幅拡げる／朝鮮人強制連行調査	91	188

「90/91年版」記事索引

No.5

年月日	新聞名	見出し	集録	頁
91-01-12	読売新聞	朝鮮人労働球磨地方で調査進む／発電所建設で死	91	118
91-01-24	朝日新聞	李さん、お便り下さい／池田正枝	91	121
91-01-25	朝日(香川)	未完の隧道が５本／記録文書や証言集め／小豆島	91	122
91-01-26	統一日報	真相究明へ動き活発／韓日双方に「考える会「	91	123
91-01-28	神奈川新聞	朝鮮人引き揚げ／山口での写真発見	91	124
91-01-29	統一日報	戦傷病者援護法／また適用を訴え／審査請求を提	91	125
91-01-31	朝鮮時報	事実認め謝罪を／解決なしに真の和解なし	91	126
91-02-01	朝日新聞	「戦傷者援護」適用を／元軍属の在日韓国人提訴	91	127
91-02-04	ウベニチ	海底に眠る183人の冥福祈る／長生炭鉱50回忌霊	91	128
	朝鮮時報	補償ないまま強制帰国／小豆島の特攻基地建設	91	130
91-02-07	朝鮮時報	辛く嫌われる作業を担当／鉄道建設と朝鮮人強１	91	132
91-02-08	朝日新聞	民族差別テーマで授業／強制連行の史実見据え	91	131
91-02-11	朝鮮時報	各地に残る抵抗の記録／鉄道建設と朝鮮人強制２	91	133
91-02-14	朝鮮時報	民族的偏見助長し虐殺／鉄道建設と朝鮮人強制３	91	134
	統一日報	相模ダム、軍需工場／全国で初めて“歴史整理”	91	138
91-02-16	朝日(青森)	浮島丸・ごう音、一瞬姿消す／港に機雷うようよ	91	139
91-02-22	社会新報	党、市民が強制連行の連絡会／戦後補償を院内外	91	143
91-02-23	統一日報	生存者 現地調査へ「賃金、名簿」を解明／三菱	91	140
91-02-25	沖縄ﾀｲﾑｽ	粘り強く調査を／朝鮮人強制連行でシンポ／神戸	91	141
	朝鮮時報	働かせ殺し山で焼く／鉄道建設と朝鮮人強制連４	91	135
	朝鮮新報	朝・日合同調査活発／高知「除籍簿」の公開要請	91	142
91-02-26	朝日新聞	山中に縦横 5.5ｷﾛのﾄﾝﾈﾙ／兵器工場の跡か／富津	91	144
	統一日報	ｻﾊﾘﾝ残留同胞の対日請求権は存続／韓日協定の適	91	145
91-02-28	朝鮮時報	全路線工事に朝鮮人／鉄道建設と朝鮮人強制連５	91	136
91-03-06	産経新聞	9万人分 連行者名簿韓国へ／調査終結へ反発も	91	146
	聖教新聞	新たに12.000人確認／労働省、韓国側に名簿提出	91	147
91-03-07	朝鮮時報	染み込む血と汗／　鉄道建設と朝鮮人強制連行６	91	137
91-03-10	神戸新聞	８歳児も徴用、死ぬ／大戦中、北海道の基地で	91	155
91-03-11	朝鮮新報	群馬真相調査団準備会が県当局に要請／月夜野で	91	148
91-03-14	ウベニチ	ピーヤ保存へ「刻む会」長生炭鉱事故50周年に向	91	150
	山形新聞	アムール州1255人、公開／シベリア抑留者名簿	91	152
	毎日新聞	保存工事行わず／「市の所有物ではない」西宮市	91	151
91-03-15	朝日新聞	民間人や朝鮮人も／アムール州の抑留者名簿	91	152
	統一日報	無縁仏を本国奉還／県内の19柱「望郷の丘」に	91	154
91-03-16	朝日新聞	死亡者名簿交換求め全抑協が北朝鮮に連絡	91	153
	統一日報	サハリンの姉が名古屋の妹探す／朴ｸﾑｽンさん	91	154
91-03-19	朝日新聞	日本に謝罪求め提訴へ／朝鮮独立運動の弾圧	91	157
	統一日報	元軍属の聞き取り始まる／同胞ＢＣ級「戦犯」支	91	156
91-03-20	神戸新聞	工事に朝鮮人慰安婦／当時の警察が関与／松代	91	158
	朝日新聞	文光子さん／帰る費用さえ残らず／ウトロ裁判で	91	159
91-03-24	朝日新聞	半世紀ぶりに故国へ／朝鮮人鉱山労働者の遺骨	91	161
91-03-27	統一日報	李貞鎬さん／2世3世へ　ぜひ坑道を歩いて	91	149
91-03-28	朝日新聞	防空壕は旧陸軍の地下壕？／天王寺・生玉公園	91	160
91-03-29	統一日報	埼玉でも「戦傷補償を」在日韓国人元軍属	91	156
91-03-31	神戸新聞	強制連行の歴史発掘を／初の情報誌が創刊	91	153
91-04-01	朝日新聞	ＧＨＱ資料に1600人分／沖縄戦捕虜の朝鮮人名簿	91	162
91-04-03	統一日報	慰霊碑建立へ募金／「ｷﾑの十字架」上映実行委	91	161
91-04-04	朝鮮時報	各地で相次ぎ明るみに／西東京では12現場で酷使	91	164
	朝鮮新報	沖縄での捕虜名簿発見／女性含む朝鮮人1600名分	91	163

「90/91年版」記事索引

NO.4

年月日	新聞名	見出し	集録	頁
90-10-18	朝日新聞	新たに12000人分／三井三池炭鉱の名簿	91	77
90-10-24	神戸新聞	八丈島に大地下要さい／旧日本軍が建設魚雷回天	91	79
90-10-26	信濃毎日新聞	「強制連行の記述明確に」松代地下壕保存で要請	91	72
	朝日新聞	戦時中の給与支払い求める／台湾の元日本兵ら陳	91	78
	読売新聞	壕内での集会、市が禁止／松代大本営跡の公開	91	80
90-10-29	朝日新聞	「根」消すためにも…「植民地支配、償いを」韓	91	81
90-11-02	琉球新報	国境超え平和誓う／韓国・沖縄合同慰霊祭	91	82
90-11-03	東亜日報	ﾏｰｼｬﾙ 群島まで連行され残酷な労役／日帝徴用	91	83
90-11-04	熊本日日新聞	戦時中の地下工場計画用地・上熊本の横穴調査	91	97
	神戸新聞	「戦争」テーマに平和訴え／長坂中文化祭で１年	91	84
	北日本新聞	「富山の工場へ少女送った」強制連行で元女性教	91	85
90-11-07	毎日新聞	朝鮮総督府作成『徴用』手引書 史実とは大違い	91	86
90-11-12	高知新聞	強制連行朝鮮人 県内へは8574人	91	105
	信濃毎日	松代地下壕響く訴え「慰霊碑建立運動の第一歩に	91	88
	朝日新聞	朝鮮人労働者の「死」ビデオに／旧生駒ﾄﾝﾈﾙ工事	91	87
90-11-15	神戸新聞	従軍慰安府実態調査を／旧日本軍もう一つの傷跡	91	93
90-11-16	四国新聞	県下では1900人に／飛行場などで労役 内務省資	91	89
90-11-17	社会新報	朝鮮人を犠牲にした昭和池工事、植民地支配の一	91	94
90-11-18	朝日(徳島)	朝鮮人強制連行 県内で実態調査 旧軍事施設鉱山	91	90
90-11-20	毎日新聞	鄭鴻永さん／民衆史の中に“在日の証”残したい	91	95
90-11-24	熊本日日新聞	五木村で証言得る／朝鮮人強制連行の調査	91	98
90-11-25	熊本日日新聞	朝鮮人労働者、2000人？炭焼き…／水上村の山中	91	97
90-11-26	上毛新聞	中国人強制連行の跡地埋め立ての危機 保存会結	91	96
90-11-29	朝鮮時報	徳島・香川に調査団／県に公文書公開など求める	91	91
	朝鮮時報	危険な仕事は朝鮮人に／現存する９つのトンネル	91	92
	朝鮮時報	鎖につながれ閉じこめられ500人以上が死亡 松本	91	92
90-12-01	山陽新聞	証言聴取や現地視察／詫間・香田地区で	91	101
	西日本新聞	300人程度住んでいた？ 鯛生金山を調査	91	99
	朝日新聞	梁順任さん／対日賠償請求訴訟を起こした韓国・	91	91
	毎日新聞	名簿に未払い賃金額／日鉄大阪工場の197人分	91	100
90-12-03	朝鮮時報	遭難朝鮮人追悼碑の建立を／牛馬のように働かさ	91	102
90-12-04	神戸新聞	“歴史の暗部”忘れるな／旧陸軍地下工場を確認	91	103
90-12-06	愛媛新聞	強制連行朝鮮人 愛媛には「3986人」	91	104
90-12-11	統一日報	「調査する会」が発足／広島での強制連行	91	107
	毎日新聞	終戦直後の「浮島丸」爆沈、生存者「計画的」と	91	106
90-12-12	徳島新聞	特攻基地造りにも強制連行／トンネル掘削に多数	91	108
90-12-13	高知新聞	朝鮮人連行１万人超す／県に資料の公開請求	91	110
	朝鮮時報	続々と強制連行の跡／ﾄﾝﾈﾙ（愛媛）海軍航空隊	91	112
	朝日(徳島)	飛行場などに670人／聞き取りや現地調査裏付け	91	111
	読売新聞	朝鮮人労働者の強制連行実態調査／県に要望	91	109
	毎日(高知)	県に資料公開を要求／朝鮮人の強制連行調査	91	109
90-12-16	毎日新聞	またトンネル発見／強制連行の朝鮮人掘る	91	110
90-12-17	朝鮮時報	特攻基地のトンネルも／高知で約9000人	91	113
	統一日報	戦後責任問いシンポ／補償未済、浮彫り	91	114
90-12-21	読売新聞	在日韓国人初の提訴へ／旧日本軍軍属で戦傷	91	115
91-01-08	朝日新聞	首相訪韓に反対／補償を 謝罪を 真相を 韓国各	91	116
91-01-11	東亜日報	尹貞玉さん／挺身隊徴用究明へ先駆ける	91	117
91-01-12	朝日(東京)	請求抑えようと厚生省やっき／企業や警察と連携	91	120
	朝日新聞	国の干渉示す新資料／朝鮮人労働者への補償交渉	91	119

「90/91年版」記事索引

NO.3

年月日	新聞名	見出し	集録	頁
90-08-14	朝日(山梨)	「4600 実態は強制連行」/イウサラムの証言1	91	34
	朝日新聞	人力頼りの突貫工事/事故死、補償も墓もなく	91	35
90-08-15	埼玉新聞	日朝友好の誓い /比企丘陵からの証言 7	91	33
	朝日新聞	工事に伴って増える /イウサラムの証言2	91	36
	朝日新聞	朝鮮人強制連行/民団独自に名簿の調査	90	65
	統一日報	不幸な歴史風化?/強制徴用慰霊碑荒れ放題4年	90	64
	北日本新聞	生々しい強制連行の実態/長崎の造船所徴用工	91	43
90-08-16	朝日(大阪)	「復元も不可能」連行朝鮮人の名簿省略 尼崎市	91	44
	朝日新聞	「生きるため」に来日 /イウサラムの証言3	91	37
	毎日新聞	朝鮮人22人の名簿/住友電工伊丹製作所 伊丹市	91	44
90-08-17	統一日報	日本に歴史の認識求める/名簿過小調査に反発	91	45
	統一日報	ｻﾊﾘﾝ置き去り 賠償提訴、下旬に 韓国大邱市	91	47
90-08-18	山陰中央新報	朝鮮人1万1121人が居住「連行」ほとんどなし	91	48
	朝日新聞	地下飛行機工場を建設 /イウサラムの証言4	91	38
90-08-20	朝鮮時報	3~5百人を強制連行/徳島の旧海軍飛行場建設	91	50
	朝日新聞	日高 普/分からぬ点は分からぬと	91	49
90-08-21	朝日新聞	言葉が通じない“故郷” /イウサラムの証言5	91	39
	朝日新聞	2400人の名簿公開/米軍捕虜の朝鮮人徴用者	91	51
	朝日新聞	問われる企業の戦争責任/三菱重工朝鮮人徴用工	90	66
90-08-22	神戸新聞	まるで“犬畜生”の扱い/強制労働/多紀郡篠山	91	52
	朝日新聞	尊重し合える世の中を /イウサラムの証言6	91	40
	朝日新聞	米軍捕虜の朝鮮人徴用者2400人の名簿公開/釜山	90	65
90-08-23	朝日新聞	なお残るしこり どう解決/イウサラムの証言7	91	41
	朝日新聞	朝鮮人徴用者名簿調査は打ち切らず/政府筋	91	50
90-08-24	朝日新聞	兄の生存を今も信じ続ける弟たち/名簿をたどる1	91	53
90-08-25	朝日新聞	水没後にに現場にかけつけた兄嫁/名簿をたどる2	91	54
90-08-26	朝日新聞	子供には教育をと願うひとり息子/名簿をたどる3	91	55
90-08-27	朝鮮時報	強まる「自爆説」/浮島丸事件 45周年追悼式	91	58
	朝日新聞	夫の帰りを待ちわび泣き暮らす妻/名簿をたどる4	91	56
90-08-28	朝日新聞	兄弟と働き事故を免れた同郷の友/名簿をたどる5	91	57
90-08-29	朝日新聞	父の夫の 半世紀償え/サハリン残留訴訟	91	59
	朝日新聞	日本に補償求める/在日朝鮮人 元戦犯ら	91	60
	朝日新聞	「人道に反する」と提訴 ｻﾊﾘﾝ残留韓国・朝鮮人	91	61
90-08-31	朝鮮新報	強制連行を考える全国交流集会 第1回/名古屋	91	62
	毎日新聞	2351人分法務局に保管/強制連行の韓国・朝鮮人	91	63
90-09-	毎日新聞	「憲兵ら旧樺太で20人」朝鮮人虐殺問われる責任	91	65
90-09-03	朝鮮時報	茨城・日立で慰霊祭/山形では名簿発見2500人を	91	64
90-09-09	朝日新聞	揺れる朝鮮人特攻戦死者の碑/「死の意味」問う	91	66
90-09-10	毎日新聞	政府の文書記録は国民財産/強制連行朝鮮人名簿	91	67
90-09-11	神戸新聞	強制連行朝鮮人は24万/特高作成資料で判明	91	68
90-09-13	読売(群馬)	強制労働の歴史残せ/旧中島飛行機地下工場跡	91	69
90-09-21	統一日報	町が一転建立OK/ダム建設で同胞連行・受難の碑	91	70
90-09-24	読売新聞	仲間の遺骨分からず/強制連行の「協和隊」調査	91	71
90-09-25	信濃毎日新聞	松代地下壕内は集会禁止/長野市が管理要領案	91	72
90-09-26	統一日報	50年ぶりに慰霊碑/田沢湖導水工事強制就労同胞	91	73
90-10-01	朝鮮時報	日弁連が調査始める/三菱重工の朝鮮人徴用	91	78
90-10-12	いわき民報	社党が独自調査/朝鮮人強制連行の実態を調査	91	75
90-10-15	毎日新聞	岬町に人間魚雷基地/作業の米人元捕虜指摘	91	76
90-10-18	朝日新聞	戦犯に問われた 台湾人補償求めて嘆願書	91	60

「90/91年版」記事索引

NO.2

年月日	新聞名	見出し	集録	頁
90-06-27	朝日新聞	宇部の炭鉱で働いた朝鮮人453人の名簿保管	90	36
90-06-28	朝日(東京)	見果てぬ夢　／いえぬ傷跡　下	91	13
90-06-29	埼玉新聞	軍需工場跡保存して／吉見百穴／高校生グループ	91	14
	社会新報	大塚一二さん／いわき市で朝鮮人強制連行の名簿	91	15
	毎日新聞	強制連行西宮市が名簿調査／新明和に有無照会へ	90	37
90-06-30	朝日新聞	“草の根”調査は活発／主婦・高校生も参加	90	38
90-07-05	神戸新聞	特高の朝鮮人名簿現存／要視察人の1400人分	90	41
	朝日新聞	戦死した朝鮮人の遺骨1140柱を韓国に送還へ	90	39
	朝日新聞	朝鮮人の軍人・軍属名簿約110冊、厚生省の倉庫	90	40
	朝日新聞	朝鮮人軍人・軍属名簿、対韓引渡しに前向き、厚	90	42
	毎日新聞	遺骨708柱韓国に返還／110冊の名簿も確認／厚生	90	39
90-07-06	朝日新聞	戦犯の汚名に補償なく／老いる台湾人元日本軍属	90	43
	毎日新聞	企業責任認め謝罪／中国人強制労働の花岡事件	90	44
90-07-07	神戸新聞	強制連行名簿6200人分明るみに／旧呉海軍工廠な	90	46
	朝日新聞	その一言半世紀待ち続けた、無念の号泣／花岡事	90	45
	夕刊えひめ	「北」の元徴用工が望郷切々／政治の谷間で犠牲	91	16
90-07-08	神戸新聞	強制連行名簿長崎・造船所の496人／けが、入院	90	47
	朝日(山形)	佐久間昇さん／朝鮮人強制連行歴史を調べている	91	17
90-07-09	朝鮮時報	新たに強制連行名簿／広島、島根では初めて	90	48
90-07-13	神戸新聞	強制連行体験生々しく／仲間探し歴史の証人に	90	49
90-07-14	神戸新聞	地下工場で朝鮮人強制労働／西宮のﾄﾝﾈﾙに落書き	90	50
90-07-16	北日本新聞	進まぬ強制連行名簿捜し／終戦時まで150万人も	90	51
90-07-17	長岡新聞	朝鮮侵略・差別の清算を／大牟田強制連行を暴く	91	18
	日本海新聞	内藤正中／いわれてやるのはおこがましくないか	91	19
	北日本新聞	不二越に朝鮮人強制連行／少女、青年ら1624人に	90	52
90-07-20	福島民友	県、朝鮮人名簿で本格調査／旧常磐炭鉱の資料入	91	20
90-07-27	朝日新聞	「キムの十字架」完成／7000人の強制労働描く	90	53
90-07-30	朝日新聞	賠償２億円日本に要求／帰還の努力せず、20人が	90	54
90-08-02	神戸新聞	保管の名簿38人分／新明和が初公表／実態解明へ	90	56
	西日本新聞	差別酷使の日々1／教育とはつくづく怖いものだ	91	24
	朝日新聞	強制連行の帰国時沈没／遺族会、補償要求へ	90	55
90-08-03	西日本新聞	差別酷使の日々2／動物としてしか扱っていない	91	25
90-08-04	西日本新聞	差別酷使の日々3／勝てば生活も良くなると信じ	91	26
90-08-05	東亜日報	徴用惨状日本人に証言した／玉野市秘密工場	91	21
90-08-06	東亜日報	絶望の45年証言「加害者」は現れない	91	22
90-08-07	＜政府＞	いわゆる朝鮮人徴用者等に関する名簿の調査結果	90	58
	西日本新聞	差別酷使の日々4／泥まみれのまま「哀号」の叫	91	27
	朝日新聞	政府、名簿79,578人分を公表／実態の約１割か	90	57
	毎日新聞	埋もれた責任60万人分／企業の資料わずか	90	61
90-08-08	西日本新聞	差別酷使の日々5／30超す遺体、今も埋まったま	91	28
90-08-09	山陽新聞	「朝鮮人強制連行」の文書見つかる／県下で3000	91	23
90-08-10	埼玉新聞	朝鮮人を徴用、穴堀り／比企丘陵からの証言 3	91	32
	朝日新聞	鄭鴻永さん／旧軍地下施設の実態解明を	90	62
90-08-11	西日本新聞	差別酷使の日々6／半世紀ぶり祖国の土に戻る	91	29
	朝日新聞	宇津木秀甫さん／戦争、戦後責任どう果たす	90	63
90-08-12	西日本新聞	差別酷使の日々7／日本国籍でないと出願できぬ	91	30
90-08-13	西日本新聞	差別酷使の日々8／真の友好は正しい歴史観から	91	31
	日本海新聞	「朝鮮人連行」の跡探ろう／米子の塹壕を調査	91	42
90-08-14	韓国新聞	強制連行犠牲同胞　慰霊事業展開へ	91	46

「90/91年版」記事索引

No.1

年月日	新聞名	見出し	集録	頁
89-10-01	神戸新聞	連行朝鮮人の落書き/故郷の地名並ぶ/三池炭鉱	91	74
90-03-06	神戸新聞	崔慶尚さん/朝鮮人労働者らの名簿を復刻出版	91	2
90-05-11	社会新報	「日帝三十六年」と現在/名簿など公開を急げ	91	4
90-05-13	朝鮮日報	一日20時間もトンネル工事…老人も多かった	90	2
90-05-19	毎日新聞	成炳仁さん/「1銭5厘」の悔しさ 在日コリアンは今	91	3
90-05-29	朝日新聞	名簿、内閣官房で/政府統一見解まとめへ	90	3
90-05-30	朝鮮日報	日、徴用韓人名簿調査決定/存在可否早急に結論	90	5
	朝日新聞	強制連行の朝鮮人、市町村に対し調査を通達	90	4
90-05-31	神戸新聞	個人賠償請求権ない/名簿調査には着手/強制連	90	4
	毎日新聞	強制連行者名簿、釜山に現存/戦後韓国側が作成	90	6
90-06-01	朝鮮日報	日帝、徴用者名簿釜山で保管/6、25後政府で申告	90	5
90-06-02	神戸新聞	強制連行名簿あった/30年がかり作成/炭鉱研	90	8
	朝日新聞	名簿調査、及び腰の日本側対応/補償問題懸念	90	7
90-06-03	神戸新聞	強制連行名簿ほとんどなし/戦犯追及恐れ焼却?	90	9
90-06-05	朝日新聞	強制連行名簿自治体に調査依頼/国に資料なく	90	10
90-06-07	神戸新聞	強制連行、歴史教育で深める/アジア外相協議創	90	11
90-06-08	朝日新聞	私たちは戦争責任を実感/遺骨を韓国の遺族に届	90	12
	長崎新聞	死亡者名簿の一部入手/端島では 138人分	91	5
90-06-10	神戸新聞	強制連行顔写真付き名簿/金山労働の2500人分	90	14
	朝日新聞	日本刀の威圧 無休の重労働/韓国の8人証言集会	90	13
	北海道新聞	朝鮮人名簿見つかる/鴻之舞鉱山で強制連行	91	6
90-06-12	毎日新聞	2500人分の名簿現存/紋別の鉱山での朝鮮人強制	90	15
	毎日新聞	朝鮮人労働者連行名簿、鳥取で保存	90	47
90-06-13	神戸新聞	徴用朝鮮人の肉声保存/旧海軍美保基地建設工事	90	17
	朝日新聞	強制連行/沖縄の町史に670人分の名簿	90	15
	朝日新聞	旧鉱山で朝鮮人名簿/179人分二世グループ入手	90	16
90-06-14	朝鮮時報	過去の清算は補償の努力から/誠意と情熱ない日	90	18
90-06-16	朝日新聞	強制連行朝鮮人名簿/北海道にも4000人分	90	20
90-06-19	神戸新聞	県下26社に資料公開要望/兵庫朝鮮関係研究会	90	20
	神戸新聞	県下26社に資料公開要望/戦時中の強制連行で	90	23
	朝鮮日報	日、徴用・戦死者名簿 財務部で一部保管	90	26
	朝日新聞	強制連行名簿探し“草の根”追跡進む/無縁仏調	90	21
	朝日新聞	名簿を私は焼いた/戦犯恐れ、6千-1万分	90	22
	読売新聞	強制連行名簿、海軍工廠の150人分みつかる	90	24
90-06-20	朝鮮日報	栄養失調・爆死…毎日死んでいった/松代惨状	90	26
	東亜日報	爆死…栄養失調…千余名犠牲/日、大本営工事惨	90	25
90-06-21	信濃毎日	群馬でも過酷作業/朝鮮人労働者の軌跡/新証言	91	8
	朝鮮時報	事実隠す行政と企業/各地で続々と資料公表	90	28
90-06-22	山陰中央新報	山陰の強制連行朝鮮人/鉱山などで多数就労	91	7
	社会新報	国は名簿作成急げ/旧岩美鉱山の強制労働基地や	90	27
	信濃毎日	厳しい監視「錬成隊」/証言「群馬鉄山」上	91	9
90-06-23	信濃毎日	草津で「連盟」を結成/証言「群馬鉄山」下	91	10
	統一日報	松代大本営韓国から初の生き証人/同胞徴用7000	90	30
90-06-25	朝日新聞	事実調べ後世に伝えて/強制連行しのぶ/石川	90	31
90-06-26	朝日(東京)	土地を奪われて/いえぬ傷跡 上	91	11
	朝日新聞	労働者募集の日誌香川で保存	90	32
	朝日新聞	米・公文書館に極秘文書/逃亡防止の指示など	90	33
90-06-27	神戸新聞	骨削られる思いいまだ報われず/腰縄つけられ船	90	34
	朝日(東京)	人狩り /いえぬ傷跡 中	91	12

1992 朝鮮人・中国人 強制連行・強制労働 資料集

1992年7月25日　発行（1,500部）

編　　集　金英達・飛田雄一　　表　紙　宋貴美子

発行 (公財)神戸学生青年センター出版部
〒657-0051 神戸市灘区八幡町 4-9-22
TEL078-891-3018/FAX891-3019
URL https://ksyc.jp/
印刷 (有)共同出版印刷
定価 1540 円(本体 1400 円)

部
−1−1
本1,400円)

※当出版部の本は地方小出版流通センター扱いです。
落丁、乱丁本はお取りかえいたします。

梶村秀樹
解放後の在日朝鮮人運動
A5判・103頁・600円

現在の在日朝鮮人問題を考える上で、その「原点」をなす一九四五年八月十五日の解放から六五年の日韓条約締結までの時期の在日朝鮮人運動を概観した朝鮮史セミナーの講演録。

朴慶植・張錠寿・梁永厚・姜在彦
体験で語る **解放後の在日朝鮮人運動**
A5判・210頁・1500円

一九四五年八月の日本敗戦・朝鮮解放後の激動の時代を中心に在日朝鮮人運動を体験的に語った貴重な記録。巻末に当時日本語で出版された『民主朝鮮』『朝鮮評論』等の総目次を収録。

田中宏・山本冬彦
現在の在日朝鮮人問題
A5判・94頁・500円

「入管体制の現段階」「外国人登録法と日本人」（田中）「在日朝鮮人と社会保障」（山本）よりなる講演録。一九八二年の入管法の「改正」後の法的地位の問題点を簡潔に論じている。

金慶海・梁永厚・洪祥進
在日朝鮮人の民族教育 〈品切〉
A5判・91頁・600円

一九四八年四月にGHQ占領下で唯一「非常事態宣言」が発せられた阪神教育闘争のドキュメントと民族教育の現状を語ったセミナーの記録。民族教育の歴史と現実を知るための好書。

中塚明・朝鮮語講座上級グループ
教科書検定と朝鮮 〈近日増刷〉
B5判・148頁・800円

一九八三年の「教科書問題」当時の『東亜日報』『朝鮮日報』の主要記事を翻訳し、中塚明の講演録も収録。植民地下の朝鮮人の生の証言を集めた「その蛮行、その真相」に迫力がある。

新美隆・小川雅由・佐藤信行ほか
指紋制度を問う ―歴史・実態・闘いの記録
A5判・205頁・900円

在日朝鮮人を中心とした指紋押捺拒否の闘いは日本の国際化の内実を問う闘いでもあった。『季刊三千里』に発表された二十篇の論考を収録した本書は外登法問題理解のための必読書。

梁泰昊
サラム宣言 ―指紋押捺拒否裁判意見陳述
A5判・92頁・500円

『プサン港へ帰れない』の著者の法廷陳述。民族差別と闘う運動を続けてきた筆者が押捺拒否の行為が在日朝鮮人の「サラム（朝鮮語でにんげんの意）」宣言であると熱っぽく語る。